Justice without the State within the State

Judicial Self-Regulation in the Past and Present

Edited by Peter Collin

Studien zur
europäischen Rechtsgeschichte

Veröffentlichungen des
Max-Planck-Instituts
für europäische Rechtsgeschichte
Frankfurt am Main

Band 295

Moderne Regulierungsregime 5

Vittorio Klostermann
Frankfurt am Main
2016

Justice without the State within the State

Judicial Self-Regulation in the Past and Present

Edited by
Peter Collin

Vittorio Klostermann
Frankfurt am Main
2016

Der Herausgeber dankt dem Exzellenzcluster
Die Herausbildung normativer Ordnungen
und dem LOEWE-Schwerpunkt
Außergerichtliche und gerichtliche Konfliktlösung

Bibliographische Information der Deutschen Nationalbibliothek
Die Deutsche Nationalbibliothek verzeichnet diese Publikation in der Deutschen Nationalbibliographie; detaillierte bibliographische Daten sind im Internet über *http://dnb.dnb.de* abrufbar.

Druck: docupoint GmbH, Barleben
Typographie: Elmar Lixenfeld, Frankfurt am Main

Gedruckt auf Alster Werkdruck der Firma Geese, Hamburg.
Alterungsbeständig ISO 9706 und PEFC-zertifiziert

Printed in Germany
ISSN 1610-6040
ISBN 978-3-465-04268-6

Contents

III. Referential Field II: The World of Economy

IV. Non-State Actors within State Structures

V. Justice in Areas of Limited Statehood

VI. Challenges in the Modern World: ›Pre-Modern‹ Forms and Innovations

Preface

This volume is the result of a cooperation between two research endeavours: the project »Regulated Self-Regulation from a Legal Historical Perspective« and the research focus »Extrajudicial and Judicial Conflict Resolution«. The former was supported by the Cluster of Excellence »Formation of Normative Orders« (Frankfurt am Main), the latter by the LOEWE research promotion programme administered by the federal state of Hesse. Within the context of the project »Regulated Self-Regulation from a Legal Historical Perspective«, Gerd Bender, Stefan Ruppert, Margrit Seckelmann and Michael Stolleis provided substantial conceptual and organisational support.

Furthermore, this volume was supported by Johannes Heymann and Dieter Petzsch, who helped with the revision of the contributions. The editorial staff of the Max Planck Institute for European Legal History, headed by Karl-Heinz Lingens, organised the finalisation of this work for publication.

We would also like to thank all of the institutions and persons involved.

Frankfurt am Main, November 2015
Peter Collin

I. Perspectives, Fundamental Terms, and Typologies

Justice without the State within the State – Introductory Considerations

I. Preliminary remarks

This edited volume documents the results of two workshops. The first workshop, a symposium of the LOEWE[1] Research Focus ›Extrajudicial and Judicial Conflict Resolution‹,[2] took place in November 2012 and had the title »Justice without the State«. The word »justice« was applied in a dual function, namely, on the one hand in terms of »judiciary«, thus institutionalized conflict resolution, on the other hand in terms of »justness«. The participants were to address the question of how non-state bodies of conflict resolution could generate justice, even serve concepts of justice which cannot be ensured by the state court system. The speakers came from Europe and North America and dealt with this subject both in a historical and in a contemporary perspective. The second workshop – with the title »Justizielle Selbstregulierung im 19. und 20. Jahrhundert« (»Judicial Self-Regulation in the 19th and 20th Century«) – took place at the end of January and the beginning of February 2013 and was organized within the framework of the Frankfurt Cluster of Excellence[3] Project »Regulated Self-Regulation from a legal historical perspective«.[4] The investigation focus of that project determined the agenda of the workshop. Acting on the assumption that non-state self-organization does manifest itself not only in norm-setting and administrative but also judicial variations, it was intended to show the multifariousness of this phenomenon and to discuss in which way such patterns could be understood as

1 LOEWE (Landes-Offensive zur Entwicklung Wissenschaftlich-ökonomischer Exzellenz/state offensive for the development of scientific and economic excellence) is a support program of the federal state Hesse (URL: https://wissenschaft.hessen.de/loewe).

2 URL: www.konfliktloesung.eu.

3 Cluster of Excellence »The Formation of Normative Orders« (URL: www.normativeorders.net).

4 URL: www.rg.mpg.de/regulated_self_regulation_from_a_legal_historians_perspective.

expressions of self-regulation. The main focus was – aside from taking a peripheral glance at France and Great Britain – on the German development.

The two workshops pursued different questions but met in a common research interest, namely the question of how does non-state justice function. For this reason the decision to print the contributions of both workshops in one volume is self-explanatory. Based on the assumption that non-state justice in the state polities of the modern age nearly always interacts with state power, the title »Justice without the State within the State«[5] was selected among others also to signalize the inadequacy of a fixed dichotomy between »state« and »non-state«. In fact it is a matter of different degrees on a scale. And the subtitle »Judicial Self-Regulation in the Past and Present« intends to indicate the links between the past and the current situation. It is necessary to counter perceptions that non-state conflict resolution is merely a present-day phenomenon and a present-day problem, because such perceptions can be induced due to the topical debates on the arbitral jurisdiction of sport federations, the conflict resolution in the case of »Stuttgart 21«, online dispute resolution, arbitration bodies established in free trade agreements, Muslim courts in Western Europe, new forms of American university jurisdiction (in cases of sexual harassment), etc. Recent research approaches to »non-state justice« also tie in with such current manifestations.[6] But here, too, it becomes visible that many forms of non-state justice have traditional roots – whose functionality and legitimation certainly are to be clarified in the light of current challenges. And, secondly, it is to be emphasized that non-state (or parastatal) justice has always existed and – as is the case today – has often been the subject of crisis debates. In 1919 the expansion of extrajudicial bodies was noted with alarm (»... everywhere we see conciliation authorities, conciliation boards, arbitration commissions appear«[7]), and in the 1920's it was among jurists that the expanding commercial arbitration crowded out the state courts and eroded principles of the rule of law. Numerous discussion topics which were relevant at that time also play an important role at present.

5 The impetus for this title is based on a formulation by Livia Holden (Gilgit / Nantes), who kindly agreed to the use thereof as title of this volume.

6 Brynna Connolly, Non-State Justice Systems and the State: Proposal for a recognition typology, in: Connecticut Law Review 38 (2005), 239–294; Miranda Forsyth, A Typology of Relationships between State and Non-State Justice Systems, in: Journal of Legal Pluralism 56 (2007), 67–113; Matthias Koetter / Tilman J. Roeder / Gunnar Folke Schuppert / Rüdiger Wolfrum (eds.), Non-state Justice Institutions and the Law. Decision-Making at the Interface of Tradition, Religion and the State, London 2015.

7 Justus Wilhelm Hedemann, Das bürgerliche Recht und die neue Zeit, Jena 1919, 14 (»... überall sehen wir Einigungsämter, Schlichtungsausschüsse, Schiedskommissionen auftauchen«).

The contributions to this volume shall illustrate the diversity of the organizational and procedural forms of non-state or parastatal conflict resolution, the variety of the interaction with the state and the spectrum of the debate on functionality and legitimacy of such institutions. For a better understanding of the individual contributions in the context of this volume's comprehensive approach some considerations follow on those fundamental terms and distinctive criteria which acted as guidelines for the articles and – to different degrees – became operative: state/non-state, justice, self-regulation.

II. Fundamental terms and fundamental distinctive criteria

1. State/non-state

What does »without the state« actually mean? Firstly it should be said that such a characterization presumes the existence of a state, even if it is only a rudimentary state. Consequentially this volume contains contributions which place their focus in the period from the beginning of the 17th century to the present. But even such »eased« conditions require clearance on how statehood or non-statehood can be defined with reference to conflict resolution und justice.

a) For this purpose types can be carved out which are situated on a scale between state and non-state or respectively between state recognition and state non-recognition. Miranda Forsythe, for example, lists seven models of non-state justice where the distinctive criterion is the manner of the relationship to the state. The latter ranges from repression (i. e. illegality of the non-state institution) to limited state recognition to complete integration into the state apparatus. Here we are not dealing with state *or* non-state conflict resolution, but with less or more statehood.[8]

b) But it is also quite thinkable to concentrate on specific groups of criteria, for example: persons, organizations, and normative standards. With the aid of these groups of criteria manifestations of »justice without the state« can be analyzed to a greater extent than in a (more limited) institutional perspective. This will be elucidated briefly.

At the beginning stands an ideal-typical, artificial characterization of state justice which serves as a notional point of departure – even if this characterization shows a strong Continental European coloration. This constructed state justice possesses the following attributes: state officials are the decision-makers;

8 Forsyth, A Typology of Relationships (note 6), 67–113. Similar categorizations are to be found in Matthias Koetter, Non-State Justice Institutions: A Matter of Fact and a Matter of Legislation, SFB-Governance Working Paper Series, No. 43, Collaborative Research Center (SFB) 700, Berlin, June 2012, 12.

the institutions of conflict resolution are state courts which are a part of the organizational structure of the state, i. e. they are constituted and financed by the state and integrated in state mechanisms of revision and correction; the decisive standard is the law set by the state but neither non-state norms nor interests of economic, social, religious, ethnic, local and other groups. In the case of departures from these provisions one can speak of *non-state jurisdictional elements*. In this sense the phrase »without state« is not only understood in the sense of non-state institutions but also in the sense of the existence of diverse non-state factors which determine or influence the decision or the procedure.

When one returns to the above-mentioned groups of criteria, the following considerations present themselves:

Persons: At first the question arises: »Who are the decision-makers?« On the one end of the spectrum one finds judges who are state officials, on the other end there are private persons, for example in private arbitration-boards. Hence a combination of private personnel and state organizational elements is also possible – e. g. in the case of laymen within state courts. They can participate in the decision-making together with the judge (for example in the German »Schöffengericht«, which consists of one judge and two lay judges), but they can also have the competence of rendering judgment without the judge such as in a jury. Therefore one can also speak of weighty non-state elements within state jurisdiction.

Organizations: Organization means the institutional integration into the state apparatus. Bodies of conflict resolution can be organized as part of the organization of the state, that means as state courts or as quasi-judicial institutions (for example commissions) within the state administration. To be distinguished from these bodies and institutions are bodies of conflict resolution in parastatal organizations in the manner in which they established themselves in the 19th century, for instance chambers of commerce or public law cooperatives for the management of infrastructures or in the area of social insurance.[9] Forms of conflict resolution which belong to the self-government of ethnical groups could also be classified as part of the parastatal sector. Such forms – commercial arbitration courts, arbitration bodies in umbrella organizations of the private economy or in private pension funds – are, nonetheless, part of the private sector. In the latter instance one finds a broad spectrum between state and non-state.

However, a functional element of state integration also involves state control. Bodies of conflict resolution which reside in the non-state sector can be state-

9 See Peter Collin, Konzeptionen, Spielarten und Wechselbeziehungen administrativer und justizieller Autonomie in Deutschland im späten 19. und frühen 20. Jahrhundert, in: Quaderni Fiorentini per la storia del pensiero giuridico moderno XLIII (2014), 165–228, 208 ff.

integrated to a great extent if their decisions are absolutely revisable by the state. But a limited supervision, for example concerning grave errors[10] or the violation of constitutional principles,[11] is also possible. Manifold variations are imaginable.

Normative Standards: The main normative standard of state jurisdiction is the law set by the state. The regard for non-state norms implies that non-state elements are incorporated into the decision-making. That is the case to a lesser extent when customs of social groups are to be considered such as in the German trade law,[12] to a greater extent when non-state law completely determines the decision. In the reverse case it is thinkable that non-state law governs but that some essential state requirements assume validity, for example norms which ensure a fair trial or which guarantee compliance with constitutional principles.[13] – Also with regard to the normative standards there is a lot of space for different combinations and intensities.

2. Justice

Justice in a broad sense means a state in which an appropriate balance of interests and of the allocation of goods takes place. But if one wants to work with an understanding of justice that shows a specific reference to the issue addressed in this volume, this understanding has to be concretized and different layers of meaning then have to be distinguished. A first differentiation can be between system-related justice and single-case-related justice.

a) System-related justice: System-related justice does not ask for justice in an individual case, but applies the appropriate functional conditions for the reproduction of a functional system. Proposals on how such a system-related justice can be understood were worked out by Niklas Luhmann,[14] whereby one has to distinguish between internal and external dimensions.

aa) Internal system-related justice: Law as a functional system has the task to stabilize behavorial expectations. Law can only perform this task when it treats equal cases equally, in other words: when its operations are predictable. Therefore law must be internally consistent. Thus justice is the consistent application of the law, moral requirements are consequently excluded.[15]

10 § 1059 Zivilprozessordnung (German Code of Civil Procedure).
11 See for instance Matthias Koetter, Non-State Justice Institutions (note 8), 27.
12 § 346 Handelsgesetzbuch (German Commercial Code).
13 See Koetter (note 8), 27.
14 Niklas Luhmann, Gerechtigkeit in den Rechtssystemen der modernen Gesellschaft, in: id., Ausdifferenzierung des Rechts, Frankfurt a. M. 1999, 374–418.
15 See in detail Thomas Osterkamp, Juristische Gerechtigkeit, Tübingen 2004, 124 ff.

bb) External system-related justice: Internal system-related justice is strictly formal and only related to the operations of the legal system. But one cannot ignore the fact that the environment of the law, that means other functional systems, can beset the law with its own requirements which may irritate the law. The law has to react to these irritations. So the focus switches to the law-environment-relationship, thus to extra-legal criteria. In this perspective justice is the »adequate complexity of the legal system«. In the words of Luhmann that means: »A decision-making system better correlates with its environment in such measure that it can reflect external complexities internally and bring these to a decision, that means decide appropriately.«[16] So the conception of justice opens itself to non-legal criteria – however that is possible only to a limited extent – otherwise the law would lose its internal consistence. A system-related perspective, however, is indifferent to the question whether a decision in an individual case is just. For this purpose other conceptions offer proposals which will be sketched hereafter.

b) Single-case-related justice: If one tries to systemize conceptions of single-case-related justice, one initially has to do with a seemingly fairly unclear set of categorizations whose elements stem from considerations of both legal philosophers and legal sociologists. One can tie in with these the following considerations:

aa) Initially a distinction is to be drawn between material justice and procedural justice. This differentiation refers to different objects: for material justice the result of conflict management is the crucial point of reference, in the case of procedural justice the modality of the formation of the result is decisive. In view of the procedural aspect of justice one has to further differentiate: shall it evaluate with regard to its function to achieve a just result (that is external procedural justice) or shall it evaluate with regard to being as an end in itself (internal procedural justice)?[17]

bb) The second differentiation concerns the perspective of evaluation – which can consist of an objective or a subjective perspective.[18] The objective approach is based on normative conceptions on justice, which can be of philosophical, legal or economic origins. The subjective approach emanates from the involved or potentially involved persons' expectations or experiences. These expectations

16 »Seiner Umwelt entspricht ein Entscheidungssystem besser in dem Maße, als es externe Komplexität intern abbilden und zur Entscheidung bringen, d. h. sachgerecht entscheiden kann.«, see LUHMANN, Gerechtigkeit in den Rechtssystemen (note 14), 405.

17 KLAUS F. RÖHL, Verfahrensgerechtigkeit (Procedural Justice). Einführung in den Themenbereich und Überblick, in: Zeitschrift für Rechtssoziologie 14 (1993), 1–34, 6.

18 RÖHL, Verfahrensgerechtigkeit (note 17), 6.

or experiences are sought by empirical surveys. Admittedly objective and subjective approaches can interfere with each other. The question of when within these differentiations a result or a procedure can be considered as just – a question which is treated in numerous legal-sociological and legal-philosophical papers in particular[19] – will not be further dealt with in this context. The findings are also not undisputable and they differ depending on space and time. Therefore claims of cultural universality are inappropriate. At this point it was merely the intention to sketch the range of conceptions and understanding of justice on the basis of references occurring explicitly or implicitly within the framework of this volume.

3. Self-regulation

a) *General conceptualizations*: The term »self-regulation« can look back on a long conceptual tradition and is utilized in different disciplinary contexts and associated with different meanings. The socio-scientific and legal debate partly adopts biological or cybernetic understandings of self-regulation or self-organization. It partly resorts from a decidedly liberal understanding of a self-regulated commercial society, and partly one also connects self-regulation with new concepts of societal coordination in which the analytical concept of governance plays a prominent role.[20] But as a common denominator it can be stated that self-regulation can be understood as a mode of autonomous coordination of social units – whereas there are a fundamental differences between national legal cultures.[21]

In order to separate self-regulation from such activities which only serve the coordination of individual, private purposes, it is furthermore necessary to include only such sets of actions which (at least also) show a reference to the public weal. Public weal, however, shall here not be connected with fixed

19 For an overview see only Osterkamp, Gerechtigkeit (note 15); Axel Tschentscher, Prozedurale Theorien der Gerechtigkeit, Baden-Baden 2009.

20 Laura Elena Knop, Gibt es einen Selbstregulierungsdiskurs? Und wenn ja, wie viele? Zur Semantik des Begriffs Selbstregulierung, in: M. Mercè Darnaculleta y Gardella / José Esteve Pardo / Indra Spiecker gen. Döhmann (eds.), Strategien des Rechts im Angesicht von Ungewissheit und Globalisierung, Baden-Baden 2015, 300–318.

21 M. Mercè Darnaculleta y Darnaculleta, Wahrnehmungen »regulierter Selbstregulierung« in der angelsächsischen und kontinentaleuropäischen Literatur (seit den 90er Jahren des 20. Jahrhunderts), in: Peter Collin / Gerd Bender / Stefan Ruppert / Margrit Seckelmann / Michael Stolleis (eds.), Regulierte Selbstregulierung in der westlichen Welt des späten 19. und frühen 20. Jahrhunderts, Frankfurt a. M. 2014, 57–73.

substantial contents. Rather one has to refer to the concrete understanding of public weal of the contemporaries.[22]

Although the debate on self-regulation is primarily a present-day debate as it receives its impulses from current regulatory problems, the phenomenon has a historical dimension. Since the emergence of the commercial society at the beginning of the 19th century the question has continually arisen how the power is to be distributed between state and organized societal players. In this field of tension a wide variety of organizational forms of societal self-regulation more or less strongly tied to the state power have emerged. Here specific national patterns became visible which were explored by German legal history to a great extent;[23] but also in other societies self-regulatory structures – with own legal-cultural contours – emerged.[24]

b) *Judicial self-regulation*: Up to now, however, the debate – both from a historical and present-day perspective – has focused on non-judicial forms of self-regulation. Self-norm-setting has so far been at the center of attention,[25] but other modes such as the assumption of supervision-tasks (imaginably by the state) and other administrative functions have also attracted scientific attention. Particularly in newer research on non-state justice the phenomenon has moved into focus – without one explicitly associating it with the concept of self-regulation. However, this research contains relevant lists of criteria which help to identify not only the intensity of the dependency on the state but also the dependency on the law (in terms of dependency of the law set by the state).[26]

22 Peter Collin, »Gesellschaftliche Selbstregulierung« und »regulierte Selbstregulierung« – ertragversprechende Analysekategorien für eine (rechts-)historische Perspektive?, in: Peter Collin / Gerd Bender / Stefan Ruppert / Margrit Seckelmann / Michael Stolleis (eds.), Selbstregulierung im 19. Jahrhundert – zwischen Autonomie und staatlichen Steuerungsansprüchen, Frankfurt a. M. 2011, 3–31, 9 f.

23 See the contributions in Peter Collin / Gerd Bender / Stefan Ruppert / Margrit Seckelmann / Michael Stolleis (eds.), Selbstregulierung im 19. Jahrhundert – zwischen Autonomie und staatlichen Steuerungsansprüchen, Frankfurt a. M. 2011, and Peter Collin / Gerd Bender / Stefan Ruppert / Margrit Seckelmann / Michael Stolleis (eds.), Regulierte Selbstregulierung im frühen Interventions- und Sozialstaat, Klostermann, Frankfurt a. M. 2012.

24 See the contributions in Peter Collin / Gerd Bender / Stefan Ruppert / Margrit Seckelmann / Michael Stolleis (eds.), Regulierte Selbstregulierung in der westlichen Welt des späten 19. und frühen 20. Jahrhunderts, Frankfurt a. M. 2014.

25 Miloš Vec, Recht und Normierung in der industriellen Revolution, Frankfurt a. M. 2006, 293 ff.; Ina vom Feld, Staatsentlastung im Technikrecht. Dampfkesselgesetzgebung und Dampfkesselüberwachung in Preußen 1831–1914, Frankfurt a. M. 2007, 234 ff.

26 Connolly, Non-State Justice Systems (note 6), 239–294; Forsyth, A Typology of Relationships (note 6), 67–113.

And the research on »Popular Justice« has developed considerations on the question of which forms of the integration of laymen have generated a justice close to the people, a »popular justice«.[27] Still, the crucial question of judicial self-regulation is not as such being answered: Is the authorization to non-state (or parastatal) actors to execute judicial power (or the state toleration of self-administered justice) just a mode of the incorporation of societal knowledge – and thus a mode of instrumentalisation – or is it a form of commitment of autonomous power to social groups? The contributions in this volume attempt to provide some answers.

III. Notes on the contributions in this volume

A contribution by *Gunnar Folke Schuppert* opens this volume. His considerations focus on the question in which way regulating-collectives (»Regelungskollektive«) can be understood as jurisdictional communities (»Jurisdiktionsgemeinschaften«) and in which form they enforce their claims of validity. On this basis he develops typologies of law enforcement regimes which are not only characterized by different organizational constitutions but also by various normative rationalities.

The contributions in the following section II, »The World of Labor«, which are concerned with questions of labour law-related conflict resolution, reveal that such jurisdictional cultures also differ in an international perspective. The differences concern not only the level of juridification and the level of submission to state provisions, but also the question as such of whether such conflicts are subjected to the ordinary courts or special boards which consist of representatives of the concerned interest groups. The contributions of *Sabine Rudischhauser*, *Wilfried Rudloff*, *Gerd Bender* and *Ralf Rogowski* deal respectively with developments in France, Germany and Great Britain.

Widely autonomous law enforcement regimes were been also shaped in the economy (section III »The World of Economy«). The core institution of economic conflict resolution is the arbitration court, which is subjected to state law only to a minor degree and also decides on the basis of specific economic concepts of justice. The development of arbitral jurisdiction in Germany can be observed in *Jens Gal's* contribution. International arbitral jurisdiction has to a greater extent detached itself from state jurisdiction. This is demonstrated in the *Andreas Maurer's* contribution on the arbitration courts of the maritime industry.

Institutions which integrate non-state actors and non-state problem-solving rationalities, but at the same time are incorporated in state organizational

27 Émilie Delivré / Emmanuel Berger (eds.), Popular Justice in Europe (18th–19th Centuries), Bologna, Berlin 2014.

structures, are rampant in Western societies (section IV). Developments in Germany have offered numerous examples which in themselves embody different modes of state integration. This is shown in the contributions of respectively *Monika Wienfort* on patrimonial courts, of *Peter Collin* on juries, and of *Wolfgang Ayass* on conflict resolution bodies of social insurance.

Our notion of statehood emanates from organizational and decision-making structures which emerged in the Western world of the 19th and 20th century. These notions can only partly be transferred to societies with weak state power, to »Areas of Limited Statehood«[28] (section V). In those societies specific patterns arise, in which state and non-state normative rationalities overlap. Such patterns become visible in the contribution of *Katharine A. Hermes* on the early colonial society of North America and in in the contribution of *Matthias Kötter* on conceptions of non-state justice in developing countries.

To what extent non-state actors and non-state normativities shape and challenge the development of modern judicial decision systems is illustrated in the last section (»Challenges in the Modern World: ›Pre-Modern‹ Forms and Innovations«). On the one hand there is a strong inherent weight and impact of traditional non-state patterns of dispute settlement. *Silvia Tellenbach's* contribution shows this in respect of the complicated interplay of Islamic and secular law. On the other hand new needs for the appropriate treatment of specific problems of justice or the dissatisfaction with conventional institutions or procedures generate organizational patterns which fit neither in the traditional structures of state jurisdiction nor in conventional administrative structures. The contribution of *Linda C. Reif* demonstrates this with regard to the institution of the ombudsman. Finally, one can observe that the digital revolution leads to new forms of conflict resolution which are in operation outside of state jurisdiction but do not ignore state normativities. The manner in which this manifests itself, is treated in the contribution by *Joachim Zekoll.*

Peter Collin

28 Concerning this field of research see the Collaborative Research Center (SFB) 700 »Governance in areas of limited statehood«, Berlin (URL: www.sfb-governance.de/en/).

Von der Pluralität normativer Ordnungen zur Pluralität ihrer Durchsetzungsregime

Jurisdiktionsgemeinschaften und ihre je spezifische Jurisdiktionskultur

Dieser etwas weiter ausgreifende Beitrag geht von dem Befund aus, dass wir es in der gesellschaftlichen Wirklichkeit mit einer Pluralität von Normenordnungen zu tun haben – von in Parallelordnungen praktizierten Ehrenkodizes bis zum staatlichen Zwangsvollstreckungsrecht, von »soft law« zu »hard law«, vom Stammesrecht der Paschtunen[1] bis zu den staatlichen Maßnahmengesetzen wie etwa den Finanzmarktstabilisierungsgesetzen als Instrumenten des Krisenmanagements. Zur Kennzeichnung dieses Sachverhalts ist es häufig üblich, die Begriffe Rechtspluralismus oder »legal pluralism« zu verwenden; wir hingegen schlagen vor, insoweit von *normativer Pluralität* zu sprechen,[2] da uns dies der Notwendigkeit enthebt, frühzeitig verengende Qualifikationsentscheidungen treffen zu müssen. Wenn wir es mit normativer Pluralität zu tun haben, dann steht zu vermuten, dass wir bei näherem Hinsehen auch auf eine Pluralität von Verfahren und Institutionen treffen werden, die von den jeweiligen Regelungskollektiven entwickelt worden sind, um die Beachtung ihrer Normenordnungen zu gewährleisten und gegebenenfalls auch zwangsweise durchzusetzen. Für diese Verfahren und institutionellen Strukturen der Normdurchsetzung schlagen wir – in Anlehnung an den in der Governance-Forschung üblichen Begriff der Governance-Regime[3] – vor, den Begriff »*Normdurchsetzungsregime*« zu verwenden.

1 Zum Stammesrecht als zentralem Bestandteil der Stammesidentität siehe eindrücklich den im Grenzgebiet von Afghanistan und Pakistan spielenden Roman von Jamil Ahmad, Der Weg des Falken, Hamburg 2011/2013.

2 Näher dazu Matthias Kötter/G.F. Schuppert (Hg.), Normative Pluralität ordnen. Rechtsbegriffe, Normenkollisionen und Rule of Law in Kontexten dies- und jenseits des Staats, Baden-Baden 2009.

3 Zum Begriff der Governance-Regime siehe Hans-Heinrich Trute/Doris Kühlers/Arne Pilniok, Governance als verwaltungsrechtswissenschaftliches Analysekonzept, in: G.F. Schuppert/Michael Zürn (Hg.), Governance in einer sich wandelnden Welt, PVS-Sonderheft 41, Wiesbaden 2008, 173 ff.

Wir gehen also davon aus, dass Regelungsgemeinschaften – seien sie territorialer, ethnischer oder religiöser Natur – nicht nur in eigenständiger Weise gemeinschaftsspezifische Normenordnungen hervorbringen, sondern, dass ihr Selbstregulierungspotential vor allem auch in der Ausgestaltung der von ihnen für angemessen erachteten Normendurchsetzungsregime zum Ausdruck kommt: insoweit hängen Selbstregulierung und Jurisdiktionskultur unmittelbar miteinander zusammen.

Wir gehen also davon aus, dass Regelungsgemeinschaften immer auch Jurisdiktionsgemeinschaften[4] *sind, die – da Normen immer auch kulturell »embedded« sind – verschiedene Jurisdiktionskulturen entwickeln.* Auf dieses weite Feld wollen wir einen neugierigen Blick werfen und dabei in drei Schritten vorgehen. In einem ersten Schritt wollen wir uns der Durchsetzungsdimension jeder Normenordnung zuwenden und dabei lernen, dass Normsetzung und Normdurchsetzung als Bestandteile eines einheitlichen Normverwirklichungsvorgangs begriffen werden müssen. Der zweite Schritt – der den Hauptteil ausmacht – besteht in einem Streifzug durch verschiedene Normdurchsetzungsregime, wobei im Hinblick auf das Gesamtthema dieses Bandes die Frage im Vordergrund steht, inwieweit Normdurchsetzung eine Erscheinungsform von Selbstregulierung ist, ein Modus der Ko-Produktion von Ordnungssicherheit durch staatliche und nicht-staatliche Akteure oder ein Reservat des Staates als Rechtsdurchsetzungsmonopolisten. In einem dritten Schritt schließlich wollen wir uns an eine Typologie wagen und versuchen, verschiedenen Typen von Normenordnungen verschiedene Typen von Normdurchsetzungsregimen zuzuordnen.

Da dies ein umfangreiches Programm ist, sollten wir unverzüglich mit der Arbeit beginnen.

I. Zur Durchsetzungsdimension jeder Normenordnung

1. Normdurchsetzung als notwendiger Bestandteil einer effektiven Normenordnung

Das Problem der Normdurchsetzung ist jeder Normenordnung immanent: denn wenn Normen nicht respektiert werden und nicht durchgesetzt werden können, ist man geneigt, ihre Geltung zu bezweifeln, jedenfalls ihren Charakter als »Recht« zu bestreiten. Legitimation, Autorität, Geltung und Durchsetzung von Normen hängen daher untrennbar miteinander zusammen, sodass wir in

4 Den Begriff der Jurisdiktionsgemeinschaften verdanke ich einem Gedankenaustausch mit Thomas Duve vom Max-Planck-Institut für europäische Rechtsgeschichte am 24. Januar 2013.

der Tat sagen können, dass jede Normenordnung eine Durchsetzungsdimension aufweist, die nicht beliebig von Bestand und Funktion einer Normenordnung getrennt gedacht werden kann.

Michael Stolleis hat in seinem Beitrag »Die Legitimation von Recht und Gesetz durch Gott, Tradition, Wille, Natur, Vernunft und Verfassung«[5] diesen Zusammenhang so zutreffend beschrieben, dass wir seinen »Aufschlag« zum Ausgangspunkt unserer weiteren Argumentation machen wollen:

> »Woher kommt das Recht? Warum gilt es? Auf wen oder was beruft man sich, wenn Recht oder Gesetz gerechtfertigt werden müssen? In diesem Sinn ist immer wieder vom ›Geltungsgrund‹ oder ›Fundament‹ des Gesetzes gesprochen worden. Die Metapher verweist auf etwas, was nicht selbst Gesetz ist, sondern dieses trägt, ihm Geltung verleiht und es sozusagen ins Recht setzt. Es handelt sich bei genauerem Zusehen um ein Doppeltes: Es geht zum einen um die *Bezeichnung derjenigen Autorität, die einem Soll-Satz Leben und Nachdruck verleiht*, die gewissermaßen ›hinter ihm‹ steht und *mit Sanktionen drohen* kann, wenn der Soll-Satz nicht befolgt wird. Zum anderen geht es in einem spezielleren Sinn um den *Qualitätssprung*, der aus einem beliebigen Soll-Satz eine Rechtsnorm macht. Letzteres setzt eine Möglichkeit der Differenzierung zwischen Soll-Sätzen voraus, und zwar derart, dass die einen, der Konvention folgend, Sitte oder Brauch genannt werden, während die anderen Rechtsqualität annehmen. Gibt es eine solche Differenzierung, genauer: wird sie in dieser Weise verabredet, muss man auch angeben können, welches Merkmal einen Soll-Satz zum Rechtssatz macht. [...] Ob auch die *Potentialität der Sanktion* bei Normverletzung notwendig dazugehört, ist seit langem umstritten und wird immer wieder an bestimmten sanktionslosen Normen oder am Völkerrecht diskutiert.«[6]

Jedenfalls wird man in der Rechtswissenschaft kaum auf Widerspruch stoßen, wenn man – wie Karin Nehlsen-von Stryck dies pointiert getan hat – die Aussage formuliert, dass jede effektiv sein wollende Rechtsordnung auf eine geordnete Rechtsdurchsetzung angewiesen ist: »Effektivität und gesellschaftliche Relevanz einer Rechtsordnung bestimmen sich im Wesentlichen danach, in welchem Umfang diese ihre Verwirklichung zu garantieren vermag. Zugleich offenbaren sich in Ausmaß und Grenzen der für zulässig erachteten Zwangsgewalt grundsätzliche Wertentscheidungen einer Gesellschaft.«[7]

Dass Regeln und eingegangene Rechtsverbindlichkeiten auch durchsetzbar sein müssen, zeigt auch ein Blick in die Institutionenökonomik, bei der – wie bei den Sozialwissenschaften generell – Regeln und Regelungsstrukturen Institu-

5 In: Martin Avenarius / Rudolf Meyer-Pritzl / Cosima Möller (Hg.), Ars Juris, Festschrift für Okko Behrends, Göttingen 2009, 533–546.

6 Avenarius u. a., Ars Juris (Anm. 5), 533.

7 Karin Nehlsen-von Stryk, Grenzen des Rechtszwangs: Zur Geschichte der Naturalvollstreckung, in: Archiv für die civilistische Praxis (AcP) 193 (1993), 530 f.

tionen heißen.[8] Funktionsfähige Institutionen sind nicht nur der harte Kern von »good governance«, sie entscheiden auch – in dem Punkte scheint man sich einig zu sein – darüber, ob Länder bzw. Gesellschaften erfolgreich und reich oder erfolglos und arm sind.[9] Im Mittelpunkt stehen dabei Institutionen wie Eigentumsrechte (»property rights«), das Institut des Vertrages, eine unabhängige, Rechtssicherheit versprechende Justiz sowie ein fairer Wettbewerb, allesamt Institutionen – wir würden in der Governance-Terminologie von Regelungsstrukturen sprechen – die rechtlich »wehrfähig« sein müssen; bei Douglass North heißt es dazu in einem Stil, der jeden Zweifel ausschließen will, wie folgt: »Die Unfähigkeit von Gesellschaften, effektive und mit geringen Kosten funktionierende *Vertragsdurchsetzungsmechanismen* zu entwickeln, ist die wichtigste Ursache sowohl für historische Stagnation als auch für die derzeitige Unterentwicklung in der ›Dritten Welt‹.«[10]

Wenn aber Recht – in welcher Spielart auch immer – durchsetzbar sein muss, dann sind Rechtsetzung, Rechtsanwendung und Rechtsdurchsetzung Elemente eines umfassenderen Rechtsverwirklichungsvorgangs:

> »Das Recht als Sollensordnung ist nicht auf abstrakte Geltung, sondern *auf Verwirklichung angelegt*. Vollstreckung und Sanktionen als die beiden Typen rechtlichen Zwangs sind im demokratischen Verfassungsstaat Endpunkte eines *einheitlichen und umfassenden Rechtsverwirklichungsvorgangs*. Dieser beginnt mit der Recht*setzung*, fährt in der Recht*sanwendung* als Konkretisierung generell-abstrakter Regeln auf den Einzelfall führt und mündet – falls notwendig – in der mehr oder weniger zwangsweisen Rechts*durchsetzung*. Dieses Modell kann in vielfältiger Weise gestuft, erweitert oder abgewandelt erscheinen. [...] Sein Kern bleibt jedoch – bei allen Variationen – stets erhalten. Die zwangsweise Rechtsdurchsetzung als die Vollstreckung und Sanktionierung überwölbende Kategorie empfängt nach diesem *einheitlichen Rechtsverwirklichungsmodell* Inhalt und Impulse, Ziele und Programme aus dem durchzusetzenden Recht.«[11]

8 Vgl. dazu den informativen Überblick bei Gerhard Göhler, Institution, in: ders./Mattias Iser/Ina Kerner (Hg.), Politische Theorie. 22 umkämpfte Begriffe zur Einführung, Wiesbaden 2004, 209–226.

9 Vgl. dazu neuerdings Niall Ferguson, Der Niedergang des Westens. Wie Institutionen verfallen und Ökonomien sterben, Berlin 2013; Douglass C. North/John Joseph Wallis/Barry R. Weingast, Gewalt und Gesellschaftsordnungen. Eine Neudeutung der Staats- und Wirtschaftsgeschichte, Tübingen 2013; Daron Acemoglu/James A. Robinson, Warum Nationen scheitern. Die Ursprünge von Macht, Wohlstand und Armut, Frankfurt a. M. 2013.

10 Douglass North, Institutionen, institutioneller Wandel und Wirtschaftsleistung, Tübingen 1972, 72.

11 Christian Waldhoff, Staat und Zwang. Der Staat als Rechtsdurchsetzungsinstanz, Paderborn u. a. 2008, 13 f.

2. Modi der Normdurchsetzung

Auch wenn Normenordnungen alle im Hinblick auf ihre Funktionsfähigkeit und soziale Relevanz auf ihre Durchsetzbarkeit angewiesen sind, können dabei doch – wie die nachstehende Übersicht zeigt[12] – gänzlich verschiedene Wege eingeschlagen werden – vom Kirchenbann bis zur sozialen Exklusion:

Schaubild: Geltungs- und Verbindlichkeitsgefälle normativer Ordnungen

Geltungs-dimensionen	Religion	Recht	Sitte[11]	Mode[12]
Symbolische Geltung	Symbolische Repräsentationen der Letztreferenz	Differenz von symbolischer und faktischer Geltung	Unterscheidungen von Manieren, Benimm und Maniriertheit	Paradoxie des ›éternel dans le fugitif‹; der Einzigartigkeit und der Gruppenzugehörigkeit
Normative Geltung	Stufen der Verbindlichkeit, Virtuosen- und Laienverbindlichkeiten	Beliebige Änderbarkeit, force du droit, »Einverständnisgeltung« als Geltungsfiktion	Faktizität	Die plurale Geltung der vestimentären Codes
Organisationsförmige Geltungssanktionierung	Kirchenbann, Beichte und Gewissenssteuerung, Androhung der ewigen Verdammnis	Durchsetzbarkeit und Durchsetzungsstab, Selektion von Geltungsansprüchen	Soziale Sanktionierung	Markt vs. Institutionelle Kontrolle und soziale Exklusionsmechanismen
Ritualverfestigung	Ritualfeindschaft vs. Ritualismus	Ritual- vs. Verfahrenslegitimation	Routine	Rituale der Selbstdarstellung und Gruppenzugehörigkeit
Geltungsdauer	Von Beginn an bis in alle Ewigkeit	Von der Illusion der ewigen Geltung, aus der Natur, bis zur Geltung aus Kontingenz	Faktische Dauer	Illusion der ewigen Geltung
Geltungsgründe	»weil es von einem höheren Wesen kommt und von Anfang an besteht«; sakrale Ursprungslegitimation	»weil es schon immer so war« oder »weil es wieder änderbar ist«; von sakralen Gründen bis zu beliebiger Satzbarkeit als Geltungsgrund	»weil es so ist«	»weil es so schön ist«, »weil es andere auch so tun«; Geltungsparadoxien

11 Hier liegen Webers Überlegungen aus *Die Wirtschaft und die Ordnungen* zugrunde. Vgl. die Nachweise im Rechtsband zu *Wirtschaft und Gesellschaft*: MWG I/22-3.

12 Siehe einerseits die Studien Georg Simmels, v. a. Simmel: Zur Psychologie der Mode; Simmel: Die Mode; sowie die Studie von Esposito: Die Verbindlichkeit des Vorübergehenden.

12 Werner Gephart/Raja Sakrani, »Recht« und »Geltungskultur«. Zur Präsenz islamischen Rechts in Deutschland und Frankreich, in: Werner Gephart (Hg.), Rechtsanalyse als Kulturforschung, Frankfurt a. M. 2012, 108.

Wir möchten dieses Schaubild noch etwas anreichern, und zwar zunächst um zwei weitere Schaubilder, die in idealtypischer Weise *informale und formale Normdurchsetzungsregime* einander gegenüberstellen;[13] das Sanktionsmittel von »informal justice« ist »social pressure«, das von »formal justice systems« ist das des staatlichen Zwanges:

INFORMAL SYSTEM

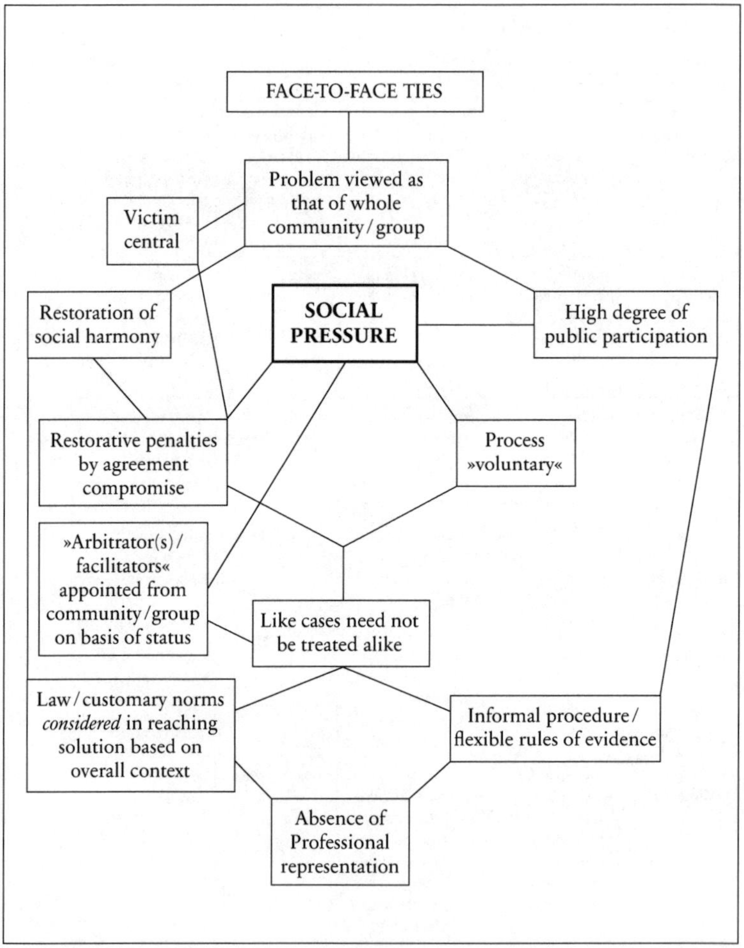

13 Penal Reform International (Hg.), Access to justice in sub-Saharan Africa. The role of traditional and informal justice systems, London 2000, 124 f.; generell zu dem Verhältnis formaler und informaler Institutionen siehe G. F. SCHUPPERT, Der Rechtsstaat unter den Bedingungen informaler Staatlichkeit. Beobachtungen und Überlegungen zum Verhältnis formeller und informeller Institutionen, Baden-Baden 2011.

FORMAL STATE SYSTEM

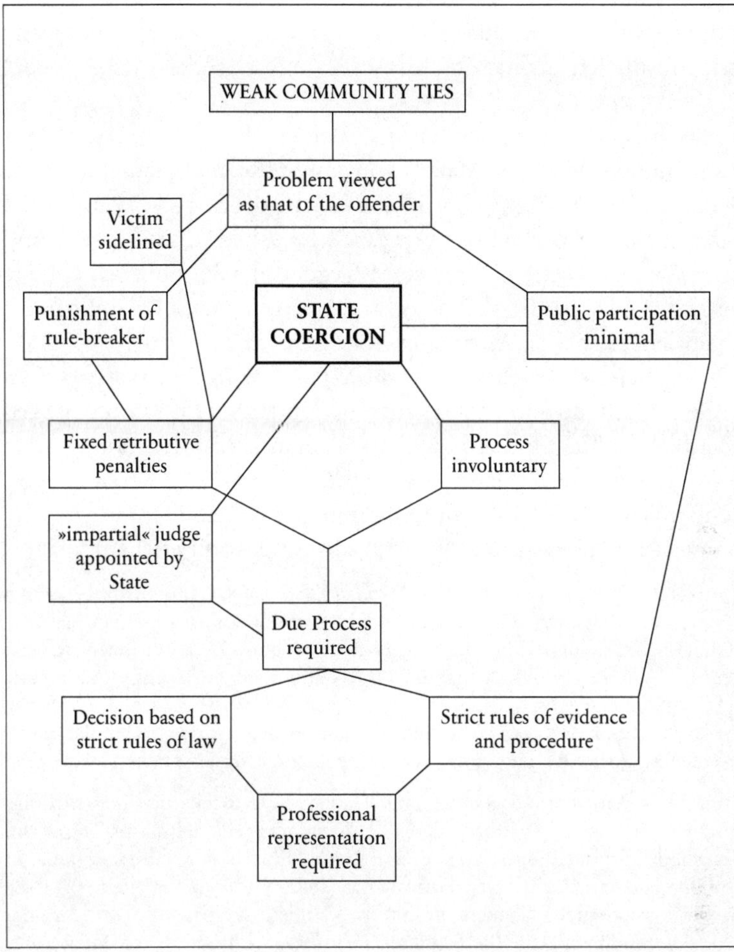

Beide Systeme lassen sich übrigens auf mannigfache Weise miteinander kombinieren, wie am Beispiel des in der südafrikanischen Verfassung geregelten Verhältnisses von »customary courts« und »state courts« studiert werden kann.[14] Zum Abschluss dieses Punktes sei noch ein kurzer Blick auf zwei Mechanismen

14 Näher dazu Christa Rautenbach, South Africa: Legal Recognition of Traditional Courts – Loose Ties between the Systems, in: Matthias Kötter / Tilmann J. Röder / G. F. Schuppert / Rüdiger Wolfrum (Hg.), Non-state Justice Institutions and the Law – Decision-making at the Interface of Tradition, Religion and the State, London 2015, 121–152.

sozialer Kontrolle bzw. Exklusion geworfen, die beide die Wirkmächtigkeit sozialer Kontrollmechanismen belegen und zugleich zeigen, dass die aus der Anwendung staatlichen Rechts vertraute Begrenzungs- und Mäßigungsfunktion des Verhältnismäßigkeitsprinzips hier in zum Teil bedenklicher Weise nicht greift:

- Das erste Beispiel entnehmen wir dem Bereich der Literatur. Sowohl in dem Roman »Der menschliche Makel« von Joseph Roth als auch in dem Roman »Schande« von J. M. Coetzee wird uns auf eindrucksvolle Weise vorgeführt, wie der Sanktionsmechanismus *»political correctness«* funktioniert, und zwar in einer Weise, bei der irgendwelche Gegenwehr des politisch Unkorrekten eigentlich aussichtslos ist. Ein rechtlich ausgeformtes Disziplinarverfahren erscheint angesichts dessen allemal vorzugswürdig.
- Das zweite Beispiel bezieht sich auf die *Reputation als Durchsetzungsinstrument*. Wie diese Methode von »governance by reputation« funktioniert, lässt sich am Beispiel der New Yorker jüdischen Diamantenhändler studieren,[15] die im New Yorker Diamond Dealers Club (DDC) zusammengeschlossen sind, über dessen Funktion Nils Christian Ipsen in seiner Arbeit über »Private Normenordnungen als Transnationales Recht?« folgendes zu berichten weiß:

> »So bietet der New Yorker *Diamond Dealers Club* (DDC), innerhalb dessen ein Großteil des weltweiten Diamantenhandels stattfindet, nicht nur einen sicheren Handelsplatz, sondern dient auch als Handelskammer. Dem entsprechend setzt der DDC die Regeln des Diamantenhandels und bietet ein zwingendes privates Schiedsgericht an. Zusätzlich übernimmt er auf verschiedene Weise die Aufgabe, den Informationsaustausch über die Reputation der einzelnen Händler zu ermöglichen, um so die Befolgung der eigenen Schiedssprüche sicherzustellen.
>
> Zunächst vereinfacht ein gemeinsamer Handelsplatz bereits den Informationsaustausch. Zusätzlich werden an einer Wand des Handelsraums Fotos von Besuchern und Neulingen an der Börse mit Hinweisen auf ihre Reputation und ihre persönlichen Referenzen aushängt. Ebenso werden – in einer Form, die an die berüchtigten ›Wanted‹ Poster im ›Wilden Westen‹ erinnert – Bilder derjenigen aushängt, die ihre Schulden nicht bezahlt haben. Es ist dadurch für jeden Händler vergleichsweise einfach, sich über die Reputation eines potentiellen Handelspartners zu informieren.«[16]

Nach diesem kurzen Blick auf die verschiedenen Modi der Rechtsdurchsetzung wollen wir aber noch einmal zurückkommen auf die grundlegende Einsicht,

15 Interessant dazu Barak D. Richman, How community institutions create economic advantage: Jewish diamond merchants in New York, URL: http://papers.ssrn.com/sol3/papers.cfm?abstract_id=349040; ders., Firms, Courts, and Reputation Mechanism: Towards a Positive Theory of Private Ordering, in: Columbia Law Review 104 (2004), 2328 ff.

16 Nils Christian Ipsen, Private Normenordnungen als Transnationales Recht?, Berlin 2009, 53 f.

dass Rechtsetzung, Rechtsanwendung und Rechtsdurchsetzung als eine funktionale Einheit begriffen werden müssen. Regelungskollektive sind deshalb nicht nur Normensetzungsgemeinschaften, sondern immer auch Jurisdiktionsgemeinschaften. Wenn sich dies aber so verhält, dann liegt es nahe, bei der nun vor uns liegenden Aufgabe, verschiedene Arten von Rechtsdurchsetzungsregimen zu unterscheiden, an die unterschiedlichen Arten von Regelungskollektiven anzuknüpfen und zu fragen, wie diese ihre Normdurchsetzung organisiert haben und inwieweit darin Elemente einer Selbstregulierung zu erkennen sind.

II. Rechtsgewährleistung und Rechtsdurchsetzung als integraler Bestandteil territorial fundierter Herrschaft[sbefugnisse]

Um diesen Überblicksbeitrag nicht allzu sehr aufzublähen, beschränken wir uns im Folgenden auf territoriale und später auch religiöse Herrschaftsgebilde, lassen also das Stammesrecht sowie seine Durchsetzung hier beiseite; beginnen wollen wir mit territorialen Governance-Kollektiven und ihren Normdurchsetzungsregimen.

1. Rechtsdurchsetzung als Staatsaufgabe

a) Zur umfassenden Rechtsmacht des Staates

Dass die Durchsetzung des Rechts eine staatliche Kernaufgabe darstellt, dürfte unbestritten sein; sie ist letztlich eine Konsequenz des historischen Prozesses der Verstaatlichung des Rechts: »Recht wird […] verstaatlicht und der Staat verrechtlicht.«[17] Werner Maihofer spricht angesichts dieses Übergangs von der Rechtsdurchsetzungsaufgabe auf den Staat insoweit von der *staatlichen Rechtsmacht*, eine unseres Erachtens geglückte Begriffsbildung, die er wie folgt näher erläutert:

> »Diese ursprünglich allein beim Einzelnen und seiner Sippe liegende *Rechtsmacht*, die in der gentilen Schutzvereinigung, wie wir ihr in frühen Rechten begegnen, die Durchsetzung von Rechten, die Verfolgung von Ansprüchen, ja selbst die Vollstreckung von Strafen vermittels außerstaatlichen Gewaltgebrauchs gewährleistet, führt in jenem geschichtlichen Vorgang, den wir die Gottes- und Landfriedensgesetzgebung nennen, zur Entstehung einer organisierten Staatsgewalt, mit der sich im frühen Mittelalter nach und nach das staatliche Gewaltmonopol durchsetzt.
>
> Damit übernimmt der Staat die zuvor von der Sippe recht und schlecht ausgeübte Garantie der Funktion des Rechts, die notwendig überall da den Einsatz von

17 Andreas Anter, Max Webers Theorie des modernen Staates. Herkunft, Struktur und Bedeutung, Berlin 1995, 194.

Rechtsmacht durch die Staatsgewalt verlangt, wo anders das Recht ohne solchen Gewaltgebrauch gegen das Unrecht nicht verteidigt, oder schon als Recht in dieser Welt gegen mächtige Einzelne oder machthabende Gruppen nicht durchgesetzt werden kann.«[18]

Wenn wir die rechtshistorisch gemeinte Perspektive nunmehr durch die des Verfassungsrechts ersetzen, so kann man mit Markus Möstl den Auftrag des Staates zur Durchsetzung der Rechtsordnung im Rechtsstaatsprinzip verorten:

»Der *Auftrag zur Rechtsdurchsetzung* ist dem Rechtsstaatsprinzip in mehrfacher Hinsicht immanent. Zum einen folgt er aus der fundamentalen rechtsstaatlichen Aufgabe der Wahrung und Sicherung des Rechtsfriedens und der Rechtssicherheit: Sowohl bei historischer als auch bei dogmatischer Betrachtung gehört die Idee der Befriedung durch eine rechtliche Ordnung zu den ursprünglichen und konstituierenden Merkmalen der Rechtsstaatlichkeit. Rechtsfriede und Sicherheit im Recht (Rechtssicherheit im weiteren Sinne) freilich setzen voraus, daß die staatliche Rechtsordnung, die diesen Frieden und diese Sicherheit gewährleisten soll, nicht nur besteht, sondern auch tatsächlich wirksam wird, was wiederum zur Voraussetzung hat, daß diese Rechtsordnung hinreichend effizient ist und tatsächlich durchgesetzt wird. *Effizienz und Durchsetzung des Rechts sind deshalb eine ständige Forderung des Rechtsstaats.*«[19]

In geradezu paradigmatischer Weise findet dieser staatliche Rechtsdurchsetzungsauftrag seinen Ausdruck in der Pflicht des Staates zum Erhalt einer funktionstüchtigen Strafrechtspflege; in einem programmatischen Beitrag mit eben diesem Titel[20] hat Herbert Landau, Richter im Zweiten Senat des Bundesverfassungsgerichts diese Staatspflicht mit argumentativer Wucht wie folgt begründet:

»Da *jeder Staat das sozialethische Minimum sichern* muss und dies unter den obwaltenden Umständen nur durch das Strafrecht geschehen kann, liegt das Ziel der Strafrechtspflege in der Sicherung der Akzeptanz dieser sozialethischen Standards. [...] Aber ebenso und in gleicher Gewichtigkeit zielt es auf die *subjektive Gewissheit des Rechtsunterworfenen, dass diese objektive Ordnung von den Mitgliedern der Gemeinschaft eingehalten* wird. [...] Nach aller Erfahrung kann dies nur durch Androhung und Anwendung von staatlichem Zwang geschehen, der deshalb auch im Mittelpunkt der Methoden des Strafrechts selbst steht. Die Einsicht, *dass nur der Staat* mit dem schärfsten Machtmittel, das einem staatlichen Gemeinwesen zur Verfügung steht, nämlich der öffentlichen Strafe, Verstöße

18 Werner Maihofer, Die Legitimation des Staates aus der Funktion des Rechts, in: Norbert Achterberg / Werner Krawietz (Hg.), Legitimation des modernen Staates (Archiv für Rechts- und Sozialphilosophie, Beiheft 15), Wiesbaden 1981, 30.

19 Markus Möstl, Die staatliche Garantie für die öffentliche Sicherheit und Ordnung. Sicherheitsgewährleistung im Verfassungsstaat, im Bundesstaat und in der Europäischen Union, Tübingen 2002, 65 f.

20 Herbert Landau, Die Pflicht des Staates zum Erhalt einer funktionstüchtigen Strafrechtspflege, in: Neue Zeitschrift für Strafrecht (NStZ) 2007, 121–129.

gegen diese Ordnung ahnden kann, ist allgemeingültig. [...] Akzeptiert man diese Bedingungszusammenhänge, so erschließt sich daraus, dass es sich bei dem Topos der funktionstüchtigen Strafrechtspflege um eine *vorgelagerte Pflicht des Staates* – unabhängig von seiner konkreten Verfasstheit – handeln muss [...].«[21]

b) *Zur organisatorisch-institutionellen Dimension der Rechtsdurchsetzung*

Die organisatorisch-institutionelle Ausgestaltung der Rechtsdurchsetzung ist ebenso wie das Verständnis von Recht selbst von unterschiedlichen gesellschafts- und staatspolitischen Vorstellungsbildern beeinflusst: »In nicht staatsorientierten Gesellschaftsformen ist schon die Konzeption des Rechts eine andere«[22] und – wie wir hinzufügen wollen – auch die Konzeption der angemessenen Gestalt der Rechtsdurchsetzungsregime: Gegensatzpaare, die insoweit eine Rolle spielen, sind »Laien contra Profis«[23] oder auch die Kategorien »Richter« oder »Justiz«.

So steht etwa für den anglo-amerikanischen Rechtskreis mit geringer Staatsorientierung die Figur des Richters im Vordergrund, ein Befund der einen Autor geradezu zu folgender Fragestellung animiert hat: »Der englische Richter – ein Fürst?«.[24] In der Tat wird man – wie Heike Jung es formuliert hat – »in Großbritannien durch die Berufung zum Richter Mitglied (einer) oligarchischen Kaste, eines geschlossenen Systems vergleichsweise weniger Funktionsträger, die einen hohen gesellschaftlichen und politischen Status haben, was aber [...] keineswegs mit einer gesteigerten Entscheidungsmacht einhergeht«.[25]

In staatsorientierten Gesellschaften hingegen sei es – wie Heike Jung zu bedenken gibt – plausibel, »nicht so sehr in der Kategorie ›Richter‹ als vielmehr in der Kategorie ›Justiz‹ zu denken; ein Blick auf die deutsche Tradition bestätigt ihre These. Die von Max Weber zum Kriterium vom Recht erhobene Existenz eines gesonderten professionalisierten Rechtsstabes, der das Geschäft der Rechtsdurchsetzung betreibt, ermöglicht ihm nicht nur, den Richter in sein Bürokratiemodell zu integrieren,[26] sondern ist ein eindeutiger Beleg für das Denken in der Kategorie der Justiz, nicht der des Richters.

Aber es ist nicht nur der neuzeitliche Territorialstaat, der Kraft seines Rechtssetzungs- und Rechtsdurchsetzungsmonopols die Durchsetzung des staatlichen

21 Landau, Pflicht des Staates (Anm. 20), 126.

22 Heike Jung, Richterbilder. Ein interkultureller Vergleich, Baden-Baden 2006, 69.

23 Ausführlicher dazu: Jung, Richterbilder (Anm. 22), 67 ff.

24 Walther Richter, Der englische Richter – ein Fürst?, in: Christian Broda [u. a.] (Hg.), Festschrift für Rudolf Wassermann zum sechzigsten Geburtstag, Neuwied [u. a.] 1985, 177–191.

25 Richter, Der englische Richter (Anm. 22), 125.

26 Jung, Richterbilder (Anm. 22), 69.

Rechts für sich reklamieren darf; es gibt auch Beispiele für andere territorial basierte Herrschaftsrechte, die die Kompetenz zur Rechtsdurchsetzung und zur gerichtsförmigen Entscheidung von Streitigkeiten mit umfassen. Auf diese Beispiele sei nunmehr ein kurzer Blick geworfen.

2. Gerichtsherrschaft als Bestandteil von Grundherrschaft

a) Das Beispiel der englischen Friedensrichter

Eine interessante Konstruktion stellen – gerade unter dem Gesichtspunkt der regulierten Selbstregulierung – die englischen Friedensrichter dar, die der sozialen Schicht der Grundbesitzer entstammten und von der Krone mit jährlich erneuerten Jurisdiktionsbefugnissen betraut wurden. Ronald G. Ash schildert ihr Wirken anschaulich wie folgt:

> »In England gelang es der Krone, den Adel selbst für die Aufgabe der lokalen Friedenswahrung zu gewinnen, obwohl auch hier die Neigung, Konflikte gewaltsam, etwa in sogenannten ›poaching wars‹, auszutragen, im 16. Jahrhundert durchaus noch anhielt. Die entsprechenden Funktionen lagen in den Grafschaften vor allem in der Hand der *gentry*, die die Mitglieder der sogenannten *commission of peace* stellte. Schon seit dem 14. Jahrhundert hatte der König in den Grafschaften eine kleine Zahl von lokalen Grundbesitzern mit der Ahndung von Vergehen jeder Art beauftragt, indem er ihnen durch eine *jährlich erneuerte Kommission Jurisdiktionsbefugnisse übertrug*. Die Mitglieder dieser Kommission wurden *als Justices of the Peace* bezeichnet. Im 16. und 17. Jahrhundert nahm nicht nur die Zahl dieser königlichen Kommissare zu (waren es im späten Mittelalter oft nur 12 oder 15 in jeder Grafschaft gewesen, so waren nun 40 bis 50 und später nach 1600 zum Teil bis zu 100 oder mehr), sondern auch ihre Kompetenzen. *Faktisch waren sie für die Durchsetzung aller Gesetze zuständig*, [...]. Die Krone konnte freilich nur solche Personen zu Friedensrichtern ernennen, die in ihrer Grafschaft dank ihres Reichtums, ihrer Herkunft [...] und ganz allgemein dank ihres Ansehens *über genügend natürliche Autorität verfügten*. Umgekehrt konnte ein Fehlverhalten als Friedensrichter auch zum Ausschluß aus der Kommission führen. Dies stellte zwangsläufig einen sozialen Makel dar und gefährdete das Ansehen der betroffenen Familie, namentlich dann, wenn ihre Stellung innerhalb der gentry, etwa weil es sich um Aufsteiger handelte, nicht ganz unumstritten war.«[27]

27 Ronald G. Ash, Europäischer Adel in der Frühen Neuzeit, Köln / Weimar / Wien 2008, 243 f.

b) *Das Beispiel der Gutsherrschaft*

Die sogenannte Gutsherrschaft stellt einen durchaus eigenständigen Herrschaftstyp dar,[28] ja man kann sogar von *Gutsherrengesellschaften* sprechen.[29] Für eine erste Information empfiehlt sich ein Blick auf die nachstehende zusammenfassende Charakterisierung, die wir dem Buch von Monika Wienfort über den Adel in der Moderne entnommen haben.[30]

> »Die Grundherrschaft ist als Begriff erst seit dem 15. Jahrhundert nachgewiesen, existierte aber seit dem frühen Mittelalter. Sie bestand in der Verbindung von Landbesitz mit (adligen) Herrenrechten. In der Rentengrundherrschaft bezogen sich die Verpflichtungen der Bauern und ländlichen Einwohner auf die Zahlung von (Geld-)Abgaben.
>
> In der Gutsherrschaft fielen Grundherrschaft und Gerichtsherrschaft zusammen. Der Gutsherr bewirtschaftete einen großen Eigenbetrieb. Die Freizügigkeit der Landbewohner war in der Frühen Neuzeit vielerorts durch die Erbuntertänigkeit eingeschränkt. Im Alltag machte sich die Gutsherrschaft vor allem als eine erhöhte Dienst- und Abgabenverpflichtung gegenüber nur einem Herrn bemerkbar.«

Interessant für unseren Diskussionszusammenhang ist nun vor allem die Frage, wie diese von der Gutsherrschaft mit umfasste Gerichtsherrschaft rechtlich begründbar war; die Antwort ist verblüffend einfach: die Jurisdiktionsgewalt wurde als ein *dingliches Recht* angesehen, d. h., die Befugnis, Recht zu sprechen, folgte dem Recht an Grund und Boden. Nach der Definition im Preußischen Allgemeinen Landrecht (ALR) war die sogenannte *Patrimonialgerichtsbarkeit*[31] ein dingliches, an den Besitz von gewissen Gütern gebundenes Recht, mit der Folge, dass die Gerichtsrechte bei einem Verkauf des Gutes mit veräußert wurden. Da allein der Besitz des jeweiligen Gutes maßgeblich war (Besitz wird hier synonym für Eigentum verwendet), konnte im Prinzip jedermann Gerichtsherr werden, »es kam eben gerade nicht auf den (adligen) Stand des Bewerbers an, sondern allein auf die Gegebenheiten des Besitzes«;[32] dies änderte aber nichts an der Tatsache, dass in der sozialen Realität die Gerichtsherreneigenschaft dem Adel vorbehalten blieb:

28 Näher dazu: Jan Peters (Hg.), Gutsherrschaft als soziales Modell. Vergleichende Betrachtungen zur Funktionsweise frühneuzeitlicher Agrargesellschaften (Historische Zeitschrift, Beiheft N. F. 18), München 1995.

29 Siehe dazu die Beiträge in: Jan Peters (Hg.), Gutsherrengesellschaften im europäischen Vergleich, Berlin 1997.

30 Monika Wienfort, Der Adel in der Moderne, Göttingen 2006, 63.

31 Grundlegend dazu: Monika Wienfort, Patrimonialgerichte in Preußen. Ländliche Gesellschaft und bürgerliches Recht 1770–1848/49, Göttingen 2001.

32 Wienfort, Patrimonialgerichte in Preußen (Anm. 31), 34.

»Dazu stand nicht im Widerspruch, daß sich die Gerichtsrechte um 1800 faktisch nahezu überall im Besitz von Adligen befanden. Pointiert könnte man zusammenfassen: Die rechtliche Perspektive auf das ›dingliche Recht‹ verdeckte *die politisch-soziale Einordnung der Patrimonialgerichtsbarkeit als sozial exklusives Privileg*. Eine Abhandlung, die 1790 ›Das Recht des landsässigen Adels in Deutschland‹ zusammentrug, beschrieb die Patrimonialgerichtsbarkeit als ein ›*dingliches Adelsrecht*‹, das allerdings in einem universellen ›Eigentumsrecht‹ begründet sei. Gerichtsrechte wurden somit aus verschiedenen und teilweise entgegengesetzten Interessen heraus zu einer Sache des Besitzes.«[33]

Die Art der juristischen Konstruktion der traditionellen Patrimonialgerichtsbarkeit war durchaus nicht beliebig, weil sie von entscheidender Bedeutung für die Frage war, ob sie reformiert oder gar abgeschafft werden konnte. In dieser Spannungslage der patrimonialen Gerichtsbarkeit zwischen Staatssouveränität und Privateigentum galt es, innerhalb der heftigen juristischen Kontroversen zwei Lager zu unterscheiden:[34]

Während das eine Lager den Charakter der Rechtssprechungsfunktion als staatliches Recht betont, das verliehen, aber dann auch zurückgenommen werden konnte, beriefen sich der Adel und ein Teil der adligen Reformbürokratie auf das wohl erworbene Eigentumsrecht an Grund und Boden, das seit dem Mittelalter auch das Gerichtsrecht mit umfasse; auf zwei dezidierte Stellungnahmen sei hier ein kurzer Blick geworfen.

Der renommierte Strafrechtler Paul Johann Anselm von Feuerbach war ein entschiedener Gegner der Patrimonialgerichtsbarkeit als adligem Privileg; seiner Meinung nach gehörte die gutsherrliche Gerichtsbarkeit seit der französischen Revolution auf den Scheiterhaufen der Geschichte, eine Auffassung, die er wie folgt begründet:[35] »Derselbe Streich, welcher in Frankreich die Feudalaristokratie vernichtete, traf auch die gutsherrliche Gerichtsbarkeit. Vor dem Gedanken an persönliche Freiheit und Selbständigkeit der Bürger in ihrem wechselseitigen Verhältnisse, vor der Idee einer allgemeinen rechtlichen Gleichheit der Untertanen musste, so wie Sklaverei, Leibeigenschaft und Erbuntertänigkeit, auch die gutsherrliche Gerichtsbarkeit verschwinden.«

Die Gegenposition wurde von Carl Ludwig von Haller in seiner programmatisch-konservativen und sehr einflussreichen »Restauration der Staatswissenschaft« vertreten; Monika Wienfort hat seine Argumentation – und damit wollen wir diesen Gliederungspunkt denn auch abschließen – für uns wie folgt zusammengefasst:

»In Hallers 1817 erschienenem Werk wurde die Gerichtsbarkeit der Grundherren als ›natürlich‹ und als ›kein delegiertes Recht‹ charakterisiert. Die ›Erb- und

33 Wienfort, Patrimonialgerichte in Preußen (Anm. 31), 34.
34 Ausführlich dazu Wienfort, Patrimonialgerichte in Preußen (Anm. 31), 134 ff.
35 Zitiert nach Wienfort, Patrimonialgerichte in Preußen (Anm. 31), 135.

Patrimonialgerichtsbarkeit‹, dozierte der Staatsrechtler weiter, könne ›wohl in ihrer Ausdehnung beschränkt, aber nie ganz aufgehoben‹ werden. Haller sanktionierte damit vorsorglich die Übernahme der Strafgerichtsbarkeit durch den Staat. Die Mehrheit der Gerichtsherren begrüßte einen solchen Plan wegen der Kriminalkosten uneingeschränkt. Die Ansicht der Etatisten und mancher Liberaler, die Gerichtsrechte seien dem Souverän durch einen ›Gesellschaftsvertrag‹ übertragen, wurde explizit verworfen. Hallers Lob der Patrimonialgerichtsbarkeit als ›nah, schnell, wohlfeil‹, gerecht und unparteilich stilisierte und emotionalisierte die Beziehung zwischen Gerichtsherrn und Gerichtseingesessenen zur ›Familie‹, zum *Paternalismus par excellence*. Sämtliche Autoren, denen im Vormärz an einer Verteidigung der Gerichtsrechte gelegen war, bezogen sich, teilweise mit wörtlichen Übernahmen, auf Hallers ›*Makrobiotik der Patrimonialstaaten*‹.«[36]

Wenn wir an dieser Stelle ein kurze Zwischenbilanz ziehen wollen, so scheint uns der Ertrag der bisherigen Überlegungen darin zu bestehen, dass der Zusammenhang zwischen der Konstruktion von Rechtsdurchsetzungsregimen und der jeweiligen Staats- und Gesellschaftsvorstellung klar hervorgetreten ist: im »Staat« des Mittelalters – gekennzeichnet durch eine starke Stellung lokaler Machthaber – wird der landsässige Adel in die Aufgabe der Rechtsgewährleistung und Rechtsdurchsetzung integriert, im Patrimonialstaat wird der Gutsherr zum Gerichtsherrn und im Weber'schen bürokratischen Anstaltsstaat obliegt die Durchsetzung einem spezifischen Apparat, dem sogenannten Rechtsstab, dessen Leitbild nicht in der Person des Richters, sondern in der staatlichen Justiz seinen institutionellen Ausdruck findet.

III. Utrumque ius in utroque foro: Pluralismus weltlichen und kirchlichen Rechts im Spiegel ihrer je spezifischen Jurisdiktionskultur

Richten hat seit jeher mit *Autorität* zu tun. Daher kann man – so unsere Überlegung – Normdurchsetzungsregime auch danach unterscheiden, auf welche Quellen legitimitätsvermittelnder Autorität sie sich stützen und welche Rechtsfertigungsnarrative sie dafür bemühen. Ohne hier das uns wichtige Autoritätsthema vertiefen zu wollen, kann man in einem ersten Zugriff drei unterschiedliche Typen von richterlichen Entscheidungsträgern unterscheiden:[37]

- das Familienoberhaupt und die Ältesten
- der Herrscher selbst und ganz allmählich
- professionalisierte Entscheidungsträger.

36 Wienfort, Patrimonialgerichte in Preußen (Anm. 31), 137.

37 Vergleiche Sophie Lafont, Le juge biblique, in: Jean-Marie Carbasse/ Laurence Depambour-Tarride (Hg.), La conscience du juge dans la tradition juridique européenne, Paris 1999, 19–48.

Aber diese Aufzählung ist – wie Heike Jung zu Recht anmerkt – noch nicht vollständig:

> »Wir haben bisher drei Autoritätsstränge ausgemacht: die familiäre Gewalt, die monarchische Gewalt und eine Form von sozialer Nobilität, die entweder aus dem Anciennitätsprinzip oder aber der Zugehörigkeit zu einer bestimmten Schicht resultiert. Hinzu kommt einerseits *die theokratische Legitimation*, wie sie etwa dem Kadi eignet, eine Form von Legitimation, die [...] Richter auch in anderen Rechtssystemen für sich in Anspruch nehmen. Schließlich kann die Autorität auch darauf gründen, dass der Entscheidungsträger von den Parteien benannt wird.«[38]

Wir haben es also mit mindestens fünf Autoritätssträngen zu tun, ein Befund, der ganz automatisch das Problem gebiert, wie sich mehrere miteinander koexistierende Normdurchsetzungsregime zueinander verhalten. Da wir dieses Thema nicht nur spannend und wichtig finden, sondern zudem hoffen, durch seine Behandlung etwas über verschiedene Jurisdiktionskulturen zu erfahren, sehen wir davon ab, jetzt einen separaten Abschnitt über religiöse Normdurchsetzungsregime zu den territorial fundierten hinzuzufügen; vielmehr wollen wir stattdessen einen näheren Blick auf das Verhältnis von weltlichen und kirchlichen Jurisdiktionskulturen werfen.

1. Ko-Produktion der Normdurchsetzung im Sanktionsverbund von Staat und Kirche

Dass Staat und Kirche dazu neigen, zu gegenseitigem Nutz und Frommen zusammenzuarbeiten, lässt sich in der Beziehungsgeschichte dieser beiden Governance-Kollektive vielfach nachweisen.[39] Ein berühmtes Kürzel für diesen Befund ist die Begriffsprägung »Bündnis von Thron und Altar«,[40] das aber nicht unser Thema ist. Unser Thema ist das arbeitsteilige Zusammenwirken von Staat und Kirche bei der Aufrechterhaltung von Recht und Ordnung und zwar in Gestalt eines Sanktionsverbundes, der für das gesamte Mittelalter kennzeichnend ist.[41] Auf diesen Verbund wollen wir mit Hilfe des Historikers Stefan Esders einen kurzen Blick werfen, der in einem Forschungsprojekt mit dem Titel »Rechtssicherheit und Ordnung als gemeinschaftliche Aufgabe weltlicher und

38 Jung, Richterbilder (Anm. 22), 18.

39 Nachweise bei G. F. Schuppert, When Governance meets Religion. Governancestrukturen und Governanceakteure im Bereich des Religiösen, Baden-Baden 2012.

40 Siehe dazu Michael Stolleis, Thron und Altar, in: Handwörterbuch der Deutschen Rechtsgeschichte, Bd. 5, Berlin 1998, 202–204.

41 Instruktiv dazu: Wilfried Hartmann, Der Bischof als Richter, in: Römische Historische Mitteilungen 28 (1968), 103–124.

kirchlicher Institutionen (8. bis 11. Jh.)« dieses arbeitsteilige Zusammenwirken näher untersucht; die Zielrichtung seines Forschungsprojektes hat er selbst wie folgt zusammengefasst:

> »Das Teilprojekt fragt für die Zeit vom späten 8. bis zum 11. Jh. nach der Rolle der Kirche als Governance-Akteur bei der Herstellung von Rechtssicherheit und Ordnung sowie nach der Bedeutung der christlichen Religion als spezifische Form rechtlicher Sinngebung in diesem Zusammenhang. [...] Seit dem 8. Jahrhundert wurden immer mehr Delikte, die an den Grundfesten von Sicherheit und Ordnung rüttelten und bis dahin nicht unbedingt als religiöse Vergehen anzusprechen waren (z. B. Brandstiftung, Räuberei, Münzfälschung, Landesverrat), nicht mehr nur von den weltlichen Funktionsträgern mit Geld und körperlichen Strafen sanktioniert, sondern zusätzlich auch kirchlicherseits mit Exkommunikation und Buße. [...] Normverstöße wurden dementsprechend auch als Vergehen gegen [die] die Gesellschaft verbindende religiöse Normen- und Sinnordnung bewertet und geahndet. [...] Es geht [...] um die Frage, welche intellektuellen und praktischen Ressourcen die christliche Religion in diesem Zeitraum bereitstellte, um vor dem Hintergrund nachlassender staatlicher Garantien neue Vorstellungen von Legitimität zu formulieren, *andersartige institutionelle Mechanismen der Rechtsverwirklichung zu etablieren* und der Unsicherheit der Zeit eigenständige Kommunitätsentwürfe entgegenzusetzen.«[42]

Wie schon aus dieser Passage deutlich wird, verfügen beide Governance-Kollektive als Sanktionsinstanzen über ein durchaus unterschiedliches Sanktionsinstrumentarium: so sind etwa Exkommunikation und Buße spezifische Sanktionsmittel von Religionsgemeinschaften, die dem Staat nicht zu Gebote stehen. Um diese unterschiedlichen Sanktionsmodi noch klarer hervortreten zu lassen, soll an dieser Stelle ein schneller Seitenblick auf das Zusammenspiel von Beichte und Buße geworfen werden.

Die im Konzil von Trient erneuerte Bedeutung des Beichtsakraments als Mittel der inneren Mission, Christianisierung und vor allem einer effektiven Sozialdisziplinierung ist eine wahrlich interessante Institution, bei der die Rolle des Beichtvaters, insbesondere des königlichen Beichtvaters, zwischen Berater, Richter und Prophet changieren kann.[43] Uns interessiert hier die Rolle des die Beichte abnehmenden Priesters als Richter, der auf die als Abweichungen von der religiösen Normenordnung gebeichteten »Sünden« mit der Auferlegung einer bestimmten, tarifär gestaffelten Buße reagiert. »Der Priester ist [...] der

42 Stefan Esders, Rechtssicherheit und Ordnung als gemeinschaftliche Aufgabe weltlicher und kirchlicher Institutionen (8. bis 11. Jh.), Teilprojekt B13 des DFG-Sonderforschungsbereiches 700 »Governance in Räumen begrenzter Staatlichkeit: Neue Formen des Regierens?«, Finanzierungsantrag 2014–2017.

43 Nicole Reinhardt, Der Beichtvater in der Frühen Neuzeit als Berater, Richter und Prophet, in: Bernd Oberdorfer / Peter Waldmann (Hg.), Machtfaktor Religion. Formen religiöser Einflussnahme auf Politik und Gesellschaft, Köln / Weimar / Wien 2012, 59–90.

Richter, der« – wie Paolo Prodi es in seiner »Geschichte der Gerechtigkeit« ausgedrückt hat – »das Wissen und die Fähigkeiten besitzen muß, gegen denjenigen zu ermitteln, der vor seinem Gericht steht, er muß fähig sein, nach den erschwerenden oder mildernden Umständen der Sünde zu fragen und sie zu bewerten sowie die Sünden hervortreten zu lassen, die der Sünder vor sich selbst versteckt. *Die Absolution*, der Erlaß der Sünden geht der Buße voraus, die sofort auf die Beichte folgt, und sie *ist ein endgültiger Urteilsspruch.*«[44] Deswegen ergeht der Sündenerlass auch in der Sprache eines juristischen Urteils: »ego te absolvo [...]«.

2. Zum Dualismus von Strafe und Buße, von Justizverwaltung und Bußverwaltung

- Was zunächst den Dualismus von Strafe und Buße angehet, so finden wir dazu in der »Geschichte der Gerechtigkeit« von Paolo Prodi folgende anschauliche Zusammenfassung:

> »Viele römisch-germanische Völker führen in ihr eigenes weltliches Strafrecht die Normen der Zehn Gebote ein. Auf der einen Seite bemüht sich die weltliche Rechtsprechung, die Handlungsfähigkeit des Einzelnen zu garantieren, um Genugtuung für die erlittenen Verletzungen zu erhalten, und zwar mit legalen Mitteln, von der Fehde, der legalen Rache bis zu den unterschiedlichsten Wiedergutmachungen und finanziellen Bußen wie dem Wehrgeld – es geht also um *die Wiederherstellung des Gleichgewichts in den in Frage gestellten menschlichen* Beziehungen. [...] Auf der anderen Seite versucht die Institution Kirche in derselben Weise, *die Beziehung des Menschen zu Gott auf dieser Erde zu* regeln. Dabei setzt sie sich nicht an die Stelle des göttlichen Urteils, sondern interveniert beim sichtbaren Teil der Sünde so, dass der Mensch zum wahren und einzigen Urteil über eine andere, innere Buchhaltung gelangt, in welcher die Sünde durch die Bußhandlungen bilanziert wird, durch das Beten, das Fasten, die Almosen oder andere Handlungen, die von der Kirche als gleichwertig angesehen und auferlegt worden sind. [...] Die Buße löscht das Vergehen nicht aus, doch während das Geständnis vor dem Richter zur Strafe führt, führt das Geständnis vor Gott zu Vergebung.«[45]

- Dieser Sanktionsdualismus findet seine institutionelle Entsprechung in einem Dualismus von Justizverwaltung und Bußverwaltung, sodass naturgemäß das Problem auftritt, wie ihr Verhältnis zueinander zu verstehen ist. Handelt es sich lediglich um einen Unterschied zwischen verschiedenen Ebenen oder um ein echtes Konkurrenzverhältnis? Prodi vertritt insoweit

44 Romano Prodi, Eine Geschichte der Gerechtigkeit. Vom Recht Gottes zum modernen Rechtsstaat, München 2003.

45 Prodi, Geschichte der Gerechtigkeit (Anm. 44), 38.

eine klare Position und sieht in dem Dualismus beider Sanktionssysteme eine Konkurrenz zwischen Papsttum und Kaisertum:

> »Die Konkurrenz – bei gemeinsamem Verweis auf das Natur- und das göttliche Recht – besteht zwischen zwei konkreten Institutionen, dem Papsttum und dem Reich; beide sind mit gleicher Macht im Hinblick auf das Forum ausgestattet und unterscheiden sich nur in ihren Kompetenzen. Das kanonische Recht ist in jeder Hinsicht Gesetz, in geistlicher und weltlicher, es gilt auf den Gebieten der Kirche; auf dem Territorium des Reiches gelten die weltlichen Gesetze, doch es ist vermehrt das kanonische Recht, das die Oberhand hat, wenn es sich um de peccato handelt, und es ist einzig die Kirche, die hierüber urteilt.«[46]

Anknüpfend an das oben erwähnte Gegensatzpaar »Laien oder Profis« wollen wir uns jetzt den Durchsetzungsregimen professioneller Standards zuwenden.

IV. Durchsetzungsregime professioneller Standards

1. Professionen als Governancekollektive

Die Professionen, wie wir die Berufsverbände in Anlehnung an den angelsächsischen Sprachgebrauch nennen wollen, sind geradezu ein Musterbeispiel für die funktionale Ausdifferenzierung der Gesellschaft, ein Prozess, der nach allgemeiner Auffassung für moderne Gesellschaften kennzeichnend ist.[47] Nach Manfred Mai verfügt eine idealtypische Profession über die folgenden Merkmale:[48]

- »Eine anspruchsvolle, in der Regel, akademische Ausbildung
- ein enger und von großem persönlichen Vertrauen geprägter Klientelbezug
- eine weitgehende Autonomie in der Regelung eigener berufsständischer Angelegenheiten wie Qualitätskontrolle des Dienstleistungsangebots, der Berufszulassung, der Ausbildungsinhalte und des Honorarwesens
- eine hohe soziale Reputation
- eine kodifizierte Berufsethik mit Bezügen zum Gemeinwohl
- eine weitgehend monopolartige Kontrolle über einen gesellschaftlichen Bereich von zentraler Bedeutung«

Kennzeichnend für funktional ausdifferenzierte Teilsysteme – und dies gilt insbesondere auch für die Professionen – ist das *Bedingungsverhältnis von Autonomie*

46 Prodi, Geschichte der Gerechtigkeit (Anm. 44), 90.

47 Überblick bei André Brodocz, Die politische Theorie autopoietischer Systeme: Niklas Luhmann, in: Ders./Gary S. Schaal (Hg.), Politische Theorien der Gegenwart II, 2. Aufl., Opladen/Farmington Hills 2006, 489–526.

48 Manfred Mai, Der Beitrag von Professionen zur politischen Steuerung und Governance, in: Sozialer Fortschritt 2008, 15.

und Selbstkontrolle: im Anschluss an die professionssoziologische Arbeit von Michaela Pfadenhauer, die an die hervorgehobene Stellung von Professionen in der Gesellschaftstheorie Talcott Parsons anknüpft,[49] lassen sich Professionen definieren »als sich selbst verwaltende, in Berufsausbildung und Berufsausübung *relativ autonome, durch kollegiale Binnenkontrolle geprägte korporative Gebilde*«.[50] Als solche korporative Akteure sind sie »politische Kollektiv-Akteure« und betreiben eine von ihrer Handlungslogik geprägte Professionspolitik. Diese Professionspolitik reklamiert hinsichtlich der professionellen Standards einmal eine möglichst exklusive Definitions- und Deutungsmacht, zum anderen aber verlangt dies das glaubwürdige Versprechen der Selbstkontrolle als Gegenleistung für die eingeräumten Privilegien der organisierten Autonomie; bei M. Pfadenhauer heißt es zu diesem *Zusammenhang von Autonomie- und Kontrollanspruch* wie folgt:

> »Die *Kontrollansprüche von Professionen* richten sich generell auf den Zugang zur Profession, auf Sonderwissensbestände und *auf kollegiale Selbstkontrolle*, und sie werden in Berufsstrategien, in Professionspolitik, manifest. Der *Kontrollanspruch richtet sich folglich nach innen*, indem die Professionsmitglieder auf professionelle Standards (wissenschaftlicher, berufspraktischer und ethischer Natur) verpflichtet werden, deren Einhaltung mit formellen und informellen Sanktionen durchgesetzt wird. Der Kontrollanspruch richtet sich in der Abwehr von ›Verrechtlichung‹ in besonderer Weise aber auch nach außen: es geht dabei vor allem um *die Zurückweisung ›jeder‹ Form von staatlicher Fremdkontrolle*.«[51]

Diese hier schon anklingende Doppelfunktion von professionellen »codes of conduct«[52] – Kontrolle im Innenverhältnis, Abgrenzung im Außenverhältnis – ist besonders klar von Heike Jung herausgearbeitet worden; unter der allgemeinen Fragestellung, welche Gesichtspunkte zur Herausbildung von Standesethiken geführt haben, hat sie am Beispiel der Ärzteschaft dazu folgendes ausgeführt:

> »Im medizinischen Bereich, an den man natürlich in erster Linie denkt, ist dies sicher nicht auf einen einheitlichen Gesichtspunkt zurückzuführen. Es ging wohl um mehrere, freilich nicht unverbunden nebeneinander stehende Überlegungen: im Vordergrund dürfte der *Aspekt zünftischer Selbststeuerung* gestanden haben, die ihrerseits einen offensiven und einen defensiven Charakter trug. Es galt zum einen in ein überkommenes ethisches Wertesystem ›hineinzusozialisieren‹ und

49 Vergleiche bereits seinen Aufsatz »The Professions and Social Structure« (in: Social Forces 17 [1939], 457–467).

50 Michaela Pfadenhauer, Professionalität. Eine wissenssoziologische Rekonstruktion institutionalisierter Kompetenzdarstellungskompetenz, Opladen 2003, 40.

51 Pfadenhauer, Professionalität (Anm. 50), 61.

52 Zu diesem Normtyp siehe Gunnar Folke Schuppert, Governance und Rechtssetzung. Grundfragen einer modernen Regelungswissenschaft, Baden-Baden 2011.

> dieses Wertesystem weiterzuentwickeln. Zum anderen wollte man sich aber auch von anderen nur begrenzt hineinreden lassen. Man hat also das ›Geschäft der Normgebung‹ selbst in die Hand genommen. Dies ist freilich ein gewagtes Wort in unserem Zusammenhang, weil der juristische Aggregatzustand solcher Regeln – um den französischen Terminus zu gebrauchen – ›flou‹ ist. Vielfach ging es auch und gerade um die Ausfüllung von Lücken, die das allgemeine Recht ließ. Natürlich spielte auch der Gedanke der diskursiven Handlungsanleitung in Konfliktsituationen mit. Alles in allem formen solche Regeln der Standesethik und ihre Tradierung einen gewissen *esprit de corps*, den man gerne noch heute mit einer historischen Herleitung – siehe Eid des Hippokrates – versieht.«[53]

Nachdem wir nunmehr mit der Funktionslogik von Professionen vertraut sind, kann es nicht überraschen, wenn sie aufgrund dieser Logik einerseits anstreben müssen, Verletzungen ihrer Standesethik selbst zu ahnden, gleichzeitig aber die schützende Nähe des Staates nicht preiszugeben. Institutionell verwirklicht wird dieser Balanceakt durch die Organisation der freien Berufe als öffentlich-rechtliche Körperschaften mit Zwangsmitgliedschaft und die Einrichtung spezialisierter Berufsgerichte, die in Deutschland aus historischen Gründen in die staatliche Gerichtsbarkeit integriert sind, wie etwa die Ehrengerichtshöfe für Rechtsanwälte, die an den jeweiligen Oberlandesgerichten eingerichtet sind.[54]

2. Justiz durch Seinesgleichen

Mit der Einführung spezifischer Berufsgerichte wird an die klassische Vorstellung angeknüpft, dass es der Sache und der Freiheit eines sozialen Kollektivs dienlich ist, wenn das Sanktionspersonal erstens mit den Verhältnissen vertraut ist – Sicherung der Sachnähe statt Einmischung aus der Ferne[55] – sich zum anderen aus derselben Schicht oder Profession rekrutiert: »Der Grundsatz, wonach man durch seinesgleichen gerichtet werden soll, geht bekanntlich auf die Magna Charta zurück [...]. Was insofern einer Forderung der Aristokratie entsprang, machte später in Gestalt der Jury eine allgemeine (staats-) bürgerliche Karriere.«[56]

Die Vor- und Nachteile einer Jury – wer dächte hier nicht an den Film »Die zwölf Geschworenen« – sind hier nicht unser Thema. Aber den Gedanken »Justiz durch Seinesgleichen« finden wir unter dem Gesichtspunkt der Selbstregulierung wichtig und auch deswegen hilfreich, weil er es uns ermöglicht – weit weg von der Magna Charta – andere moderne Phänomene wie das Peer-Review-System in den Blick zu bekommen; diesen Hinweis verdanken wir Heike Jung,

53 Jung, Richterbilder (Anm. 22), 124 f.

54 Siehe BVerfGE 48, 300 – Ehrengerichte.

55 Zu »Nähe und Ferne« der Gerichtsbarkeit siehe auch Jung, Richterbilder (Anm. 22), 72 f.

56 Jung, Richterbilder (Anm. 22), 72.

die unter dem Stichwort »Justiz durch Seinesgleichen« Folgendes angemerkt hat: »Peer und Profi müssen einander […] nicht ausschließen. Dies zeigen z. B. die Modelle der Standesgerichtsbarkeit oder auch das moderne Konzept der ›peer review‹, dort wo es um teilweise noch ungesicherte Grenzbereiche beruflicher Ethik geht. Freilich […] stoßen solche Konzepte einer Standes- oder Kammergerichtsbarkeit, wenn sie als Exemtion praktiziert werden, deswegen auch auf Kritik.«[57]

Zwei Worte seien in diesem Zusammenhang noch zum grassierenden Phänomen des »Peer-Review« gestattet. Wir selbst sprechen insoweit gerne von »governance by reputation«: Veröffentlichungen in Peer-Review-Journals vermitteln Reputation und bisher angesammelte Reputation ist wiederum die Voraussetzung zur Bestellung als Peer. Was die Funktion des Peer-Review-Verfahrens angeht, so hat ein wirklich exzellenter Kenner des Wissenschaftssystems – Friedhelm Neidhardt – dazu Bedenkenswertes gesagt; er spricht nicht nur von der uns allen bekannten *Selektionsfunktion*, sondern auch von einer *Konstruktionsfunktion*, weil Peer-Review ein wesentliches Element für die Konstituierung einer »scientific community« darstellt:

> »Mit Peer Review geht es um den Versuch, Qualitätskontrollen in der Wissenschaft professionell und konstruktiv zu gestalten. Zwei Funktionen von Peer Review spielen dabei eine Rolle: Es geht einerseits um *Selektionsfunktionen*, nämlich um die Auswahl von Personen, Projekten und Texten für den Zuschlag knapper symbolischer und materieller Ressourcen. […] Neben die Selektionsfunktionen von Peer Review treten also auch *Konstruktionsfunktionen.* Die Peers greifen als Gutachter sowohl prohibitiv als auch produktiv in den Wissenschaftsprozess ein, *um die von ihnen wahrgenommenen Fachstandards durchzusetzen. Erst über Peer Review konstituieren sich insoweit Wissenschaftsdisziplinen* und Forschungsfelder *als Scientific Communities.*«[58]

3. Der berufsrechtliche Überhang

Hinter dieser auf den ersten Blick etwas merkwürdig anmutenden Überschrift verbirgt sich ein weiteres Zuordnungsproblem zweier sich überschneidender Normdurchsetzungsregime, nämlich das der staatlichen Strafgerichtsbarkeit und der Berufsgerichtsbarkeit. Konkret geht es um die Frage, unter welchen Voraussetzungen zusätzlich zu einem Strafausspruch noch eine berufsrechtliche Sanktion hinzutreten darf. Da wir uns bei diesem Punkt nicht lange aufhalten wollen, beschränken wir uns darauf, das Ergebnis der durchweg überzeugenden

57 Jung, Richterbilder (Anm. 22), 73.

58 Friedhelm Neidhardt, Selbststeuerung der Wissenschaft: Peer Review, in: Dagmar Simon / Andreas Knie / Stefan Hornbostel (Hg.), Handbuch Wissenschaftspolitik, Wiesbaden 2010, 282 f.

Argumentation der Dissertation von Jens Reiermann über die straf- und berufsrechtliche Doppelsanktion bei Ärzten wiederzugeben:

> »Das Ergebnis dieser Arbeit ist, dass eine zusätzliche berufsrechtliche Ahndung nur zulässig ist, wenn die Notwendigkeit des Pflichtenappells und des *Ansehensschutzes* besteht. Nach der hier vorgenommenen Auslegung muss die Notwendigkeit einer zusätzlichen Sanktion mit Blick auf die *disziplinarischen Zwecke* des Berufsverfahrens begründet werden, also eine konkrete erzieherische Notwendigkeit, mithin eine *Wiederholungsgefahr*, vorliegen. Zum anderen muss sie konkret nötig sein, um das Ansehen der Ärzteschaft zu schützen und wiederherzustellen, was nur der Fall sein kann, wenn der Pflichtverstoß eine *Außenwirkung* gehabt hat. Soweit diese allerdings feststeht, ist auch regelmäßig von einer Notwendigkeit aus Gründen des Ansehensschutzes auszugehen.
>
> Nicht ausreichend ist der bloße Verweis auf die Schwere des Verstoßes, da dies ein Nachholen bzw. Verstärken der Sühne des Strafurteils bewirken würde, nicht jedoch die erzieherischen Aspekte des Disziplinarrechts ausreichend berücksichtigte. Bei zu Grunde Legung dieses Verständnisses ist die Anrechnung der strafrechtlichen Sanktion keine doppelte Berücksichtigung, sondern zulässig und sinnvoll.«[59]

4. Vom Standesrecht zu Codes of Conduct: das Beispiel der Richterschaft

Wenn man den Begriff »Standesrecht« hört oder liest, könnte man meinen, es handele sich hierbei um einen alten Zopf, der im modernen Dienstleistungsstaat[60] und in Zeiten des Qualitätsmanagements[61] abgeschnitten gehört. Wenn wir den Traditionsbegriff »Standesrecht« aber durch den inzwischen immer häufiger verwendeten Begriff »Code of Conduct«[62] ersetzen, wird schnell klar, dass das Sachproblem, Verhaltensstandards gerade für solche Professionen zu formulieren, denen rechtlich eine gewissen Unabhängigkeit und Selbstregulierungskompetenz garantiert ist, keineswegs verschwunden ist.

Eine solche Profession, die sogar von Verfassungs wegen unabhängig und nur dem Gesetz verpflichtet zu sein hat, ist die Richterschaft; es ist daher vollkommen zutreffend, wenn Heike Jung den folgenden Zusammenhang formuliert: »[…] bedingt das Konzept richterlicher Unabhängigkeit, das auch hier für

59 Jens Reiermann, Der berufsrechtliche Überhang – die straf- und berufsrechtliche Doppelsanktion bei Ärzten, Halle 2011, 229 f.

60 Andreas Vosskuhle, Der »Dienstleistungsstaat«. Über Nutzen und Gefahren von Staatsbildern, in: Der Staat 40 (2001), 495–523.

61 G. F. Schuppert, Qualitätssicherung als Governanceproblem?, in: Rechtswissenschaft 2011, 334–354.

62 Überblick über die Vielfalt von »Codes of Conduct« bei Rhys Jenkins, Corporate Codes of Conduct. Self-Regulation in a Global Economy, United Nations Research Institute for Social Development, Programme Paper No. 2, April 2001.

die Binnenregulierung besondere Formen gefunden werden mussten«[63] und müssen. Eine solche Form kann die Formulierung von Verhaltensstandards im Sinne einer »ethischen Reflektion richterlichen Handelns«[64] sein, eine Technik der Selbststeuerung, von der inzwischen in Italien und Kanada, aber auch auf europäischer Ebene Gebrauch gemacht worden ist:[65] in Italien gibt es seit 1994 einen »Codice de deontologia«, in Kanada seit 1998 »Ethical Principles for Judges« mit der Errichtung eines »Comité consultatif des juges« und auf europäischer Ebene seit 2000 einen »Conseil consultatif des juges européens«.

Heike Jung, die über diese Initiativen und die breit gefächerte Diskussion berichtet, steht der ganzen Sache eher skeptisch gegenüber und sieht in der ethischen Diskussion eher einen Testlauf für die Herausbildung brauchbarer disziplinarischer Regeln; mit ihren zusammenfassenden Bemerkungen hierzu wollen wir den Gliederungspunkt »Durchsetzungsregime professioneller Standards« denn auch abschließen:

> »Wenn auch in diesem Sinne der klassische disziplinarische Ansatz mitgedacht werden muss, sollte die Hinwendung zur positiven Selbstverpflichtung, für die diese Diskussion steht, nicht unterschätzt werden. Zugleich verweist uns diese Diskussion auf eine zeitgenössische Erscheinung in der allgemeinen Rechtsquellenlehre, nämlich das soft law. Allerdings bewegen sich die Deklarationen bislang auf einem solchen Niveau von Allgemeinheit, dass sie – ohne konkretisierende Kasuistik – wie eine Auflistung von Selbstverständlichkeiten erscheinen. Insofern sind die bisherigen Anläufe jedenfalls für jene Rechtssysteme, die schon bislang ein ausgeprägtes Disziplinarrecht kannten, ohne erläuternde Beispiele insuffizient nach innen und nach außen. Es genügt nicht, jene Grundsätze feierlich zu erneuern, die seit langem das Bild von Richtern prägen. Eine Kasuistik würde zugleich verdeutlichen, wie weit sich Richter in den verschiedenen Rechtssystemen trotz gemeinsamer Grundsätze – zumindest in ihrer Selbstwahrnehmung – immer noch voneinander unterscheiden. Jedenfalls liegen noch Welten zwischen einem englischen Richter, der nicht zur Wahl geht, weil er meint, dies sei er seiner Unabhängigkeit schuldig und einem deutschen Richter, der einen Wahlaufruf unterschreibt.«[66]

63 Jung, Richterbilder (Anm. 22), 125.
64 Jung, Richterbilder (Anm. 22), 116.
65 Nachweise bei Jung, Richterbilder (Anm. 22), 117 ff.
66 Jung, Richterbilder (Anm. 22), 126.

V. Die Durchsetzung sportlicher Spielregeln – ein Lehrstück zum Thema »Herrschaft der Verbände«

1. Monopolstellung der Sportverbände

Der Sport ist ein gutes Beispiel für ein weitgehend autonomes Teilsystem mit einem effektiven Normdurchsetzungsregime,[67] das sich vor allem des Mittels kurz- oder längerfristiger Startverbote bedient. Funktionsvoraussetzung dieses zum Teil durchaus rigiden Normdurchsetzungsregimes ist das sogenannte Ein-Verbands-Prinzip, das dem jeweiligen Sportverband ein faktisches Regelungs- und Sanktionsmonopol beschert. Dieses Prinzip besagt, dass für jede Sportart nur ein Verband ausschließlich zuständig ist und das zum anderen für ein bestimmtes Gebiet (Land) nur jeweils ein Verband bestehen soll. Damit werden fachlich-räumliche Monopolstellungen der nationalen und internationalen Sportverbände begründet: »Dies erleichtert die Kontrolle eines nach einheitlichen Regeln durchgeführten Sports und hilft, konkurrenzbedingte Kompetenzkonflikte zu vermeiden. Das Ein-Verbands-Prinzip ist in den Satzungen der weltweit tätigen internationalen Sportverbände, der Kontinental- und Regionalsportverbände durchgängig normiert.«[68]

Gekrönt wird das sportliche Normdurchsetzungsregime durch ein eigenes Sportgericht, den »Court of Arbitration for Sport« (CAS), über dessen Konstruktion sich in der Arbeit von Nils Ipsen über »Private Normenordnungen als Transnationales Recht?« die folgenden Informationen finden:

> »Träger des CAS ist das 1994 gegründete *International Council of Arbitration for Sport (ICAS), eine Stiftung nach Schweizer Recht.* Das ICAS setzt sich aus 20 Mitgliedern zusammen, die [...] wie folgt ausgewählt werden: vier werden von den Verbänden der internationalen Sportverbände [...] ausgewählt, vier durch die Vereinigung der Nationalen Olympischen Komitees, vier vom IOC; diese zwölf Mitglieder suchen unter besonderer Beachtung der Interessen der Sportler weitere vier Mitglieder aus; diese sechzehn Mitglieder wählen wiederum vier unabhängige Mitglieder aus. Die Mitglieder sollen hochqualifizierte Juristen sein und besondere Kenntnisse entweder des Sportrechts oder der internationalen Streitschlichtung besitzen. [...] Das ICAS wird jeweils zu einem Drittel vom IOC, den internationalen Sportverbänden sowie der Vereinigung der Nationalen Olympischen Komitees finanziert. Weitere finanzielle Unterstützung erfolgt durch einige internationale Spitzenverbände. *Aufgabe des ICAS ist es, den CAS*

67 Uwe Schimank, Die Entwicklung des Sports zum gesellschaftlichen Teilsystem, in: Renate Mayntz / Bernd Rosewitz / Uwe Schimank / Rudolf Stichweg, Differenzierung und Verselbstständigung, Frankfurt a. M. / New York 1988, 181–290.

68 Klaus Vieweg, Normsetzung und -anwendung deutscher und internationaler Verbände. Eine rechtstatsächliche und rechtliche Untersuchung unter besonderer Berücksichtigung der Sportverbände, Berlin 1990, 66.

zu verwalten und zu finanzieren. Besondere Bedeutung kommt der Möglichkeit zur Satzungsänderung des CAS, der *Auswahl der Richter* und der Einrichtung von Ad-hoc-Schiedsgerichten zu. Dazu *stellt das ICAS alle vier Jahre eine geschlossene Liste von Schiedsrichtern für den CAS auf.* Auch bei diesen muss es sich um qualifizierte Juristen mit einer gewissen Nähe zum Sport und/oder zur internationalen Schiedsgerichtsbarkeit handeln. Die Liste der Schiedsrichter soll mindestens 150 Namen enthalten, die wie die Mitglieder des ICAS zu je 1/5 aus den verschiedenen Bereichen kommen und die gleichmäßig aus den verschiedenen Regionen und juristischen Traditionen stammen sollen [...]. Die gewählten Schiedsrichter müssen eine Unabhängigkeitserklärung unterzeichnen.«[69]

Da die internationalen Sportverbände bisher unangefochten eine faktisch autonome Normsetzungs- und Normdurchsetzungsmacht für sich in Anspruch nehmen, kann insoweit in der Tat von einem »non-state enforcement regime« gesprochen werden.

2. Richter ohne Robe

Wenn wir jetzt von den Höhen des in Lausanne residierenden CAS in die Niederungen des Fußballs auf der Ebene der Kreisliga herabsteigen, so treffen wir dort auf ehrenamtlich tätige Sportrichter, über deren Wirken die Süddeutsche Zeitung am 8. Oktober 2013 unter dem Titel »Richter ohne Robe« ausführlich berichtet hat.[70] Veranschaulicht wird dieses Rechtsdurchsetzungsregime in diesem Bericht an der Tätigkeit des Sportrichters Hankel, einem ehemaligen Schiedsrichter, der am Kreissportgericht München I des Bayerischen Fußball-Verbandes (BFV) tätig ist:

»Etwa 1100 Urteile sprechen die Gesetzeshüter des BFV jedes Jahr, durchschnittlich 30 neue Fälle gehen bei Hankel und seinen beiden Beisitzern pro Woche ein. Kleinere Fälle wie Schiedsrichter, die nicht zum Spiel erscheinen, oder Fußballer, die ihren Spielerpass vergessen haben. Aber auch Tätlichkeiten, grobe Fouls, Schiedsrichterbeleidigungen. Manchmal Prügeleien. Hankels Zuständigkeitsgebiet: Kreisliga, Kreisklasse, A-, B- und C-Klasse und Hallenspiele.«

Es geht hier also – und deswegen ist der Bericht so interessant – gar nicht um die spektakulären Bundesliga-Fälle, wenn der Verteidiger Mats Hummels von Borussia Dortmund nach einer roten Karte für ein Bundesligaspiel gesperrt wird oder wenn der TSV 1860 München 18.000 Euro zahlen muss, weil seine Anhänger mit Pyrotechnik gezündelt haben, sondern um den jedes Wochenende stattfindenden Provinzfußball mit – und dies ist entscheidend – strukturell

69 Nils Ipsen, Private Normenordnungen als Transnationales Recht?, Berlin 2009, 135.

70 Carsten Eberts / Lisa Sonnabend, Richter ohne Robe. Rechtsprechung im Sport, Süddeutsche.de, 8. Oktober 2013, URL: http://www.sueddeutsche.de/sport/rechtsprechung-im-sport-richter-ohne-robe-1.1789602.

denselben Rechtsdurchsetzungsproblemen; dazu heißt es in dem Artikel der SZ wie folgt:

> »Früher war Hankel Schiedsrichter, doch als 2008 das Knie nicht mehr mitmachte, wurde er gefragt, ob er nicht als Sportrichter weiter machen möchte. ›Fußball ist ein Spiegelbild der Gesellschaft‹, sagt er, ›und ich freue mich, dass meine Erfahrung noch gefragt ist.‹ Hankel las sich in die Rechts- und Verfahrensordnung des BFV ein, bald behandelte er seinen ersten Fall. [...] Zwei Stunden täglich ist Hankel mit seinen Urteilen beschäftigt. Zwar ist im Sportrecht auch von Beschuldigten die Rede, jeder Fall trägt ein Aktenzeichen, doch es ist nicht mit dem Staatsrecht gleichzusetzen. Die Sporturteile werden nicht in einem Gerichtssaal von Richtern in Robe gefällt, sondern am Computer von Ehrenamtlichen wie Hankel.
>
> Darin liegt das Dilemma, in dem die Sportgerichtsbarkeit steckt. Ist es hinnehmbar, dass der Sport seine Angelegenheiten selbst regelt? *Die Verbände handeln autark, bestimmen ihre Richter selbst*, anders ist es kaum zu regeln. Aber sie machen sich auch angreifbar. Sind die Richter wirklich unabhängig in ihren Entscheidungen?«

Die entscheidenden Akteure im Sport und insbesondere bei der Durchsetzung des Sportrechts sind – dies wird auch hier wieder deutlich – die Sportverbände: sie erlassen die Rechts- und Verfahrensordnungen und sie bestimmen ihre Richter. Der Sportrichter Hankel hat damit kein Problem: »Die Sportgerichte des BFV« – so sagt er – »sind unabhängige Rechtsprechungsorgane, mir hat noch niemand reingeredet.«

Problematisch wird es aber natürlich dann, wenn die Monopolstellung der Verbände in Zweifel gezogen wird: »Kompliziert wird es, wenn Sportler die Hoheit der Verbände in Frage stellen. Etwa der Eishockeyspieler Florian Busch, der mit einer verweigerten Dopingprobe einen fast zweijährigen Rechtsstreit ausgelöst hat. Oder Claudia Pechstein, die mit dem Einspruch gegen ihre Dopingsperre vor dem Cas scheiterte und vor ein Schweizer Bundesgericht zog.«

Auch hier also stellt sich das uns inzwischen schon vertraute Problem des Verhältnisses zwischen staatlichen und nicht-staatlichen Rechtsdurchsetzungsregimen. Die Doping-Fälle zwingen die staatlichen Gerichte immer häufiger dazu, ihr Verhältnis zur Sportgerichtsbarkeit zu überdenken; wir haben den Eindruck, dass die bisherige Praxis einer eingeschränkten Kontrolldichte zunehmend überdacht wird und die Notwendigkeit eines staatlichen Kontroll- und Korrekturvorbehalts als Konsequenz der rechtstaatlichen Justizgewährungspflicht[71] mehr und mehr ins öffentliche Bewusstsein tritt.

71 Näher dazu VIEWEG, Normsetzung (Anm. 68), 160 ff.

VI. Parallelordnungen und ihre »Paralleljustiz«

Von Parallelordnungen kann man – um den durch die Integrationsdebatte überstrapazierten Begriff der Parallelgesellschaft zu vermeiden – dann sprechen, wenn sich neben der dominanten staatlichen Ordnung des Einwanderungslandes in der Regel von Migranten gebildete, soziale, ökonomische und institutionelle Parallelstrukturen etablieren.[72] Solche institutionellen Parallelstrukturen sind auch und gerade institutionelle Arrangements der Konfliktlösung und der Normdurchsetzung »am Staat vorbei«. So argumentiert der Kriminologe Christian Pfeiffer knapp und bündig wie folgt: »Es ist typisch für eine Parallelgesellschaft, dass sie auch eine eigene Justiz aufbaut.«[73] Dieser auf die Konfliktlösungspraxis islamischer Migranten gemünzten Aussage Pfeiffers sekundiert die engagierte, inzwischen aus dem Leben geschiedene Berliner Jugendrichterin Kirsten Heisig mit der folgenden Bemerkung: »Mich beschleicht [...] ein ungutes Gefühl, denn das Recht wird aus der Hand gegeben und auf die Straße verlagert oder *in ein paralleles System verschoben*, in dem dann ein Imam oder andere Vertreter des Korans entscheiden, was zu geschehen hat.«[74]

Im Folgenden soll an zwei Beispielen die Wirkungsweise und Funktionslogik zweier Typen von Parallelinstitutionen der Konfliktlösung und der Normdurchsetzung gezeigt werden.

1. Das Beispiel der Sharia Courts in Großbritannien

Seit August 2007 haben sogenannte Muslim Tribunal Courts mehr als hundert Fälle, von Scheidungs- und Erbschaftsangelegenheiten bis zu Nachbarstreitigkeiten nach der Scharia entschieden.[75] Fünf solcher Scharia-Gerichte existieren bereits, und zwar in London, Birmingham, Bradford, Manchester und Nuneaton, zwei weitere sind in Glasgow und Edinburgh geplant. Das Muslim Arbitration Tribunal, das die Muslim Tribunal Courts »betreibt«, ist möglich infolge einer Klausel des britischen »Arbitration Act« von 1996, das diese Scharia-Gerichte als »arbitration tribunals« anerkennt, sofern die Kontrahenten einer Rechtsstreitigkeit die Zuständigkeit eines solchen Tribunals für ihren Fall anerkennen.

72 Karsten Fischer, Parallelordnungen als Herrschaftstechnik? Eine heuristische Skizze, unveröffentlichtes Vortragsmanuskript, 2011.

73 Hier zitiert nach Joachim Wagner, Richter ohne Gesetz. Islamische Paralleljustiz gefährdet unseren Rechtsstaat, Berlin 2011, 11.

74 Zitiert nach Wagner, Richter ohne Gesetz (Anm. 73), 11.

75 Abul Taher, Reviewed: UK's first official sharia courts, The Sunday Times Online, 14. September 2008, URL: http://www.timesonline.co.uk/tol/comment/faith/article4749183.ece.

Zwei Dinge sind an diesem Beispielsfall interessant:

- Erstens haben wir es hier mit einem klaren Fall von *regulierter Selbstregulierung* zu tun. Die *staatliche Rahmenordnung* findet sich in einem britischen Gesetz, dem *Arbitration Act 1996*, unter dessen Dach nicht nur die islamischen Arbitration Tribunals fallen, sondern auch die jüdischen Schiedsgerichte »The Beth Din«,[76] in dessen Einleitungsbestimmung es wie folgt heißt:

  »*General principles*
  1. The provisions of this Part are founded on the following principles, and shall be construed accordingly
  (a) the object of arbitration is to obtain *the fair resolution of disputes* by an impartial tribunal without unnecessary delay or expense;
  (b) the parties should be *free to agree how their disputes are resolved*, subject only to such safeguards as are necessary in the public interest;
  (c) in matters governed by this Part the court* should not intervene except as provided by this Part.« (Arbitration Act 1996)
  * In Teil IV, Section 105, Absatz 1 heißt es wie folgt: »In this Act ›the court‹ means the High Court or a country court.«

- Daraus ergibt sich ein *Zusammenspiel von staatlicher Gerichtsbarkeit und dem Muslim Arbitration Tribunal*, der über eigene »procedure rules« verfügt, ein Tribunal, das von Abul Taher wie folgt beschrieben worden ist:

  »Islamic law has been officially adopted in Britain, with sharia courts given powers to rule on Muslim civil cases. [...] Rulings issued by a network of five sharia courts are *enforceable with the full power of the judicial system*, through the county courts or High Court. Previously, the rulings of sharia courts in Britain could not be enforced, and depended on voluntary compliance among Muslims. [...] Sheikh Faiz-ul-Aqtab Siddiqi, whose Muslim Arbitration Tribunal runs the courts, said he had taken advantage of a clause in the Arbitration Act 1996. Under the act, the sharia courts are classified as arbitration tribunals. The rulings of arbitration tribunals are *binding in law*, provided that both parties in the dispute agree to give it the power to rule on their case. Siddiqi said: ›We realised that under the Arbitration Act we can make rulings which can be enforced by county and high courts. The act allows disputes to be resolved using alternatives like tribunals. This method is called *alternative dispute resolution*, which for Muslims is what the sharia courts are.‹«[77]

- Zweitens ist der durch den Arbitration Act von 1996 ermöglichte *Geländegewinn für Parallelinstitutionen der Konfliktlösung* eingebettet in eine rechts- und religionspolitische Diskussion, an der sich nicht nur der Lord Chief Justice, sondern vor allem der ehemalige Erzbischof von Canterbury – Rowan Williams – beteiligt haben. Diese erzbischöfliche »Lecture« ist ein bemerkenswertes Dokument: Rowan Williams macht – übrigens unter Heran-

76 Zu deren Funktion und Reichweite Centre for Social Cohesion, The Beth Din. Jewish Courts in the UK, London 2009.

77 Taher (Anm. 75), 2.

ziehung rechtstheoretischer und rechtsphilosophischer Literatur – Front gegen ein *unzeitgemäßes staatliches Jurisdiktionsmonopol*, da dieses mit den *Realitäten einer pluralistischen Gesellschaft* unvereinbar sei; vielmehr bedürfe es in einer *»plural society of overlapping identities«* der *Anerkennung von »supplementary jurisdictions«*; nur eine solche Anerkennung – so argumentiert der Erzbischof – könne existierende »communities within the community« aus einer sonst notwendig eintretenden Ghettoisierung hinausführen: »But if the reality of society is plural – as many political theorists have pointed out – this is a damagingly inadequate account of common life, in which certain kinds of affiliation are marginalised or privatised to the extent that what is produced is a ghettoised pattern of social life, in which particular sorts of interest and of reasoning are tolerated as private matters *but never granted legitimacy in public* as part of a continuing debate about shared goods and priorities.«[78]

2. Islamische Schlichtungsverfahren in Deutschland

Was das deutsche Beispiel betrifft, so geht es hier nicht um das Wirken von staatlich akzeptierten »Shariah-Tribunals«, sondern um die Schlichtung von Konflikten zwischen Angehörigen islamischen Glaubens durch einen Kreis von Personen – seien dies Rechtsanwälte, Imame oder Familienoberhäupter – die man unter der *Funktionsbezeichnung Streitschlichter oder Friedensrichter* zusammenfassen könnte. Ihre Tätigkeit ist Gegenstand des 2011 erschienenen Buches »Richter ohne Gesetz« von Joachim Wagner, das den bezeichnenden Untertitel »Islamische Paralleljustiz gefährdet unseren Rechtstaat« trägt.[79] Ob diese These wirklich zutrifft, ist hier nicht unser Thema; uns interessiert vielmehr, wie sich die von Wagner und anderen beobachtete Tendenz zur *islaminternen Konfliktlösung an der staatlichen Justiz vorbei* eigentlich erklären lässt. Die von Wagner präsentierten Gründe sind durchweg des Nachdenkens wert und sollen hier daher kurz benannt werden:

- Ein erster wichtiger Gesichtspunkt ist der *hohe Stellenwert*, der *der Wiedergutmachung* – vor allem in Gestalt einer finanziellen Kompensation – im islamischen Rechts- und Kulturkreis zukommt. Diese Wiedergutmachung wird nicht etwa zwischen Täter und Opfer – also Individualpersonen – ausgehandelt, sondern:

78 Rowan Williams, Archbishops Lecture – Civil and Religious Law in England: a religious perspective, 7. Februar 2008, URL: http://www.archbishopscanterbury.org/articles.php./1137/archbishops-lecture-civil-and-religious-law-in-england-a-religious-perspective.

79 Wagner, Richter ohne Gesetz (Anm. 73).

> »Die Wiedergutmachung ist ein zentraler Gedanke des islamischen Strafrechts. Für den Islamrechtler Mathias Rohe ist er Ausdruck ›einer Gesellschaftsordnung, die auf einem Wirtschaften in *Großfamilienverbänden* (...) ohne soziale Absicherung basiert‹ (Rohe 2009, S. 139). [...]
>
> In Ländern ohne staatliche Ordnung hatte die Großfamilie die Schutzfunktion von Polizei und Justiz zu übernehmen. Und dabei spielte die Blutrache eine disziplinierende Rolle«.[80]

– Die maßgeblichen Akteure der Konfliktlösung am Staat vorbei sind also die Familien, sodass wir es – wie man es nennen könnte – mit einer Entindividualisierung der Konflikte zu tun haben; Wagner spricht daher auch nur noch von Täterfamilien und Opferfamilien: »Nach einer Straftat entscheiden die betroffenen Familien von Fall zu Fall, ob sie direkt miteinander verhandeln oder einen Schlichter einschalten. Die Initiative geht meist von der Täterfamilie aus, weil die ein Interesse daran hat, dass der Sohn, Bruder oder Cousin straffrei bleibt. Bei direktem Kontakt wendet sich der Vater oder der älteste Bruder an sein Pendant bei der Opferfamilie.«[81]

Es kann nach diesen Überlegungen nicht überraschen, dass der in der Diskussion über die Existenz und die Bewertung sogenannter Parallelgesellschaften immer wieder bemühte Begriff der Ehre familiär konnotiert ist: Ehre ist Familienehre.[82] Es ist dieser überkommene Ehrbegriff, der letztlich aus vorstaatlicher Zeit stamme, als die Großfamilien die maßgeblichen »Schutzvereinigungen« waren, der sich bis heute erhalten und als Verhaltenskompass in der Diaspora lebendig sei; er sei – so Wagner – ein zentraler Schlüssel für das Verständnis der muslimischen Parallelgesellschaft in Deutschland.[83] Dieser Befund wird durch den 2010 in zweiter Auflage erschienenen Bericht des »Centre for Social Cohesion«[84] eindrucksvoll bestätigt, in dem sich dieses Centre ausführlich mit dem Phänomen der »Honour based Violance« auseinandersetzt: Die verhaltenssteuernde Wirkung der Familienehre verliere – so wird dort ausgeführt – nicht etwa in der Generationenfolge der Einwanderer an Bedeutung, sondern sei auch in der vierten Einwanderergeneration nach wie vor als Bestandteil der kollektiven Identität von zentraler Bedeutung.

80 Wagner, Richter ohne Gesetz (Anm. 73), 14, 24.

81 Wagner, Richter ohne Gesetz (Anm. 73), 30.

82 Dies gilt im Übrigen auch und gerade auch für den Ehrbegriff des Adels; siehe dazu Martin Wrede/Horst Carl, Einleitung: Adel zwischen Schande und Ehre, Tradition und Traditionsbruch, Erinnerung und Vergessen, in: dies. (Hg.), Zwischen Schande und Ehre. Erinnerungsbrüche und die Kontinuität des Hauses. Legitimationsmuster und Traditionsverständnis des Frühneuzeitlichen Adels in Umbruch und Krise, Mainz 2007, 1–26.

83 Wagner, Richter ohne Gesetz (Anm. 73), 83 ff.

84 Centre for Social Cohesion, Crimes of the Community. Honour-Based Violence in the UK, 2. Aufl., London 2010.

Wenn diese Überlegungen richtig sind, dann ergeben sich daraus zwei wichtige Folgerungen: einmal sind Großfamilien als Governance-Kollektive zu qualifizieren, da sie zahlreiche Governance-Funktionen erfüllen; zum anderen sind sie zugleich *Instanzen der Normdurchsetzung*, wobei – insbesondere bei der »honour based violence« – die männlichen Familienmitglieder als *»Ehrenwächter«* fungieren; in dem Bericht des Centre for Social Cohesion heißt es dazu wie folgt:

> »In the Kurdish community, male members of the family are usually seen as the guardian of cultural norms and values. If a woman contravenes those norms and values, the male guardian is often obliged to act to protect the community's belief system. Gona Saed, director of the Middle East Centre for Woman's Rights, an advocacy group in South London, says: ›It's a combination of nationalistic traditions, culture and religion. These all feed into this violence against women.‹«[85]

VII. Typologie von Normdurchsetzungsregimen: eine erste Annäherung

Wenn wir die von uns in diesem Beitrag skizzierten Normdurchsetzungsregime noch einmal Revue passieren lassen, so scheinen uns drei typenbildende Kriterien in Betracht zu kommen, nämlich die Art der Regelungskollektive, der Grad der Formalität/Informalität des Rechtsdurchsetzungsverfahrens und die Art der zur Gewährleistung der Normbefolgung eingesetzten Sanktionsinstrumente.

Beginnen wollen wir mit den Regelungskollektiven und ihren je spezifischen Normdurchsetzungsregimen:

- Die erste Gruppe von Normdurchsetzungsregimen wollen wir als *»staatsbasiertes Durchsetzungsregime«* bezeichnen. Dazu gehören gewissermaßen als harter Kern die staatliche Justiz, aber auch die in die staatliche Rechtsprechung integrierten Berufsgerichte oder sonst von Staats wegen angebotene Ressourcen wie etwa die Vollstreckung der Urteilssprüche von Schiedsgerichten.
- Die zweite, besonders umfangreiche Gruppe bezeichnen wir als *»community-basiertes Durchsetzungsregime«*. Hierbei handelt es sich um Normdurchsetzungsregime einer bestimmten »community«, die über eine eigene Normenordnung verfügt, und für deren Durchsetzung gegenüber ihren Gemeinschaftsmitgliedern sie spezifische institutionelle Arrangements und Verfahren entwickelt hat. Vier solcher Regelungsgemeinschaften scheinen uns von besonderer Bedeutung zu sein:
  - »Ethnische communities« spielen offenbar mehr denn je eine wichtige Rolle, ein Sachverhalt, der besonders deutlich hervortritt, wenn bisher

85 Centre for Social Cohesion (Anm. 84), 29.

multiethnisch zusammengesetzte Staatengebilde sich auflösen, wie es vielfach bei »failing states« zu beobachten ist. Von der für ethnisch fundierte Governance-Kollektive typischen »traditional justice« war in diesem Beitrag schon eingangs die Rede, sodass an dieser Stelle nichts hinzugefügt werden muss.

  - Die zweite Fallgruppe sind »religiöse communities«, die ganz eigene, zum Teil konfessionsspezifische Normdurchsetzungsmechanismen entwickelt haben. Interessant wäre insoweit ein Vergleich zwischen den drei Gesetzesreligionen des Islam, des Judentums und des Christentums, der aber an dieser Stelle nicht geleistet werden kann: auffällig ist jedoch, dass im Islam, aber auch im Judentum die religiösen Rechtsgelehrten eine wichtige Rolle spielen, und zwar nicht nur bei der Rechtsauslegung, sondern auch bei der Rechtsdurchsetzung – wie insbesondere das Beispiel des Iran zeigt.[86]
  - Die dritte Fallgruppe wird von den »professional communities« gebildet. Professionen haben seit jeher berufsspezifische Regelwerke entwickelt, und zwar nicht nur als ethische und Qualitätsstandards, sondern auch – was von besonderer praktischer Bedeutung war – um sich unliebsame Konkurrenz vom Halse zu halten. Sie neigen daher dazu, den Erlass und die Durchsetzung berufsspezifischer Normen zu monopolisieren: das insoweit klassische Organisationsmodell sind die Zünfte.
  - Auch die »scientific communities« gehören als vierte Fallgruppe hierher. Sie werden eigentlich erst – nicht unähnlich den professional communities – durch gemeinsame normative Standards und ihre Befolgung konstituiert.

- Die dritte Gruppe bezeichnen wir als »*organization based law enforcement regimes*«. Hier geht es um Organisationen – seien es private Unternehmen, öffentliche Verwaltungen oder Wissenschaftsorganisationen – die innerhalb ihres Organisationsbereichs einheitliche Verhaltens- und Qualitätsnormen durchzusetzen suchen. Dies können große Unternehmen sein, die über eine eigene Compliance-Abteilung verfügen, um die Beachtung geltender Rechtsnormen – etwa im Bereich des korruptionsgefährdeten Auftragswesens – sicherzustellen[87] oder eine Einrichtung wie die Deutsche Forschungsgemeinschaft, die nicht nur Grundsätze guter wissenschaftlicher Praxis aufgestellt

86 Vgl. dazu Said Amir Ajomand, The Kingdom of Jurists. Constitutionalism and the Legal Order in Iran, in: Rainer Grote / Tilman J. Römer (Hg.), Constitutionalism in Islamic Countries. Between Upheaval and Continuity, New York u. a. 2012, 147–170.

87 Informativ zu unternehmensinternen Wissensordnungen als Faktor der Normbefolgung: Roland Broeme, Compliance durch Wissen. Anforderungen an die Wissensorganisation im Recht, in: Rechtswissenschaft 2013, 62–90.

hat, sondern auch bestrebt ist, sich mit den ihr zu Gebote stehenden Mitteln durchzusetzen.[88]

- Als zweites typenbildenes Kriterium kommt der Grad der Formalität bzw. Informalität des Normdurchsetzungsverfahrens in Betracht. Während die »staatsbasierten Durchsetzungsregime« einen hohen Grad an Formalität aufweisen – man denke nur an die deutsche Strafprozessordnung – folgen die Varianten der »traditional justice« zwar auch ganz bestimmten Regeln, die aber üblicherweise nicht schriftlich fixiert und im Hinblick auf den jeweiligen Konfliktfall anwendungsflexibel sind.
- Ein drittes wichtiges Kriterium ist die Art und Weise der Normdurchsetzung. Während die »staatsbasierten Regime« mit den klassischen Mitteln der zwangsweisen Vollstreckung arbeiten, vertrauen die »community based law enforcement regimes« mehr auf die Effektivität indirekter Steuerung, sei es durch Einwirken auf den Verständnishorizont der Normadressaten, sei es durch das, was wir als »governance by reputation« bezeichnen. Wer mit dem Wissenschaftssystem vertraut ist, wird die Wirksamkeit der Steuerung durch Reputation kaum bezweifeln wollen.

Wenn man sich die Vielfalt der Normdurchsetzungsregime noch einmal vor Augen führt, dann wird schnell deutlich, dass es hierbei nicht um rechtstechnische Unterschiede geht, sondern dass wir es mit unterschiedlichen Kulturen der Normdurchsetzung zu tun haben. Die Lösung von Konflikten durch eine Versammlung der Ältesten eines Stammes oder durch die Kollegen eines Berufsstandes ist etwas anderes als staatliche Strafverfolgung und der Charakter der Buße ist von anderer Art als der des staatlichen Strafausspruchs. Daher haben wir an anderer Stelle von unterschiedlichen *Konfliktkulturen* gesprochen[89] und deswegen schlagen wir vor, im Bereich des »judicial pluralism« verschiedene *Jurisdiktionskulturen* zu unterscheiden. Nur dann wird man der »cultural embeddedness« gerade auch der Normdurchsetzung gerecht, die schon von Karin Nehlsen-von Stryck[90] angesprochen worden ist.

Wenn man die Dinge so sieht, wird auch eigentlich erst plausibel, warum es nicht darum gehen kann, staatliche und nicht-staatliche Konfliktlösungsmethoden einander dichotomisch gegenüberzustellen, oder gar ein Modell auf Kosten des anderen durchsetzen zu wollen, sondern dass jedes Modell seine eigene, je spezifische institutionelle Kompetenz hat; man ist daher fast versucht, an dieser Stelle den bei konfligierenden Verfassungsgütern erprobten

88 Deutsche Forschungsgemeinschaft, Vorschläge zur Sicherung guter wissenschaftlicher Praxis, Denkschrift, URL: http://www.dfg.de/download/pdf/dfg_im_profil/reden_stellungnahmen/download/empfehlung_wiss_praxis_1310.pdf.

89 Gunnar Folke Schuppert, Politische Kultur, Baden-Baden 2008, 508 ff.

90 Siehe Nehlsen-von Stryk, Grenzen des Rechtszwangs (Anm. 7), 530 f.

methodischen Ansatz der »praktischen Konkordanz« zu bemühen, mit dem versucht wird, nicht eine Position auf Kosten der anderen partout durchzusetzen, sondern – in unserem Falle – von beiden Konfliktlösungsarten möglichst viel zur Wirkung zu bringen.

Gunnar Folke Schuppert

II. Referential Field I: The World of Labor

Parität und Schlichtung: Die Gewerbegerichte als Orte arbeitsrechtlicher Konfliktlösung im Deutschen Kaiserreich

I. Einleitung[1]

Die Gewerbegerichte, die in Deutschland 1890 durch ein Reichsgesetz eingeführt wurden, erlebten in den letzten zweieinhalb Jahrzehnten des Kaiserreichs einen beeindruckenden Aufstieg – sowohl was ihre bloße Zahl, ihre Inanspruchnahme und ihre Leistungsfähigkeit anbelangte, als auch was ihre Popularität bei den Betroffenen und Beteiligten und in der breiteren Öffentlichkeit anging. Sie verdankten ihre Existenz staatlicher Gesetzgebung, wurden kommunal, also öffentlich finanziert, verfügten über hoheitlichen Charakter und hatten ihre Rechtsprechungsgewalt vom Staat verliehen bekommen. Sie bildeten zugleich aber Sondergerichte, die unabhängig von der ordentlichen Gerichtsbarkeit und parallel zu dieser bestanden. An ihren Verhandlungen und Entscheidungen waren Laienbeisitzer beteiligt, die paritätisch von Arbeitgebern und Arbeitnehmern gewählt wurden. Die institutionelle Ordnung der Gewerbegerichte und ihre Verfahrensregeln waren auf Arbeitsstreitigkeiten ausgelegt und Verfassung und Verfahren versprachen gerade dadurch, dass sie einen deutlichen Kontrapunkt zur ordentlichen Gerichtsbarkeit bildeten, eine auch für die Arbeitnehmer gerechte Konfliktlösung.

Damit ist die Frage aufgeworfen, von welchen Leitvorstellungen und Regelungsstrukturen in den formativen Jahren der Arbeitsgerichtsbarkeit in Deutschland erwartet wurde, dass ihre Umsetzung an den Gewerbegerichten eine gerechte Lösung individueller Arbeitskonflikte ermöglichen würde; vor allem auch eine gerechtere als dies die bis dahin bestehenden oder alternative Ansätze

1 Im Folgenden verwenden wir zur Bezeichnung von Gruppen mit männlichen und weiblichen Mitgliedern das generische Maskulinum, ohne damit ein Geschlecht ausschließen zu wollen. Einige der genannten Gruppen, etwa Vorsitzende und Beisitzer der Gewerbegerichte, bestanden jedoch tatsächlich nur aus Männern.

institutionalisierter Konfliktregelung zu leisten versprachen. Weiter soll im Folgenden gefragt werden, inwiefern diese Erwartungen durch die Rechtsprechungs- und Schlichtungspraxis der neuen Gerichte tatsächlich auch erfüllt und eingelöst wurden. Dafür sind ebenso die Strukturen der Gewerbegerichte und die darin eingeschriebenen Leitvorstellungen zu untersuchen wie auch die zur Geltung gebrachten Verfahrensregeln und die Praxis der Rechtsprechung. Zudem müssen die Bedürfnisse der Gerichtsnutzer – Arbeitgeber und Arbeitnehmer – und deren Auffassungen von Gerechtigkeit in den Blick genommen werden. Zu beachten ist ferner, dass in den Verfahren und Entscheidungen der Gewerbegerichte auch nicht-staatliche Elemente der Streitregulierung wirksam wurden, etwa in Gestalt der Laienbeteiligung oder durch die Berücksichtigung von Ortsgebräuchen als Rechtsquelle. Gab es Überschneidungszonen der Konfliktregelung, in denen sich staatliche und nicht-staatliche Strukturen und Einflüsse berührten, vermischten oder überkreuzten? Schließlich ist auch der Frage nachzugehen, inwieweit neben der gewerbegerichtlichen Konfliktlösung individuelle und kollektive Arbeitskonflikte auch außergerichtlich gelöst wurden und ob dies trotz oder gerade wegen der Gewerbegerichte geschah.

II. Entstehung und gesetzliche Verankerung der Gewerbegerichte

Die Ursprünge der Gewerbegerichte reichen zurück bis in das Napoleonische Zeitalter, will man ihre Wurzeln nicht gar in den vormaligen Zunftgerichten ausmachen. Nach dem Vorbild der französischen *conseils de prud'hommes* waren seit 1808 in den linksrheinischen Annexionsgebieten Gewerbegerichte entstanden, die auch bestehen blieben, nachdem die Rheinprovinz an Preußen übergegangen war. Sie wurden vor allem in den 1840er-Jahren durch weitere Gründungen in den rheinischen Gebieten ergänzt. Vereinzelt wurden im Laufe des Jahrhunderts Gewerbe- und Fabrikengerichte auch in anderen Teilen Deutschlands ins Leben gerufen, so etwa in Sachsen das Gewerbegericht in Meißen oder in Berlin ein bis 1875 bestehendes Fabrikengericht.[2] Einen Schritt weiter ging der Gesetzgeber, als beim Erlass der Gewerbeordnung im Parlament

2 Jürgen Brand, Untersuchungen zur Entstehung der Arbeitsgerichtsbarkeit in Deutschland, Bd. 2, Von der Ehre zum Anspruch, Frankfurt am Main 2002; Klaus Globig, Gerichtsbarkeit als Mittel sozialer Befriedung. Dargestellt am Beispiel der Entstehung der Arbeitsgerichtsbarkeit in Deutschland, Frankfurt am Main 1985; Ralf Rogowski/Adam Tooze, Individuelle Arbeitskonfliktlösung und liberaler Korporatismus. Gewerbe- und Arbeitsgerichte in Frankreich, Großbritannien und Deutschland im historischen Vergleich, in: Heinz Mohnhaupt/Dieter Simon (Hg.), Vorträge zur Justizforschung. Geschichte und Theorie, Bd. 1, Frankfurt am Main 1992, 315–386, hier 352 ff.

des Norddeutschen Bundes auf Antrag des liberalen Abgeordneten Eduard Lasker 1869 die Möglichkeit geschaffen wurde, durch Ortsstatut gewerbliche Schiedsgerichte auf paritätischer Grundlage zu errichten, die über Streitigkeiten zwischen den selbständigen Gewerbetreibenden und ihren Gesellen, Gehilfen und Lehrlingen zu entscheiden hatten (§ 108).[3] Allerdings gaben die knappen Bestimmungen der Gewerbeordnung weder über die Bildung und Zusammensetzung der gewerblichen Schiedsgerichte noch über das dort anzuwendende Verfahren, die Zuständigkeiten oder die Rechtswirkung der Urteile näheren Aufschluss. Wo keine gewerblichen Schiedsgerichte bestanden, hatten nach § 108 der Gewerbeordnung die Gemeindebehörden über die fraglichen Konflikte zu entscheiden.

Für das Ende der 1880er Jahre kann davon ausgegangen werden, dass im Deutschen Reich 74 gewerbliche Schiedsgerichte existierten, von denen allerdings nur wenig mehr als ein Dutzend neu entstanden waren.[4] Die Wirksamkeit dieser Gerichte war, wie 1875 eine Erhebung des Reichskanzleramts ergab, »im allgemeinen nicht beträchtlich.«[5] Immer dann jedoch, wenn mit der Zunahme der Arbeitskämpfe auch die Frage zur Debatte stand, wie den individuellen Arbeitskonflikten, insbesondere aber den kollektiven Lohnkämpfen die Schärfe genommen werden konnte, wurde die Forderung laut, die gewerblichen Schiedsgerichte auszubauen und nach englischem Vorbild durch »Einigungsämter« zur Schlichtung kollektiver Arbeitskonflikte zu ergänzen.[6] Ein Gesetzesentwurf der Regierung, der die gewerblichen Schiedsgerichte auf eine solidere und breitere Grundlage stellen sollte, scheiterte 1878 im Reichstag daran, dass die Parlamentsmehrheit nicht bereit war, den staatlichen Behörden ein Bestätigungsrecht bei der Ernennung der Gewerbegerichtsvorsitzenden zuzugestehen.[7] Der Ruf nach einem Ausbau der arbeitsrechtlichen Sondergerichte riss aller-

3 Gewerbeordnung für den Norddeutschen Bund vom 21. Juni 1869, in: GBl. für den Norddeutschen Bund 1869, 245–282; vgl. auch Quellensammlung zur Geschichte der Deutschen Sozialpolitik 1867 bis 1914, I. Abt. (1867–1881), Bd. 4, Arbeiterrecht, bearb. von Wolfgang Ayass u. a., Darmstadt 1997 (nachfolgend: Quellensammlung GDS, I. Abt., Bd. 4), Nr. 14.

4 Wilhelm Stieda, Das Gewerbegericht, Leipzig 1890, 55.

5 Protokoll der 22. Sitzung des Bundesrats vom 21. September 1875, in: Quellensammlung GDS, I. Abt., Bd. 4 (Fn. 3), Nr. 159.

6 Vgl. z. B. die Rede von Max Hirsch auf dem ersten Verbandstag der Deutschen Gewerkvereine, 26. August 1871, in: Quellensammlung GDS, I. Abt., Bd. 4 (Fn. 3), Nr. 63; Beschlussantrag Gustav Schmollers auf der Gründungsversammlung des Vereins für Sozialpolitik, 6. Oktober 1872, in: ebenda, Nr. 113.

7 Entwurf eines Gesetzes, betreffend die Gewerbegerichte, vom 23. Februar 1878, in: Quellensammlung GDS, I. Abt., Bd. 4 (Fn. 3), Nr. 190; Sitzungsprotokoll des Bundesrats vom 15. Mai 1878, in: ebenda, Nr. 196.

dings auch in der Folge nicht ab.[8] Mit der deutlichen Zunahme der Arbeitskämpfe und -konflikte Ende der achtziger Jahre erhielt er vielmehr zusätzlichen Auftrieb. 1890 gelang es im Reichstag, ein entsprechendes Gesetz zu verabschieden.

Das Gesetz, betreffend die Gewerbegerichte, vom 29. Juli 1890[9] markierte einen entscheidenden Schritt auf dem Weg zu einer modernen Arbeitsgerichtsbarkeit in Deutschland.[10] Der Regierungsentwurf, der dem Reichstag am 6. Mai 1890 vorgelegt wurde,[11] beruhte in seinen Grundzügen auf dem Gesetzentwurf des Reichsamts des Innern von 1878. Nachdem eine Reichstagsresolution vom 12. Januar 1889[12] die verbündeten Regierungen zur Vorlage eines Gewerbegerichtsgesetzes aufgefordert hatte, war der Entwurf des Jahres 1878 von zwei Ausschüssen des Bundesrats gemeinsam überarbeitet[13] und anschließend im

8 Die Streiks, in: Magdeburgische Zeitung Nr. 387 vom 21. August 1885, in: Quellensammlung zur Geschichte der Deutschen Sozialpolitik 1867 bis 1914, II. Abt. (1881–1890), Bd. 4, Arbeiterrecht, bearb. von Wilfried Rudloff, Darmstadt 2008 (nachfolgend: Quellensammlung GDS, II. Abt., Bd. 4), Nr. 26; Gewerbliche Schiedsgerichte, in: Vossische Zeitung Nr. 201, Morgenausgabe, vom 1. Mai 1887, in: ebenda, Nr. 70.

9 Gesetz, betreffend die Gewerbegerichte vom 29. Juli 1890, in: RGBl. 1890, 141–162 (nachfolgend: GGG 1890); vgl. auch Quellensammlung zur Geschichte der Deutschen Sozialpolitik 1867 bis 1914, III. Abt. (1890–1904), Bd. 4, Arbeiterrecht, bearb. von Wilfried Rudloff, Darmstadt 2011 (nachfolgend: Quellensammlung GDS, III. Abt., Bd. 4), Nr. 14.

10 Vgl. allgemein Richard Bahr, Gewerbegericht, Kaufmannsgericht, Einigungsamt. Ein Beitrag zur Rechts- und Sozialgeschichte im XIX. Jahrhundert, Leipzig 1905; Hans-Jörg von Berlepsch, »Neuer Kurs« im Kaiserreich? Die Arbeiterpolitik des Freiherrn von Berlepsch 1890–1896, Bonn / Bad Godesberg 1987, 84–126; Günter Graf, Das Arbeitsgerichtsgesetz von 1926. Weimarer Verfassungsvollzug auf justizpolitischen Irrwegen des Kaiserreichs?, Goldbach 1993; Adelheid von Saldern, Gewerbegerichte im wilhelminischen Deutschland, in: Karl-Heinz Manegold (Hg.), Wissenschaft, Wirtschaft und Technik. Studien zur Geschichte. Wilhelm Treue zum 60. Geburtstag, München 1969, 190–203; Ursula Zimmermann, Die Entwicklung der Gewerbegerichtsbarkeit in Deutschland. Unter besonderer Berücksichtigung der Verhältnisse in Bayern, Hamburg 2005.

11 Entwurf eines Gesetzes, betreffend die Gewerbegerichte, vom 6. Mai 1890, Stenographische Berichte über die Verhandlungen des Reichstags (nachfolgend: Sten. Ber. RT), 8. LP, I. Session 1890/1892, Drucksache Nr. 5.

12 19. Sitzung des Reichstags vom 12.1.1889, Sten. Ber. RT (Fn. 11), 7. LP, IV. Session 1888/1889, 397–419 (Beschluss 419).

13 Entwurf eines Gesetzes, betreffend die Gewerbegerichte, vom 26. Juli 1889, in: Quellensammlung GDS, II. Abt., Bd. 4 (Fn. 8), Nr. 118; Bericht des Staatssekretärs des Innern von Boetticher an Reichskanzler Otto Fürst von Bismarck, 5. November 1889, in: ebenda, Nr. 123; Gesetzentwurf, betreffend die Gewerbegerichte, vom 28. Januar 1889, in: ebenda, Nr. 145.

Plenum verabschiedet worden.[14] Dabei waren vor allem die Verfahrensgrundsätze eingehender geregelt worden. Ziel war es, eine der Zivilprozessordnung gegenüber vereinfachte und damit zügigere Erledigung der Streitsachen zu ermöglichen. Im Reichstag wurde nicht nur die Ausweitung des Gesetzes auf Werkmeister und technische Angestellte (bis zu einer bestimmten Verdienstgrenze) beschlossen, sondern auch die direkte und geheime Wahl der Beisitzer, die Nichtzulassung von Rechtsanwälten als Prozessbevollmächtigte und der Ausschluss der Berufung bei einem Streitwert von bis zu 100 Mark durchgesetzt. Der Wirkungskreis der Gewerbegerichte wurde überdies um die Aufgabe erweitert, den Behörden bei Bedarf Gutachten über gewerbliche Fragen zu erstatten, und den neuen Gerichten wurde auch das Recht zugestanden, Anträge an Behörden und Gemeindevertretungen zu richten. Die Regelung, an der das Gesetz 1878 gescheitert war, das staatliche Bestätigungsrecht für die Wahl des Vorsitzenden, wurde vom Reichstag jetzt hingenommen, nachdem einschränkend hinzugefügt worden war, dass es bei Staats- und Gemeindebeamten, die ihr Amt ohnehin kraft staatlicher Ernennung oder Bestätigung inne hatten, entfiel. Bestrebungen im Reichstag, auch den Frauen das aktive Wahlrecht bei den Beisitzerwahlen zu gewähren, stießen auf massiven Widerspruch der Mehrheit der Abgeordneten. Ein solches Zugeständnis, so hieß es, würde alsbald die Forderung nach einem Wahlrecht auch bei anderen Wahlen nach sich ziehen und so »der erste Schritt sein zur grundsätzlichen Emanzipierung des weiblichen Geschlechts im öffentlichen Leben, ein Schritt, der bisher auf das sorgsamste vermieden worden sei.«[15]

Mit dem neuen Gesetz waren vor allem zwei Erwartungen verbunden. Zum einen sollte es dafür sorgen, dass die Möglichkeit, durch Errichtung von Gewerbegerichten eine Instanz zur zügigen Regelung arbeitsrechtlicher Konflikte zu schaffen, in breiterem Maße genutzt wurde als bisher. Durch die gesetzliche Regelung von Zusammensetzung, Befugnissen, Verfahren und Rechtswirkung der Gewerbegerichte sollten bislang noch bestehende Unsicherheiten über deren Ordnung und Funktion beseitigt und die Uneinheitlichkeit der bereits bestehenden gewerblichen Schiedsgerichte behoben werden. Ob auf lokaler Ebene tatsächlich Gewerbegerichte errichtet wurden, blieb allerdings auch weiterhin in das Ermessen der Gemeinden gestellt. Zum anderen wurde erwartet, kollektive Arbeitskonflikte dadurch entschärfen zu können, dass ein besonderes Verfahren zur paritätischen Konfliktschlichtung geschaffen wurde. Deshalb war in den Gesetzentwurf von 1878 auf Betreiben des Reichsamts des

14 Vgl. als Gesetzeskommentar Leopold Wilhelmi / Max Fürst, Das Reichsgesetz betreffend die Gewerbegerichte. Vom 29. Juli 1890, Berlin 1891.

15 Bericht der VI. Kommission vom 9. Juni 1890, Sten. Ber. RT (Fn. 11), 8. LP, I. Session 1890/1892, Drucksache Nr. 51, 510 f.

Innern ein neuer Abschnitt eingefügt worden, der die Rolle des Gewerbegerichts als »Einigungsamt« umschrieb.[16] Auf die Erfahrungen beim großen Bergarbeiterstreik von 1889 anspielend, hieß es in der Gesetzesbegründung, es sei bei »den in neuerer Zeit vorgekommenen Arbeiterausständen [...] mehrfach als ein schwerwiegender Übelstand empfunden worden, daß es auch bei vorhandener Geneigtheit zu Einigungsverhandlungen auf beiden Seiten zur wirklichen Einleitung solcher gar nicht oder nicht rechtzeitig gekommen ist, weil es an einem Organ fehlte, welches geeignet und berufen gewesen wäre, die Leitung solcher Verhandlungen und die Vermittlung zwischen den streitenden Parteien in die Hand zu nehmen.«[17] Das Gewerbegericht sollte mithin nicht nur bei Streitigkeiten aus bestehenden Arbeitsverträgen angerufen werden können, sondern konnte, wenn es zwischen den Arbeitsmarktparteien zu Auseinandersetzungen über die »Bedingungen der Fortsetzung oder Wiederaufnahme des Arbeitsverhältnisses«[18] kam, auch die Funktion eines Schlichters im Arbeitskampf übernehmen.

Die Diskussion darüber, ob das Gesetz seinen Zweck erfüllte, worin seine Vorzüge und Nachteile lagen und in welcher Weise es womöglich zu revidieren war, hatte schon bald nach Inkrafttreten wieder eingesetzt. Kritische Stimmen aus Arbeitgeberkreisen und aus der industrienahen Presse sprachen von einem Missbrauch der Gewerbegerichte durch die Sozialdemokraten, die sich der Gerichte zu bemächtigen gewusst und einer parteilichen Rechtsprechung den Weg gebahnt hätten.[19] Aus den Reihen der Gewerberichter wurde kritischen Stimmen dieser Art entschieden widersprochen[20] und den Arbeiterbeisitzern

16 Bericht des Staatssekretärs des Innern von Boetticher an Reichskanzler Otto Fürst von Bismarck vom 5. November 1889, in: Quellensammlung GDS, II. Abt., Bd. 4 (Fn. 8), Nr. 123.

17 Entwurf eines Gesetzes, betreffend die Gewerbegerichte, vom 6. Mai 1890, Sten. Ber. RT (Fn. 11), 8. LP, I. Session 1890/1892, Drucksache Nr. 5, 38.

18 § 61 des Gesetzes, betreffend die Gewerbegerichte, vom 29. Juli 1890, in: Quellensammlung GDS, III. Abt., Bd. 4 (Fn. 9), Nr. 14.

19 Besonders das Berliner Gewerbegericht sah sich solchen Anfeindungen ausgesetzt; vgl. Die Gewerbegerichte und die Socialdemokratie, in: Hamburgischer Correspondent vom 15. Juni 1894; Zur Reform der Gewerbegerichte, in: Deutsche volkswirthschaftliche Correspondenz, Nr. 55–58 vom 12., 16., 19. und 23. Juli 1895; Die Ergänzungswahl zum Berliner Gewerbegericht, in: National-Zeitung vom 2. Juni 1896; vgl. auch Otto Weigert, Zeitungsangriffe auf das Gewerbegericht Berlin, in: Das Gewerbegericht 5 (1899/1900), 4–9.

20 Vgl. Ernst Lautenschlager, Die Rechtsprechung im Gewerbegericht, in: Jahrbücher für Gesetzgebung, Verwaltung und Volkswirtschaft 17 (1893), 775–828, 807 f.; Karl Flesch, Die Rechtsprechung der Gewerbegerichte, in: Blätter für soziale Praxis 1/2 (1893), 44; Zurückweisung grundloser Angriffe gegen die Gewerbegerichte, in: Das Gewerbegericht 3 (1897/98), 97 f.; Ignaz Jastrow, Die Erfahrungen in den deutschen Gewerbegerichten, in: Jahrbücher für National-

auch von Vertretern der bürgerlichen Sozialreform attestiert, im Regelfall eine neutrale und sachliche Haltung einzunehmen.[21]

Als das Gewerbegerichtsgesetz zehn Jahre nach seiner Verabschiedung novelliert wurde, war dies nicht das Werk der Reichsregierung, sondern der Reichstagsmehrheit, deren Ziel es war, das Netz der Gewerbegerichte dichter zu knüpfen. Das Zentrum legte am 19. November 1900 einen Gesetzentwurf vor, nach dem die Errichtung von Gewerbegerichten für alle Orte ab 20.000 Einwohnern obligatorisch gemacht und die Gerichte überdies in ihrer Funktion als Einigungsämter gestärkt werden sollten.[22] Der Reichstag baute den Entwurf noch weiter aus. Im preußischen Staatsministerium nahm Finanzminister Georg Freiherr von Rheinbaben, der eine weitere Ausdehnung der »Machtsphäre der Arbeiter und ihrer Führer« befürchtete, eine Gegenposition ein, bleib mit seiner ablehnenden Haltung allerdings in der Minderheit.[23] Auch die vehementen Proteste von Seiten der Großindustrie, die sich in erster Linie gegen die neu in das Gesetz eingefügte Verpflichtung der Streitparteien richteten, einer Vorladung vor das Einigungsamt tatsächlich Folge leisten zu müssen, blieben ohne Erfolg.[24] Dass die Gemeinden mit mehr als 20.000 Einwohnern nun verpflichtet waren, Gewerbegerichte zu errichten, führte reichsweit dazu, dass ungefähr 40 neue Gerichte geschaffen wurden.[25] Ende des Jahres 1913 bestanden im Reich schließlich 504 Gewerbegerichte, die aufgrund des Gewerbegerichtsgesetzes errichtet worden waren, zu denen noch weitere 25 auf landesgesetzlicher Grundlage errichtete Gewerbegerichte in den preußischen Rheinlanden, Sachsen, den Hansestädten und Elsaß-Lothringen kamen. Insge-

ökonomie und Statistik 69 (1897), 321–395, 365; Die Unparteilichkeit der Arbeiterbeisitzer im Gewerbegericht, in: Soziale Praxis und Archiv für Volkswohlfahrt 22 (1912/13), 898–899.

21 Wilhelm Stieda, Gewerbegerichte, in: Johannes Conrad u. a. (Hg.), Handwörterbuch der Staatswissenschaften, 2. Aufl., Jena 1900, 393–410, 401.

22 Quellensammlung GDS, III. Abt., Bd. 4 (Fn. 9), Nr. 83.

23 Sitzungsprotokoll des preußischen Staatsministeriums vom 22. Juni 1901, in: Quellensammlung GDS, III. Abt., Bd. 4 (Fn. 9), Nr. 98.

24 Vgl. die Eingaben des Vereins zur Wahrung der gemeinsamen wirtschaftlichen Interessen in Rheinland und Westfalen und der Nordwestlichen Gruppe des Vereins Deutscher Eisen- und Stahlindustrieller an den Bundesrat sowie des stellvertretenden Geschäftsführers des Zentralverbands Deutscher Industrieller Tille an den Staatssekretär des Innern von Posadowsky-Wehner vom 22. Mai 1901 und vom 18. Juni 1901 sowie den Bericht des Geheimen Oberregierungsrats im Reichsamt des Innern Wilhelmi an von Posadowsky-Wehner vom 20. Juni 1901, in: Quellensammlung GDS, III. Abt., Bd. 4 (Fn. 9), Nr. 95–97. In der Praxis sollte die gesetzlich angedrohte Geldstrafe bei versäumtem Erscheinen allerdings kaum eine Rolle spielen.

25 Max von Schulz, 25 Jahre Gewerbegerichtsgesetz, in: Gewerbe- und Kaufmannsgericht 20 (1914/15), 317–332, 317 und 326.

samt 117.000 Streitsachen waren anhängig gemacht worden. Immerhin ein Drittel der 359 Gewerbegerichte, die für einzelne Gemeinden (also nicht für Bezirke mehrerer Gemeinden usw.) geschaffen worden waren, bestanden in Gemeinden, die aufgrund der geringen Einwohnerzahl dazu nicht verpflichtet gewesen wären.[26] Auch dies ließ erkennen, dass die Gewerbegerichte weithin als eine nützliche und segenstiftende Einrichtung betrachtet wurden.

III. Struktur und Verfassung der Gewerbegerichte

Das Gewerbegericht setzte sich aus dem Vorsitzenden, seinem Stellvertreter und mindestens vier Beisitzern zusammen. Der Vorsitzende durfte weder Arbeitgeber noch Arbeiter sein und wurde vom Magistrat oder der Gemeindevertretung für mindestens ein Jahr bestimmt. Eine besondere juristische Qualifikation war nicht erforderlich. Bestrebungen im Reichstag, den Vorsitz juristisch gebildeten Personen vorzubehalten, war entgegen gehalten worden, »dass unter den Juristen bei der neueren und neuesten Richtung der Rechtsprechung [...] nur selten Persönlichkeiten zu finden seien, welche von der juristischen Schablone soweit unberührt geblieben seien, dass sie bei rein gewerblichen Streitigkeiten alle Male das Richtige zu treffen verstehen würden.«[27] Wiewohl die meisten Gewerbegerichtsvorsitzenden in der Praxis dann doch juristisch vorgebildet waren, wurde das Gewerbegericht hier wie auch unter anderen Gesichtspunkten in einen bewussten Gegensatz zur ordentlichen Gerichtsbarkeit mit ihren Berufsrichtern gestellt. Die Verrechtlichung der innerbetrieblichen Konflikte sollte nicht auch gleichbedeutend mit einer Juridifizierung der Rechtsprechung nach dem Muster der ordentlichen Justiz sein. Dass Rechtsanwälte von den Verfahren ausgeschlossen blieben und der Weg vor die ordentlichen Gerichte als vorgesehene Berufungsinstanz erst ab einem nur selten erreichten Streitwert offen stand, bestätigte diesen Befund.[28] Beides hätte die Durchsetzungschancen vor Gericht zulasten der Arbeitnehmer und zugunsten der Arbeitgeber verschoben.

Die meisten Vorsitzenden entstammten den Spitzen der Stadt- bzw. kommunalen Selbstverwaltung und übernahmen die Leitung des Gewerbegerichts im Nebenamt. Nach einer Erhebung der freigewerkschaftlichen Konferenz der Arbeitnehmerbeisitzer in den Gewerbe- und Kaufmannsgerichten, an der sich

26 Statistik der Tätigkeit der Gewerbe- und Kaufmannsgerichte im Jahre 1913, Sonderbeilage zum Reichs-Arbeitsblatt 7 (Juli 1914), 2 f. und 12.

27 Bericht der VI. Kommission vom 9. Juni 1890, Sten. Ber. RT (Fn. 11), 8. LP, I. Session 1890/1892, Drucksache Nr. 51, 509.

28 Uwe Wilhelm, Das Deutsche Kaiserreich und seine Justiz. Justizkritik – politische Strafrechtsprechung – Justizpolitik, Berlin 2010, 423.

58 Prozent der 433 bestehenden Gewerbegerichte beteiligt hatten, übten 1910 bei 31 Prozent der Gerichte der Ober- bzw. Bürgermeister das Amt des Vorsitzenden aus, bei 20 Prozent Magistrats- bzw. Stadträte oder auch Verwaltungsassessoren.[29] In einigen Großstädten traf man zwar in begrenzter Zahl auf Gewerbe- und Kaufmannsrichter im Hauptamt. Andernorts aber stieß das Ansinnen, solche vollberuflichen Gewerberichter zu bestellen, schon deshalb auf Ablehnung, weil, wie z. B. in Nürnberg, befürchtet wurde, hauptamtliche Gewerberichter könnten »leicht in die Gefahr kommen, auf sozialem Gebiete allzu tätig zu werden und in einer besonders seitens der Arbeitgeber oft gar nicht erwünschten Weise in Verhandlungen einzugreifen, die die Beteiligten am besten selbst miteinander zu Ende führen wollen.«[30] Solche Befürchtungen ließen indes erkennen, dass mit der Figur des Gewerbegerichtsvorsitzenden ein neuer Protagonist sozialer Konfliktschlichtung entstanden war, dem zugetraut wurde, erheblichen Einfluss auf die Arbeitskonflikte zu nehmen. Das Bestätigungsrecht für die Vorsitzenden, das sich die Regierung vorbehalten hatte, entpuppte sich hingegen als weithin unproblematisch. Ignaz Jastrow, einer der besten Kenner der Materie, gab 1902 Entwarnung: »Bei aufmerksamer Verfolgung aller auf die Gewerbegerichte bezüglichen Vorgänge ist mir nicht ein einziger Fall bekannt geworden, dass die Regierung versucht hätte, auch nur indirekt auf die Auswahl der Vorsitzenden einen Druck auszuüben«.[31]

Wurde seitens des Gerichts über ein Urteil abgestimmt und kam es dabei zu einem Patt zwischen Arbeitgeber- und Arbeitnehmer-Beisitzern, gab die Stimme des Vorsitzenden den Ausschlag. Der Vorsitzende besaß aber auch dadurch eine herausragende Stellung, dass er beim ersten Termin nach der Klageerhebung ohne Beisitzer verhandeln konnte (§ 54 Gewerbegerichtsgesetz). Ein großer Teil der Sitzungen fand deshalb ohne Beteiligung der Beisitzer statt. Das Gewerbegerichtsgesetz von 1890 hielt den Vorsitzenden ausdrücklich dazu an, beim ersten Termin – wie auch am Schluss der Verhandlungen – den Versuch zu einer gütlichen Einigung zu unternehmen (§ 39).[32] Kam ein Vergleich nicht zustande, hatte er, wenn beide Parteien dies wünschten, sofort eine Entscheidung zu

29 Bericht über die bezüglich der Verhältnisse der Gewerbegerichte im deutschen Reiche gehaltene Umfrage, in: Protokoll der Konferenz der Gewerbe- und Kaufmannsgerichtsbeisitzer (Arbeitnehmer) Deutschlands, abgehalten am 13. und 14. September 1910 im Volkshause zu Cöln, Berlin 1910, 45–59, 46 f.

30 Bericht des Nürnberger Magistratsrats Wagner an den Stadtmagistrat vom 8. Dezember 1909, Stadtarchiv Nürnberg C 7/I, Nr. 12830.

31 Ignaz Jastrow, Sozialpolitik und Verwaltungswissenschaft, Bd. 1, Berlin 1902, 425.

32 Vgl. hierzu insgesamt Christian Seifert, Die Entwicklung des Gütegedankens im arbeitsrechtlichen Verfahren, Stuttgart u. a. 2011, 64–91.

fällen. War dies nicht der Fall, musste ein neuer Verhandlungstermin angesetzt werden, zu welchem paritätisch die Beisitzer aus den Reihen der Arbeitgeber und Arbeiter hinzugezogen wurden.[33]

Zu dem hohen Ansehen, das sich die Gewerbegerichte in Arbeiterkreisen erwarben,[34] hatten die paritätische Zusammensetzung und die direkte Wahl der Beisitzer nicht unerheblich beigetragen. Die Beisitzer vereinten im Idealfall die beiden Vorzüge, aufgrund ihrer beruflichen Tätigkeit mit den Streithintergründen genauer vertraut zu sein und von den Konfliktparteien zugleich auch als Vertrauensleute angesehen zu werden.[35] Dass sich beide Parteien vor dem Gericht auf gleichem Fuße begegneten und, kaum weniger wichtig, dass beide auf der Beisitzerbank gleichberechtigt am Zustandekommen der Entscheidungen beteiligt waren, war ein Umstand, der aus Sicht der Arbeiter stark mit den täglichen Erfahrungen im Arbeitsleben und in den Arbeitsbeziehungen kontrastierte. Eine Parallele fand die unmittelbare Mitwirkung der Arbeiter sonst nur noch in der Sozialversicherung – in den Selbstverwaltungsorganen der Krankenkassen, aber auch in den Schiedsgerichten der Unfall- und der Invaliditäts- und Altersversicherung, für die allerdings nur eine indirekte Wahl der Beisitzer vorgesehen war.[36]

Tatsächlich bildete die Wahl der Beisitzer auch für die Ausgestaltung der Gewerbegerichte einen neuralgischen Punkt. Die Berufung der Beisitzer für die gewerblichen Schiedsgerichte, wie sie bis 1890 bestanden hatten, war noch auf sehr unterschiedliche Weise erfolgt. In einer begrenzten Zahl von Städten – namentlich in Frankfurt am Main[37] und Leipzig – waren die Beisitzer für die Arbeitgeber- und die Arbeitnehmerseite mit Hilfe des allgemeinen, direkten und geheimen Wahlrechts gewählt, in anderen – wie Karlsruhe oder Breslau –

33 Krönig, Vorschläge zur Ausgestaltung des Vortermins, in: Gewerbe- und Kaufmannsgericht 17 (1911/12), 217–220.

34 Nach einem Urteil von Gerhard A. Ritter erlangten die Gewerbegerichte »von allen Institutionen der Sozialpolitik vor 1914 wohl die größte Popularität bei den Arbeitern«, siehe Gerhard A. Ritter, Staat, Arbeiterschaft und Arbeiterbewegung in Deutschland. Vom Vormärz bis zum Ende der Weimarer Republik, Berlin/Bonn 1980, 59.

35 Heinrich Herkner, Die Arbeiterfrage. Eine Einführung, 5. Aufl., Berlin 1908, 86; Ernst Lautenschläger, Die Rechtsprechung im Gewerbegericht, in: Jahrbuch für Gesetzgebung, Verwaltung und Volkswirtschaft im Deutschen Reiche 17 N. F. (1893), 775–828, 806 ff.

36 Wolfgang Ayass, Wege zur Sozialgerichtsbarkeit: Schiedsgerichte und Reichsversicherungsamt bis 1945, in: Peter Masuch u. a. (Hg.), Grundlagen und Herausforderungen des Sozialstaats. Denkschrift 60 Jahre Bundessozialgericht, Bd. 1, Berlin 2014, 265–282.

37 Hierzu auch Hans Kilian Weitensteiner, Karl Flesch – Kommunale Sozialpolitik in Frankfurt am Main, Frankfurt am Main 1976, 117.

hingegen durch den Stadtrat oder die Stadtverordnetenversammlung ernannt, andernorts wiederum durch gewerbliche Korporationen oder Vereine bestimmt worden.[38] Wie erwähnt schrieb das Gewerbegerichtsgesetz stattdessen dann vor, dass die Beisitzer in direkter und geheimer Wahl bestimmt werden mussten. Nähere Regelungen über das Wahlverfahren zu erlassen, blieb allerdings auch weiterhin den Ortsstatuten vorbehalten.[39]

Gleichwohl blieben die Beisitzerwahlen auch nach 1890 Gegenstand lebhafter Debatten. Für die Arbeitgeber wurde in zahlreichen Städten über eine geringe Wahlbeteiligung geklagt. Bei den ersten Wahlen zum Berliner Gewerbegericht zum Beispiel hatten sich von den wahlberechtigten 146.000 Arbeitgebern nicht mehr als 3.026 in die Wahllisten eintragen lassen, von denen dann aber nur rund 2.000 tatsächlich auch ihre Stimme abgegeben hatten. Nicht nur die Großindustrie hatte demonstratives Desinteresse gezeigt, die kleineren Arbeitgeber aus Handwerk und Gewerbe waren ebenfalls größtenteils fern geblieben.[40] Berichte über eine ähnliche Gleichgültigkeit und Passivität auf Arbeitgeberseite waren aus vielen Städten zu vernehmen, mit oft weit reichenden Folgen für die Zusammensetzung der Beisitzer. Denn die Sozialdemokraten wussten nicht nur erfolgreich ihre Wählerschaft unter den Arbeitern zu mobilisieren.[41] Mit Hilfe der Anhänger, die sie ebenso in den Reihen der Handwerker, Kleingewerbetreibenden, Gastwirte usw. besaßen, gelang es ihnen vielerorts auch, auf der Arbeitgeberseite die Wahlen zu gewinnen.[42] Der

38 Statut des gewerblichen Schiedsgerichts Frankfurt am Main vom 22. Oktober 1886, in: Quellensammlung GDS, II. Abt., Bd. 4 (Fn. 8), Nr. 30; Ortsstatut für das Gewerbe-Schiedsgericht in Leipzig vom 18. Januar/9. Februar 1877, in: Gustav Dietel, Gewerbestreitigkeiten. Eine Auswahl von Entscheidungen des Gewerbegerichts der Stadt Leipzig, Leipzig 1882, 75–82; Ortsstatut der Stadt Karlsruhe über die gewerblichen Schiedsgerichte vom 13. November 1884, in: Stieda, Gewerbegericht (Fn. 4), 164 f.; Ortsstatut für das gewerbliche Schiedsgericht der Stadt Breslau vom 18. März 1880, in: Daniel Otto, Die Streitigkeiten der selbständigen Gewerbetreibenden mit ihren Arbeitern in Theorie und Praxis, Berlin/Neuwied 1889, 133–138.

39 R. Paulick, Beisitzerwahlen bei den Gewerbegerichten, in: Gewerbe- und Kaufmannsgericht 17 (1911/12), 77–79.

40 Gewerbegerichtswahlen in Berlin, in: Sozialpolitisches Centralblatt 2 (1893), 265; Die Berliner Gewerbegerichtswahlen, in: Berliner Neue Nachrichten, Nr. 297 vom 29. Juni 1898.

41 Die Gewerbegerichte in der Rheinprovinz, in: Historisch-politische Blätter für das katholische Deutschland 109 (1892), 742–749.

42 Das Gesetz von 1890 hatte den Begriff des Arbeitgebers nicht näher bestimmt; nach dem Gewerbegerichtsgesetz von 1901 galten bereits diejenigen Gewerbetreibenden als Arbeitgeber, die »mindestens einen Arbeiter […] regelmäßig das Jahr hindurch oder zu gewissen Zeiten des Jahres beschäftigen« (§ 16). Die Vertreter der Industrie hatten vergebens darauf gedrängt, die Hürde hier etwas

nationalliberale »Hamburgische Correspondent« schrieb 1894: »Immer mehr und mehr gewinnt die Sozialdemokratie in den Gewerbegerichten die Oberhand. Dass in großen Industriestädten in der Klasse der Arbeitnehmer die Sozialdemokraten siegen würden, stand ja von vornherein fest [...]. Sehr bedauerlich aber war es, dass auch zum Teil in der Klasse der Arbeitgeber in großen Städten die Sozialdemokraten triumphieren konnten. Heute haben wir schon eine ganze Anzahl vollständig mit Sozialdemokraten besetzter Gewerbegerichte. Bei den nichtsozialistischen Arbeitern und Arbeitgebern herrscht bezüglich der Beteiligung an den Gewerbegerichtswahlen oft eine Gleichgültigkeit, die wahrhaft erschreckend ist.«[43] In einer Stadt wie Passau, wo die Sozialdemokraten mit den katholischen Arbeitnehmerorganisationen konkurrieren mussten, konnte es geschehen, dass sie bei der Wahl der Arbeitnehmer-Beisitzer knapp unterlagen, bei der Wahl der Arbeitgeber-Beisitzer aber ebenso knapp die Oberhand behielten, so dass die Arbeiterpartei aufgrund des Mehrheitswahlrechts zwar keine Beisitzer für die Arbeiter, aber sämtliche für die Arbeitgeber stellte.[44]

Die Reichstagsmehrheit zog 1901 die Konsequenz, dem Gewerbegerichtsgesetz die Bestimmung hinzuzufügen, dass auch das Verhältniswahlrecht zulässig sein sollte. Um den unterlegenen Minderheiten einen Anteil am Wahlerfolg zu sichern, wurde, erstmals überhaupt in Deutschland, dem Proportionalwahlverfahren gesetzlich der Weg bereitet, auch wenn dies nur auf fakultativer Basis geschah. Und obwohl das Verhältniswahlrecht eine alte Forderung der Sozialdemokraten darstellte, stieß dessen Einführung – gerade weil sie nur wahlweise erfolgen sollte – bei der Partei nun auf eine ebenso nachdrückliche Ablehnung, wie man auf der parteipolitischen Gegenseite unter den jetzigen Befürwortern des Verhältniswahlrechts plötzlich viele bisherige Gegner entdecken konnte.[45] Der Hintergrund für diese Inversion der Positionen war in beiden Fällen der gleiche: ganz offenkundig zielte das neue Verfahren darauf ab, die sozialdemo-

höher zu legen; vgl. die Eingabe des Vereins zur Wahrung der gemeinsamen wirtschaftlichen Interessen in Rheinland und Westfalen und der Nordwestlichen Gruppe des Vereins Deutscher Eisen- und Stahlindustrieller an den Bundesrat, in: Quellensammlung GDS, III. Abt., Bd. 4 (Fn. 9), Nr. 95.

43 Die Gewerbegerichtswahlen und die Socialdemokratie, in: Hamburgischer Correspondent, Nr. 415 vom 15. Juni 1894, Abendausgabe; vgl. auch Quellensammlung GDS, II. Abt., Bd. 4 (Fn. 8), Nr. 38.

44 Karl Flesch, Das Proportional-Wahlsystem. Mit besonderer Rücksicht auf die Gewerbegerichte, in: Soziale Praxis 4 (1895), 507–510.

45 92. Sitzung des Reichstags vom 9. Mai 1901, Sten. Ber. RT (Fn. 11), 10. LP, II. Session 1900/1902, 2667–2671; Die Arbeiter und die Gewerbegerichte, in: Vorwärts vom 12. September 1903; Stellungnahme der Arbeiter zu der Verhältniswahl, in: Das Gewerbegericht 8 (1902/03), 43 f.

kratische Dominanz in den Gewerbegerichten zu begrenzen.[46] Dort, wo die Verhältniswahl in der Folge eingeführt wurde, trat denn auch regelmäßig der erwartete Effekt ein: die Sozialdemokraten mussten einen Teil ihrer Beisitzerposten abgeben.[47] 1910 wurden, der genannten Erhebung zufolge, die Beisitzer in 61 Prozent der erfassten Gewerbegerichte noch immer mithilfe des Mehrheitswahlrechts gewählt, in 39 Prozent mithilfe der Verhältniswahl. Dennoch blieb das Gewicht der sozialdemokratischen Beisitzer weiterhin beträchtlich. Bei 144 von befragten 248 Gerichten wurden 1910 die Arbeiterbeisitzer ausschließlich von den Freien Gewerkschaften gestellt.[48]

Eine Zeit lang hatten die Gewerbegerichte befürchtet, dass ihre Wirksamkeit durch die Tätigkeit der Innungsschiedsgerichte empfindlich behindert und geschwächt werden könnte.[49] Die Arbeiterpolitik trat hier in Konkurrenz zur Handwerkspolitik. Schon die Gewerbeordnungsnovelle von 1881 hatte den Innungen die Möglichkeit eröffnet, Schiedsgerichte zur Regelung von Streitigkeiten zwischen Innungsmitgliedern und ihren Gesellen zu errichten, nach einer weitere Novelle von 1897 sollte sich deren Zuständigkeit auch auf die ungelernten Arbeiter der Innungsmitglieder erstrecken.[50] Nach dem Gewerbegerichtsgesetz galt dies auch dann, wenn im Innungsbezirk zugleich ein Gewerbegericht bestand.[51] Über die Tätigkeit und das Wirken der Innungsschiedsgerichte wurde allerdings schon zeitgenössisch nur wenig bekannt. 1913 gab es im Reich 420 Innungsschiedsgerichte.[52] Das waren zwar nicht sehr viel weniger, als es gleichzeitig Gewerbegerichte gab, aber die bloße Zahl vermochte nur wenig über die tatsächliche Wirksamkeit der Innungsschiedsgerichte auszusagen. Denn während in Berlin das Gewerbegericht bereits im ersten Jahr seines Bestehens 14.000 Streitigkeiten zu regeln gehabt hatte, behandelten die dortigen Innungsschiedsgerichte zur gleichen Zeit nicht mehr als 700–800

46 Vgl. den Immediatbericht des Reichskanzlers Bernhard Graf von Bülow an Wilhelm II. vom 28. Juni 1901, in: Quellensammlung GDS, III. Abt., Bd. 4 (Fn. 9), Nr. 100.

47 Die bisherigen Erfahrungen mit der Verhältniswahl, in: Das Gewerbegericht 9 (1903/04), 226–229.

48 Bericht (Fn. 29), 47 f.

49 Innungsnovelle und Gewerbegerichte, in: Das Gewerbegericht 2 (1896/97), 1–6.

50 Hermann von Frankenberg, Die Gerichtsbarkeit der Innungen und die Innungsschiedsgerichte, in: Annalen des Deutschen Reichs 32 (1899), 58–88.

51 Leopold Wilhelmi / Rudolf Bewer, Das Gewerbegerichtsgesetz in der Fassung der Bekanntmachung vom 29. September 1901, 429 ff.

52 Statistik der Tätigkeit (Fn. 26), 2 f.; Zahlen für einen früheren Zeitpunkt bei Robert Landmann / Gustav Römer, Kommentar zur Gewerbeordnung für das Deutsche Reich, 4. Aufl., Bd. 1, München 1903, 611; Innungs-Schiedsgerichte. Statistik, in: Das Gewerbegericht 6 (1900/01), 275–276, 283–292 und 360.

Fälle.[53] Berlin aber lag, was die von den Innungsschiedsgerichten entfalteten Aktivitäten anbelangte, im Reich weit an der Spitze. Eine Statistik für die Städte mit über 50.000 Einwohnern ergab Mitte der neunziger Jahre (1896/97), dass die Städte mit der nächsthöchsten Zahl an behandelten Sachen, Stettin (83 Fälle), Bochum (80) und Magdeburg (76), nicht einmal entfernt an die Berliner Zahlen heran gelangten. In Großstädten wie Danzig, Essen und Köln war die Tätigkeit gänzlich bedeutungslos.[54] In Mainz – und nicht nur dort – hatten sich alle Befürchtungen, das Gewerbegericht würde durch die Innungsschiedsgerichte empfindlich geschwächt werden, schnell verflüchtigt, nachdem von der Befugnis, Innungsschiedsgerichte zu bilden, erst gar kein Gebrauch gemacht worden war.[55]

IV. Verfahren und Praxis der Gewerbegerichte

Entscheidend für den Bedeutungsgewinn der Gewerbegerichte waren neben ihrer personellen Struktur ihre Unabhängigkeit von der ordentlichen Gerichtsbarkeit und ihre Verfahrensregeln. Diese waren grundsätzlich auf die Bedürfnisse der Arbeitswelt, insbesondere aber der Arbeitnehmerschaft, zugeschnitten. Ziel war es, eine Einigung möglichst schnell, kostengünstig und gütlich zu erreichen.[56] Obwohl sich das Gewerbegerichtsverfahren an der Zivilprozess-

53 Innungs-Schiedsgerichte in Berlin, in: Das Gewerbegericht 2 (1896/97), 18–20; Willich, Das Gewerbegericht zu Berlin, Berlin 1894, 9.

54 Hauptergebnisse der Statistik über die Deutschen Gewerbegerichte, in: Das Gewerbegericht 7 (1901/02), 43 f.

55 Geschäfts-Übersicht des Gewerbegerichts Mainz für das elfte Geschäftsjahr, die Zeit vom 1. April 1901 bis 31. März umfassend, Stadtarchiv Mainz Best. 70, Nr. 17438.

56 Hedwig Brüchert-Schunk, Soziale Errungenschaft vor hundert Jahren. Das Mainzer Gewerbegericht – Vorläufer des Arbeitsgerichts, in: Mainz. Vierteljahreshefte für Kultur, Politik, Wissenschaft, Geschichte 11, 4 (1991), 107–114, 114; Graf, Arbeitsgerichtsgesetz (Fn. 10), 45–46; Hermann Reichold, Der »Neue Kurs« von 1890 und das Recht der Arbeit. Gewerbegerichte, Arbeitsschutz, Arbeitsordnung, in: Zeitschrift für Arbeitsrecht 21, 1 (1990), 5–41, 21–22; Rogowski / Tooze, Individuelle Arbeitskonfliktlösung (Fn. 2), 363–364; Wilfried Rudloff, Einleitung, in: Quellensammlung GDS, III. Abt., Bd. 4 (Fn. 9), XIII–LXVI, XXVII–XXVIII, XXIX; Saldern, Gewerbegerichte (Fn. 10), 196; Willibald Steinmetz, Kommentar. Sich Recht verschaffen. Vergleichende Betrachtungen zu Britisch-Afrika, England, Japan und Deutschland im 19. und frühen 20. Jahrhundert, in: Joachim Rückert (Hg.), Arbeit und Recht. Historisch und vergleichend, europäisch und global, Köln u. a. 2014, 177–186, 185; Willibald Steinmetz, Theorie und Praxis des Arbeitsrechts in Deutschland und England (1850–1930). Annäherung an einen Vergleich verschiedener Rechtskulturen, in: Mitteilungsblatt des Instituts zur Erforschung der europäischen Arbeiterbewegung 22 (1999), 85–113, 111–112.

ordnung orientierte,[57] unterschied es sich in einigen zentralen Punkten deshalb deutlich von dem der ordentlichen Gerichtsbarkeit. Letzteres erschien vielen als zu langwierig, zu teuer und als unpassend für Arbeitsstreitigkeiten. Häufig wurde den ordentlichen Gerichten auch »Klassenjustiz« vorgeworfen.[58]

Gerade für die Arbeitnehmer war das Gewerbegerichtsverfahren vorteilhaft, weil sie sich – angesichts eher geringer Klagesummen – kaum hohe Gerichtsgebühren oder einen Anwalt leisten konnten. Da sie auf die Zahlung von (noch geschuldetem) Lohn angewiesen waren oder auch den Gerichtsort für eine neue Arbeitsstelle in einer anderen Stadt verlassen mussten, war eine schnelle Erledigung für sie essentiell. Arbeitgeber waren hingegen ortsgebunden und auch finanziell eher zu einem langen Amtsgerichtsverfahren in der Lage. Vor dem Amtsgericht besaßen sie einen strukturellen Vorteil gegenüber den Arbeitnehmern, der ihnen vor dem Gewerbegericht verloren ging.[59]

Verfahrensgerechtigkeit vor den Gewerbegerichten – gerade auch im Kontrast zur ordentlichen Gerichtsbarkeit – ist allgemein zu verstehen als die Schaffung gleicher Chancen für den Gang zum Gericht und die Gleichbehandlung vor diesem. Dies meint bei der Arbeitskonfliktlösung insbesondere die Gleichheit von Arbeitnehmern und Arbeitgebern. Zudem muss unterschieden werden zwischen festen, formalen Regeln und eher inoffiziellen Hürden, die den Zugang zum Gewerbegericht erschwerten oder Einfluss auf die Verfahrensgerechtigkeit hatten.

Ein gewerbegerichtliches Verfahren begann mit der Klageerhebung. Diese konnte innerhalb der regelmäßigen Bürozeiten der Gewerbegerichtsschreiberei

57 Graf, Arbeitsgerichtsgesetz (Fn. 10), 45–46.

58 Arbeiter-Sekretariat Frankfurt am Main, Erster (Zweiter, Dritter usw.) Jahresbericht für 1899 (1900, 1901 usw.) (Zusatztitel ab 1900: nebst einem Jahres-Bericht des Gewerkschafts-Sekretairs), Frankfurt 1900 (1901, 1902 usw.), Universitätsbibliothek Frankfurt am Main, Signatur FfmQ 6/555, hier 4 (1902), 35–36; Brüchert-Schunk, Soziale Errungenschaft (Fn. 56), 108; Joachim Eibach, Vorbemerkungen. Justiz und Ungleichheit, in: Geschichte und Gesellschaft 35, 4 (2009), 483–487, 483–484; Naoko Matsumoto, Justiznutzung von Frauen vor dem Gewerbegericht um 1900, in: Zeitschrift für Neuere Rechtsgeschichte 31 (2009), 30–51, 46; Reichold, »Neue Kurs« (Fn. 56), 21–22; Rudloff, Einleitung (Fn. 56), XXIX; Saldern, Gewerbegerichte (Fn. 10), 196; Steinmetz, Kommentar (Fn. 56), 185; Zimmermann, Entwicklung der Gewerbegerichtsbarkeit (Fn. 10), 3–4.

59 Arbeiter-Sekretariat Frankfurt am Main (Fn. 58), 4 (1902), 35–36; Brüchert-Schunk, Soziale Errungenschaft (Fn. 56), 109; Hedwig Brüchert-Schunk, Städtische Sozialpolitik vom wilhelminischen Reich bis zur Weltwirtschaftskrise. Eine sozial- und kommunalhistorische Untersuchung am Beispiel der Stadt Mainz 1890–1930, Stuttgart 1994, 105; Graf, Arbeitsgerichtsgesetz (Fn. 10), 92–93; Rogowski / Tooze, Individuelle Arbeitskonfliktlösung (Fn. 2), 363–364; Rudloff, Einleitung (Fn. 56), XXIX; Steinmetz, Theorie und Praxis (Fn. 56), 111–112.

erfolgen.[60] Somit bestand die Gelegenheit, in einem zeitlich großzügigen Rahmen und spontan Klage zu erheben. In der Regel befand sich das Gericht in der Stadt selbst und war somit schnell erreichbar.[61] Dies ermöglichte es einem Kläger, direkt nach einem Streit an der Arbeitsstelle oder gleich am nächsten Morgen das Gewerbegericht aufzusuchen.[62] Eine Klage war unabhängig vom Streitwert möglich.[63] Sie konnte schriftlich und mündlich vorgebracht werden.[64] Juristische Kenntnisse oder das Einhalten bestimmter Formalia waren nicht erforderlich. In der Regel trug der Kläger dem Gerichtsschreiber den Sachverhalt mündlich vor und der Schreiber brachte ihn dann juristisch korrekt auf einem Klageformular zu Papier.[65] Die Klageerhebung war immer gebührenfrei.[66] Als Termin wurde in der Regel der nächste Sitzungstag des Gerichts festgelegt.[67] Entsprechend kurzfristig erging auch die Ladung an den Beklagten.

60 In Worms beispielsweise hatte die Gerichtsschreiberei jeden Wochentag von 8 bis 12 Uhr und von 14 bis 16 Uhr geöffnet, siehe Verwaltungs-Rechenschaft des Oberbürgermeisters der Stadt Worms für 1883/84 bis 1902/03, 1904 bis 1914, Bibliothek des Stadtarchivs Worms, Signatur MD 1 (MD 2, MD 3 usw.), hier 1895/96, 21.

61 Ausnahmen waren Gemeinden, für die ein Bezirks- oder Gemeinsames Gewerbegericht bestand, das jedoch in der Nachbargemeinde seinen Sitz hatte.

62 Für das Geschäftsjahr 1908 des Gewerbegerichts Worms konnte für etwa zwei Drittel aller Fälle eine Dauer von einem »Konfliktereignis« oder »Konfliktauslöser« bis zur Klage ermittelt werden: Bei diesen wurden 21,5 % der Klagen am Tag der Entlassung, bzw. des Konfliktgrundes erhoben, 24,1 % am Tag darauf, 17,7 % einen weiteren Tag später, siehe Verhandlungen des Gewerbegerichts [Worms] 1908, (A. 1–12) bis (A. 79–113); Stadtarchiv Worms, Bestand 014 Gewerbe- und Kaufmannsgericht, Nr. 096–100, 332–333; es wurden nur die Fälle mit einbezogen, bei denen die Anzahl der Tage erkennbar war.

63 § 3, Abs. 1 GGG 1890 (Fn. 9); § 4, Abs. 1 Gewerbegerichtsgesetz vom 29. September 1901, in: RGBl. 1901, 353–375 (nachfolgend: GGG 1901); Saldern, Gewerbegerichte (Fn. 10), 196.

64 § 34, Abs. 1 GGG 1890 (Fn. 9); § 36, Abs. 1 GGG 1901 (Fn. 63).

65 In den Prozessakten des Wormser Gewerbegerichts beispielsweise finden sich fast ausschließlich vom Gerichtsschreiber ausgefüllte Klageformulare, siehe Verhandlungen des Gewerbegerichts [Worms] 1908 (Fn. 62); In den Akten des Gewerbegerichts Bad Aibling überwiegen diese auch, es gibt jedoch zudem ein paar schriftlich eingereichte Klagen, teilweise verfasst vom Arbeitersekretariat im benachbarten Rosenheim, [Prozessakten des Gewerbegerichts Bad Aibling], Staatsarchiv München, Bestand Gewerbegericht Bad Aibling, Nr. 9–58, 60–120, 123–185, 187–424; Vgl. auch Stadtgemeinde Heidelberg, Bericht über die Thätigkeit des Gewerbegerichts im Jahre 1903, 4. Stadtarchiv Worms, Signatur 014/205, sowie Matsumoto, Justiznutzung von Frauen (Fn. 58), 40.

66 § 57 GGG 1890 (Fn. 9); § 58 GGG 1901 (Fn. 63).

67 Der Termin sollte möglichst bald stattfinden, siehe § 34, Abs. 1 GGG 1890 (Fn. 9); § 36, Abs. 1 GGG 1901 (Fn. 63); Vgl. zu der kurzfristigen Ansetzung beispielhaft die Prozessakten des Wormser Gewerbegerichts, Verhandlungen des Gewerbegerichts [Worms] 1908 (Fn. 62).

Diese erfolgte grundsätzlich durch das Gericht und war für die Parteien ebenfalls kostenlos.[68] In den meisten Städten hatten Gewerbegerichte mehrere feste Sitzungstermine pro Woche.[69] Damit konnte die Verhandlung der Klage oft schon einen oder zwei Tage später stattfinden.

Die Verhandlung selbst erfolgte mündlich. Dadurch war das gesamte Verfahren gerade auch für Personen geeignet, die des Lesens und Schreibens nicht oder kaum mächtig waren. Die persönliche Anwesenheit der Parteien war grundsätzlich erforderlich. Eine Vertretung war für nichtprozessfähige Parteien vorgeschrieben, was hauptsächlich bei Minderjährigen zum Tragen kam – wurde aber auch manchmal bei weit entfernt wohnenden Parteien, bei Krankheit einer Partei und in anderen Situationen zugelassen.[70] Anwälte waren jedoch, wie schon erwähnt, als Vertreter vor Gewerbegerichten ausgeschlossen. Die Zulassung von Repräsentanten der Rechtsauskunftsstellen als Vertreter war unklar und wurde unterschiedlich gehandhabt.[71] Die Sitzung selbst war eher kurz, in der Regel wurde ein Fall nicht mehr als fünfzehn Minuten verhandelt.[72] Dadurch mussten die Parteien nicht allzu lange von ihrem Arbeitsplatz oder Betrieb abwesend sein.

Ebenso wurde das Verfahren häufig schon nach einer oder zwei Sitzungen beendet.[73] Damit lag die Zeit von der Klageerhebung bis zur »Erledigung« meist unter einer oder zumindest unter zwei Wochen. Nur wenige Prozesse dauerten länger, insbesondere dann, wenn Beisitzer hinzugezogen werden mussten,

68 §§ 30–33 GGG 1890 (Fn. 9); §§ 32–34 GGG 1901 (Fn. 63).

69 Beispielsweise gab es in Worms und Gera Sitzungen jeden Dienstag und Freitag, siehe zu Worms Verwaltungs-Rechenschaft Worms (Fn. 60), 1895/96, 21, 1896/97, 21; siehe zu Gera Termin-Kalender – ohne Beisitzer 1909, Stadtarchiv Gera, Bestand III H 11: Gemeinsames Gewerbe- und Kaufmannsgericht, Nr. 7903; Termin-Kalender – mit Beisitzern 1909, ebenda, Nr. 7907; Im kleineren Bad Aibling gab es nur durchschnittlich 21 Sitzungen im Jahr (in den Jahren 1907–1919), also weniger als alle zwei Wochen, die an wechselnden Wochentagen – wohl nach Bedarf – stattfanden, vgl. Kalender für mündliche Verhandlungen im bürgerlichen Rechtsstreit, 1907–1927, Staatsarchiv München, Bestand Gewerbegericht Bad Aibling, Nr. 186.

70 § 28 GGG 1890 (Fn. 9); § 30 GGG 1901 (Fn. 63); Vgl. auch die Prozessakten des Gewerbegerichts Worms, Verhandlungen des Gewerbegerichts [Worms] 1908 (Fn. 62).

71 § 29 GGG 1890 (Fn. 9); § 31 GGG 1901 (Fn. 63); Saldern, Gewerbegerichte (Fn. 10), 196; Siehe zudem Fußnote 133.

72 Vgl. Termin-Kalender – ohne Beisitzer 1909 (Fn. 70); Termin-Kalender – mit Beisitzern 1909 (Fn. 70).

73 Zum Beispiel das Gewerbegericht Worms 1908: Dort wurden 62,3 % aller Fälle in nur einer Sitzung verhandelt, 26,3 % in zwei, 6,1 % in drei und 0,9 % in vier; 4,4 % waren überhaupt nicht zur Verhandlung gekommen; vgl. Verhandlungen des Gewerbegerichts [Worms] 1908 (Fn. 62).

Zeugen geladen wurden usw.[74] Entscheidungen vor dem Gewerbegericht waren in der Regel endgültig, da eine Berufung an das Landgericht nur im seltenen Fall eines Streitwerts ab 100 Mark möglich war und diese Möglichkeit selbst dann nicht immer genutzt wurde.[75] Gebühren fielen – gestaffelt nach Streitwert – bei Gewerbegerichten in der Regel für den Unterlegenen an. Jedoch waren auch diese Gebühren nicht sonderlich hoch.[76] – Festzuhalten ist also, dass die Regeln des Gewerbegerichtsverfahrens arbeitnehmerfreundlich waren; die Hürden für seine Inanspruchnahme waren niedrig, man kann sagen, dass das Gewerbegerichtsverfahren fast schon zum Klagen einlud.[77]

Vor Gewerbegerichten sollten und konnten nur Streitigkeiten in Bezug auf das gewerbliche Arbeitsverhältnis verhandelt werden, das Gewerbegerichtsgesetz enthielt dahingehend genauere Zuständigkeitsbestimmungen.[78] In der Praxis ging es meist um Lohnforderungen und Entschädigungszahlungen infolge von unbegründeten und/oder fristlosen Kündigungen. Während Arbeitgeber gegen Arbeitnehmer vor allem wegen widerrechtlichen Verlassens oder Nichtantritt der Arbeit klagten, forderten Arbeitnehmer überwiegend ausstehenden Lohn, zudem wurden mitunter die (erneute) Ausstellung eines Arbeitszeugnisses, die Herausgabe von Besitz oder Ähnliches verlangt.[79] Ein nicht

74 Brüchert-Schunk, Soziale Errungenschaft (Fn. 56), 109; Rudloff, Einleitung (Fn. 56), XXXIV; Am Gewerbegericht Worms wurden beispielsweise zwischen 1896 und 1904 fast 82 % aller Fälle in unter einer Woche erledigt, 1908 waren es etwa drei Viertel aller Fälle, vgl. Verhandlungen des Gewerbegerichts [Worms] 1908 (Fn. 62), Verwaltungs-Rechenschaft Worms (Fn. 60), 1896/97–1904.

75 § 55 GGG 1890 (Fn. 9); § 55 GGG 1901 (Fn. 63); Graf, Arbeitsgerichtsgesetz (Fn. 10), 46; Naoko Matsumoto, Rechtliche Mittel zur individuellen Arbeitskonfliktlösung in Deutschland und Japan um 1900. Ein Vergleich, in: Rückert (Hg.), Arbeit und Recht (Fn. 56), 113–132, 118–119; Rogowski / Tooze, Individuelle Arbeitskonfliktlösung (Fn. 2), 366–369; Saldern, Gewerbegerichte (Fn. 10), 196; Zimmermann, Entwicklung der Gewerbegerichtsbarkeit (Fn. 10), 476; Nur etwa 5 % aller Prozesse hatten einen Streitwert von 100 Mark und mehr, siehe Rogowski / Tooze, Individuelle Arbeitskonfliktlösung (Fn. 2), 366–369.

76 § 57 GGG 1890 (Fn. 9); § 58 GGG 1901 (Fn. 63); Steinmetz, Theorie und Praxis (Fn. 56), 111–112.

77 Willibald Steinmetz, Begegnungen vor Gericht. Eine Sozial- und Kulturgeschichte des englischen Arbeitsrechts (1850–1925), München 2002, 300, 323, 329–330, 637; Steinmetz, Theorie und Praxis (Fn. 56), 111–112; Steinmetz, Kommentar (Fn. 56), 186.

78 §§ 2–4 GGG 1890 (Fn. 9); §§ 3–5 GGG 1901 (Fn. 63); Rogowski / Tooze, Individuelle Arbeitskonfliktlösung (Fn. 2), 360–362.

79 Matsumoto, Justiznutzung von Frauen (Fn. 58), 40; Rogowski / Tooze, Individuelle Arbeitskonfliktlösung (Fn. 2), 360–364; Rudloff, Einleitung (Fn. 56), XXXIV–XXXV; Saldern, Gewerbegerichte (Fn. 10), 197; Steinmetz, Theorie und Praxis (Fn. 56), 105.

unerheblicher Anteil der Klagen hatte auch mehrere Forderungen zum Gegenstand.[80] Die Streitwerte waren eher gering.[81]

Kläger waren zu etwa 90 Prozent Arbeitnehmer und entsprechend war nur etwa jeder zehnte Kläger Arbeitgeber, wobei es teils starke Schwankungen zwischen einzelnen Gerichten und Jahren gab.[82] Klage erheben durften im Wesentlichen Industriearbeiter unterschiedlicher Qualifikation, Gesellen und Lehrlinge im Handwerk, Tagelöhner, Angestellte mit weniger als 2000 Mark Jahreseinkommen und deren jeweilige Arbeitgeber.[83] Tatsächlich kamen viele Fälle aus dem Handwerk, Bauhandwerk, Gastgewerbe und anderen kleinen Betrieben, aber weniger aus der Fabrikindustrie. Dort gab es häufiger große, zentralisierte Betriebe, in denen aufgrund obligatorischer Arbeitsordnungen weniger Rechtsunklarheit herrschte oder die durch Wohlfahrtseinrichtungen Arbeitnehmer stärker an den Betrieb banden und deren Klagebereitschaft dadurch senkten.[84]

80 Beim Gewerbegericht Worms im Jahr 1908 zum Beispiel 14,2 % aller Fälle, vgl. Verhandlungen des Gewerbegerichts [Worms] 1908 (Fn. 62).

81 Einige beispielhafte Zahlen: Beim Gewerbegericht Worms 1908 hatte etwa die Hälfte aller Fälle einen Streitwert von unter 30 Mark, vgl. Verhandlungen des Gewerbegerichts [Worms] 1908 (Fn. 62), beim Gewerbegericht Mainz 1907/08 lagen ca. 40 % aller Fälle im Bereich bis 20 Mark, etwa 30 % bei mehr als 20 bis 50 Mark, vgl. Uebersicht über die Thätigkeit des Gewerbegerichts der Stadt Mainz während des ersten (zweiten, dritten usw.) Geschäftsjahres (ab 1903/04 Geschäftsübersicht des Gewerbegerichts Mainz für das dreizehnte [vierzehnte, fünfzehnte usw.] Geschäftsjahr), umfassend die Zeit vom 1. Juli (ab 1892/93 1. April) 1891 (1892, 1893 usw.) bis 31. März 1892 (1893, 1894 usw.), Wissenschaftliche Stadtbibliothek Mainz, Signatur Mog 4°/109, hier 17 (1907/08), 4.

82 Matsumoto, Justiznutzung von Frauen (Fn. 58), 40; Matsumoto, Rechtliche Mittel (Fn. 76), 118–119; Rogowski / Tooze, Individuelle Arbeitskonfliktlösung (Fn. 2), 363–364; Rudloff, Einleitung (Fn. 56), XXXIV; Steinmetz, Theorie und Praxis (Fn. 56), 104–105; Klagen eines Arbeitnehmers gegen einen anderen Arbeitnehmer desselben Arbeitgebers waren zwar möglich, vgl. § 1, Abs. 1, § 3 GGG 1890 (Fn. 9); § 1, Abs. 1, § 4 GGG 1901 (Fn. 63), kamen in der Praxis aber so gut wie nicht vor. In den Jahren von 1902 bis 1914 betrafen reichsweit nur 0,3 % aller Fälle solche Klagen, vgl. Statistik der Tätigkeit der Gewerbe- und Kaufmannsgerichte in den Jahren 1914 bis 1918, in: Reichsarbeitsblatt 18, 1 (1920), Sonderbeilage. In Mainz gab es nie mehr als acht Fälle pro Geschäftsjahr, häufig auch gar keine, siehe Brüchert-Schunk, Städtische Sozialpolitik (Fn. 59), 111; in Worms wurde bis 1912 ein solcher Fall überhaupt nicht anhängig, vgl. Verwaltungs-Rechenschaft Worms (Fn. 60), 1895/96–1912.

83 §§ 2, 4 GGG 1890 (Fn. 9); §§ 3, 5 GGG 1901 (Fn. 63).

84 Matsumoto, Justiznutzung von Frauen (Fn. 58), 40–41, 51; Matsumoto, Rechtliche Mittel (Fn. 76), 120–121; Rogowski / Tooze, Individuelle Arbeitskonfliktlösung (Fn. 2), 366–369; Rudloff, Einleitung (Fn. 56), XXXIV; Steinmetz, Kommentar (Fn. 56), 185.

Die Gewerbegerichte waren für Arbeitnehmer sehr attraktiv. Neben den Berichten in zeitgenössischen Publikationen lassen auch der hohe Anteil klagender Arbeitnehmer und die hohe, stetig zunehmende Zahl von Prozessen wie auch von Gewerbegerichten darauf schließen. Arbeitnehmer sahen vor Gewerbegerichten eine reale Chance auf Gerechtigkeit und erwarteten diese.[85] Die verhältnismäßig seltenen Klagen von Arbeitgebern hatten verschiedene Ursachen. Eine Klage erschien ihnen oftmals nicht erforderlich, da die Streitwerte für sie gering waren und sie andere Möglichkeiten hatten, ihre Interessen durchzusetzen. Zudem standen viele Arbeitgeber, wenn auch nicht alle, den Gewerbegerichten skeptisch gegenüber. Ursache dafür war deren paritätische Struktur und die Verfahrensregeln, die Arbeitnehmer und Arbeitgeber formal und faktisch gleichstellten. Ebenfalls wurde, wie bereits angedeutet, eine »Parteilichkeit« des Gerichts zu Ungunsten der Arbeitgeber – also Ungerechtigkeit – befürchtet. Mit der Zeit ließ diese Skepsis angesichts der sich abzeichnenden unparteilichen Tätigkeit der Gewerbegerichte jedoch nach.[86]

Vor den Gewerbegerichten waren verschiedene Verfahrensergebnisse möglich. Deren jeweiliger Anteil schwankte je nach Gericht und Geschäftsjahr mitunter stark. Allgemein lässt sich aber feststellen, dass etwa 40 bis 50 Prozent aller Verfahren durch einen gerichtlichen Vergleich endete, Endurteile wurden zu etwa 15 bis 20 Prozent gesprochen. Zu Versäumnisurteilen kam es in etwa 10 Prozent der Fälle. Bei den meisten restlichen Verfahren, um die 25 Prozent, stand am Ende eine Klagerücknahme oder ein »Liegenlassen« der Sache.[87]

85 Brüchert-Schunk, Städtische Sozialpolitik (Fn. 59), 105, 128, 130–131; Graf, Arbeitsgerichtsgesetz (Fn. 10), 58; Matsumoto, Rechtliche Mittel (Fn. 76), 119; Myoung-Hoon Shin, Die Arbeitersekretariate in der deutschen Arbeiterbewegung. Eine Institution für die gewerkschaftliche Sozialpolitik in Wechselbeziehungen zur staatlichen Sozialpolitik im Kaiserreich, im Ersten Weltkrieg und in der Weimarer Republik, Tönning u. a. 2007, 125–127; Steinmetz, Kommentar (Fn. 56), 184–185; Dies wird auch daraus ersichtlich, dass solche Gewerbestreitigkeiten vor Eröffnung eines Gewerbegerichts in einer Stadt eher selten vor Amtsgerichten verhandelt wurden, es mit der Eröffnung dann aber »plötzlich« zu zahlreichen Klagen vor dem Gewerbegericht kam, vgl. Brüchert-Schunk, Städtische Sozialpolitik (Fn. 59), 105; Matsumoto, Justiznutzung von Frauen (Fn. 58), 46; Rogowski / Tooze, Individuelle Arbeitskonfliktlösung (Fn. 2), 363–364.

86 Graf, Arbeitsgerichtsgesetz (Fn. 10), 49–50; Matsumoto, Rechtliche Mittel (Fn. 76), 120–121; Rogowski / Tooze, Individuelle Arbeitskonfliktlösung (Fn. 2), 366–369; Saldern, Gewerbegerichte (Fn. 10), 197–198; Sandra Sawall, Die Entwicklung der Arbeitsgerichtsbarkeit, Aachen 2007, 235–236; Steinmetz, Begegnungen (Fn. 78), 300, 329.

87 Hinzu kamen noch sehr selten Anerkenntnisurteile, Verwaltungs-Rechenschaft Worms (Fn. 60), 1896/97–1912; Amtliche Gewerbe- und Kaufmannsgerichts-Statistik, in: Gewerbe- und Kaufmannsgericht 19 (1913/14), Nr. 12, 430–431;

Ein Vergleich war das Ziel des gewerbegerichtlichen Verfahrens, das Gericht hatte in jeder Phase des Verfahrens darauf hinzuwirken.[88] Dabei gelang auch häufig eine Verständigung zwischen den Parteien. Wenn die Einigungsversuche des Gerichts jedoch erfolglos waren, kam es zu einem Urteil. Ein Versäumnisurteil erging, wenn nur eine Partei erschien und die andere unberechtigt fehlte. Dann konnte die anwesende Partei das Versäumnisurteil beantragen, das für einen Beklagten die Begleichung der gesamten mit der Klage geltend gemachten Forderung plus Gerichtsgebühren, für einen Kläger die Abweisung der Klage und die Einforderung der Gerichtsgebühren zur Folge hatte.[89] Ein Versäumnisurteil wurde jedoch nicht immer beantragt.[90]

Nicht selten wurden noch andere prozessuale Möglichkeiten genutzt, die sich in den Gerichtsakten als »Klagerücknahme«, »Liegenlassen« oder »Ruhen« der Sache wiederfinden. Hierbei suchte meist der Kläger das Gericht auf, zum angesetzten Termin oder auch vorab bei der Gerichtsschreiberei, und erklärte, er ziehe die Klage zurück. Manchmal gab er an, sich außergerichtlich mit dem Beklagten geeinigt zu haben. Auch kam es öfters vor, dass der Kläger während einer Verhandlung die Klage zurücknahm, wohl vor allem dann, wenn ihm die für ihn ungünstige Rechtslage bewusst wurde. Erschien zu einer Sitzung keine der Parteien, ruhte die Sache offiziell, bis eine Seite um Wiederaufnahme bat. Ebenso erschien manchmal der Kläger und bat darum, die Sache ruhen zu lassen, bis er sich wieder an das Gericht wenden würde. Er wollte dann zum Beispiel noch eine außergerichtliche Einigung versuchen. Tatsächlich wurden solche ruhenden Verfahren nur selten wieder aufgegriffen und so stellte dies auch eine Möglichkeit zur Beendigung des Verfahrens dar.[91]

Brüchert-Schunk, Soziale Errungenschaft (Fn. 56), 110; Brüchert-Schunk, Städtische Sozialpolitik (Fn. 59), 105; Matsumoto, Rechtliche Mittel (Fn. 76), 118–119; Rogowski / Tooze, Individuelle Arbeitskonfliktlösung (Fn. 2), 363–364; Rudloff, Einleitung (Fn. 56), XXXIV; Saldern, Gewerbegerichte (Fn. 10), 198–199; Steinmetz, Begegnungen (Fn. 78), 299; Steinmetz, Theorie und Praxis (Fn. 56), 111–112. Vgl. dazu auch die Jahresberichte der verschiedenen Gewerbegerichte, a. a. O.

88 § 39 GGG 1890 (Fn. 9); § 41 GGG 1901 (Fn. 63); Saldern, Gewerbegerichte (Fn. 10), 198–199.

89 §§ 37–38, 41–42, 54, 57, Abs. 3 GGG 1890 (Fn. 9); §§ 39–40, 54, 58, Abs. 3 GGG 1901 (Fn. 63).

90 Beispielsweise nicht in Verhandlungen des Gewerbegerichts [Worms] 1901/02, (A. 152, 226 und 234), Stadtarchiv Worms, Bestand 014 Gewerbe- und Kaufmannsgericht, Nr. 158 bzw. 188 bzw. 190.

91 Vgl. Verhandlungen des Gewerbegerichts [Worms] 1895/96, (A. 1–29) bis (A. 61–123); 1901/02, (A. 1–16) bis (A. 265–269); 1908, (A. 1–12) bis (A. 79–113); Stadtarchiv Worms, Bestand 014 Gewerbe- und Kaufmannsgericht, Nr. 341–343; Nr. 171–176, 157–162, 188–192, 194, 197; Nr. 096–100, 332–333.

Hinter diesen Klagerücknahmen und dem Ruhenlassen stecken oft außergerichtliche Einigungen, wobei die Gewerbegerichtsklage Druckmittel oder auch Auslöser für Gespräche sein konnte. Sie verbergen aber auch die Erkenntnis einer ungünstigen Rechtslage oder die faktische Erledigung der Sache (zum Beispiel wegen Wegzugs). Das Gewerbegericht spielte somit nicht nur als Initiator gerichtlicher, sondern auch als Katalysator einer außergerichtlichen, nichtstreitigen Konfliktbeilegung eine wichtige Rolle.

Gewerbegerichte judizierten nicht einheitlich. Normative Entscheidungsgrundlagen waren Gesetze, also das Gewerbegerichtsgesetz, die Gewerbeordnung, ab 1900 das Bürgerliche Gesetzbuch usw.[92] Jedoch war das darin geregelte »Arbeitsrecht« lückenhaft und auslegungsbedürftig.[93] In der Praxis wurde deshalb auch »Richterrecht« geschaffen.[94] Hierbei stand der Ausbildung einer einheitlichen Rechtsprechung im Wege, dass es wegen des Sondergerichtsstatus und wegen der hohen Hürden für eine Berufung kaum zu einer Anleitung durch höherinstanzliche Rechtsprechung kam und es daher an einer einheitlichen Leitlinie fehlte.[95] Diesem Problem versuchten etwa der Verband Deutscher Gewerbe- und Kaufmannsgerichte und weitere Autoren mit einer Monatszeitschrift, Urteilssammlungen und Gesetzeskommentaren zu begegnen. Sie waren dabei aber nur bedingt erfolgreich, da die Gewerberichter diese Publikationen nicht immer wahrnahmen und in ihre Arbeit einbezogen.[96] Hinzu kam oftmals noch der jeweilige Ortsgebrauch als Verhandlungs- und Entscheidungsgrundlage, vor Gericht und bei außergerichtlichen Einigungen.[97] Schließlich waren für manche Gewerbegerichte auch ganz andere, etwa soziale und ökonomische Kriterien von Bedeutung.[98] Eine solche Vielfalt und scheinbare »Beliebigkeit« des Rechts zwischen Gerichten oder sogar am selben Gericht konnte von den Betroffenen als ungerecht wahrgenommen werden.[99] Sie

92 Rudloff, Einleitung (Fn. 56), XXXV.

93 Graf, Arbeitsgerichtsgesetz (Fn. 10), 34–35, 92–93; Reichold, »Neue Kurs« (Fn. 56), 25; Rogowski / Tooze, Individuelle Arbeitskonfliktlösung (Fn. 2), 369–371; Rudloff, Einleitung (Fn. 56), XXXV–XXXVI; Shin, Arbeitersekretariate (Fn. 86), S. 120.

94 Graf, Arbeitsgerichtsgesetz (Fn. 10), 92–93; Reichold, »Neue Kurs« (Fn. 56), 25; Rudloff, Einleitung (Fn. 56), XXXV.

95 Graf, Arbeitsgerichtsgesetz (Fn. 10), 84–85; Rogowski / Tooze, Individuelle Arbeitskonfliktlösung (Fn. 2), 369–371; Rudloff, Einleitung (Fn. 56), XXXV–XXXVI.

96 Ebenda.

97 Rudloff, Einleitung (Fn. 56), XXXV; Steinmetz, Kommentar (Fn. 56), 181.

98 Matsumoto, Justiznutzung von Frauen (Fn. 58), 47–49; Rogowski / Tooze, Individuelle Arbeitskonfliktlösung (Fn. 2), 369–371; Steinmetz, Begegnungen (Fn. 78), 325–326.

99 Arbeiter-Sekretariat Gera R. j. L., Erster Jahres-Bericht für 1901 nebst Jahres-

konnte jedoch auch gerecht wirken, wenn sie zu Ergebnissen führte, die von den Akteuren als plausibel und angemessen wahrgenommen sowie von ihnen erwartet wurden.

Insgesamt kann man sagen, dass mit der Einrichtung der Gewerbegerichte ab 1890 ein Prozess der Verrechtlichung in Gang gesetzt wurde.[100] Allerdings verlief dieser Prozess nicht gradlinig oder ohne innere Widersprüche. Einerseits wurden immer mehr Arbeitskonflikte vor Gewerbegerichten verhandelt und somit justizialisiert.[101] Andererseits verminderten sich die damit verbundenen Verrechtlichungseffekte aufgrund des Verzichts auf strenge Entscheidungsformen (und der Bevorzugung der Einigung) und juristische Professionalität, was die personelle Besetzung betraf.[102] Hierbei ist allerdings zu beachten, dass die Vorsitzenden fast immer irgendeine Art von juristischer Ausbildung besaßen. Die Beisitzer waren zwar Laien, bemühten sie sich aber um juristische Fortbildung. Zudem führte die Erfahrung durch die alltägliche Arbeit, zum Teil über Jahre hinweg, zu steigender Expertise und Professionalisierung.[103]

Die relevanten rechtlichen Normen fanden sich in verschiedenen Gesetzen, waren jedoch lückenhaft, wenngleich im Untersuchungszeitraum Ergänzungen und Überarbeitungen erfolgten. Diese Normen flossen in die gewerbegerichtliche Rechtsprechung ein und strahlten auch in die alltäglichen Arbeitsbeziehungen aus. Zugleich wurde aber auch lange Zeit eine Rechtsunkenntnis oder -ignoranz der Arbeitsmarktparteien beklagt. Weiterhin waren nicht nur staatliche Gesetze relevant, sondern auch Ortsgebräuche sowie das gewerbegerichtliche »Richterrecht«. Insgesamt kann in Bezug auf die Normen nicht von einer umfassenden Verrechtlichung gesprochen werden.[104] Grundsätzlich sorgte die Errichtung und die umfangreiche Inanspruchnahme der Gewerbegerichte – deren wachsende Bedeutung überhaupt – dennoch für eine zunehmende Verrechtlichung der Arbeitsbeziehungen.

Bericht des Gewerkschaftskartells Gera, Stadtarchiv Gera, Signatur MS-1319, 29–30.

100 Steinmetz, Kommentar (Fn. 56), 177–178.

101 Steinmetz, Begegnungen (Fn. 78), 300–301, 645; Steinmetz, Kommentar (Fn. 56), 177–178, 184, 186.

102 Reichold, »Neue Kurs« (Fn. 56), 21–22, 39–41; Rudloff, Einleitung (Fn. 56), XXIX; Steinmetz, Begegnungen (Fn. 78), 299–301.

103 Reichold, »Neue Kurs« (Fn. 56), 21–22; Rudloff, Einleitung (Fn. 56), XXIX; Steinmetz, Begegnungen (Fn. 78), 299.

104 Rudloff, Einleitung (Fn. 56), XXIX; Steinmetz, Kommentar (Fn. 56), 177–178.

V. Rechtsauskunftsstellen und Gewerbegerichte in der Arbeitskonfliktlösung

Gewerbegerichte waren nicht die einzige Institution zur Lösung von Arbeitskonflikten. Hierfür gab es verschiedene Einrichtungen mit unterschiedlicher Zuständigkeit. Dazu zählen neben den Gewerbe- und Kaufmannsgerichten etwa die Amtsgerichte,[105] die Innungsschiedsgerichte[106] und das Verfahren vor dem Gemeindevorsteher.[107] Von Bedeutung sind hier zudem die Rechtsauskunftsstellen,[108] die auch Auskunft über arbeitsrechtliche Fragen boten und sich darüber hinaus selbst um die Lösung von Konflikten bemühten. Sie waren jedoch nur selten staatliche Institutionen und auch keine (Schieds-)Gerichte. Im Folgenden werden zwei Aspekte besonders betrachtet: zum einen die Rolle und Bedeutung der Rechtsauskunftsstellen bei der Lösung von Arbeitskonflikten, die sie außergerichtlich und gerichtlich zu erreichen versuchten; zum anderen das Verhältnis von Rechtsauskunftsstellen und Gewerbegerichten, also deren Berührungspunkte, Überlappungen, Konkurrenzen und Ergänzungen.

Rechtsauskunftsstellen waren in den letzten drei Jahrzehnten des Kaiserreiches populäre Institutionen. Sie etablierten sich seit den 1890er Jahren und ihre Zahl stieg stetig, aber sie existierten nicht in oder für jeden Ort.[109] In der Regel bestanden sie als lokale Einrichtung, sie hatten aber mitunter auch ein regionales Einzugsgebiet.[110] Die verschiedenen Stellen wiesen kein einheitliches

105 Matsumoto, Rechtliche Mittel (Fn. 76), 117–118, siehe dort vor allem Fußnote 13, 118.

106 § 79 GGG 1890 (Fn. 9); § 84 GGG 1901 (Fn. 63); Rudloff, Einleitung (Fn. 56), XXX, XXXIII; Saldern, Gewerbegerichte (Fn. 10), 194–195.

107 §§ 71–75 GGG 1890 (Fn. 9); §§ 76–80 GGG 1901 (Fn. 63); Rudloff, Einleitung (Fn. 56), XXXIII; Clemens Zimmermann, Zur Praxis kommunaler Konfliktregelung im Kaiserreich. Das Bürgermeisteramt Gummersbach zwischen »Arbeitgebern« und »Arbeitnehmern« 1889–1913, in: Zeitschrift des Bergischen Geschichtsvereins 92 (1986), 101–119, 103–105.

108 Der Begriff »Rechtsauskunftsstelle« wird im Folgenden als Oberbegriff für die verschiedenen (meist) unentgeltlichen und für jeden offenen Einrichtungen der Rechtsauskunft, Rechtsberatung und Rechtsvertretung verwendet.

109 Arbeiter-Sekretariat Frankfurt am Main (Fn. 58), 5 (1903), 9; 6 (1904), 9; Brüchert-Schunk, Städtische Sozialpolitik (Fn. 59), 126, 129–131; Hiroki Kawamura, Die Geschichte der Rechtsberatungshilfe in Deutschland. Von der Wilhelminischen Zeit bis zur Entstehung des Beratungshilfegesetzes von 1980, Berlin 2014, 51–53, 81–85; Martin Martiny, Die politische Bedeutung der gewerkschaftlichen Arbeiter-Sekretariate vor dem Ersten Weltkrieg, in: Heinz Oskar Vetter (Hg.), Vom Sozialistengesetz zur Mitbestimmung. Zum 100. Geburtstag von Hans Böckler, Köln 1975, 153–174, 155–156, 160, 163, 170; Klaus Tenfelde, Arbeitersekretäre. Karrieren in der deutschen Arbeiterbewegung vor 1914, Heidelberg 1993, 26–27.

110 Arbeiter-Sekretariat Frankfurt am Main (Fn. 58), 5 (1903), 9.

Profil auf, vielmehr hatten sie jeweils unterschiedliche Träger und vielfältige Ausformungen. Betrieben wurden sie meist durch die Arbeitersekretariate der freien (sozialdemokratischen) Gewerkschaften, die Volksbüros der konfessionellen (vor allem katholischen) Arbeitervereine oder von gemeinnützigen (bürgerlichen) Organisationen. Städtische Stellen entstanden hingegen erst allmählich. Auch die Auskunfts- und Schlichtungstätigkeit von Gerichtsschreibereien einzelner Gewerbe- und Kaufmannsgerichte war von Bedeutung. Daneben gab es noch eine Vielzahl anderer Institutionen und Trägerschaften. Es konnte daher von Ort zu Ort verschiedenste Konstellationen von Stellen unterschiedlicher Träger geben.[111]

Die Rechtsgebiete, über die informiert wurde, waren breit gefächert. Ihr jeweiliger Anteil an der Auskunft schwankte, zum Beispiel je nach Trägerschaft. Häufig stellten Ratsuchende auch mehrere Fragen gleichzeitig. Die drei wichtigsten Bereiche waren Arbeiterversicherung, bürgerliches Recht sowie Arbeits- und Dienstvertrag. Hinzu kamen andere Rechtsgebiete wie Arbeitsschutz, Vereins- und Versammlungsrecht, Handelsrecht, Staatsangehörigkeitsangelegenheiten, Wohnungsrecht, Alimentationspflichten, Eheprobleme und Strafrecht.[112]

Ihr Ziel war es, vor allem den unteren Bevölkerungsschichten angesichts der (zumindest so empfundenen) Zunahme der rechtlichen Komplexität des Alltagslebens unkomplizierte und kostenlose Rechtsauskunft zu erteilen und sie vor unnötigen Klagen, Kosten und Belastungen zu bewahren. Sie erfüllten damit ein Bedürfnis der Bevölkerung.[113] Für die ärmeren Schichten war es in

111 Verwaltungs-Rechenschaft Worms (Fn. 60), 1907, 43; Bericht über die Tätigkeit der städtischen Rechtsauskunftsstelle Worms im Geschäftsjahre 1907 (1908, 1909 usw.), Anhang zu Verwaltungs-Rechenschaft des Oberbürgermeisters der Stadt Worms für 1907–1914, Bibliothek des Stadtarchivs Worms, Signatur MD 24 (MD 25, MD 26 usw.), hier 1907, 1; Brüchert-Schunk, Städtische Sozialpolitik (Fn. 59), 126, 128–131; Kawamura, Geschichte der Rechtsberatungshilfe (Fn. 110), 51–53; Matsumoto, Rechtliche Mittel (Fn. 76), 29–30, 45–46, 48–51; Tenfelde, Arbeitersekretäre (Fn. 110), 30.

112 Arbeiter-Sekretariat Frankfurt am Main (Fn. 58), 1 (1899), 18; Brüchert-Schunk, Städtische Sozialpolitik (Fn. 59), 127; Kawamura, Geschichte der Rechtsberatungshilfe (Fn. 110), 93–100, 141–143; Martiny, politische Bedeutung (Fn. 110), 166; Shin, Arbeitersekretariate (Fn. 86), 120; Tenfelde, Arbeitersekretäre (Fn. 110), 32, 34.

113 Brüchert-Schunk, Städtische Sozialpolitik (Fn. 59), 126, 130–131; Kawamura, Geschichte der Rechtsberatungshilfe (Fn. 110), 80–81, 101, 119–122; Martiny, politische Bedeutung (Fn. 110), 158, 172; Shin, Arbeitersekretariate (Fn. 86), 121–122; Tenfelde, Arbeitersekretäre (Fn. 110), 24–26. Hinzu kamen noch nachgeordnete Zielsetzungen, wie manchmal bei Arbeitersekretariaten die Gewinnung von Gewerkschaftsmitgliedern, siehe Martiny, Politische Bedeutung (Fn. 110), 158, 172.

der Regel unentgeltlich möglich, eine Rechtsauskunftsstelle aufzusuchen.[114] Die Auskunft war zudem leicht und spontan erreichbar, da die Stellen in der Regel täglich geöffnet hatten und eine besondere Terminvereinbarung nicht nötig war.[115] Jedoch musste ein Auskunftssuchender oftmals lange Wartezeiten in Kauf nehmen und sich manchmal auch erneut bei der Auskunftsstelle einfinden, wenn er nicht an die Reihe gekommen war.[116]

Die verschiedenen Rechtsauskunftsstellen waren für die einzelnen Auskunftssuchenden unterschiedlich attraktiv. In der Regel wurde der Zugang zu einer Rechtsauskunftsstelle nicht beschränkt und so suchten zum Beispiel Arbeiter auch städtische Stellen auf, Arbeitgeber ein Arbeitersekretariat usw. Dass die Wahl auf eine bestimmte Stelle fiel, hatte unterschiedliche Gründe: die »ideologische Nähe«, die verfügbaren Ressourcen einer Stelle, ihr Ansehen in den Kreisen des Auskunftssuchenden und Ähnliches. Entscheidend waren also die Präferenzen der Auskunftssuchenden und die konkreten Personen und Bedingungen vor Ort.[117] Die Rechtsauskunftsstellen standen dadurch in einer gewissen Konkurrenz zueinander, diese wurde mitunter noch durch ideologische oder ökonomische Gründe verstärkt.[118]

114 Einfache Arbeiter waren zum Beispiel bei praktisch keiner Auskunftsstelle ausgeschlossen. Manchmal wurde eindeutig nicht »Unbemittelten« die Auskunft verweigert, einzelne Arbeitersekretariate nahmen auch keine unorganisierten Arbeiter an usw. Meist musste aber nur das Porto für notwendige Korrespondenz getragen werden, vgl. Arbeiter-Sekretariat Frankfurt am Main (Fn. 58), 1 (1899), 79; Arbeiter-Sekretariat Frankfurt am Main (Fn. 58), 6 (1904), 10; Brüchert-Schunk, Städtische Sozialpolitik (Fn. 59), 126; Kawamura, Geschichte der Rechtsberatungshilfe (Fn. 110), 53–55, 61–62, 76–77, 100–102, 108–111; Martiny, politische Bedeutung (Fn. 110), 171–172; Tenfelde, Arbeitersekretäre (Fn. 110), 29.

115 Verwaltungs-Rechenschaft Worms (Fn. 60), 1895/96, 21; Martiny, politische Bedeutung (Fn. 110), 170; Tenfelde, Arbeitersekretäre (Fn. 110), S. 29.

116 Arbeiter-Sekretariat Frankfurt am Main (Fn. 58), 5 (1903), 9; Tenfelde, Arbeitersekretäre (Fn. 110), 30–31.

117 Arbeiter-Sekretariat Frankfurt am Main (Fn. 58), 2 (1900), 9; 6 (1904), 9, 36; Arbeiter-Sekretariat Gera R. j. L., Zweiter Jahres-Bericht für 1902 nebst Jahres-Bericht des Gewerkschaftskartells Gera und dem Ergebnis der allgemeinen Arbeitslosenzählung in Gera und Vororten am 11. Januar 1903, Stadtarchiv Gera, Signatur MS–1323, 6; Brüchert-Schunk, Städtische Sozialpolitik (Fn. 59), 130–131; Kawamura, Geschichte der Rechtsberatungshilfe (Fn. 110), 68–69, 73–74; Martiny, politische Bedeutung (Fn. 110), 171–172.

118 Arbeiter-Sekretariat Frankfurt am Main (Fn. 58), 4 (1902), 9; Arbeiter-Sekretariat Gera R. j. L., 2 (1902) (Fn. 118), 8; Anschluß von Arbeitsnachweisen und Auskunftsstellen an die GG, in: Das Gewerbegericht 9 (1903/04), Beilage zu Nr. 1, 57–59, 59; Brüchert-Schunk, Städtische Sozialpolitik (Fn. 59), 130–131; Kawamura, Geschichte der Rechtsberatungshilfe (Fn. 110), 88, 160, 163.

Die konkrete Arbeit der Stellen bestand neben der direkten mündlichen Auskunft auch im Verfassen von Schriftsätzen an Behörden oder den Konfliktgegner sowie auch im Telefonat mit diesen.[119] Hinzu kam die Vertretung einzelner Parteien vor einem Gericht.[120] Ferner versuchten manche Stellen, selbst Vergleichsverhandlungen durchzuführen.[121] Dies alles führte dazu, dass gerade Konflikte im Arbeitsleben mitunter gar nicht erst zum Ausbruch kamen, Klageabsichten fallengelassen wurden oder Konflikte eine gütliche außergerichtliche Lösung fanden.

Von Bedeutung waren die von den Rechtsauskunftsstellen selbst in ihren Räumen durchgeführten Vergleichsverhandlungen. Das Volksheim Hamburg der christlichen Gewerkschaften informierte: »Rufen Sie unsere gütliche Vermittlung an [...] bevor Sie sich an das Gericht wenden. Unsere Vermittlung wird besonders dann von Erfolg sein, wenn die streitenden Parteien gleichzeitig persönlich in unserer Sprechstunde erscheinen. Schlagen Sie solches Ihrem Gegner vor!«[122] »Eine außerordentlich segensreiche Tätigkeit« in solchen Vergleichsterminen sah auch die städtische Rechtsauskunftsstelle Worms. Hier »ist [es] auch schon vorgekommen, daß beide Streitteile zusammen vor der Auskunftsstelle erschienen sind und um eine Vermittlung baten.«[123] Das Arbeitersekretariat Frankfurt am Main versuchte sogar eine »kontradiktorische Verhandlung«, sah davon jedoch »nach einigen Erfahrungen aus begreiflichen Gründen ab.«[124] Details werden nicht genannt. Vermutlich waren die erzielten Ergebnisse aufgrund fehlender Sanktionsgewalt schlicht nicht durchsetzbar.

Die Vergleichsverhandlungen der Rechtsauskunftsstellen waren aber offenbar vielfach erfolgreich.[125] Die Stellen wirkten immer wieder darauf hin und häufig

119 Brüchert-Schunk, Städtische Sozialpolitik (Fn. 59), 130–131; Martiny, politische Bedeutung (Fn. 110), 166; Shin, Arbeitersekretariate (Fn. 86), 120–122.

120 Brüchert-Schunk, Städtische Sozialpolitik (Fn. 59), 130–131; Kawamura, Geschichte der Rechtsberatungshilfe (Fn. 110), 100–102, 143–145; Martiny, politische Bedeutung (Fn. 110), 166; Shin, Arbeitersekretariate (Fn. 86), 120–126.

121 Arbeiter-Sekretariat Frankfurt am Main (Fn. 58), 2 (1900), 10; Bericht über die Tätigkeit der städtischen Rechtsauskunftsstelle Worms (Fn. 112), 1907, 2; 1909, 2; 1913, 2; Kawamura, Geschichte der Rechtsberatungshilfe (Fn. 110), 119–123.

122 Abgedruckt in: Die Gemeinnützige Rechtsauskunft, 1 (1915/16), 12, zitiert nach Kawamura, Geschichte der Rechtsberatungshilfe (Fn. 110), 119–120.

123 Bericht über die Tätigkeit der städtischen Rechtsauskunftsstelle Worms (Fn. 112), 1907, 2.

124 Arbeiter-Sekretariat Frankfurt am Main (Fn. 58), 2 (1900), 10.

125 Das Arbeitersekretariat Frankfurt am Main konnte 1900 von 94 Vergleichsterminen 83 (88 %) erfolgreich abschließen, vgl. Arbeiter-Sekretariat Frankfurt am Main (Fn. 58), 2 (1900), 10. Bei der städtischen Rechtsauskunftsstelle Worms lag die Erfolgsquote 1913 bei 83 %. Im Zeitraum 1907 bis 1913 betrafen 55 % (schwankend zwischen 37 % und 72 %) der erfolgten Einigungen den gewerb-

kamen die Beteiligten dem Aufruf nach. Dies ist insofern erstaunlich, weil sie freiwillig waren und das Vertrauen beider Seiten in die jeweilige Institution voraussetzten, sie vielleicht auch Gerechtigkeit erwarteten. Gegebenenfalls ließen sich die Beteiligten auch nur darauf ein, weil der Konflikt sonst als nächstes vor dem Gewerbegericht ausgetragen worden wäre. Zwar scheiterten die Verhandlungen manchmal auch, etwa weil die Stellen nicht allzu viel Zeit dafür aufwenden konnten oder weil eine Seite eine Verhandlung strikt ablehnte.[126] Dennoch stellten die Verhandlungen für viele Fälle eine echte Alternative zum Gewerbegericht dar.

Eine Mischform von Rechtsauskunftsstelle und Gewerbegericht stellte die mancherorts praktizierte Rechtsauskunft durch die Gerichtsschreiberei eines Gewerbegerichtes dar. Das eigentliche Gericht, also Vorsitzender und Beisitzer, war dabei nicht beteiligt. Vielmehr wurde deren Arbeit verringert, wenn durch den Gerichtsschreiber eine außergerichtliche Einigung herbeigeführt werden konnte. In Mainz beispielsweise wurde die Gerichtsschreiberei nur von potentiellen Klägern aufgesucht und dort konnten einige Fälle »kurzer Hand und ohne förmliche Klage erledigt«[127] werden. Hingegen wurden zum Beispiel in Solingen und München nicht nur Gewerbestreitigkeiten sondern alle Rechtsgebiete vor der Gerichtsschreiberei behandelt.[128]

Rechtsauskunftsstellen waren bedeutende Einrichtungen, die durch ihre Auskunftserteilung und Beratung in arbeitsrechtlichen Belangen, durch Kommunikation mit den verschiedenen Beteiligten eines Konfliktes, durch eigene Vergleichsverhandlungen und ihre anderen Tätigkeiten einen Beitrag zur (außergerichtlichen) Lösung von Arbeitskonflikten leisteten. Sie standen in Kontakt, Konkurrenz und Ergänzung zu den Gewerbegerichten (zumindest an den Orten, an denen sie gleichzeitig existierten). Sie waren beide für den nach einer Lösung für seinen Konflikt Suchenden leicht und spontan zugänglich und es bestanden jeweils verschiedene Möglichkeiten und Schwellen der Konflikt-

lichen Arbeits- und Lehrvertrag, vgl. Bericht über die Tätigkeit der städtischen Rechtsauskunftsstelle Worms (Fn. 112), 1907 bis 1913; 1913, 2.

126 Arbeiter-Sekretariat Frankfurt am Main (Fn. 58), 4 (1902), 36; 6 (1904), 36; Bericht über die Tätigkeit der städtischen Rechtsauskunftsstelle Worms (Fn. 112), 1909, 2.

127 Thätigkeit des Gewerbegerichts Mainz (Fn. 82), 1 (1892/93), 1; Vgl. auch die übrigen Jahresberichte des Gewerbegerichts Mainz. Dies galt unter anderem auch für Gera; exemplarisch: Geschäftsbericht über die Thätigkeit des gemeinsamen Gewerbegerichts [Gera u. a.] auf das Jahr 1895. Bibliothek des Stadtarchivs Gera, Signatur 2116, 3; vgl. auch die übrigen Jahresberichte des Gewerbegerichts Gera, a. a. O.

128 Auskunftserteilung durch das Gewerbegericht, in: Das Gewerbegericht 5 (1899/1900), Nr. 1, 16; Anschluß von Arbeitsnachweisen und Auskunftsstellen an die GG, in: Das Gewerbegericht 9 (1903/04), Beilage zu Nr. 1, 57–59, 58–59.

lösung. Manchmal war ein bestimmter Konflikt vor mehreren Institutionen präsent, wenn etwa nach erfolgter Rechtsauskunft eine Gewerbegerichtsklage angestrebt wurde oder ein vor dem Gericht Beklagter die Beratung einer Rechtsauskunftsstelle beanspruchte. Die verschiedenen »Handlungen« der Konfliktbeteiligten konnten dabei nachgeschaltet oder kombiniert sein.[129]

Die Rechtsauskunftsstellen stellten die niedrigschwelligere Form der Konfliktlösung dar, da zum einen zunächst nur Auskunft eingeholt werden konnte, ohne gegenüber der anderen »Partei« konfrontativ aufzutreten oder sie darüber zu informieren, und zum anderen, weil ihre Inanspruchnahme freiwillig war und der Kontakt zur ihr jederzeit ohne Konsequenzen abgebrochen werden konnte. Vor Gewerbegerichten bestand grundsätzlich die Möglichkeit der Klagerücknahme, mancherorts wurde hierbei eine Gebühr fällig. Erfolgte die Rücknahme jedoch nicht und erschien der Kläger nicht zur Gerichtsverhandlung, konnte ein Versäumnisurteil gegen ihn ergehen.[130] Zugleich konnte vor einem Gewerbegericht ein verbindlicheres Ergebnis als vor einer Rechtsauskunftsstelle erzielt werden. Der Beklagte wurde vor Gericht gezwungen, ein Vergleich musste eingehalten werden, wenn nicht sogar ein Urteil gesprochen wurde. Gewerbegerichte dürften gerade in den Fällen zuverlässiger und möglicherweise auch schneller gewesen sein, in denen der Beklagte sich auf die Konfliktbearbeitung nicht freiwillig einlassen wollte.

Vor dem Gewerbegericht gab es eine gerichtliche Konfliktlösung, vor den Rechtsauskunftsstellen eine außergerichtliche; jedoch finden sich auch Überschneidungen und Zwischenstufen. Die Vergleichsverhandlungen der Rechtsauskunftsstellen besaßen einen gewissen Verfahrenscharakter. Außerdem wurde durch die Einführung einer Rechtsauskunft an einer Gewerbegerichtsschreiberei eine nicht-gerichtliche Konfliktlösung im Kontext und in den Räumen eines Gerichtes geschaffen. Trotz eines laufenden Gewerbegerichtsprozesses war eine außergerichtliche Einigung möglich, die vom Gericht auch akzeptiert wurde. Bei allen Institutionen war neben dem Bemühen um eine gütliche Einigung das Bestreben nach einer möglichst frühen und das heißt vor- bzw. außergerichtlichen Konfliktlösung von großer Bedeutung.

129 Arbeiter-Sekretariat Gera R. j. L. (Fn. 100), 1 (1901), 17–18; Brüchert-Schunk, Städtische Sozialpolitik (Fn. 59), 130; Shin, Arbeitersekretariate (Fn. 86), 121–122.

130 § 37 Abs. 1, § 57 Abs. 3 GGG 1890 (Fn. 9); § 39 Abs. 1, § 58 Abs. 1 GGG 1901 (Fn. 63); § 34 Abs. 4 Ortsstatut für die Gemeinden Gera, Debschwitz, Untermhaus, Zwötzen, Pforten, Cuba und Leumnitz, die Errichtung eines gemeinsamen Gewerbegerichts betreffend vom 16. Juni 1894, Stadtarchiv Gera, Signatur III H 11/7866; § 18 Ortsstatut, betreffend die Errichtung eines Gewerbegerichts zu Mainz vom 26. März 1891, Wissenschaftliche Stadtbibliothek Mainz, Signatur Mog m 891.

Unmittelbar trafen beide Institutionen aufeinander, wenn in einem Verfahren vor dem Gewerbegericht eine Partei von einer Rechtsauskunftsstelle vertreten wurde. Vor allem die Arbeitersekretariate praktizierten dies, andere Auskunftsstellen sahen Vertretungen hingegen nicht als ihren Tätigkeitsschwerpunkt. Indes waren Vertretungen allein aufgrund des hohen zeitlichen Aufwands nicht allzu häufig.[131] Zudem gab es um die Frage der Vertretung auch Auseinandersetzungen. Im Gegensatz zum eindeutigen Anwaltsverbot war die Zulassung von Repräsentanten der Rechtsauskunftsstellen vor dem Gewerbegericht unklar und in der Praxis umstritten, da sie zwar unentgeltlich, aber dennoch »gewohnheitsmäßig« und im Rahmen der beruflichen Tätigkeit der Vertreter erfolgte. Die Gewerbegerichte vertraten hierzu unterschiedliche Positionen: Bei manchen Gerichten findet man konsequente Ablehnung, manche ließen die Vertretung stets zu, viele Gerichte entschieden auch von Fall zu Fall.[132]

Es gab auch Befürchtungen, dass gerade die Arbeitersekretariate zu unbedachten Klagen raten und für eine »Prozesssucht« unter Arbeitern sorgen würden.[133] Das Arbeitersekretariat Frankfurt machte dagegen deutlich: »die Verhinderung aussichtsloser Rechtskonflikte [kennzeichnet] den brauchbaren Sekretär.«[134] Jedoch wurden manchmal auch Klagen vor Gewerbegerichten empfohlen, etwa bei eindeutig ungesetzlichem Lohnabzug durch den Arbeitgeber.[135] Grundsätzlich versuchten die Arbeitersekretariate aber, im Interesse ihrer Klienten Prozesse zu verhindern, bzw. sie empfahlen sie erst nach einem erfolglosen außergerichtlichen Einigungsversuch.[136]

Die Tätigkeit der Rechtsauskunftsstellen reduzierte somit die Zahl der Prozesse vor den Gewerbegerichten. Die städtische Rechtsauskunftsstelle Worms berichtete: »Bemerkenswert ist, daß die Einigungsbestrebungen unserer Rechts-

131 Bericht über die Tätigkeit der städtischen Rechtsauskunftsstelle Worms (Fn. 112), 1909, 3; 1912, 2; 1913, 2; Brüchert-Schunk, Städtische Sozialpolitik (Fn. 59), 131; Kawamura, Geschichte der Rechtsberatungshilfe (Fn. 110), 143–145, 158–160; Martiny, politische Bedeutung (Fn. 110), 166; Shin, Arbeitersekretariate (Fn. 86), 120–124.

132 Das Gewerbegerichtsgesetz regelte: »Rechtsanwälte und Personen, welche das Verhandeln vor Gericht geschäftsmäßig betreiben, werden als Prozeßbevollmächtigte oder Beistände vor dem Gewerbegerichte [sic!] nicht zugelassen.«, § 29 GGG 1890 (Fn. 9); § 31 GGG 1901 (Fn. 63). Bericht des Arbeiter-Sekretariats für Mainz und Umgebung für das Jahr 1908. Wissenschaftliche Stadtbibliothek Mainz, Signatur Mog 413, 1–4, 12–18; Kawamura, Geschichte der Rechtsberatungshilfe (Fn. 110), 143–145; Shin, Arbeitersekretariate (Fn. 86), 123–126.

133 Graf, Arbeitsgerichtsgesetz (Fn. 10), 49–50; Shin, Arbeitersekretariate (Fn. 86), 122.

134 Arbeiter-Sekretariat Frankfurt am Main (Fn. 58), 1 (1899), 75.

135 Arbeiter-Sekretariat Frankfurt am Main (Fn. 58), 6 (1904), 39–40.

136 Arbeiter-Sekretariat Frankfurt am Main (Fn. 58), 1 (1899), 75; Shin, Arbeitersekretariate (Fn. 86), 121–124; Tenfelde, Arbeitersekretäre (Fn. 110), 33.

auskunftsstelle einen wesentlichen Rückgang der Klagen aus dem gewerblichen und kaufmännischen Dienstvertrag zur Folge hatten.«[137] Die Rechtsauskunftsstellen bearbeiteten und kanalisierten also Konflikte und trugen zudem oft direkt oder indirekt zu deren Lösung bei. Dadurch sank die Zahl der Klagen vor Gewerbegerichten und damit auch ihre Arbeitslast. Leicht durch einen Vergleich lösbare Fälle oder tendenziell aussichtslose Klagen kamen mit der Einführung von Auskunftsstellen nun seltener vor ein Gewerbegericht. Dadurch konnte man »so manchem Rechtsuchenden einen Prozeß ersparen und ihn damit vor zeitraubenden Gängen und unnötigen Gedanken bewahren.«[138] Nicht nur die Gerichte wurden entlastet, sondern auch die potentiellen Gerichtsnutzer, für die ein Gerichtsverfahren Aufwand und Stress bedeuten sowie soziale und ökonomische Folge haben konnte.

Im Endeffekt lief die Wahl zwischen den verschiedenen Institution durch ihre Nutzer weder auf ein striktes Entweder-oder noch zwangsläufig auf ein Sowohl-als-auch, sondern vielmehr auf ein variierendes Zusammenspiel hinaus. Das bedeutete nicht, dass in jedem Fall Rechtsauskunftsstellen *und* Gewerbegericht genutzt wurden, aber es bestand (sofern sie beide vor Ort zur Verfügung standen) die Möglichkeit dazu. Gewählt wurden die Institutionen jeweils nach einer Kombination aus Sympathie und Bedarf. Kriterien waren unter anderem, ob ein gerechtes Verfahren und ein gerechtes, positives Ergebnis erwartet wurden, ob ein verbindliches Ergebnis oder eine gütliche Einigung gewünscht war, ob eine offene Konfrontation mit der Gegenseite zugelassen oder vermieden werden sollte, ob ein niedrigschwelliges Verfahren mit guter »Exit-Option« bevorzugt wurde usw. Dabei mussten Entscheidungen nicht immer auf der Grundlage der tatsächlichen Gegebenheiten gefällt werden, sondern konnten auch Vorurteilen und Vermutungen folgen.

Gewerbegerichte und Rechtsauskunftsstellen arbeiteten dabei meistens gut zusammen, wenngleich es auch immer wieder Spannungen gab. Man respektierte sich und ging die Probleme gemeinsam an.[139] Eine außergerichtliche Konfliktlösung war hierbei sowohl trotz als auch aufgrund der Existenz eines

137 Zitat: Bericht über die Tätigkeit der städtischen Rechtsauskunftsstelle Worms (Fn. 112), 1907, 2. Die städtische Rechtsauskunftsstelle Worms nahm am 1. September 1907 ihre Arbeit auf, vgl. Bericht über die Tätigkeit der städtischen Rechtsauskunftsstelle Worms (Fn. 112), 1907, 1. Mit ihrer Tätigkeit ging die absolute Zahl der Klagen vor dem Gewerbegericht (zuvor etwa 250, nun etwa 150 pro Jahr) zugunsten von Vergleichen vor der Rechtsauskunftsstelle zurück (jährlich etwa 150), vgl. Kapitel zum Gewerbegericht Worms 1895/96–1913, in: Verwaltungs-Rechenschaft Worms (Fn. 60), 1895/96–1913.

138 Bericht über die Tätigkeit der städtischen Rechtsauskunftsstelle Worms (Fn. 112), 1907, 2.

139 Arbeiter-Sekretariat Frankfurt am Main (Fn. 58), 5 (1903), 9–10; Saldern, Gewerbegerichte (Fn. 10), 198; Shin, Arbeitersekretariate (Fn. 86), 126–127.

Gewerbegerichts möglich. Gewerbegerichte stellten für Rechtsauskunftsstellen häufig eine weitere Stufe im Ablauf der Konfliktlösung dar. Vor einer Rechtsauskunftsstelle konnte die Perspektive des Gangs zum Gewerbegericht eine oder beide Seiten motiviert haben, den Streit gütlich und außergerichtlich beizulegen. Zugleich konnte sich die Arbeit der Rechtsauskunftsstelle auch mit dem Gewerbegerichtsprozess überlagern, wenn die Stelle als Parteienvertreter auftrat oder während eines laufenden Gerichtsverfahrens Rechtsauskunft erteilte. Für die Gewerbegerichte waren die Rechtsauskunftsstellen von großem Vorteil. Diese bereiteten Arbeitskonflikte für ein Gerichtsverfahren vor oder fingen sie sogar schon vor einer Klage ab, wodurch die Arbeit der Gewerbegerichte reduziert und erleichtert wurde. Sie standen zwar grundsätzlich in einer Art Konkurrenz zueinander, denn der Nutzer konnte sich zunächst für die eine oder die andere Institution entscheiden. Diese Auswahl und eine mögliche außergerichtliche Konfliktlösung wurden jedoch gleichwohl von beiden als positiv empfunden, nämlich als eine gegenseitige Ergänzung unter dem Gesamtaspekt einer adäquaten und gerechten Bearbeitung oder Lösung von Arbeitskonflikten, zur Herstellung und Sicherung des sozialen Friedens in der Arbeitswelt.

VI. Das Gewerbegericht als Einigungsamt: Schlichtung kollektiver Arbeitskonflikte

Trat das Gewerbegericht in seiner Funktion als »Einigungsamt« zusammen, veränderte es seinen Charakter: Es verwandelte sich von einem Gericht, das hoheitlich über individuelle Konflikte entschied, in eine Schlichtungseinrichtung, die freiwillige Vereinbarungen zwischen den kollektiven Konfliktparteien herbeizuführen suchte. Nur wenn es von beiden Seiten angerufen wurde, konnte das Einigungsamt formell seine Verhandlungen aufnehmen. Der Vorsitzende konnte beide Konfliktparteien seit 1901 zwar zum Erscheinen verpflichten, nicht aber zum Verhandeln zwingen. Erst recht besaß er keine Sanktionsmittel, um die Befolgung eines etwaigen Schiedsspruchs durchzusetzen, den zu fällen das Einigungsamt immer dann berechtigt war, wenn sich die Parteien zu einer freiwilligen Vereinbarung nicht hatten durchringen können. Den Verhandlungscharakter der Schlichtung vor dem Einigungsamt unterstrich der Umstand, dass die Beisitzer bei dieser Gelegenheit durch Vertrauensmänner der Arbeitgeber und Arbeiter ergänzt werden konnten (die allerdings an dem in Frage stehenden Konflikt nicht beteiligt sein durften). Seit 1901 war dann die Heranziehung der Vertrauensmänner obligatorisch, die der Beisitzer nur noch fakultativ.[140] Wiewohl aber zwischen Gewerbegericht und

140 Bewer, Ist das Einigungsamt des Gewerbegerichts eine Schiedsbehörde? in: Soziale Praxis und Archiv für Volkswohlfahrt 22 (1912/13), 1407 f.

Einigungsamt ein beträchtlicher Unterschied in den tragenden Konstruktionsprinzipien erkennbar war, standen sie schon insofern nicht in einem grundsätzlichen Gegensatz zueinander, als auch das Verfahren vor dem Gewerbegericht, ähnlich wie die Schlichtung, bewusst auf das Erzielen eines Vergleichs hin angelegt war.

Anders als bei der Beilegung von Streitigkeiten aus bestehenden individuellen Arbeitsverhältnissen, welche die Gewerbegerichte in beträchtlichem Umfang beschäftigten, blieb die Inanspruchnahme der Gewerbegerichte als Einigungsamt zunächst weit hinter den Erwartungen zurück. Für das Gewerbegericht einer Großstadt wie Stettin musste 1901 berichtet werden, dass dessen Erfolge als Einigungsamt in den ersten zehn Jahren seines Bestehens nur »minimal« gewesen waren und es hier auch nur in einem einzigen Fall zu einem Schiedsspruch gekommen war.[141] Was die Konflikte über neu zu verabredende Arbeitsbedingungen anbelangte, bestanden bei den Arbeitskampfparteien erhebliche Reserven und Widerstände, dem Gewerbegericht die Rolle des Schlichters und Schiedsrichters zu übertragen. Nach dem Urteil erfahrener Gewerbegerichtsvorsitzender lag ein wesentlicher Grund hierfür darin, dass beide Seiten fürchteten, der Schritt vor das Einigungsamt werde ihnen als Schwäche ausgelegt.[142] Das galt für die Arbeitnehmer, die sich zur Anrufung des Einigungsamtes oft erst entschieden, wenn der Streik einen ungünstigen Verlauf nahm, galt mehr aber noch für die Arbeitgeber, deren Bestreben es vielfach war, mit den organisierten Arbeitern nicht auf gleichem Fuße verhandeln zu müssen. Im Hamburger Hafenarbeiterstreik von 1896/97 beispielsweise, einem der schwersten Arbeitskonflikte des Kaiserreichs, weigerten sich die Arbeitgeber, ein paritätisch besetztes Schiedsgericht zur Beilegung des Konflikts einzusetzen,[143] während es dem Gewerbegericht in Bremen zur gleichen Zeit gelang, in seiner Funktion

141 Bericht des Vorsitzenden des Gewerbegerichts Stettin Paul Laubünger an den Regierungspräsidenten Heinrich Guenther vom 16. März 1901, in: Quellensammlung GDS, III. Abt., Bd. 4 (Fn. 9), Nr. 92.

142 Bericht des Vorsitzenden des Gewerbegerichts Frankfurt am Main Dr. Karl Flesch an den Wiesbadener Regierungspräsidenten Dr. Richard Wentzel vom 22. März 1901, in: Quellensammlung GDS, III. Abt., Bd. 4 (Fn. 9), Nr. 91.

143 Ignaz Jastrow, Die Lehren des Hamburger Hafen-Strikes, in: Soziale Praxis 6 (1896/97), 473–480; Einigungsämter im Hafenstreik in Hamburg und in Bremen, in: Das Gewerbegericht 2 (1896/97), 33; Hans-Joachim Bieber, Der Hamburger Hafenarbeiterstreik 1896/97, in: Arno Herzig / Dieter Langewiesche / Arnold Sywottek (Hg.), Arbeiter in Hamburg. Unterschichten, Arbeiter und Arbeiterbewegung seit dem ausgehenden 18. Jahrhundert, Hamburg 1983, 229–245; Michael Grüttner, Mobilität und Konfliktverhalten. Der Hamburger Hafenarbeiterstreik 1896/97, in: Klaus Tenfelde / Heinrich Volkmann (Hg.), Streik. Zur Geschichte des Arbeitskampfes in Deutschland während der Industrialisierung, München 1981, 143–161.

als Einigungsamt eine Verständigung im Streik der dortigen Hafenarbeiter herbeizuführen.[144] Auch mit der Einführung der Erscheinungspflicht im Rahmen der Gewerbegerichtsnovelle von 1901 änderte sich nur wenig an der geringen Bereitschaft weiter Kreise der Arbeitgeberschaft, das Einigungsamt in Anspruch zu nehmen. Dem Wirkungsradius der Einigungsämtern blieben so deutliche Schranken gezogen.[145]

Immerhin wuchs die Anerkennung, welche die Einigungsämter erlangten, in dem Maße, wie ihre Verdienste als Vermittlungsinstanz allmählich deutlicher erkennbar wurden.[146] Bereits vor der Jahrhundertwende hatten einzelne Schlichtungserfolge über den lokalen Rahmen hinaus Beachtung gefunden. Das Leipziger Gewerbegericht hatte 1896, als der Ausbruch eines Buchdruckerstreiks drohte, erheblichen Anteil daran gehabt, eine nicht nur lokal, sondern für ganz Deutschland gültige Einigung herbeizuführen.[147] Auch an der Beilegung des langen und schweren Streiks, den die Maurer 1899 in Berlin ausgefochten hatten, war das dortige Einigungsamt maßgeblich beteiligt gewesen.[148] Wiewohl regional und sektoral sehr verschieden, wurden die Einigungsämter im neuen Jahrhundert nach und nach stärker in Anspruch genommen. Aus Königsberg bspw. wurde berichtet, unter den Arbeitgebern hätten auch »anfänglich Widerstrebende schließlich die wirtschaftlichen Vorteile des Einigungsverfahrens begriffen«.[149] Erfolgten 1902 reichsweit nur 25 Anrufungen des Einigungsamtes von Seiten beider Konfliktparteien, geschah dies 1910 immerhin in 234 Fällen.[150] Karl Flesch, der Vorsitzende des Gewerbegerichts

144 Blendermann, Das Einigungsamt im Bremer Hafen-Streit, in: Soziale Praxis 6 (1896/97), 277–283.

145 Vgl. Zimmermann, Entwicklung der Gewerbegerichtsbarkeit (Fn. 10), 316 ff.

146 Aus der Praxis der Einigungsämter, in: Das Gewerbegericht 5 (1899/1900), Nr. 8, vgl. auch Quellensammlung GDS, III. Abt., Bd. 4 (Fn. 9), Nr. 80.

147 Die Tätigkeit des Einigungsamtes Leipzig zur Verhütung eines deutschen Buchdruckerstreiks, in: Das Gewerbegericht 1 (1896), 17 f.; Fanny Imle, Gewerbliche Friedensdokumente. Entstehungs- und Entwicklungsgeschichte der Tarifgemeinschaften in Deutschland, Jena 1905, 29.

148 Die Berliner Maurer vor dem Gewerbegericht als Einigungsamt, in: Vorwärts. Berliner Volksblatt, Nr. 146 vom 25. Juni 1899; Der Friedensschluß im Berliner Baugewerbe, seine Bedeutung und der Bund der Unternehmer, in: Der Grundstein Nr. 27 vom 8. Juli 1899, beide in: Quellensammlung GDS, III. Abt., Bd. 4 (Fn. 9), Nr. 75 und Nr. 76.

149 Bericht des Königsberger Regierungspräsidenten Wilhelm von Waldow an den preußischen Handelsminister Ludwig Brefeld vom 6.4.1901, GStA Berlin-Dahlem, I. HA, Rep. 120 BB VII 1, Nr. 28c adh., n. fol.

150 In 119 Fällen riefen allein die Arbeitnehmer das Einigungsamt an, die Zahl der Anrufungen nur von Arbeitgeberseite blieb weiterhin gering; vgl. Waldemar Zimmermann, Neue Aufgaben des gewerblichen Einigungswesens, in: Tarifvertragsrecht – Einigungswesen. Verhandlungen der Gesellschaft für Soziale Reform. 6. Hauptversammlung zu Düsseldorf 1913, Jena 1914, 138–185, hier 141.

in Frankfurt am Main, gewann 1904 »den Eindruck, daß der Widerstand der Arbeitgeber gegen das Einigungsamt in kleineren Städten stärker ist als in größeren; daß man in größeren aber (Berlin, Magdeburg, München, Mannheim etc.) sich allmählich gewöhnt, die Tätigkeit des GG. als Einigungsamt ganz ähnlich aufzufassen wie die als Gericht.«[151] Im gleichen Jahr fungierten die Gewerbegerichte reichsweit insgesamt 399-mal als Einigungsamt, während es vier Jahre zuvor lediglich in 80 Fällen zu solchen Anrufungen gekommen war. In 80 Fällen kam 1904 eine Vereinbarung zustande; 21-mal fällte das Einigungsamt einen Schiedsspruch, dem sich die Parteien anschließend in zehn Fällen auch tatsächlich unterwarfen.[152] Insgesamt waren dies noch immer eher bescheidene Fortschritte. Zum Vergleich: 1904 waren nach der offiziellen Statistik 1.625 Streiks und Aussperrungen gezählt worden, wozu aber noch eine höhere Zahl an kampflosen Lohnbewegungen gerechnet werden musste.[153] Dem Wirken der Einigungsämter blieben auch weiterhin deutliche Schranken gesetzt.[154] Von 1904 bis 1913 wurden reichsweit 7 Prozent aller Aussperrungen und Streiks durch Einigungsämter geschlichtet.[155] Einer stärkeren Wirksamkeit der örtlichen Einigungsämter stand zunehmend auch der Umstand im Wege, dass sich die Arbeitskämpfe immer öfter über den lokalen Rahmen hinaus ausweiteten. In den Vorkriegsjahren wurde deshalb von erfahrenen Gewerberichtern und bekannten Sozialreformern vielfach die Forderung erhoben, ein zentrales Reichseinigungsamt zu errichten.[156]

Waren die engen Grenzen, die dem Wirken der Einigungsämter in vielen Branchen und Regionen gesteckt blieben, nicht zu übersehen, erschloss sich ihnen immerhin in einigen Städten ein Wirkungskreis, der weit über das

151 Karl Flesch, Aus den Jahresberichten der Gewerbegerichte, in: Das Gewerbegericht 9 (1903/04), 289–293, 293.

152 Gewerbegerichts-Statistik 1900, in: Das Gewerbegericht 6 (1900/01), 230–292, 235–237; Die Tätigkeit der Gewerbegerichte 1904, in: Soziale Praxis 14 (1904/05), 1325 f.; Die Tätigkeit der Gewerbegerichte im Jahr 1905, in: Soziale Praxis 16 (1906/07), 53.

153 Anhang, in: Tenfelde / Volkmann, Streik (Fn. 144), 296, 298.

154 Auch dem Frankfurter Gewerbegericht, dem Flesch vorstand, waren als Einigungsamt nur bescheidene Erfolge vergönnt; vgl. Ralf Roth, Gewerkschaftskartell und Sozialpolitik in Frankfurt am Main. Arbeiterbewegung vor dem Ersten Weltkrieg zwischen Restauration und liberaler Erneuerung, Frankfurt am Main 1991, bes. 132 f., 151 ff.

155 Jutta Rabenschlag-Kräusslich, Parität statt Klassenkampf? Zur Organisation des Arbeitsmarktes und Domestizierung des Arbeitskampfes in Deutschland und England 1900–1918, Frankfurt am Main / Bern 1983, 117.

156 Rolf Neuhaus, Arbeitskämpfe, Ärztestreiks, Sozialreformer. Sozialpolitische Konfliktregelung 1900–1914, Berlin 1986, 189–225. Ob die Einigungsämter überhaupt berechtigt waren, überörtlich zu intervenieren, war umstritten, faktisch jedenfalls war ihre Wirkmächtigkeit meist lokal begrenzt.

hinausging, was die reichsweiten Durchschnittszahlen vermuten ließen. Neben Berlin stand hier vor allem München an der Spitze der Entwicklung. Das dortige Einigungsamt hatte seit 1905 einen deutlichen Aufschwung erlebt, als »fast alle größeren gewerblichen Berufsgruppen Münchens mit ganz wenigen Ausnahmen vor dem Einigungsamt länger befristete Tarifverträge abgeschlossen hatten.«[157] 1910 wurde es bereits in 111 Fällen angerufen, davon in 98 Fällen von beiden Parteien des Arbeitskampfes. In 82 Fällen konnte der Konflikt vor dem Einigungsamt beigelegt werden, darunter in 36 Fällen durch Tarifabschluss für das Gesamtgewerbe, in 31 Fällen durch einen Abschluss bei Einzelfirmen. Nur in einem Fall musste ein Schiedsspruch gefällt werden.[158] Die Anrufung des Münchner Einigungsamts erwies sich so zunehmend als Alternative zu den meist mit großen Risiken und hohen Kosten verbundenen Arbeitskampfmitteln des Streiks und der Aussperrung.[159] Hier wie anderswo entwickelten sich die Einigungsämter dadurch auch zu wichtigen Förderern des Tarifvertragsgedankens – aus der Sicht des Stettiner Gewerbegerichtsvorsitzende Paul Laubünger handelte es sich bei den Einigungsämtern um »im Grunde überhaupt nichts anderes als eine Anstalt zum Zustandekommen eines Tarifvertrages«.[160] Von den 64 im Jahr 1904 in Berlin wirksamen Tarifverträgen war etwa die Hälfte vor dem Einigungsamt ausgehandelt worden, und zwar mehrheitlich, ohne dass zuvor ein Streik stattgefunden hatte.[161] Die Tarifverträge des Münchner Baugewerbes (Maurer, Zimmerer, Bauhilfsarbeiter) wurden durch die Bank vor dem Einigungsamt ausgehandelt, und es wurde üblich, das Gewerbegericht dabei jeweils als endgültig entscheidende Berufungsinstanz im Fall von Tarifstreitigkeiten einzusetzen.[162]

Aber auch jenseits der gesetzlich vorgesehenen Verfahren waren Gewerberichter daran beteiligt, Arbeitskämpfe zu verhindern oder ihre Beilegung zu ermöglichen. Aufgrund ihrer engen Vertrautheit mit den zentralen Streitfragen in den jeweiligen Branchen und infolge ihrer Bekanntschaft mit den Vertretern beider Konfliktparteien waren die »erfolgreichen Vermittler«, wie der Berliner

157 Prenner, Die Entwicklung des Gewerbegerichts München als Einigungsamt, in: Gewerbe- und Kaufmannsgericht 12 (1906/07), 138–141.

158 Jakob Heller, Das Gewerbegericht München als Einigungsamt und die Münchener baugewerblichen Tarifverträge in den Jahren 1904–1912, München 1913, IX f., 142.

159 Karl-Heinrich Pohl, Die Münchner Arbeiterbewegung. Sozialdemokratische Partei, Freie Gewerkschaften, Staat und Gesellschaft in München 1890–1914, München u. a. 1992, 303.

160 Paul Laubünger, Der Tarifvertrag in Stettin, in: Das Gewerbegericht 8 (1902/03), 257–260.

161 Verzeichnis kollektiver Arbeitsverträge in Berlin, in: Das Gewerbegericht 10 (1904/05), 98–100.

162 Heller, Das Gewerbegericht (Fn. 159), IX f., 142.

Gewerberichter Paul Wölbling 1911 beobachtete, »fast ausnahmslos aus den Kreisen der Gewerbegerichtsvorsitzenden hervorgegangen.«[163] Angesichts drohender Arbeitskämpfe im Bau- und anschließend auch im Malergewerbe fanden 1908 – um nur ein Beispiel zu nennen – die Erfolge eines Schlichtertrios, das aus den beiden Gewerbegerichtsvorsitzenden Max von Schulz (Berlin) und Hans Prenner (München) sowie dem Vorsitzenden des Essener Einigungsamts Otto Wiedfeldt bestand, reichsweite Beachtung.[164] Auch in den Schlichtungskommissionen, die in zahlreichen Tarifverträgen seit der Jahrhundertwende als gemeinsame Organe beider Arbeitsmarktparteien eingesetzt wurden, um Streitfälle im Rahmen des kollektiven Arbeitsvertrags beizulegen, übernahmen Gewerberichter häufig den Vorsitz. Dies galt vor allem für die Tarifverträge der Metall- und der Holzindustrie, aber auch für andere Branchen.[165] 1912 sahen 55 Prozent aller Tarifverträge, die für vier Fünftel aller von den Tarifverträgen erfassten Arbeitnehmer galten, paritätische Schlichtungskommissionen, Tarifämter oder Schiedsgerichte vor.[166] Eine deutlich geringere Zahl enthielt überdies formelle Regelungen, nach denen das gewerbegesetzliche Einigungsamt, sofern sich eine Einigung vor diesen Instanzen nicht erzielen ließ, als Berufungsinstanz dienen sollte.[167]

Mit der Zeit hatten sich somit vier unterschiedliche Typen des Einigungs- und Schiedswesens auf dem Feld der kollektiven Arbeitskonflikte ausgeprägt, bei denen das Gewerbegericht eine mal mehr, mal weniger gewichtige Rolle spielen konnte: einmal das gesetzlich vorgesehene Einigungsverfahren auf Grund des Gewerbegerichtsgesetzes von 1890/1901; dann, ohne Beteiligung der gewerbe-

163 Paul Wölbling, Brauchen wir ein Reichseinigungsamt?, Berlin 1911, 29.

164 Neuhaus, Arbeitskämpfe (Fn. 157), 107–116; Ernst Schröder, Otto Wiedfeldt. Eine Biographie, 2. Aufl., Neustadt/Aisch 1981, 47, 49 ff.

165 Der Tarifvertrag im Deutschen Reich, Bd. 2., bearbeitet im Kaiserlichen Statistischen Amt, Berlin 1906, 256; lokale Beispiele: Max von Schulz, Die Berliner Schlichtungskommissionen, in: Das Gewerbegericht 10 (1904/05), 337–346; Hiller, 25 Jahre Gewerbegericht Frankfurt am Main, in: Gewerbe- und Kaufmannsgericht 17 (1911/12), 121–128, 127.

166 Neuhaus, Arbeitskämpfe (Fn. 157), 198–201; Waldemar Zimmermann, Zur Entwicklung des Einigungswesens in Deutschland, in: Soziale Praxis und Archiv für Volkswohlfahrt 23 (1913/14), 465–472. Allerdings fehlten gerade in so bedeutenden Gewerben wie der Eisen- und Stahlindustrie solche Organe. Das gemeinsame »Einigungsamt«, auf dessen Errichtung sich die beiden Arbeitsmarktparteien des Berliner Braugewerbes 1902 verständigten, war in vielem den entsprechenden Regelungen des GGG nachgebildet, vgl. Martin Weigert, Arbeitsnachweis, Einigungsamt und Tarifgemeinschaft im Berliner Braugewerbe. Ihre Entwicklungsgeschichte und Wirksamkeit, Leipzig 1907, 149 ff.

167 Der Tarifvertrag, Bd. 2 (Fn. 166), 256; Max von Schulz, Zur Entwicklung des gewerblichen Einigungswesens in Deutschland, in: Annalen für soziale Politik und Gesetzgebung 1 (1912), 183–217, 186 ff.

gerichtlichen Einigungsämter, aber nicht selten unter Einbeziehung einzelner Gewerberichter, das tarifvertraglich geregelte Schieds- und Einigungswesen im Rahmen paritätisch zusammengesetzter Kommissionen und Ausschüsse; zum dritten eine Kombination der beiden vorgenannten Typen, bei dem die behördlichen Einigungsämter in die tarifvertragliche Regelung des Schlichtungswesens – meist als Berufungsinstanz im Schlichtungsverfahren – formell eingebunden waren; und schließlich noch die formal nicht näher geregelte, freie Vermittlungstätigkeit der Gewerberichter bei drohenden oder bereits ausgebrochenen Arbeitskämpfen, hier als erfahrene Kenner der bestehenden Konfliktlagen und als ausgewiesene Experten für das Ausloten von Vermittlungschancen im Fall von Arbeitskonflikten.[168] Das Einigungswesen changierte so ständig zwischen amtlichem und privatem Charakter, zwischen gesetzlicher Normierung und freier Vereinbarung, zwischen behördlicher Betätigung und individuellem Engagement.

VII. Bilanz

Vier Thesen sollen die Stellung und Bedeutung der Gewerbegerichte in dem komplexen Gefüge institutionalisierter Konfliktlösung, wie es auf dem Feld der gewerblichen Arbeitswelt für die letzten zweieinhalb Jahrzehnte vor 1914 angetroffen wurde, abschließend resümieren.

1. Die Gewerbegerichte bildeten einen Kontrapunkt zur ordentlichen Gerichtsbarkeit – sie konnten geradezu als institutionalisierte Kritik an deren Charakteristika verstanden werden. Was mit den Gewerbegerichten angestrebt wurde, war eine Verrechtlichung, nicht aber eine konsequente Juridifizierung der Konfliktlösung im Arbeitsrecht. Neben der Besetzung und den Verfahrensweisen der Gewerbegerichte lässt sich dies auch an der hohen Bedeutung des Vergleichs als Zielpunkt gewerbegerichtlicher Verhandlungen ablesen. Worauf die Konfliktlösung hinsteuerte, war weniger herauszufinden, auf wessen Seite das materielle Recht stand, als vielmehr, sich auf eine »gütliche« Konfliktlösung zu verständigen. Insofern waren die Gerichte oft weniger Rechtsfindungs- als vielmehr Streitschlichtungsorgane: Ihr Ideal war primär das eines sozialen Ausgleichs.

2. Was die Gewerbegerichte, auch in ihrer Funktion als Einigungsamt, auszeichnete, waren die beiden Leitprinzipien der Parität und der Gleichberechtigung: auf der Richterseite ihre paritätische Besetzung durch direkt gewählte Beisitzer, auf der Nutzerseite das Bemühen, beide Konfliktparteien im Verfahren auf gleichen Fuß zu stellen. Gleiches Recht für beide Seiten zu

168 Zimmermann, Neue Aufgaben (Fn. 151), 138–185, 151 f.

gewähren, hieß vor allem, gleiche Durchsetzungschancen zu bieten. Dies aber musste bedeuten, dass die stärkere Seite, die Arbeitgeber, auf bestimmte Durchsetzungsmittel, die ihnen bei den »ordentlichen« Gerichten zur Verfügung standen, zu verzichten hatte (rechtsanwaltlicher Beistand, Einschlagen des Berufungswegs usw.). Gerade die gleichberechtigte Beteiligung und gleiche Behandlung beider Seiten verlieh den Gewerbegerichten den Charakter einer Antithese zur in Arbeiterkreisen vielfach als »Klassenjustiz« wahrgenommen Praxis der ordentlichen Gerichtsbarkeit. Die Rechtsprechung der Gewerbegerichte und die unmittelbare Mitwirkung gewählter Arbeitervertreter an deren Entscheidungen waren geeignet, das brüchige Vertrauen der Arbeiterschaft in das Recht und die Rechtspflege des Kaiserreichs zu heben. Die Wahrnehmung der Gerichte und der Rechtsprechung in den – im Erfahrungshorizont der Arbeiter eng beieinander liegenden – Fragen der gewerblichen Arbeitskonflikte und des Koalitionsrechts waren allerdings denkbar entgegengesetzt: hier eine privatrechtliche Spruchpraxis mit hoher Zugänglichkeit, dort drakonisches Strafrecht mit ausgeprägtem Klassencharakter.

3. Ein wesentliches Merkmal der Gewerbegerichte lag in dem hohen Maß, mit dem die Verfahrens- und Spruchpraxis Rücksicht auf die sozialen Voraussetzungen von Rechtsdurchsetzung, Konfliktaustragung und Interessenwahrnehmung nahm. Das Verfahren war niedrigschwellig, zügig und kostengünstig, es war wenig formalisiert und vergleichsweise unkompliziert, die Stoßrichtung der angestrebten Konfliktlösungen pragmatisch und ergebnisorientiert. Richter und Parteien verkehrten unmittelbar miteinander, statt über die Rechtsanwälte zu kommunizieren; die Gewerbegerichte galten auch deshalb als »volkstümliche« Gerichte. Die Mitwirkung der aus der Berufspraxis stammenden Beisitzer führte überdies dazu, dass die Entscheidungsfindung vielfach stärker an die Erfahrungswelten des Arbeitslebens zurückgebunden wurde als an abstrakte Rechtsprinzipien. Gerechtigkeit wurde vor allem als Verfahrensgerechtigkeit verstanden, weniger als Durchsetzung bestimmter materieller Rechtsnormen (wozu im Übrigen auch der geringe Kodifizierungsgrad des Arbeitsrechts das Seine beitrug). Gerade auch die besondere Bedeutung des zwischen beiden Parteien »ausgehandelten« Vergleichs (statt des »ermittelten« Rechts einer Partei) unterstrich diesen Befund. Dazu gehört auch die Akzeptanz und Nicht-Sanktionierung einer außergerichtlichen, informellen Einigung der Parteien trotz laufenden Gewerbegerichtsprozesses, die sich unter anderem in Klagerücknahmen und Ruhenlassen der Sache niederschlug.

4. Die Gewerbegerichte waren in einer Überschneidungszone von staatlichen und nicht-staatlichen Sphären der Streit- und Konfliktregelung angesiedelt. Nicht nur war die »Durchstaatlichung« der Gewerbegerichte vergleichsweise gering: Ihre Verfassung und Verwaltung beruhten neben den gesetzlichen Vorgaben auf Ortsstatuten, die von den kommunalen Organen erlassen wurden,

das Recht wurde nicht von Berufsrichtern, sondern in der Regel von neben- und ehrenamtlich Laienrichtern gesprochen, als Einigungsämter fehlten ihnen die Sanktionsmittel staatlicher Rechtsdurchsetzung. Die Gewerbegerichte standen darüber hinaus auch in einem dichten Wechselverhältnis zu konkurrierenden, kooperierenden und ergänzenden Einrichtungen der Konfliktlösung nichtstaatlichen Charakters. Das galt für die Rechtsauskunftsstellen unterschiedlicher Provenienz – als Einrichtungen, die sich nicht zuletzt auch der Lösung arbeitsrechtlicher Konflikte widmeten – und es galt ebenso für die wachsende Zahl auf tarifrechtlichem Weg geschaffener, nicht-staatlicher Schiedskommissionen, Tarifämter und Schiedsgerichte, mit denen die Gewerbegerichte und Gewerberichter auf vielfältige Weise verwoben waren.

Wilfried Rudloff, Dennis Vogt

Regulation of Self-Regulation in British Labour Law

Self-regulation was the core characteristic of the sophisticated voluntarist system of industrial relations in Great Britain. In the following social systems theory will be used for an assessment of this tradition, how it shaped British labour law, how it collapsed and the specific interplay it represented between regulation and self-regulation. We currently witness an increase in new forms of self-regulation, in particular at enterprise level. It will be shown that lessons can be learnt from the experience with the voluntarist system of self-regulation in British industrial relations for the regulation of new forms of self-regulation.

In the last two centuries, a variety of relationships developed between statutory intervention and regulations adopted in enterprises and in industrial relations in Great Britain. It will be argued that this interplay is best understood by using insights from social systems and reflexive labour law theory. The concept of regulation of self-regulation will be introduced in this chapter as the overarching characteristic of the relationship of British labour law, politics, industrial relations and enterprises. Furthermore, this concept can be used in analysing judicial self-regulation which we witness since the introduction of industrial tribunals, nowadays called employment tribunals.

The chapter proceeds in three steps. The first part comprises brief reflections on the theoretical approach taken in conceptualising regulation of self-regulation. This part introduces basic features of the theory of reflexive labour law and uses insights from my attempt in applying social systems theory and the theory of reflexive law to the regulation of labour law.[1] The second part uses the reflexive labour law perspective for a reconstruction of the development of British labour law; it demonstrates how specific forms of regulation of self-regulation were adopted in reaction to changes in industrial relations and in the political system. The last part of the chapter contains remarks on judicial self-regulation and current trends undermining the employment tribunal system.

1 Ralf Rogowski, Reflexive Labour Law in the World Society, Cheltenham 2013; see also Ralf Rogowski / Ton Wilthagen (eds.), Reflexive Labour Law. Studies in Industrial Relations and Employment Regulation, Deventer 1994.

I. Theory

Regulation of self-regulation is a core concept of the theory of reflexive labour law. This theory, which I propose to develop along the lines of an autopoietic systems theory of law,[2] assumes that the social systems of »industrial relations« and »law« are both operationally closed systems of communication.[3] The theoretical design enables the allocation of types of regulation to different communication systems and directs attention to the important relationship between modes of regulation and processes of self-regulation. While labour law, including labour courts, forms part of the legal system and is thus constituted by legal communication, collective agreements and collective bargaining, including arbitration and conciliation procedures, belong to the self-regulatory structure of the industrial relations system and are foremost constituted by industrial relations communication.

The reflexive law theory, as originally developed by Gunther Teubner,[4] was a response to and continuation of the concepts of responsive law and responsive regulation.[5] Teubner argued that in addition to notions of formal and substantive legal rationality, a complex modern legal system is characterised by reflexive rationality based on aspects of proceduralisation and self-regulation. The early reflexive law concept, which Teubner developed in collaboration with Helmut Willke, was concerned with legitimation, functions and internal structures of the legal system.[6] In fact it was presented as an approach to combine the social theories of Jürgen Habermas and Niklas Luhmann in an analysis of specific modern trends in the legal system like proceduralisation and ›contextual‹ steering via negotiation systems. Central topics were the external links of the legal system, societal guidance through law[7] and in particular the question of

2 Niklas Luhmann, The Unity of the Legal System, in: Gunther Teubner (ed.), Autopoietic Law. A New Approach to Law and Society, Berlin 1988, 12–35; id., The Self-reproduction of Law and its Limits, in: id., Essays on Self-Reference, New York 1990; id., Law as a Social System, Oxford 2004; id., A Sociological Theory of Law, 2nd ed., Abingdon / New York 2014, 281–8, and Gunther Teubner, Law as an Autopoietic System, Oxford 1993.

3 Rogowski, Reflexive Labour Law (fn. 1), in particular chs. 2 and 3.

4 Gunther Teubner, Substantive and Reflexive elements in Modern law, in: Law and Society Review 17 (1983), 239–285.

5 Philippe Nonet / Philip Selznick, Law and Society in Transition. Toward Responsive Law, New York 1978; on responsive regulation see Ian Ayres / John Braithwaite, Responsive Regulation. Transcending the Deregulation Debate, New York / Oxford 1992.

6 Gunther Teubner / Helmut Willke, Kontext und Autonomie. Gesellschaftliche Selbststeuerung durch reflexives Recht, in: Zeitschrift für Rechtssoziologie 5 (1984), 4–35.

7 Gunther Teubner, After Legal Instrumentalism. Strategic Models of Post-

legal regulation. The reflexive law concept suggested that particular attention should be paid to the limits of legal regulation and to processes of self-regulation in other social systems.

The key focus of the reflexive law concept was borrowed from social systems theory and this was the autopoietic nature of the legal system, i. e. the capacity of the legal system to reproduce itself. This core idea relates to Niklas Luhmann's deliberately paradoxical concept of an autopoietic social system that, in Luhmann's words, »constitutes the elements of which it consists through the elements of which it consists«.[8] In order to understand the unique quality of the new theory of reflexive law, conditions of law's autonomy and internal constitution and system-specific communications of the legal system became central in studying law. Luhmann himself helped to push the theory in this direction. In a critique of the reflexive law concept he emphasised the vagueness of the concepts autonomy, reflexivity and self-regulation and compared them with the »rigorously inflexible« concept of autopoiesis.[9]

Teubner took up the challenge. The concept of reflexive law became subsumed under the theory of an autopoietic legal system and was largely reduced to a discussion of the regulatory capacities of the legal system. The issues that constituted the core of Teubner's thinking about reflexive law became part of his theory of autopoietic law. In the chapter entitled »Social Regulation through Reflexive Law« of his collection of essays »Law as an Autopoietic System«[10] he lists as topics of reflexive law: mutual recognition of autonomy and autopoiesis between social systems, proceduralisation, the limits of legal intervention, constructivist internal models of the external social world, ›interference‹ of the legal and the economic system through contract and rights, and regulation of self-regulation.

The theory of reflexive labour law applies Luhmann's and Teubner's insights and makes creative use of them. It proposes a new understanding of both the nature and the relation of labour law and industrial relations and uses the concept of functional differentiation to explain the evolution of the modern legal system and the development of the field of labour law.[11] Labour law is the

regulatory Law, in: id. (ed.), Dilemmas of Law in the Welfare State, Berlin / New York 1988, 299–325.

8 Luhmann, Unity (fn. 2), 14; see also Niklas Luhmann, Social Systems, Stanford 1995, and id., Theory of Society, vols. 1 and 2, Stanford 2012/3.

9 Niklas Luhmann, Some Problems with Reflexive Law, in: Gunther Teubner / Alberto Febbrajo (eds.), State, Law, and Economy as Autopoietic Systems. Regulation and Autonomy in a New Perspective, Milan 1992, 389–415.

10 Teubner, Autopoietic System (fn. 2), ch. 5.

11 See also Gerd Bender, Tarifautonomie, Regulierte Selbstregulierung, Korporatismus, in: Peter Collin / Gerd Bender / Stefan Ruppert / Margrit Seckel-

product of differentiation within the legal system and is characterised by specific links with a particular social system, the industrial relations system. In fact, it evolves in the beginning as a subsystem of a national legal system, largely in reaction to legal perceptions of the facilitative role of law within industrial and employment relations.[12]

Labour law and industrial relations are conceived not as systems of action (or collective action) but instead as systems of (collective) communication.[13] In conceptualising the social systems of ›industrial relations‹ and ›law‹ as operationally closed systems of communication, it becomes possible to understand how different communication systems operate with different types of regulation. Attention can be directed to the important relationship between modes of external regulation and processes of self-regulation. While labour law forms part of the legal system and is thus constituted by legal communication, collective agreements and collective bargaining belong to the self-regulatory structure of the industrial relations system and are foremost constituted by industrial relations communication. Furthermore, we can detect specific institutions that develop in the zone of structural coupling between the industrial relations and the legal systems. These institutions, for example industrial relations representatives on labour court benches, can be described as part of meso-corporatist structures and liberal corporatist arrangements.[14]

Luhmann's theory of reflexion can be used for an analysis of processes of self-awareness of the system that are linked to its autopoiesis and to processes of self-constitution of the system. These include basic operations of self-reference, forms of self-observation and modes of self-description. Through reflexion systems become autonomous. Reflexion uses reflexive mechanisms[15] and examples are the conscious use of techniques on how to learn (learning of learning), the introduction of legislation that regulates legislation (legislation of legislation or

MANN / MICHAEL STOLLEIS (eds.), Regulierte Selbstregulierung im frühen Interventions- und Sozialstaat, Frankfurt am Main 2012, 53–67.

12 RALF ROGOWSKI, Industrial Relations, Labour Conflict Resolution and Reflexive Labour Law, in: ROGOWSKI / WILTHAGEN, Reflexive Labour Law (fn. 1), 53–93.

13 RALF ROGOWSKI, Industrial Relations as a Social System, in: Industrielle Beziehungen. The German Journal of Industrial Relations 7, 1 (2000), 97–126.

14 RALF ROGOWSKI, Meso-Corporatism and Labour Conflict Resolution, in: International Journal of Comparative Labour Law and Industrial Relations 1, 2 (1985), 143–69; RALF ROGOWSKI / ADAM TOOZE, Liberaler Korporatismus und Arbeitskonfliktlösung. Gewerbe- und Arbeitsgerichte in Frankreich, Großbritannien und Deutschland im historischen Vergleich, in: HEINZ MOHNHAUPT / DIETER SIMON (eds.), Vorträge zur Justizforschung, vol. 1, Frankfurt am Main 1992, 317–86.

15 NIKLAS LUHMANN, Reflexive Mechanismen, in: id., Soziologische Aufklärung, vol. 1, Opladen 1970, 92–112.

standardisation of standardisation) and deciding how to decide (decision-making of decision-making).

In our context of labour and employment conflict resolution, we can add the attempt to solve conflicts that arise from conflict resolution. Reflexivity, reflexive mechanisms and processes of reflexion characterise a stage in which labour and employment conflict resolution becomes mature. A reflexive process in conflict resolution occurs when it distinguishes itself from conflict regulation.[16] In other words, conflict resolution becomes reflexive when it perceives itself as conflict regulation. Regulation of conflict is in this view a form of conflict resolution that uses its mechanisms to regulate itself.[17]

Reflexive labour law is both an analytical concept and an object of research. It describes that stage in the development of modern labour law when labour law realizes its systemic limits with respect to regulation of other social systems. Furthermore, labour law detects at this reflexive stage a source of strength in its capacities for self-regulation.[18] This is the specific contribution of reflexive labour law to a theory of labour and employment regulation. It radicalises theories of so-called meta-regulation[19] as not just coordinating different forms of regulation but making productive use of insights of the limits of regulation.[20] Regulation of self-regulation requires self-regulation of law in order to become reflexive. However, reflexivity is conceived as a two-way process in this theory and self-regulation that takes law seriously is required on the side of industrial relations as well.

Reflexive labour law is the theory that is best equipped for an understanding of fundamental transformations of regulation of labour and employment in modern society. These include not only the implications that globalisation of law in the world society poses but also changes in the forms of legal regulation, in particular the increasing use of soft law and procedural regulation of self-regulation in industrial and employment relations. This means for the theory

16 See the analysis of transformation of conflict resolution in the evolution of industrial relations in Walther Müller-Jentsch, Versuch über die Tarifautonomie. Entstehung und Funktionen kollektiver Verhandlungssysteme in Großbritannien und Deutschland, in: Leviathan 11, 1 (1983), 118–49.

17 Ralf Rogowski, Reflexive Regulation of Labour and Employment Conflict Resolution, in: Gralf-Peter Calliess / Andreas Fischer-Lescano / Dan Wielsch / Per Zumbansen (eds.), Soziologische Jurisprudenz. Festschrift für Gunther Teubner, Berlin 2009, 573–86

18 See also Hugh Collins, Regulating Contracts, Oxford 1999.

19 Christine Parker, Meta-Regulation. Legal Accountability for Corporate Social Responsibility, in: Doreen McBarnet / Aurora Voiculescu / Tom Campbell (eds.), The New Corporate Accountability. Corporate Social Responsibility and the Law, Cambridge 2007, 207–37.

20 See Teubner's regulatory trilemma, Teubner, After Legal Instrumentalism (fn. 7).

of regulation of self-regulation that attention has to be paid to specific forms of self-regulation in industrial relations and enterprises that support participatory self-regulation.[21]

II. History

British labour law represents among the European labour law regimes the earliest attempt to use legislation to combat negative social consequences of industrialisation.[22] Throughout the various stages in the development of British labour law since the early 19th century, it was shaped through an interchange of legislation and factory and industrial relations regulations leading to a particular configuration of regulation of self-regulation. The sophisticated interplay between statutory intervention and social regulation characterises the specific British approach to regulating labour and employment affairs. In the following, the development of British labour law is distinguished into six phases.

1. Employment protection in the first half of the 19th century

Early employment protection legislation in the first half of the 19th century recognised the poor working conditions in newly industrialised sectors. In fact, it was a reaction to industrialisation and changes in the methods of production and the main driving force of economic change in England was the textile industry. In the forefront of discussions were health and safety issues of child labour in this industry. A number of Acts of Parliament tackled the problem of working hours and conditions at the place of work for young persons. The Apprentices Act of 1802 addressed the slave-like status of apprentices in textile manufacturing. Apprentices were rented out by workhouses to manufacturers who treated them »with the utmost recklessness and barbarity« as Friedrich Engels described it in his »The Condition of the Working Class in England«.[23]

Engels wrote the book in 1844/5 during his practical study of business methods in a Manchester spinning mill. He describes in drastic terms the effects of unregulated working conditions and long hours on weaker parts of the work force. The growth of children was stunted by their work, the physique of the female workers was deformed, and male employees were to a large extent replaced by machines. Engels concludes: »To escape despair, there are but two ways open to the English worker; either inward or outward revolt or drunken-

21 Rogowski, Reflexive Labour Law (fn. 1), in particular ch. 4.

22 Bob Hepple (ed.), The Making of Labour Law in Europe. A Comparative Study of Nine Countries Up to 1945, London 1986.

23 Friedrich Engels, The Condition of the Working Class in England [1845], London 2009, 171.

ness and general demoralization. And the English operatives are accustomed to take refuge in both.«[24]

Political discussions in the British parliament, the House of Commons and the House of Lords, reflected the social problems and led to legislative initiatives. Legislation was introduced in form of Factory Acts in 1819 and 1825 in order to establish some protection for children employed in the textile industry. However, these laws were not enforced and led to further discussions, which now centred on the topic of maximum hours of work for young persons. The Factory Act of 1831 provided that in cotton mills no one under the age of twenty-one should be employed between half-past seven at night and half-past five in the morning. Young persons under eighteen should work no longer than twelve hours on weekdays, and nine on Sundays. The Factory Act of 1833 went a step further. It prohibited altogether employment of children under the age of nine years, and restricted for children between 9 and 13 the hours of work to 48 per week and nine hours per day.[25] In addition, a system of factory inspections was introduced to ensure the implementation of the acts.

However, these Factory Acts and a few other regulations did not create a comprehensive statutory basis for the regulation of industrial relations and conditions of employment. The laws were almost exclusively concerned with health and safety issues of child labourers. The other laws were repressive anti-union laws which treated union activities as criminal conspiracy. The effects of these so-called Combination Acts were counterproductive. Trade unions which were under constant threat flourished as secret societies. The eminent historian E. P. Thompson vividly described in his »The Making of the English Working Class« how in this period a radical attitude towards employers, the state and the law developed among the working class, leading to courageous attempts of organising the workers and, despite repression, forming industrial relations capable of collective bargaining.[26]

2. Trade unions and the law: 1867 to 1906

The situation changed when trade unions were decriminalised. The period after 1867 and in particular the period of 1875 to 1906 has been described by the recently deceased Lord Wedderburn, one of the most distinguished professors of British labour law, as the »formative period« of British labour law, in which an organic relationship between law and industrial relations was formed. The

24 Engels, Working Class (fn. 23), 172.
25 Engels, Working Class (fn. 23), 188.
26 E. P. Thompson, The Making of the English Working Class, London 2013 (first ed. 1963).

voluntarist regulations developed into an independent system of norms and procedures in this period.[27]

Unlike their continental European counterparts the British labour movement was not guided by ideological concerns. British unions were purely industrial and had no political wing (the Labour Party was only founded in 1906). Nevertheless their activities were characterised by militancy and radical strike actions. In a sense they were less predictable for management because of the lack of ideological commitment. In 1867 a Royal Commission proposed a new union model. This sought to transform the militant Chartist unions in order to become recognised bargaining partners. Thus there were political attempts to facilitate collective bargaining by granting trade unions a quasi-public status.

However, the courts which operated with common law notions of restraint of trade and conspiracy were a stumbling block for full recognition of unions. These courts treated trade unions throughout the 19th century as unlawful organisations. On a number of occasions legislation overruled hostile judicial decision-making. The legislator exempted in the Trade Union Act of 1871 trade unions as organisations from the common law notion of ›restraint of trade‹. This exemption was extended in the Conspiracy and Protection of Property Act of 1875 to cover all concerted activities of 2 or 3 persons to be exempted from criminal conspiracy if the activities were done »in contemplation or furtherance of a trade dispute«.[28] The 1875 Act introduced the principle of immunity of trade unions and their activities from criminal prosecution. However, after 1875 the courts switched their attention from criminal law to private law. They now used the doctrine of conspiracy to establish tortious liability of trade unions. In the famous case Taff Vale Railways v. Amalgamated Society of Railway Servants, the House of Lords, as the final court of appeal, decided in 1901 that a registered union was liable to pay damages because of the tort of ›civil conspiracy‹ by its representatives. The amounts awarded were substantial, £23,000 in damages and £12,000 in costs, and meant bankruptcy for the union. The legislature reacted with a further law, the Trade Dispute Act of 1906 that exempted trade unions and anyone who acted in contemplation or furtherance of a trade dispute from civil liability. Thus since the Trade Dispute Act of 1906 the law provides immunities for trade union activities from both criminal prosecution and civil liability. The doctrine of immunity created the legal basis for the voluntarist system, which in fact meant abstentionism of state labour policies from creating statutory labour law.

27 LORD WEDDERBURN OF CHARLTON, The Worker and the Law, 3rd ed., London 1986.

28 See OTTO KAHN-FREUND, Labour and the Law, 3rd ed. by PAUL DAVIES/MARK FREEDLAND, London 1983 (first ed. 1972), 295–299.

Although trade unions were engaged in legislative strategies (›getting and enforcing legislation‹) as part of their strife for industrial democracy during this period,[29] their main effort was in pursuing the establishment of an autonomous system of collective bargaining. What emerged at the end of the 20th century was a voluntarist approach and a system of regulations governed by trade unions and employers independent of state regulation. Labour law was not a public affair but derived from quasi-private norms introduced by collective bargaining. Main areas of collective and individual labour law were not regulated by statute and the legislator relied on self-regulation by industrial relations.

3. The voluntarist system: 1906 to 1971

The system of voluntary self-regulation created the basis of British labour law from 1906 to the 1960s. The best-known description of the voluntarist system has been given by Otto Kahn-Freund who is widely considered as having been the single most influential academic in establishing labour law as an academic subject in Great Britain.[30] Otto Kahn-Freund was a German labour court judge who had to emigrate in 1933 and then started a new career as an academic, first at the London School of Economics and later as professor of comparative law in Oxford.

Otto Kahn Freund, or later Sir Otto, coined the term »collective laissez faire« in describing the voluntarist system. With ths term he deliberately alluded in his analysis of industrial relations and law to the economic concept of the market in which structures and regulations are the product of competing forces. At the beginning of the 1950s Kahn-Freund characterised the system in the following way:

> »There is perhaps no major country in the world in which the law has played a less significant role in the shaping of industrial and employment relations then in Great Britain and in which the law and the legal profession have less to do with labour relations.«[31]

The world of work was governed for Kahn-Freund by mechanisms and procedures created by employers, workers, and trade unions. The rules that derived from collective bargaining had a social rather than a legal character, and the body of official statutory law was accordingly relatively small. In a reflexive labour law

29 Beatrice Webb/Sidney Webb, Industrial Democracy, London 1897.

30 Lord Wedderburn of Charlton/Roy Lewis/Jon Clark (eds.), Labour Law and Industrial Relations. Building on Kahn-Freund, Oxford 1983.

31 Otto Kahn-Freund, Legal Framework, in: Allan Flanders/Hugh Clegg (eds.), The System of Industrial Relations in Great Britain, Oxford 1954, 42–127, 44.

perspective Kahn-Freund described beautifully the system of self-regulation of British industrial relations that was, at least to a limited extent, aware of its public function beyond wage determination, in particular in relation to employment protection.[32]

The regulation of this form of self-regulation consisted of a small body of official law. This so-called negative law protected the voluntarist system from hostile interventions of the common law, thereby removing legal obstacles to the functioning of the self-regulatory system.[33] In addition, there existed some labour law in form of auxiliary law to collective bargaining. A prominent example was the introduction of wages council.

State abstentionism meant in practice that, in the area of industrial conflict, the state abstained from intervening in strike situations. However, there existed regulations and institutions that provided voluntary arbitration, mediation and conciliation procedures. A good example is the auxiliary procedure that was introduced by the Industrial Courts Act of 1919. Despite its name the act did not provide judicial but voluntary procedures. The use of these services was entirely controlled by the collective parties.

Furthermore, there was no regulation of internal trade union affairs. The creation of employment rights was left to collective bargaining. Moreover, the process of collective bargaining was considered to be entirely autonomous and not facilitated by law. This meant that collective agreements were not legally enforceable. Employers were not able to invoke the courts if unions went on strike during the duration of the agreement. The incorporation of terms and conditions of employment established in the collective agreement into the individual contract of employment was left to the will of the parties and was thus not automatic.

The voluntarist system depended to a large extent on strong industrial relations and their capacity to self-regulate.[34] It also depended on the good-will of the political system and the ability of official labour law to recognise the needs of the industrial relations system. However, to a certain degree the law lagged conceptually behind the economic and industrial changes during the period of

32 Paul Davies / Mark Freedland, Labour Legislation and Public Policy. A Contemporary History, Oxford 1993.

33 Simon Deakin, The Evolution of the Contract of Employment, 1900–1950: The Influence of the Welfare State, in: Noel Whiteside / Robert Salais (eds.), Governance, Industry and Labour Markets in Britain and France. The Modernising State in the Mid-twentieth Century, London 1998, 213–30; Simon Deakin / Frank Wilkinson, The Law of the Labour Market. Industrialization, Employment and Legal Evolution, Oxford 2005.

34 Allan Flanders, The Tradition of Voluntarism, in: British Journal of Industrial Relations 12, 3 (1974), 352–70.

corporatist voluntarism. For example, the official terminology for the employment contract was until WWII and beyond the contract of master and servant.

With the gradual decline of the voluntarist system the need for a new approach in labour law became apparent. There are compelling reasons that led to the collapse of the voluntarist system in the 1960s and the 1970s and the emergence of a new concept of labour law in Great Britain.[35] Three factors can be discerned. First, there were changes in the industrial relations system. Collective bargaining diminished at national and industry-wide level. Multi-employer bargaining through employer associations was replaced in a number of sectors by single employer bargaining at company level. Second, initiatives were started in the political system to reshape labour policies. The Ministry of Labour proposed and introduced reform measures and most importantly started to review and evaluate industrial relations by appointing a panel of experts (the Donovan Commission which I shall discuss below). Thirdly, there was pressure exercised which came from the international level, in particular through conventions and other regulations of the International Labour Organisation. These international regulations demanded the introduction of statutory employment protection in the United Kingdom.

The legislative development in the 1960s started with an attempt to regulate the contract of employment within the context of common law regulations. The Contract of Employment Act of 1963 introduced the right to a minimum period of notice to terminate the contract of employment, provided the employee had not engaged in conduct justifying summary dismissal. Notice periods varied with the length of service (one week after six months of employment, two weeks after two years, four weeks after five years of service). Furthermore, the 1963 act introduced a right to written particulars of the most important contractual terms in case of an oral contract of employment.

The Industrial Training Act of 1964 introduced Industrial Training Boards, which were supposed to promote training by employers. The boards were empowered to impose a levy upon employers to finance training. The law also introduced a new judicial body, the industrial tribunals which were given jurisdiction over employer complaints regarding the levy issued by the Industrial Training Boards.

In 1965, the first law was introduced to tackle problems of dismissal or termination of the contract of employment. The Redundancy Payments Act of 1965 provided that employees dismissed on economic grounds or, to use the technical legal term, on grounds of redundancy should be entitled to receive a

35 Davies / Freedland, Labour Legislation (fn. 32); Deakin / Wilkinson, Law of the Labour Market (fn. 33).

lump-sum payment from the employer. These payments are, normally, calculated on the basis of a week's pay for each year of service.

Most important for the development of British labour than any previous event or laws, was the establishment of a Royal Commission in 1965 to investigate the state of affairs in industrial relations and labour law. This Donovan Commission, named after its Chairman Lord Donovan, commissioned reports on all major aspects of the British system of industrial relations. The commission itself was composed of the most eminent researchers in industrial relations and labour law, including Otto Kahn-Freund, who influenced in a decisive way the labour law proposals of the official report of the Donovan Commission.

The Donovan Report, released in 1968,[36] described British industrial relations as consisting of two systems: A formal system of rules and procedures and an informal system of job regulation that operates at the company level. The report was a careful attempt to combine a defence of the pillars of the voluntarist system with proposals for new legislation. It warned against legislation in the areas of collective labour law, in particular collective bargaining, industrial conflict and trade union law, while at the same time advocating a system of statutory individual employment protection, in particular dismissal protection and anti-discrimination law. Industrial tribunals should be granted jurisdiction to adjudicate matters arising under the new statutes.

The government issued in 1969 a White Paper »In Place of Strife« which took up the Donovan proposals. This Labour government proposed a substantial overhaul of British labour law in consent with the trade unions. However, the only reform which the labour government was able to push through parliament was the Equal Pay Act 1970. This law took a cautious approach that was consistent with the common law. Its starting point remained the contract of employment. The act stipulated that each contract contained an implied clause guaranteeing equal terms of employment for men and women. Thus the right to equal pay and equal working conditions during employment was a contractual right and not a statutory right.

4. Regulatory euphoria: 1971–1979

After the victory of the Conservative government under Ted Heath in 1970, the reforms proposed by the Donovan Commission were partially carried out by introducing the Industrial Relations Act (IRA) of 1971. The government did not

36 Report of the Royal Commission on Trade Unions and Employers' Associations, 1965–1968 (Lord Donovan, Chairman), H. M. S. O. Cmnd. 3623, London 1968.

seek the consent of the trade unions and indeed ignored the warnings of the Donovan Report to abstain from statutory regulation of collective labour law. The IRA introduced emergency powers of the government to interfere in strike situations, created a duty for trade unions to register and established a National Industrial Relations Court (NIRC). In addition, it introduced wide-ranging individual employment rights. For the first time in the history of British labour law the employees were granted a right to resist an unfair dismissal. The dismissal provisions required from the employer to state a reason for dismissal and to act reasonably in carrying out a dismissal. The right to fair dismissal is a statutory right, which can be enforced by the employee by bringing a claim to the industrial tribunal. The remedies are reinstatement in the same job, reengagement with the same employer but in a different job or compensation.[37]

The IRA and the new judicial institutions were vehemently opposed by the trade unions. Massive strike actions and open defiance of the rulings of the NIRC led to virtual inefficiency of the law and the judicial practice. The unrest resulting from the enactment of the IRA was indeed a decisive factor that led to the defeat of the conservative government in 1974. The new Labour government, which replaced the conservative government, immediately repealed the IRA and replaced it with a union-friendly Trade Union and Labour Relations Act 1974. This law restored to some extent the old voluntarist system without however abolishing the new individual employment rights. The legislation on unfair dismissal remained almost unchanged. The Employment Protection Act 1975 created a new independent institution, the Advisory, Conciliation and Arbitration Service (ACAS). ACAS is a unique institution that carries out on a voluntary basis conciliation, mediation, and arbitration in both individual and collective labour conflicts. A main task is to seek conciliation in case of a complaint about unfair dismissal before a hearing in front of the industrial tribunal takes place.

The next step in protecting employment rights was legislation in the area of equal employment opportunities. The Sex Discrimination Act 1975 and the Race Relations Act 1976 provide a floor of rights to combat discrimination on grounds of sex, race, religion, or ethnic origin. Special commissioners were introduced to enforce these rights and to improve equal opportunities at company level.

The major statute in this period was the Employment Protection (Consolidation) Act (EPCA) of 1978. It merged various employment protection laws, notably the rights with respect to written particulars of the employment contract, the maternity rights, the unfair dismissal rights, the redundancy payment

37 Linda Dickens/Michael Jones/Brian Weekes/Moira Hart, Dismissed. A Study of Unfair Dismissal and the Industrial Tribunal System, Oxford 1985.

rights as well as the procedural rights for bringing a claim to the industrial, now employment tribunal.

The period of the Labour government which lasted from 1974 to 1979 is generally referred to as the period of social contract. The government sought active support of the trade unions and the employer associations in formulating and implementing its policies. This social contract with business and labour was not only used in the area of labour policies but extended to wider efforts in welfare policies as well as concerted national economic and fiscal policies. At the micro, meso and macro level, the policy sought to establish tripartite bodies based on a notion of liberal corporatism.[38]

5. Deregulatory downfall: 1979 to 1997

The social partnership approach came to an abrupt end with the electoral victory of Margaret Thatcher in 1979. A new radical conservative programme was pronounced which not only discontinued the integration of trade unions in policy making but in fact turned against the trade unions. The new policies favoured deregulation of existing laws in the area of industrial relations and employment protection. Labour laws were regarded as »burdens on business«.[39]

Throughout the 1980s, labour legislation, including the Employment Acts in 1980, 1982, 1988, 1990 as well as the Trade Union Act 1984 and the Trade Union and Labour Relations Consolidation Act 1992 aimed at deregulation and lowering levels of protection of employment as well as at curbing union powers. The latter areas of restrictive regulation included internal trade union affairs, industrial conflict and the closed shop. Internal trade union affairs were regulated through the requirement of elections to endorse the union leadership. The granting of funds to political parties, traditionally the Labour Party, also requires now a secret ballot among all union members. Furthermore, a ballot is required before industrial action can take place, thereby outlawing the traditional practice of initiating a strike by a show of hands during an assembly of workers.

The acts adopted during the Thatcher and Major era gradually abolished the closed shop. This stronghold of trade union power was characteristic of industrial relations in a number of British industries. It usually meant an agreement between management and a trade union which made it compulsory to become a trade union member as a condition of employment. The closed

38 Alan Cawson, Corporatism and Welfare: Social Policy and State Intervention in Britain, London 1982.

39 Department of Trade and Industry (DTI), Burdens on Business. Report of a Scrutiny of Administrative and Legislative Requirements, London 1985.

shop thus amounted ideally to a 100% union membership in the company. The conservative government outlawed the closed shop with the argument that individual employees should have a right not to organise or to disorganise. The unions as well as a number of management organisations defended the closed shop with the argument that, if only a few employees are not union members, these would be free riders and thus benefit from negotiations over wages and other working conditions without the burden of paying union fees.

An important restriction in the area of employment protection was achieved by a small change in the procedural law of industrial tribunals. The qualifying period for launching a claim with the tribunal was raised from six months to two years. This means that a British employee has to work for at least two years for the same employer before he or she enjoys coverage under the basic employment protection laws. A consolidation of employment laws in the Trade Union Reform and Employment Rights Act 1993 brought further restrictions. Overall in this period »the main thrust of deregulation was not on individual statutory employment rights but on collective organisation and collective bargaining, the source of social regulation which in the British context of voluntarism has always been the major source of protection for workers«.[40]

6. 1997 to present

The change of government to Labour under Tony Blair in 1997 meant a change of approach, in particular in relation to implementation of European labour law and its impact on British labour law. A continuous topic throughout the 1980s and the 1990s was British resistance to European regulations in the area of social policy. This resistance took several forms. The conservative governments adopted delaying tactics with respect to implementation of major directives, for example on working time and consultation rights of trade unions. Furthermore, the British government tried to ignore enforcement deficits of formally implemented European regulations and directives and was stopped in this attempt by the House of Lords, which in general has been friendlier towards European regulations than the government.

During the period upt to 1997, the British government developed a negative and hostile attitude towards any new social policies at the European level. Most European law proposals in the areas of sex discrimination and protection of atypical employees were met with greatest reluctance. Moreover, it adopted a policy of opt-out from major policy initiatives. Britain was the only member state which did not sign the Community Charter of Fundamental Social Rights

40 Linda Dickens, Deregulation of Employment Rights in Great Britain, in: Rogowski / Wilthagen, Reflexive Labour Law (fn. 1), 225–47, 226.

of Workers in 1989. During the debates of the Treaty of European Union at Maastricht it was again Britain which blocked discussions of social policy to become part of the Treaty. Nevertheless, the other 11 member states repeated their willingness to carry out the programme adopted in the Community Charter. This willingness was documented in a social protocol and a social agreement which are included in the appendix of the TEU from which the UK was exempted.

A side effect of antagonistic discussions surrounding European social policy was that they became important and effective sources for a countervailing discourse to that of the government's deregulation programme. In particular the federation of British trade unions, the Trade Union Congress (TUC), endorsed European social policy. This is a remarkable change since the anti-EEC campaigns of the TUC in the 1970s. The industrial relations system discovered in this period European polices as means to strengthen its regulatory powers in Britain.

The government's attitude changed when ›New Labour‹ came into power in 1997. It ended the policy of resistance to European social and employment policy and actively supported the new governance approach promoted by the European Union. ›New Labour‹ abandoned the policies of the 1970s and no longer advocated a rights-based policy, increasing protection for trade unions and employees. For employment policies the new governance approach meant a shift from employment protection to employment promotion through labour market policies and an understanding of labour law not as a ›floor of rights‹ but as an economic factor contributing to wider goals of social inclusion and economic growth.[41] Hardly any new legislative initiatives were undertaken in reforming British labour law. The changes that took place were mostly due to implementing European law, although often disguised and sold as government policies.

The Conservative-Liberal government that came into power in 2010 returned to the familiar anti-European Union rhetoric in social and employment policies. However, despite the negative rhetoric implementation of European measures through secondary legislation remained uncontroversial.[42] The future of British labour law will much depend on the outcome of the referendum on British membership in the EU in June 2016. However, the productive interplay of an

41 Paul Davies / Mark Freedland, Towards a Flexible Labour Market. Labour Legislation and Regulation since the 1990s, Oxford 2007.

42 Ralf Rogowski, Implementation of the EU Working Time Directive in the United Kingdom, in: Jean-Claude Barbier / Ralf Rogowski / Fabrice Colomb (eds.), The Sustainability of the European Social Model, Cheltenham 2015, 231–53.

innovative voluntarist system and creative public policy that characterised regulation of self-regulation in British labour law in the past seems at this stage unlikely to return in the near future.

III. Judicial self-regulation and undermining trends

Despite the decline of voluntarism, regulation of self-regulation is still an important feature that characterises developments in modern British labour law. This can be demonstrated in relation to judicial self-regulation. After a brief overview of the history of the labour judiciary in Britain, judicial self-regulation will be analysed in two respects: the linking of judicial decision-making to self-regulation in companies and industrial relations and (self-)regulation of case law in the judiciary.

British labour courts, nowadays called employment tribunals after the change of name as a result of the reform by the Employment Rights (Dispute Resolution) Act in 1998, are young institutions, only fifty years old. They are build on the model of administrative courts, which are traditionally called tribunals. These judicial bodies have equal legal status to ordinary courts, but are designed to deal with minor disputes. In general, their procedure is considered more informal and they allow lay members on the bench.[43]

The first British employment tribunals were established under the name of industrial tribunals with only limited jurisdiction by the Industrial Training Act 1964. The already-mentioned Royal Commission on Trade Unions and Employer Associations, chaired by Lord Donovan, suggested in 1968 the creation of »Labour Tribunals« which would concentrate the various jurisdictions over individual employment matters within one legal body: »to make available to all employers and employees, for all disputes arising from their contracts of employment, a procedure which is easily accessible, informal, speedy and inexpensive.«[44] This Labour Tribunal would be obliged to seek settlement before adjudication; and as much as possible cases would be deferred to already existing voluntary procedures. Collective disputes would be kept outside the tribunals and would be left to the collective bargaining system. This proposal was clearly inspired by concerns to design a labour court system that strengthens the British voluntarist system and industrial relations and supports a public policy based on the notion of regulation of self-regulation while enlarging employment protection for individual employees.

43 Janina Morgenweck, Die Arbeitsgerichtsbarkeit in England, Frankfurt am Main et al. 2013.

44 Royal Commission on Trade Unions and Employers Associations (also known as »Donovan Commission«), Report, Cmnd. 3623, London 1968, 577.

The political reforms after Donovan largely neglected its careful proposals. The Conservative Government introduced in its Industrial Relations Act 1971 a tripartite »National Industrial Relations Court« with jurisdiction over both individual and collective issues. Repressive actions of this court against strikers increased the already existing hostility of the British labour movement against courts, and the unions refused to participate in implementing the act and, subsequently, asked their lay judges to withdraw from the tribunals. The experience with the Industrial Relations Act revealed the social limits of interventionist law as a regulatory instrument in industrial relations.[45]

After 1974, in the era of the so-called social contract between the Labour government(s) and industrial relations partners, legalisation of industrial relations was pursued in a different direction.[46] The Trade Union and Labour Relations Act 1974, which repealed the Industrial Relations Act 1971, retained the provisions on unfair dismissal protection and thus the jurisdictional basis of the industrial tribunals in the area of individual employment conflicts almost unchanged. During this period, which coincided with Britain's new membership in the EEC, statutory employment protection and thus jurisdiction of industrial tribunals was expanded due to implementation of European law. Furthermore, the Equal Pay Act 1970, the Sex Discrimination Act 1975 and the Race Relation Act 1976 introduced equal employment opportunity ideas into British labour law and led to further expansion of the jurisdictional basis of industrial tribunals. The Employment Protection (Consolidation) Act (EPCA) 1978 stabilised this jurisdictional basis of the industrial tribunal system.

An important development for both industrial relations and the British version of labour courts was the innovations introduced by the Employment Protection Act 1975. It set up obligatory as well as voluntary conciliation, mediation and arbitration procedures for collective as well as individual labour conflicts, carried out by a separate government agency, the Advisory, Conciliation and Arbitration Service (ACAS). A main task of ACAS is to seek conciliation in case of a complaint about unfair dismissal before a hearing in front of the employment tribunal takes place. The institutional separation of conciliation and adjudication is unique from a comparative perspective. Most other labour

45 Brian Weekes/Michael Mellish/Linda Dickens/John Lloyd, Industrial Relations and the Limits of Law. The Industrial Effects of the Industrial Relations Act 1971, Oxford 1975.

46 John Clark/Lord Wedderburn of Charlton, Juridification – A Universal Trend? The British Experience in Labor Law, in: Gunther Teubner (ed.), Juridification of Social Spheres. A Comparative Analysis in the Areas of Labour, Corporate, Antitrust and Social Welfare Law, Berlin/New York 1987, 163–190; Davies/Freedland, Labour Legislation (fn. 32).

courts carry out conciliation themselves and are thus able to switch between different modes of conflict resolution.[47]

Jon Clark and Lord Wedderburn have proposed a convincing hypothesis on the origins of employment tribunals and ACAS, which transcends the narrow focus on the relationship of the industrial actors to the new tribunals. In their view, official employment conflict resolution forms part of the welfare state and it is the welfare state itself, or rather the people employed by the welfare state, which show an interest in expanding its scope.[48] Nevertheless, it has to be added that employment tribunals are judicial bodies and as such they are capable of regulating themselves. In a country like the United Kingdom with a common law tradition, self-referential case law is the means for judicial bodies to control their jurisdiction. The important instrument for the organisation of self-reference in common law is precedent. Decisions of higher-ranking courts are binding on lower courts. Precedents are indeed the best examples of judicial self-regulation and means to create judicial autonomy.[49]

A good example of judicial self-regulation in employment tribunals is the handling of the reasonableness test in unfair dismissal cases. In their formative period in the 1970s, British industrial tribunals went beyond mere recognition of industrial self-regulation and actively endorsed and directly controlled the employer's use or non-use of dispute procedures. A reasonableness test was developed that linked the judgement of the fairness of dismissals to procedural requirements outlined in the ACAS Code of Conduct (*Earl v. Slater and Wheeler (Airlyne) Ltd.* [1972] ICR 508). The Court of Appeal reversed this line of decision-making, thereby arguing that such a direct linkage would lead to formalistic results (*British Labour Pump Co. Ltd. v. Byrne* [1979] ICR 347) and a middle ground was then found by the House of Lords (*Polkey v. Dayton Services Ltd.* [1988] ICR 142). In effect, with this precedent the House of Lords stopped industrial tribunals from mechanically instrumentalising company procedures for purposes of judicial decision-making and allowed employers some leeway for not following the prescribed procedure.

The tribunal practise meant in fact judicial support for self-regulation in companies. Furthermore, there was legislative support by using company dispute procedures to relieve employment tribunals, mainly from increased

47 Erhard Blankenburg / Ralf Rogowski, German Labour Courts and the British Industrial Tribunal System. A Socio-legal Comparison of Degrees of Judicialisation, in: Journal of Law and Society 13, 1 (1986), 67–92.

48 Jon Clark / Lord Wedderburn of Charlton, Modern Labour Law. Problems, Functions and Policies, in: Lord Wedderburn of Charlton / Roy Lewis / Jon Clark, Labour Law and Industrial Relations (fn. 30), 127–242.

49 Lord Wedderburn of Charlton, Labour Law. From Here to Autonomy?, in: Industrial Law Journal 16, 1 (1987), 1–29.

caseloads.[50] The Employment Act 2002 provided that an employee, before being able to make a claim to the employment tribunal, had to begin statutory grievance procedures. The grievance had to be submitted in writing to the employer at least 28 days before submitting a claim to an employment tribunal. However, the practice of these procedures proved a failure because they had unintended negative consequences, became too formalistic and an administrative burden for both employees and employers. The Employment Act 2008 repealed the procedural requirements and replaced them with less stringent, softer provisions that nevertheless allow tribunals to adjust awards in the event of non-compliance with a grievance procedure required by a Code of Conduct.[51]

The future of self-regulation at employment tribunals is constrained by a number of factors. The critical literature has identified a number of trends that undermine the original concept of accessible labour courts. These include increasing formalisation[52] and legalisation due to inappropriate legal representation[53] which create barriers especially for so-called marginalised workers.[54]

The most serious threat is currently the fee reform of 2013 that introduced claim and hearing fees.[55] For making a claim for unpaid wages, redundancy pay and breach of contract the fee is now £160 (in case of a hearing there is an additional fee of £230). In case of making a claim for unfair dismissal, equal pay, discrimination and whistle blowing the claim fee is even higher: £250 for making a claim and £950 in case of a hearing. This reform has raised the barriers for employees and makes it untenable in many cases on economic grounds for workers to make a claim. It already had a dramatic negative impact on the caseload of the employment tribunals. The Independent (13 December 2014) reported a »70 per cent fall in the number of people suing through employment

50 Mike Clancy/Roger Seifert, Fairness at Work? Disciplinary and Grievance Provisions of the 1999 Employment Rights Act, London 2000.

51 Simon Deakin/Gillian Morris, Labour Law, 6th ed., Oxford/Portland 2012, 88–91.

52 John K. MacMillan, Employment Tribunals. Philosophies and Practicalities, in: Industrial Law Journal 28, 1 (1999), 33–56; David Renton, Struck Out. Why Employment Tribunals Fail Workers and What Can Be Done, London 2012.

53 Paul L. Latreille/Julie A. Latreille/K. G. Knight, Making a Difference? Legal Representation in Employment Tribunal Cases. Evidence from a Survey of Representatives, in: Industrial Law Journal 34, 4 (2005), 308–330; Anna Macey, Struck Out. Why Employment Tribunals Fail Workers and What Can Be Done, in: Industrial Law Journal 41, 4 (2012), 486–490.

54 Nicole Busby/Morag McDermont, Workers, Marginalised Voices and the Employment Tribunal System. Some Preliminary Findings, in: Industrial Law Journal 41, 2 (2012), 166–183.

55 David Mangan, Employment Tribunal Reforms to Boost the Economy, in: Industrial Law Journal 42, 4 (2013), 409–21.

tribunals« as a result of the fee reform and this challenges the existence of independent employment tribunals.

IV. Conclusion

Self-regulation was the key feature of British labour law for most parts of the 19th and the 20th century. The relationship of the legal, the political and the industrial relations system, i. e. the unions and the employers, was based on an arrangement that industrial and employment regulations should be governed by a system of voluntarist rules and procedures adopted by the industrial partners. Statutory employment protection played a supportive but subsidiary role. The experience with this voluntarist system still has relevance for a future reflexive approach to regulation of social and employment affairs.

Law in Great Britain meant for the trade unions throughout the 19th century repression, criminalisation and judicial hostility. Collective bargaining between the employers and the trade unions developed autonomously from state law and judicial guidance. Regulations and institutions of wage determination and conflict resolution were created without, and often against the will of the state and its courts. This voluntarist system of labour regulations was endorsed by the British state in 1906 when it became the officially acknowledged source of labour law.

The voluntarist system was a sophisticated form of regulation of self-regulation that depended on recognition, acknowledgment and endorsement of various social systems. It was the main source of labour law in Britain until the third quarter of the 20th century when it was replaced by universal statutory employment protection measures, partly as response to Britain's membership in the European Communities. During the period from 1979 to 1997, the conservative governments' hostility towards the trade unions and European regulations dismantled the voluntarist system and it is unlikely that it will ever be resuscitated. Furthermore, we witness since then a move away from employment protection, a trend that continued after the Labour governments took over in 1997. During the last twenty years a substitution of employment protection by employment promotion policies took place, a trend that was, however, in line with the general transformation in employment policies endorsed at the European level.[56]

56 Simon Deakin / Ralf Rogowski, Reflexive Labour Law. Capabilities and the Future of Social Europe, in: Ralf Rogowski / Robert Salais / Noel Whiteside (eds.), Transforming European Employment Policy – Labour Market Transitions and the Promotion of Capability, Cheltenham 2011, 229–54.

In relation to judicial self-regulation we saw an interesting use of procedures in employment tribunals as both means of self-regulation of the judiciary and support for self-regulation in companies. This procedural focus recently took a reflexive turn that indicates a new approach to self-regulation. The current debate of regulation of self-regulation of employment relations focuses on enforcement.[57] In areas like discrimination, health and safety and information and consultation a shift of responsibility for the attainment of public goods is proposed in the form of a transfer of enforcement duties from government agencies to self-regulation in private enterprises. The regulation of such self-regulation has the chance of transforming British labour law into reflexive labour law by focussing on participatory self-regulation that enhances opportunities of employee involvement in company decision-making.[58]

Ralf Rogowski

57 Linda Dickens (ed.), Making Employment Rights Effective. Issues of Enforcement and Compliance, Oxford / Portland 2012.

58 Hugh Collins, Employment Law, 2nd ed., Oxford 2010; Rogowski, Reflexive Labour Law (fn. 1), ch. 4.

»Le jugement des pairs.« Arbeitsrechtliche Konfliktlösung im Frankreich der III. Republik

Die arbeitsrechtliche Konfliktlösung im Frankreich der III. Republik scheint ein besonders interessantes Feld, um Fragen zum Verhältnis zwischen gerichtlicher und außergerichtlicher Konfliktlösung, zwischen selbstregulierter und staatlicher Justiz zu untersuchen. Insbesondere die ersten Jahrzehnte der Republik, der Zeitraum zwischen 1880 und dem ersten Weltkrieg, waren gekennzeichnet durch Tendenzen zur Vereinheitlichung des Justizwesens, während gleichzeitig im Zuge der Herausbildung des französischen Sozialstaates der Gesetzgeber immer häufiger und tiefer in die Arbeitswelt intervenierte. Andererseits wurden in diesen Jahrzehnten paritätische Formen der Schiedsgerichtsbarkeit zur Lösung individueller und kollektiver Konflikte zwischen Arbeitgebern und Arbeitnehmern in allen Industriestaaten, so auch in Frankreich, lebhaft diskutiert und eine Vielzahl von Institutionen geschaffen oder ausgebaut, in denen Arbeitgeber und Arbeitnehmer selbst ihre Konflikte regeln sollten: entweder, weil es sich um Konflikte handelte, von denen man annahm, dass sie nicht durch Gerichtsurteil entschieden werden konnten, oder, weil man glaubte, dass die Betroffenen ihre Konflikte selbst schneller und zufriedenstellender entscheiden könnten als staatlich bestellte Richter. Indem der Gesetzgeber solche Institutionen und Verfahren regulierte, forderte er Arbeitgeber und Arbeitnehmer auf, sich selbst zu regulieren, also z. B. private Schiedsgerichte zu schaffen oder Verfahren zur Streikschlichtung zu nutzen, die das Gesetz zur Verfügung stellte. Im Spannungsfeld zwischen staatlicher Justiz und Laienjustiz, gesetzlicher Regulierung und Selbstregulierung der Arbeitswelt standen in Frankreich drei verschiedene Formen paritätisch organisierter Selbstregulierung: die Rechtsprechung der »Conseils de prud'hommes«, die Bearbeitung kollektiver Konflikte durch »Comités de conciliation et d'arbitrage« aufgrund des Gesetzes vom 27. Dezember 1892, und die Entscheidung von Konflikten aus der Anwendung von Tarifverträgen durch Schiedskommissionen (»Commissions mixtes«).

Im ersten Abschnitt sollen Entwicklung und Funktionsweise der Conseils de prud'hommes dargestellt werden, der ältesten und wichtigsten dieser drei Formen der Selbstregulierung. Schon ein kurzer Blick auf ihre Entstehungsgeschichte zeigt, dass justizielle Selbstregulierung im nachrevolutionären Frankreich keinesfalls bedeutete, dass bestimmte soziale Gruppen eine eigene Gerichtsbarkeit besaßen und eigenes Recht anwenden konnten. Von »Selbstregulierung« kann für Frankreich im 19. Jahrhundert nur insoweit die Rede sein, als der Gerichtsbarkeit unterworfene (»justiciables«) selbst Richter (»juges«) aus ihrem Kreis wählten. »Selbst« bezeichnet also die Identität von »juges« und »justiciables«. Gefragt wird nach den Voraussetzungen, unter denen eine solche justizielle Selbstregulierung im nachrevolutionären Frankreich politisch legitim war, also unter einer Verfassung, die die Einheit der Justiz und die strenge Gesetzesbindung der Richter proklamierte. Diese Voraussetzungen werden verdeutlicht anhand einer anderen Form der Laiengerichtsbarkeit, nämlich der Institution des Friedensrichters, die in vielerlei Hinsicht ein alternatives Modell der Konfliktlösung darstellte. Im zweiten Abschnitt wird dann geschildert, wie Konflikte mit den Zivilgerichten zu einer Legitimitätskrise der Prud'hommes führten, auf die der Gesetzgeber mit einer stärkeren staatlichen Kontrolle der Conseils de prud'hommes reagierte. Der dritte Abschnitt analysiert zwei verschiedene Formen der Regelung kollektiver Konflikte, von denen die eine gesetzlich organisiert war, aber kein Durchsetzungsregime umfasste, während die andere privat organisiert war und auf strafrechtlichen Sanktionen gründete.

I. Conseils de prud'hommes: Voraussetzungen justizieller Selbstregulierung

Die Conseils de prud'hommes sind gewählte Laiengerichte, die Streitigkeiten aus dem individuellen Arbeitsvertrag entscheiden. 1806 geschaffen, sind sie seit 1848 paritätisch mit Arbeitgebern und Arbeitnehmern besetzt und bestehen in dieser Form bis heute im Grundsatz unverändert.

1. Richter oder Schlichter?

Der erste Conseil de prud'hommes wurde 1806 in Lyon durch Gesetz errichtet, weil die Lyoner Seidenindustrie, die als Verlagssystem organisiert war, eine solche Institution forderte. Die Prud'hommes waren zuständig für Konflikte zwischen dem Verleger und dem Chef d'atelier, dem der Verleger das Material geliefert und den Auftrag erteilt hatte, sowie zwischen dem Chef d'atelier und seinen Gesellen und Lehrlingen. Die Konflikte betrafen also nicht nur Arbeitsverträge in unserem Sinne, und der Conseil de prud'hommes war mehr als eine Arbeitsgerichtsbarkeit. Er nahm Klagen wegen Materialunterschlagung und Produktpiraterie an und sollte das Eigentum an Entwürfen und Material schützen.[1]

1 Die Prud'hommes durften zu diesem Zwecke Arbeitsstätten und Kontore betreten, nahmen aber nur die dort festgestellten Tatsachen zu Protokoll; die

Als Arbeitsgericht verstand sich der Conseil des prud'hommes auch deshalb nicht, weil er in erster Linie Konflikte schlichten sollte. Jede Sache gelangte zunächst vor das Bureau particulier, bestehend aus zwei Conseillers, von denen einer Arbeitgeber, der andere Arbeitnehmer war. Nur, wenn der Schlichtungsversuch vor dem Bureau particulier scheiterte, sollte ein Urteil gefällt werden, und zwar im Bureau général, zusammengesetzt aus dem Präsidenten oder dem Vizepräsidenten des Conseils sowie je zwei oder mehr Conseillers patrons und Conseillers ouvriers.

Schon das Gesetz von 1806 eröffnete die Möglichkeit, solche Conseils auch in anderen Städten zu errichten; ein Dekret vom 11. Juni 1809 schuf die Grundlagen dafür.[2] Bis 1848 wurden 74 Conseils de prud'hommes errichtet, 1872 bestanden bereits 111.[3] Jeder einzelne Conseil wurde von der Regierung durch besonderen Verwaltungsakt eingerichtet, die Initiative musste aber von den lokalen Institutionen ausgehen. Eine positive Stellungnahme der Handelskammer, also der Vertretung der großen Arbeitgeber, war erforderlich, ehe ein neuer Conseil durch Verwaltungsakt geschaffen wurde. Begründet wurde die Errichtung eines Conseil des prud'homme also immer mit den spezifischen Bedürfnissen des örtlichen Gewerbes, für das der Conseil eingerichtet wurde, und nie mit prinzipiellen Vorzügen der Beteiligung von Laien an arbeitsgerichtlichen Verfahren. Die justizielle Selbstregulierung blieb ein Ausnahmerecht, das der Staat gewährte und streng reglementierte.

Die Conseils de Prud'hommes waren allerdings weder die einzige, noch die erste Institution justizieller Selbstregulierung im nachrevolutionären Frankreich. Auch die Handelsgerichte waren seit 1790 gewählte Laiengerichte, vom Staat errichtet und in den staatlichen Instanzenzug eingeordnet.[4] Sie fungierten

Klage selbst wurde vor den ordentlichen Gerichten entschieden. MONIQUE KIEFFER, La législation prud'homale de 1806 à 1907, in: Le mouvement social 141 (1987), 9–23, hier 13 f.

2 RALF ROGOWSKI / ADAM TOOZE, Individuelle Arbeitskonfliktlösung und liberaler Korporatismus. Gewerbe- und Arbeitsgerichte in Frankreich, Großbritannien und Deutschland im historischen Vergleich, in: HEINZ MOHNHAUPT / DIETER SIMON (Hg.), Vorträge zur Justizforschung, Bd. 1, Frankfurt am Main 1992, 317–386, 322. Guter Überblick zu den verschiedenen Dekreten und Gesetzen bei KIEFFER, Législation (Fn. 1).

3 Zahlen bei KIEFFER, Législation (Fn. 1), 15 und in den Tabellen der Einleitung von ALAIN COTTEREAU, Cent quatre-vingts années d'activité prud'homale, in: Le mouvement social 141 (1987), 3–8.

4 Siehe jetzt CLAIRE LEMERCIER, Un modèle français de jugement des pairs. Les tribunaux de commerce, 1790–1880, Habil. Université de Paris VIII, 2012, URL: http://tel.archives-ouvertes.fr/docs/00/68/55/44/PDF/Lemercier_manuscrit_inedit.pdf; ein Resümee unter URL: http://lemercier.ouvaton.org/docannexe.php?id=181.

zugleich als Berufungsinstanz für die Conseils de Prud'hommes.[5] Nachdem alle Körperschaften aufgehoben worden waren, die eigene Rechtsetzungsbefugnis und autonome Gerichtsbarkeit besessen hatten, konnten nur staatliche Delegation und staatlich organisierte Wahlen Selbstregulierung legitimieren. Die staatliche Aufsicht über die Conseils de prud'hommes wurde von den Präfekten wahrgenommen, die Disziplinargewalt lag bis 1905 beim Handelsminister, der Conseillers prud'hommes suspendieren oder ihres Amtes entheben konnte.[6]

Bis 1907 war jeder Conseil de prud'hommes nur für die im Dekret namentlich aufgeführten Gewerbe zuständig; wahlberechtigt waren nur die den Beruf ausübenden. Im Laufe der Jahrzehnte beantragten immer neue Berufsgruppen, der Rechtsprechung der Conseils des prud'hommes unterstellt zu werden, so dass deren Zuständigkeit um zusätzliche Berufskategorien erweitert wurde.[7] Die Conseillers wurden für die einzelnen Kategorien gewählt, so dass sichergestellt war, dass die Schlichter im Bureau particulier tatsächlich der gleichen Berufsgruppe angehörten wie Kläger und Beklagte. Da es um Konflikte ging, die nur für Berufsangehörige verständlich waren, und diese Konflikte nicht auf der Grundlage allgemeinen Rechts, sondern berufsspezifischer Rechte und Gewohnheiten entschieden wurden, ließ sich das Jugement par les pairs begründen. Nach Selbstverständnis und Außenwahrnehmung waren die Conseils de prud'hommes weniger Gerichte als Schlichtungsinstanzen, die durch die Nähe zwischen Parteien und Schlichtern geprägt waren und durch die Formlosigkeit des Verfahrens. Ihre Rechtsprechung beruhte auf der Kenntnis und Anwendung der orts- und berufsspezifischen Gewohnheiten (»usages«), auf Billigkeit (»équité«) und nicht auf dem Buchstaben eines Gesetzes.[8]

5 Bestand kein für den Bezirk des Conseil des prud'hommes zuständiges Handelsgericht, ging die Berufung an das Zivilgericht des Arrondissements.

6 Paul Pic, Traité élémentaire de législation industrielle, Paris 1894, 513.

7 Der Conseil des prud'hommes des Baugewerbes von Lyon umfasste 1897 auch die Wagenbauer und Metallarbeiter, die Lebensmittelindustrie und den Buchdruck. Jede Berufskategorie verfügte über eine festgelegte Anzahl von Sitzen.

8 »Proximité et conciliation; expertise et respect des usages; informalité et équité« sind die zentralen Begriffe des »modèle français de jugement des pairs«, die Lemercier im Resümee ihrer Habilitation aufführt. Lemercier zitiert die Eröffnungsrede des Präsidenten des Conseil des prudhommes der Metallindustrie von Paris von 1865: »Aucun Code ne vous prescrit votre conduite; le législateur n'a voulu d'autre garantie que votre sagesse et votre probité, suffisamment attestées par le suffrage de vos concitoyens; il ne vous oblige pas même à donner le motif de vos décisions. Tout, dans vos jugements, est laissé à l'appréciation de votre bon sens, aux interprétations justifiées par votre connaissance pratique des usages du commerce et de l'industrie.« Claire Lemercier, Prud'hommes et institutions du commerce à Paris des origines à 1870, Beitrag zur Tagung »Histoire d'une juridiction d'exception: les prud'hommes (XIXe–XXe siècles)«, Lyon 2006, URL: http://halshs.archives-ouvertes.fr/halshs-00106150, 14.

Die Dekrete von 1809 wurden in den folgenden 200 Jahren durch eine Reihe von Gesetzen und Dekreten ergänzt und abgeändert. Das Dekret vom 27. Mai 1848 erweiterte das Wahlrecht auf alle Arbeiter und Arbeitgeber der jeweiligen Berufsgruppe. Hatten die Fabrikanten bis dahin immer eine Mehrheit von einem Sitz, so wurde der Conseil nun paritätisch besetzt. Bei Stimmengleichheit gab das Votum des Präsidenten den Ausschlag; zum Präsidenten musste der Conseil aus seiner Mitte abwechselnd einen Arbeitgeber und einen Arbeitnehmer wählen. Das Gesetz vom 1. Juni 1853 schränkte das Wahlrecht zu den Prud'hommes hingegen ein,[9] Präsident und Vizepräsident der Conseils des prud'hommes wurden nicht länger gewählt, sondern von der Regierung benannt und mussten nicht Mitglieder des Conseils sein. Nach dem Wahlsieg der Republikaner 1879 stellte ein Dekret vom 7. Juli 1880 die Wahl des Präsidenten und Vizepräsidenten durch den Conseil wieder her; ein weiteres Dekret vom 24 Februar 1881 machte die 1853 vorgenommene Erhöhung des Mindestalters rückgängig: die Grenze lag nun bei 25 Jahren für das aktive, 30 Jahren für das passive Wahlrecht.

Einschneidende Veränderungen brachte dann ein Gesetz von 1905, das bei Stimmengleichheit im Bureau général den Vorsitz dem Juge de paix übertrug, dessen Stimme dann den Ausschlag geben sollte. An die Stelle des Handelsgerichts trat als Berufungsinstanz das Zivilgericht; die Aufsicht über die Conseils de prud'hommes wechselte vom Handels- ins Justizministerium. Ein umfassendes Gesetz vom 27. März 1907 kodifizierte schließlich das bestehende Recht zu den Conseils de prud'hommes und verwandelte sie zugleich in allgemeine Arbeitsgerichte, deren Zuständigkeit sich berufsübergreifend auf alle Arbeiter und Angestellten erstreckte. Frauen erhielten das aktive und mit dem Gesetz vom 15. November 1908 auch das passive Wahlrecht. Seit 1907 konnten Conseils de prud'hommes auf Vorschlag des Arbeits- und des Justizministers eingerichtet werden; sie mussten eingerichtet werden, wenn der Gemeinderat einer Stadt es verlangte. Flächendeckend wurden Conseils de prud'hommes schließlich erst 1979 errichtet; zu diesem Zeitpunkt fielen 60 % der Lohnabhängigen nicht in die Zuständigkeit eines Conseils.[10] Bis dahin erkannte der Staat keinen Anspruch der Betroffenen an, in der Arbeitsgerichtsbarkeit vertreten zu sein und ihre Konflikte durch ein Jugement des pairs, ein Urteil von ihresgleichen, entscheiden zu lassen.

Während in Deutschland paritätisch besetzte Gewerbegerichte als Ausdruck der Gleichberechtigung der Arbeiter gelobt wurden, spielte dieses Argument für

9 Das Mindestalter wurde angehoben, Voraussetzung für das aktive und passive Wahlrecht waren fünf Jahre Berufserfahrung und drei Jahre Ansässigkeit in Wahlbezirk. Kieffer, Législation (Fn. 1), 16.

10 Rogowski / Tooze, Arbeitskonfliktlösung (Fn. 2), 331.

die Begründung justizieller Selbstregulierung in der III. Republik keine entscheidende Rolle. Das Prinzip des Paritarismus wurde in den Debatten nicht als eine Gewähr für Gerechtigkeit hervorgehoben. Es ist auffallend, dass zeitgenössische französische Quellen im Hinblick auf solche Institutionen nicht den Begriff »paritätisch« (»paritaire«) verwenden, sondern von »juridiction mixte« und »commission mixte« sprechen.[11] Durch einen Verwaltungsakt errichtet, gründete die Existenz der Conseils de prud'hommes weit stärker auf Zweckmäßigkeitserwägungen der Verwaltung als auf Rechtsprinzipien.

Zusammenfassend lässt sich also festhalten, dass die Conseils de prud'hommes aus Sicht des Gesetzgebers als legitim erschienen, weil sie in erster Linie als Schlichter und nicht als eine Institution der Rechtsprechung wahrgenommen wurden und weil sie unter Kontrolle und in Abhängigkeit vom Staat existierten. Selbstregulierung war nur möglich als staatlich organisierte und eng regulierte Selbstregulierung; justizielle Selbstregulierung nur soweit wie die rechtsprechende Tätigkeit unbedeutend erschien.

Die gleichen Bedingungen erklären Legitimität und Funktionsweise der Friedensrichter, die seit 1790 für alle kleinen Zivilklagen unterhalb eines Streitwertes von 100, später 200 Franc zuständig waren. Wie die Prud'hommes sollten die »Juges de paix« vor allem versuchen, die Parteien zu versöhnen; ein Gütetermin war obligatorisch. Da sie Schlichter und eben nicht Richter waren, mussten sie bis 1918 keine juristischen Kenntnisse nachweisen. Sie bearbeiteten aber noch Ende des 19. Jahrhunderts den größten Teil aller zivilrechtlichen Streitigkeiten. Von 2 340 000 Fällen, die zwischen 1881 und 1900 jährlich vor die Gerichte gelangten, wurden 137 000 von den ordentlichen Tribunaux civils entschieden, aber 1 930 000 von den Juges de paix. Von diesen Fällen wurden 317 000 durch Urteil entschieden, 1 576 000 außerhalb eines förmlichen Verfahrens durch Vergleich, weitere 35 000 durch ein förmliches Vergleichsverfahren.[12] Die Juges de paix bildeten die unterste Ebene staatlicher Gerichtsbarkeit und wurden auf Vorschlag des Justizministers ernannt, der sie jederzeit abberufen

11 Z. B. Paul Pic, La Réforme des Conseils de prud'hommes devant les Chambres, in: Revue politique et parlementaire 44 (1905), 301–319 und 46 (1905), 239–260, 304: »une juridiction mixte, c'est-à-dire composée d'un nombre égal de représentants du patronat et de représentants des ouvriers«. Als »commission mixte« wurden in der III. Republik aber auch Ausschüsse bezeichnet, die sich zu unterschiedlichen Teilen aus Arbeitgebern, Arbeitern, Mitgliedern der Verwaltung, Ingenieuren, Wissenschaftlern usw. zusammensetzten.

12 Jean-Claude Farcy, Les Archives méconnues de la justice civile, in: Fréderic Chauvaud / Jacques-Guy Petit (Hg.), L'Histoire contemporaine et les usages des archives judiciaires (1800–1939), Paris 1998, 397–416, 398 f. Dort auch die Zahlen für die Conseils de Prud'hommes zum Vergleich: 60 565 Fälle pro Jahr, davon 46 352 durch Vergleich beendet.

oder versetzen konnte. Der Juge de paix war also kein unabhängiger Richter, sondern unterstand der Weisung des Staatsanwalts. Gegen ein Urteil des Friedensrichters in letzter Instanz war Revision ausdrücklich nur möglich wegen »excès de pouvoir«, nicht wegen Verstoßes gegen das Gesetz (»violation de la loi«).[13] Wie die Conseils de prud'hommes, unterlag also auch der Juge de paix einer unvollständigen Gesetzesbindung; die Aufsichts- und Eingriffsrechte des Staates können als Kompensation für diese unvollständige Gesetzesbindung angesehen werden. Ein großer Teil des sozialen Alltags unterstand so einer »Gerichtsbarkeit, die außerhalb des Rechtes [...] Justiz ausübte«, weil die Bagatellstreitigkeiten, mit denen Juges de paix und Conseils de prud'hommes befasst waren, nicht als Rechtsstreitigkeiten galten, deren Lösung einen Bezug auf das Gesetz erforderte.[14] Unabhängig vom Streitwert galten Konflikte, die vor die Conseils de prud'hommes getragen wurden, als Sachfragen, die weniger rechtliche als technische Probleme aufwarfen, somit weniger Rechtskenntnis als Sachkenntnis verlangten. Bis 1905 konnte keine Berufung gegen ein Urteil der Prud'hommes wegen Verstoßes gegen das Gesetz eingelegt werden; die Conseils de prud'hommes konnten ihr Urteil in den meisten Fällen aber auch nicht auf einen Gesetzestext stützen.

2. Selbstregulierung und Selbstnormierung

Während der III. Republik besaß Frankreich keine Gewerbeordnung und nur wenige Gesetze, die den Arbeitsvertrag regelten.[15] Die Rechtsprechung der Conseils de prud'hommes beruhte bis in die 1970er Jahre zu weiten Teilen auf »Usages«, die im hier betrachteten Zeitraum häufig als Gewohnheitsrecht und

13 Antoine Pelicand, Das Recht – ein Territorium staatlicher Hoheit? Eine Studie der juristischen Transformation in Frankreich, in: Zeitschrift für Rechtssoziologie 27 (2006), 263–275.

14 Ebd., 266. Pelicand zitiert die von Gilles Rouet ermittelten Zahlen von ca. vier Millionen Fällen, die die Juges de paix jährlich bearbeiteten, gegenüber ca. 200 000 Fällen, die vor ordentliche Gerichte gelangten.

15 Allerdings nicht, wie oft zu lesen, nur Art. 1780 Code civil, sondern auch Art. 1787 bis 1799 Code civil für den »contrat de louage d'ouvrage« (insb. Verantwortung bis zur Abnahme des Werkes, Vergütung bei Abnahme in Teilen, Kündigung des Vertrages), Alain Cottereau, Droit et bon droit. Un droit des ouvriers instauré, puis évincé par le droit du travail (France, XIXe siècle), in: Annales HSS (Nov.–Dez. 2002), 1521–1557, 1525. Für einzelne Industriezweige existierten spezielle Gesetze, z. B. das Gesetz vom 7. März 1850 »über die Beweismittel hinsichtlich der Vereinbarungen zwischen Arbeitgeber und Arbeitnehmer der Weberei und Spulerei«. Es schrieb die Führung eines Arbeitsbuches (»livret«) vor, in das der vereinbarte Lohn, Gewicht und Länge der dem Weber gelieferten Kettfäden einzutragen waren.

nicht als bloße Verkehrssitte behandelt wurden.[16] Regelungen zu Kündigung, Lohnzahlung, Lohnberechnung, Leistungsstörungen, zur Haftung bei fehlerhafter Arbeit, zu Lohnabzügen, Probezeiten und Suchfristen nach erfolgter Kündigung (vgl. BGB § 629) waren in berufs- und ortsspezifischen Usages verankert. Diese Usages galten, wenn Arbeitgeber und Arbeitnehmer nichts anderes ausdrücklich vereinbart hatten. Vielerorts wurden diese Usages von den Conseils des prud'hommes gesammelt und manchmal auch veröffentlicht.[17] So wurden z. B. die Usages der Lyoner Seidenindustrie betreffende Änderungen durch eine Generalversammlung des zuständigen Conseil angenommen und in der nächsten Ausgabe des »Recueil des usages« veröffentlicht.[18]

Ein dieserart geregeltes Verfahren für die Weiterentwicklung der Usages, die für eine ganze Branche galten, und ihre Kodifizierung in einem systematisch aufgebauten lokalen Arbeitsgesetzbuch existierten keineswegs überall in Frankreich. Kündigungsfristen waren aber in allen Orten und Gewerben durch Usages geregelt. So galt in Lyon für Arbeiter im Tages- oder Stundenlohn grundsätzlich, dass sie jederzeit die Arbeit verlassen und ihrerseits jederzeit entlassen werden konnten.[19] Für Arbeiter im Stücklohn bestanden berufsspezifische Kündigungsfristen, die weitere Rechte nach sich zogen, z. B. das Recht des Arbeitgebers, einen Teil des Lohns als Kaution einzubehalten, um sich gegen ein unange-

16 Paul Durand, Traité du droit du travail, Bd. 1, Paris 1947, 136–144, insbesondere mit Verweis auf François Gény, Méthode de l'interprétation et sources en droit privé positif. Essai critique, 2. Aufl., Paris 1919.

17 Recueil des usages locaux ayant force de loi dans la ville de Lyon ..., d'après l'enquête de 1856 et la jurisprudence, 1898. Arthur Bailly, Code des usages professionnels, us et coutumes des métiers (région de Paris), 1901.

18 »Art. 25: A défaut de conditions spéciales, le chef d'atelier doit à l'ouvrier la moitié de la façon qui lui est payée par le fabricant. Il est fait exception pour les velours unis, pour lesquels il est d'usage de payer, en plus de la moitié de la façon, au minimum de trois centimes par portée de poil. [...] Art. 26: [...] Le prix du travail est dû en argent comptant (art. 1243, C. C.) [...]. Art. 32: L'ouvrier qui s'absente un jour entier sans avoir prévenu le chef d'atelier ou sans cause légitime, peut être renvoyé immédiatement [...]«, Modifications aux usages de la Prud'homie, Extrait du Recueil des usages du Conseil des Prud'hommes de Lyon, pour les industries de la soierie, 1902, abgedruckt im Bulletin de la Bourse du travail, Februar 1902.

19 Archives départementales (im folgenden: AD) du Rhône 2039 W 8, Urteil vom 4. August 1891: »Que Maury travaillant à la journée pouvait être congédié de suite par son patron et cela sans avertissement préalable ainsi que le comporte les usages.«, 2039 W 12, Urteil vom 26. April 1898 und vom 26. August 1898: »Attendu que Tripier travaillait à l'heure, qu'en quittant brusquement son travail il n'a pas contrevenu aux usages établis qui laissent libres les ouvriers travaillant à l'heure de quitter quand bon leur semble les travaux [...].«

kündigtes Verlassen der Arbeitsstelle abzusichern.[20] Üblich war es, dass der Arbeitgeber den entlassenen Arbeitnehmer seine »huitaine« oder »quinzaine« machen ließ, ihn also nach erfolgter Kündigung acht oder 15 Tage lang weiterarbeiten ließ. Lehnte der Arbeitgeber das ab, so musste er die entsprechende Lohnsumme als Schadensersatz zahlen. Umgekehrt verlor der Arbeiter seinen Anspruch auf Schadensersatz, wenn er es ablehnte, seine Quinzaine zu machen.[21]

Justizielle Selbstregulierung und Selbstnormierung waren eng miteinander verbunden. Die Prud'hommes übernahmen nämlich nur solche Änderungen der Usages, die von der ganzen Corporation getragen wurden und von Vertretern der Arbeitgeber und Arbeitnehmer des betroffenen Gewerbes vereinbart worden waren. Es handelte sich de facto um Tarifverträge, die aber als verbindlich für die ganze Berufsgruppe verstanden wurden.[22] In seiner schlichtenden und richtenden Tätigkeit wandte der Conseil diese »tarifs et usages an«, wobei »tarifs« die Lohnsätze meinte, »usages« alle übrigen Bedingungen des Arbeitsvertrages. Der Abschluss des Tarifvertrags, auf den sich das Urteil bezog, lag oft 10 Jahre und länger zurück; sein Inhalt war aber unverändert gültig, da in den Augen der Beteiligten Tarifverträge nur im Einvernehmen beider Parteien geändert werden konnten.[23] Tarifverträge wurden mit Blick auf die Rechtsprechung der Prud'hommes abgeschlossen, und beim Conseil hinterlegt. So bestimmte der Tarifvertrag der Lyoner Färber und Zurichter von 1903: »Diese Regelung, der die Vertreter des Conseil des prud'hommes zustimmen, legt die

20 AD Rhône 2039 W 8, Urteil vom 17. April 1891, Jullien, ouvrier verrier, gegen Mme Bovagnet: »Attendu que de l'examen de l'affaire et de l'enquête faite par le conseil il résulte la preuve que Jullien a quitté précipitamment l'usine de Mme Bovagnet. Qu'il est d'usage dans l'industrie de la verrerie de donner quinzaine de part et d'autre. Que Jullien a forfait à son engagement. Attendu que le retenue faite par Mme Bovagnet sur le salaire de Jullien est justifié, qu'il n'excède pas la valeur de la quinzaine, qu'il est même inférieur … que ce retenue est justifié aussi par l'usage de la quinzaine due réciproquement de part et d'autre dans l'industrie de la verrerie dite du Lyonnais.«

21 AD Rhône 2039 W 9, Urteil vom 18. Oktober 1892, Thomas, ouvrier voiturier, gegen Sagnard, entrepreneur de transport; 2039 W 12, Zeugenvernehmung angeordnet am 30. Juli 1897.

22 Ausführlich dazu Sabine Rudischhauser, Geregelte Verhältnisse. Eine Geschichte des Tarifvertragsrechts in Deutschland und Frankreich, 1890–1918/19, Köln 2016.

23 Vgl. die Schlussformel des Tarifvertrags der Metallformer von Lyon, Statistique des grèves 1895, 225: »Les patrons et ouvriers présents, chacun d'eux agissant au nom de la corporation qu'il a mandat de représenter, s'engagent pour leurs commettants à respecter lesdites conditions qui seront observées de bonne foi, sans qu'il puisse y être apporté aucune modification autrement que du consentement des deux parties.«

Rechtsprechung fest, hat also Gesetzeskraft, geht in die Rechte und Gewohnheiten der Korporation ein und wird im ganzen Gerichtsbezirk der Lyoner prud'homie angewendet.«[24] Tarifverträge und Rechtsprechung der Conseils de prud'hommes bildeten in der III. Republik eine eigene Rechtsordnung unterhalb des staatlichen Rechts, die von Juristen weitgehend unbeachtet blieb.

Die enge Verbindung zwischen justizieller Selbstregulierung und Selbstnormierung drückte sich auch darin aus, dass Kandidaten für die Wahlen zu den Conseils des prud'hommes (wie noch heute) von Arbeitgeberverbänden resp. Gewerkschaften aufgestellt wurden. Die relativ niedrige Wahlbeteiligung, die insbesondere bei den Arbeitgebern beobachtet wurde, erklärt sich u. a. daraus, dass verbandsinterne Absprachen über die Kandidatur wichtiger waren als die Mobilisierung der Wählerschaft. Alle Gewerkschaften verpflichteten sich in ihren Statuten, die Kandidatenaufstellung zu organisieren,[25] um sicherzustellen, dass die Conseillers ouvriers die Anwendung der Regeln überwachten, die die Gewerkschaft mit den Arbeitgebern tarifvertraglich vereinbart hatte. Dass Chambres syndicales sich nach Kräften bemühten, Personen ihres Vertrauens in die Conseils de prud'hommes zu bringen, war allgemein bekannt und akzeptiert. Konflikte entstanden jedoch immer dann, wenn ein Arbeitgeberverband kein Interesse mehr an der Aufrechterhaltung und Verteidigung der bestehenden Usages hatte.

Conseils de prud'hommes wurden bis 1907 nur dort errichtet, wo die Repräsentanten der Arbeitgeber diese Einrichtung befürworteten. Die Entstehung der Conseil des prud'hommes, wie übrigens auch die der am Modell der Prud'hommes orientierten preußischen Gewerbegerichte am Niederrhein und im Bergischen Land, war eng mit einer bestimmten Form des Wirtschaftens verknüpft, der Produktion qualitativ hochwertiger, für einen nationalen Markt bestimmter Waren im Verlagssystem.[26] Wie sich besonders gut am Beispiel von

24 Statistique des grèves 1903, 557.

25 Syndicat professionnel des Ferblantiers-Zingueurs de la Ville de Lyon et sa banlieue, Statuts, Art. 28: »Le syndicat devra s'occuper sérieusement du Conseil des Prud'hommes. A l'expiration du mandat du représentant de la corporation, il devra convoquer une asemblée générale [… où] seront présentés les candidats qui devront être interrogés sur le mandat qu'ils seront appelés à remplir […]. Art. 29: Dans la semaine qui suivra l'Assemblée générale, le bureau devra convoquer par lettres tous les sociétaires électeurs au conseil des prud'hommes, pour assister à une réunion où l'on adoptera d'une façon définitive un candidat qui devra, pour être accepté, réunir la majorité absolue, soit la moitié plus un des membres présents.« AD du Rhône, 10 M 248, Statuten von 1900.

26 Zu dieser Form der Produktion Rudischhauser, Geregelte Verhältnisse (Fn. 22); zur Bedeutung der preußischen königlichen Gewerbegerichte für das Verlagssystem Peter Schöttler, Zur Mikrogeschichte der Arbeitsgerichtsbarkeit am

Lyon zeigen lässt, wo 1867 zum bestehenden Conseil des prud'hommes der Seidenindustrie ein zweiter Conseil für das Baugewerbe hinzutrat, wurden Conseils des prud'hommes über das Verlagswesen hinaus auch für das städtische Handwerk wichtig. Dagegen waren Unternehmer, die in neue Formen zentralisierter, standardisierter Massenproduktion investierten, weit weniger auf eine Institution angewiesen, die für das gesamte Gewerbe verbindliche Usages durchsetzen konnte.

II. Die Prud'hommes im Konflikt mit staatlichem Recht

Seit der Mitte des 19. Jahrhunderts, im Kaiserreich, aber auch in der III. Republik, versuchten Gesetzgeber und staatliche Justiz, die justizielle Selbstregulierung durch die Conseils des prud'hommes einzuschränken, ihre Gesetzesbindung zu verstärken und den Ausnahmecharakter dieser Institution abzubauen. Diese Versuche standen im Kontext einer jahrzehntelangen Auseinandersetzung um die Rechtsordnung der französischen Wirtschaft.

1. Vertragsfreiheit, Recht und Gewohnheit

1852 und 1853 hob die Cour de Cassation eine Reihe von Urteilen verschiedener Conseils de prud'hommes auf, die Arbeitern einen höheren als den vereinbarten Lohn zugesprochen hatten und sich dabei auf die ortsüblichen Löhne, auf Recht und Billigkeit sowie die öffentliche Ordnung berufen hatten. Die Prud'hommes erklärten in diesen Urteilen Arbeitsverträge für nichtig, wenn diese einen Lohn festlegten »der in keinem Verhältnis steht zum gewöhnlichen Preis, den alle ehrlichen Kaufleute zahlen für den tatsächlichen Wert der Arbeit, und zu dem Lohn, der notwendig ist, damit ein Arbeiter leben kann.«[27] Ein solcher Vertrag könne nur zustande gekommen sein, weil der Arbeitgeber in betrügerischer Absicht die Notlage des Arbeiters ausgenutzt habe. Die Cour de Cassation wies diese Argumentation im Namen der Vertragsfreiheit zurück und erklärte, der niedrige Lohnsatz alleine genüge nicht, den Vertrag für »contraire à l'ordre

Beispiel der rheinischen Fabrikengerichte im Vormärz und in der Revolution von 1848, in: Heinz Mohnhaupt/Dieter Simon (Hg.), Vorträge zur Justizforschung, Bd. 1, Frankfurt am Main 1992, 127–142.

27 »[...] hors de proportion avec le prix ordinaire payé par tous les marchands honnêtes pour la valeur réelle du travail et avec le taux nécessaire pour qu'un ouvrier puisse vivre.« Alfons Bürge, Vom polizeilichen Ordnungsdenken zum Liberalismus. Entwicklungslinien des französischen Arbeitsrechts in der ersten Hälfte des 19. Jahrhunderts, in: Archiv für Sozialgeschichte 31 (1991), 1–25, dort auch zum Folgenden. Das Zitat S. 11, weitere Urteile im gleichen Sinne ebd.

public« und daher nichtig zu erklären. Die Haltung des obersten Gerichts markierte einen »Paradigmenwechsel« hin zu einer Verabsolutierung der Vertragsfreiheit, die die Rechtswissenschaft durch eine Neuinterpretation des Code civil vorbereitet hatte.[28] So nahmen akademische Juristen und Richter der obersten Zivilgerichte nun an, dass der Inhalt einer Arbeitsordnung, die ein Arbeitgeber aufgestellt hatte, gültiger Bestandteil des Arbeitsvertrages sei, weil der Arbeitnehmer sie durch Eintritt in das Arbeitsverhältnis stillschweigend anerkannt habe. 1866 kassierte die Cour de cassation das Urteil eines Conseil des prud'hommes, der eine in der Arbeitsordnung einer Weberei festgesetzte Geldbuße herabgesetzt hatte, und bestritt den Prud'hommes das Recht, Arbeitsordnungen auf Billigkeit zu überprüfen und ggf. zu korrigieren.[29] Viele Conseils de prud'hommes beharrten aber weiterhin auf diesem Recht, umso mehr, als Erlass und Inhalt von Arbeitsordnungen nicht gesetzlich geregelt waren. Noch 1903 hob die Cour de cassation ein Urteil auf, mit dem ein Conseil des prud'hommes eine Arbeitsordnung für ungültig erklärt hatte, die abweichend von den Usages fristlose Kündigungen erlaubte. Zur Begründung hatte der Conseil angeführt, die Arbeitsordnung sei ungerecht (ein »contrat léonin«) und vom Conseil nicht genehmigt worden.[30]

Im jahrzehntelangen Konflikt um die Geltung von Arbeitsordnungen ging es also zum einen um die Unterordnung der Conseils de prud'hommes unter staatliches Recht, genauer unter die Rechtsauffassung der oberen Zivilgerichte. Zum anderen ging es um ein neues Verständnis von Vertragsfreiheit und vom Direktionsrecht des Arbeitgebers, das im Zusammenhang stand mit dem Strukturwandel der Wirtschaft, dem Siegeszug der klassischen Volkswirtschaftslehre und der Wende zu einer wirtschaftsliberalen Politik, symbolisiert durch das Freihandelsabkommen mit England 1860. Mit dem Erstarken der Arbeiterbewegung lassen sich die Konflikte zwischen Cour de cassation und Conseils de prud'hommes, deren Präsidenten ab 1853 ja von der Regierung ernannt wurden, nicht erklären. Wenn Conseils de prud'hommes Arbeitsordnungen ablehnten, die im Widerspruch zu den geltenden Usages standen, so wandten sich Arbeitgeber und Arbeitnehmer, die eine Regulierung ihre Gewerbes

28 Ebd., 15; vgl. Cottereau, Droit et bon droit (Fn. 15), und ders., Justice et injustice ordinaire sur les lieux de travail d'après les audiences prud'homales (1806–1866), in: Le mouvement social 141 (1987), 25–58.

29 Ebd., 55. Die Arbeiterin hatte die Weberei, in der die berühmten Tapisseries d'Aubusson hergestellt wurden, in Holzschuhen (»sabots«) betreten und sollte dafür 10 Franc – einen Wochenlohn! – Strafe zahlen. Das Urteil ist deshalb als »arrêt des sabots« bekannt. Cass. civ. 14. Februar 1866, Recueil Dalloz Périodique 1866.1.84.

30 Cass. civ. 16. März 1903, zitiert in Bulletin de l'Office du travail 1903.

wünschten, gemeinsam gegen Unternehmer »neuen Typs«, die neue Produktions- und Betriebsformen vertraten. Solche Gegensätze zwischen den Vertretern unterschiedlicher »Mondes de production« waren nicht spezifisch für Frankreich.[31]

Es war also kein Zufall, dass der große Konflikt um das Kündigungsrecht sich an der Politik der Eisenbahngesellschaften entzündete, die repräsentativ für die neuen Großunternehmen waren, die im Kaiserreich entstanden waren. Die Cour de Cassation verkündete am 5. Februar 1872 eine Grundsatzentscheidung, die sofort heftig attackiert wurde, weil die Eisenbahngesellschaften auf Grund dieser Entscheidung langjährige Angestellte ohne Angabe von Gründen fristlos entlassen konnten. Der Angestellte verlor in diesem Fall seine Ansprüche an die betriebliche Rentenkasse, in die er jahrelang eingezahlt hatte, und seine gesamten Einlagen, weil die Arbeitsordnung es so vorsah.[32] Die gesetzliche Regelung der Arbeitsverhältnisse in den großen Eisenbahn- und Bergbaugesellschaften wurde zu einem Kernbestandteil des politischen Programms der Republikaner. Nachdem sie 1879 die Mehrheit in Kammer und Senat errungen hatten, brachten sie zahlreiche Gesetzesvorhaben ein, u. a. zur Regelung der betrieblichen Pensionskassen und zur Ausdehnung der Kompetenz der Conseils de prud'hommes auch auf diese Wirtschaftssektoren. Von diesen Gesetzesvorhaben wurden einige nie, andere erst nach jahrelanger Debatte verabschiedet. Anstelle einer speziellen Regelung zum Kündigungsschutz der Eisenbahnangestellten beschloss das Parlament 1890 ein allgemeines Gesetz, das den Art. 1780 des Code civil ergänzte. Es bestimmte, dass bei einseitiger Aufkündigung des Arbeitsverhältnisses Anspruch auf Schadensersatz entstehen könne und dass für die Berechnung der Schadensersatzansprüche die Usages zu berücksichtigen seien.

Dieses Gesetz vom 27. Dezember 1890, das die Conseils de prud'hommes nun auf alle unbefristeten Arbeitsverhältnisse anwenden mussten, schuf jedoch keine

31 Siehe vor allem Rudolf Boch, Handwerker-Sozialisten gegen Fabrikgesellschaft. Lokale Fachvereine, Massengewerkschaft und industrielle Rationalisierung in Solingen 1870–1914, Göttingen 1985, der den Begriff des »Unternehmers neuen Typs« einführt und die Konflikte mit den Fabrikanten schildert, die im traditionellen Verlagssystem produzierten. Zu den Mondes de production Robert Salais / Michael Storper, Les Mondes de production. Enquête sur l'identité économique de la France, Paris 1993.

32 Cottereau, Droit et bon droit (Fn. 15), 1522–1524. Urteil und Kommentar bei Gerard Lyon-Caen / Jean Pelissier, Les grands arrêts du droit du travail, Paris 1978, 343–347. Die Cour de cassation hob in diesem Fall das Urteil eines Handelsgerichts auf; es waren also keineswegs nur die Conseils de prud'hommes, die hinsichtlich der Gültigkeit von Arbeitsordnungen eine andere Rechtsauffassung als die Cour de cassation vertraten.

Rechtssicherheit, sondern führte zu neuen Konflikten zwischen der Rechtsprechung der Conseils des prud'hommes und der der Cour de Cassation. Diese drehten sich im Wesentlichen um die Frage, ob ein Arbeitgeber die im Gewerbe geltenden Kündigungsfristen durch Erlass einer Arbeitsordnung verkürzen dürfe und ob er Gründe für die fristlose Entlassung eines Arbeiters nachweisen müsse.[33] Viele Conseils de prud'hommes verurteilten Arbeitgeber, die sich über die üblichen Kündigungsfristen hinweg setzten und Arbeiter fristlos entließen, zu Schadensersatz; ihre Urteile wurden in den 1890er Jahren reihenweise von den Berufungsgerichten revidiert. Der Anteil der Berufungen an der Gesamtzahl der berufungsfähigen Urteile der Conseils de prud'hommes, der zuvor bei 25 % gelegen hatte, stieg nach Inkrafttreten des Gesetzes über Schadensersatz bei Kündigungen auf 75 %.

Diese Entwicklung erscheint als zwangsläufige Folge des Wegfalls der Voraussetzungen, unter denen die Conseils de prud'hommes in Frankreich begründet worden waren und bisher funktioniert hatten. Die Rechtsprechung der obersten Zivilgerichte hatte arbeitsrechtliche Bagatellstreitigkeiten zu Rechtsstreitigkeiten von prinzipieller Bedeutung erhoben, die in strikter Anwendung des Gesetzes zu entscheiden waren, und nicht auf der Grundlage örtlicher Gewohnheiten und allgemeiner Billigkeitserwägungen. Damit büßte die Rechtsprechung der Conseils de prud'hommes erheblich an Legitimität ein: zum einen galten die Laienrichter als nicht kompetent für die Auslegung des Code civil, zum anderen mussten sie sich, da es um eine Rechtsfrage ging, den obersten Gerichten unterordnen, sollte das Prinzip der Rechtseinheit gewahrt bleiben.

Von der ab 1880 einsetzenden sozialpolitischen Gesetzgebung profitierte die Rechtsprechung der Prud'hommes nicht. Arbeiterschutzgesetze, Versicherungsgesetzgebung und Berufsvereinsgesetz berührten nicht das Recht des Arbeitsvertrags, insbesondere nicht die Frage der Geltung von Arbeitsordnungen. Anstelle eines speziellen Kündigungsschutzrechtes verabschiedete der Gesetzgeber eine Ergänzung des allgemeinen Zivilrechts, die nicht detailliert genug war,

33 Sabine Rudischhauser, A la recherche de la sécurité juridique. Justice du travail et codification du droit du travail en France et en Allemagne, 1890–1914, in: Alain Chatriot/Jeanne-Marie Tuffery-Andrieu (Hg.), La codification du travail sous la IIIe République, Rennes 2011, 55–69. Das Gesetz ergänzte den Art. 1780 des Code civil, der jetzt lautete: »Le louage de services, fait sans détermination de durée, peut toujours cesser par la volonté d'une des parties contractantes. Néanmoins, la résiliation du contrat par la volonté d'un seul des contractants, peut donner lieu à des dommages-intérêts. Pour la fixation de l'indemnité à allouer [...] il est tenu compte des usages [...].« Zur Rechtsprechung s. Albert Wahl, Du motif légitime de rupture dans le contrat de louage de services, in: Questions pratiques de législation ouvrière et d'économie sociale 4 (1903), 161–168.

um von den Prud'hommes auf unterschiedliche Arbeitsverhältnisse passend angewandt werden zu können. Die Conseils de prud'hommes erlebten so eine »Verstaatlichung«, d. h. ein verstärktes Einwirken staatlicher Justiz und Gesetzgebung in ihre Rechtsprechung, ohne eine »Verrechtlichung« im Sinne der Zunahme spezieller und klarer gesetzlicher Bestimmungen zu erfahren.

Die unbefriedigende Gesetzeslage veranlasste manche Conseils de prud'hommes, eigene Regeln, z. B. zur Gültigkeit von Arbeitsordnungen aufzustellen.[34] Eine gesetzliche Regelung der Arbeitsordnungen, die auch Höhe und Verwendung der Bußgelder umfasste, wurde 1892 von der Kammer beschlossen, vom Senat aber abgelehnt. Auch ein Gesetz über den Arbeitsvertrag, das u. a. Kündigungsfristen regelte, fand keine Mehrheit.[35] Erst 1928 wurde ein Gesetz verabschiedet, das Klauseln in Arbeitsverträgen und Arbeitsordnungen, die die in den Usages festgelegten Kündigungsfristen verkürzten, für nichtig erklärte. 1932 regelte ein Gesetz endlich Höhe und Verwendung der in der Arbeitsordnung festgesetzten Bußgelder, die ein Viertel des Tageslohnes nicht überschreiten durften.[36]

2. »Verstaatlichung« der Conseils de prud'hommes

Seit 1884 hatten wechselnde Regierungen dem Parlament Projekte zur Reform der Conseils des prud'hommes vorgelegt.[37] Sie alle zielten auf den Ausbau und die Stärkung der Conseils. Insbesondere die Ausdehnung der Zuständigkeit der

34 So legte der Conseil des prud'hommes von Reims in einer Sitzung seiner Assemblée générale fest, für die Gültigkeit einer Arbeitsordnung (règlement d'atelier) genüge der Aushang nicht: »Il faut qu'il soit parfaitement établi qu'il [le règlement, S. R.] a été connu et accepté des parties contractantes, et qu'il ne contienne aucune clause contraire à la loi ou présentant un caractère abusif ou dolosif.« A. Nouvion-Jacquet, De quelques lois spéciales au louage de travail. Le patron et l'ouvrier devant le conseil de prud'hommes, Reims 1897, XVII, URL: http://gallica.bnf.fr/ark:/12148/bpt6k6374255r; Der Präsident des Conseils von Reims, Nouvion-Jacquet, war Eigentümer einer Wirkwarenfabrik.

35 Journal officiel (im folgenden: J. O.) Débats Chambre, 4. und 5. November 1892; J. O. Débats Sénat, 25. April 1894. Zum Gesetz über den Arbeitsvertrag s. Rudischhauser, A la recherche (Fn. 33), 65–67.

36 Gesetz vom 19. Juli 1928: »Toute clause d'un contrat individuel ou d'un règlement d'atelier fixant un délai-congé inférieur à celui qui est établi par les usages ou par les conventions collectives est nulle de plein droit.« Gesetz vom 5. Februar 1932: »Le total des amendes infligés dans la même journée ne pourra excéder le quart du salaire journalier.«

37 Projekt Hérisson und Martin-Feuillée vom 29. Juli 1884; Projekt Lockroy und Demole vom 2. Februar 1886; Projekt Tirard und Thévenet vom 21. Dezember 1889. Überblick über die seit 1872 vorgelegten »Propositions de loi« bei Pic, Réforme (Fn. 11), 240.

Prud'hommes auf alle Lohnempfänger war Teil des politischen und sozialen Programms der Republikaner. Politische Gegensätze zwischen den beiden Häusern des Parlamentes, der Kammer und dem Senat, blockierten die Reform der Conseils des Prud'hommes bis 1905. Während die Kammer die Institution der Prud'hommes allen Arbeitern und Angestellten in Industrie, Handel und Landwirtschaft zugänglich machen wollte, wandten sich viele Senatoren prinzipiell gegen eine Ausnahmegerichtsbarkeit, ebenso wie Teile der Rechtswissenschaft, und forderten eine Rückkehr zum »droit commun«, also die Zuständigkeit der Zivilgerichte auch für Streitigkeiten aus dem Arbeitsvertrag. Die Vorteile einer besonderen, formlosen und schnellen Justiz auf der Grundlage der Selbstregulierung wurden von führenden Juristen weniger betont als die Notwendigkeit einer Angleichung der Prud'hommes an die staatliche Justiz. Bezeichnend für diese Tendenz waren zwei Entscheidungen der Cour de Cassation, die die Zulassung von Anwälten zu den Verfahren vor den Prud'hommes erlaubten.[38] Rechtswissenschaftler wie Marc Sauzet, die sich auf dem Gebiet des Arbeitsrechts hervorgetan hatten, griffen das Prinzip des Jugements des pairs heftig an. Die Parität garantiere kein unparteiisches Urteil, sondern fortwährende Konflikte. Nur ein berufsfremder Richter könne unparteiisch urteilen. Im Namen des Fortschritts forderte Sauzet, die veraltete Idee der Selbstregulierung aufzugeben und an die Stelle der Prud'hommes allgemeine, nur dem unabänderlichen Regeln des Gesetzes verpflichtete Gerichte zu setzen.[39]

Aus dieser Perspektive war der Fortbestand der Conseils de prud'hommes nur unter der Bedingung denkbar, dass die Prud'hommes in die staatliche Justiz integriert wurden. Dazu wurden drei Mittel ergriffen: die Gesetzesbindung, die Unterordnung unter die Disziplinargewalt des Justizministeriums und die Übertragung des Vorsitzes des Conseils des prud'hommes an einen vom Staat ernannten Beamten, den Juge de paix. Was die Gesetzesbindung betraf, so folgte der Senat der Cour de Cassation, die schon 1883 entschieden hatte, Revision gegen ein Urteil eines Conseil de prud'hommes könne auch wegen Verstoßes gegen das Gesetz eingelegt werden.[40] Das Projekt, das die Kammer 1892 beschloss, kannte zwar weiterhin nur den »recours pour incompétence ou excès de pouvoir«, der Senat aber fügte den »recours pour violation de la loi« in den Text ein. Bereits 1894 stellte Paul Pic, einer der führenden Sozialreformer Frankreichs, die Revision wegen Verstoßes gegen das Gesetz als geltendes Recht dar. In seinem Lehrbuch des Arbeitsrechts schrieb Pic, es wäre »gefährlich gewesen, zuzulassen, dass sich auf manchen Gebieten eine Rechtsprechung der Conseils

38 Entscheidungen vom 23. März 1886 und 1. April 1895, zitiert in Revue des conseils de prud'hommes, 1898, 115–118.

39 Pic, Traité (Fn. 6), 489

40 Cass. civ. 14. Februar 1883, Recueil Dalloz périodique 1884.1.68.

de prud'hommes in offenen Widerspruch zum Text oder Geist des Gesetzes herausbilde, eine Gefahr, die nicht zu befürchten ist, wenn die Entscheidung von einem Berufsrichter wie dem Juge de paix getroffen wird.«[41] Obwohl der Juge de paix in aller Regel nicht über juristische Kenntnisse verfügte – 1895 besaßen 90 % aller Friedensrichter kein juristisches Diplom – galt er Pic als Berufsrichter (»magistrat de carrière«), weil er vom Justizminister ernannt und nicht, wie die Conseillers, gewählt wurde. Die Gesetzesbindung der Prud'hommes wurde im Art. 35 des Gesetzes vom 27. März 1907 verankert.[42]

Der Senat forderte außerdem seit 1894, dass der Juge de paix bei Stimmengleichheit den Vorsitz im Bureau général übernehmen sollte. Seit der Vorsitzende eines Conseil de prud'hommes nicht mehr von der Regierung ernannt, sondern aus der Mitte des Conseils gewählt wurde, konnte der Vorsitz auch an einen Arbeiter fallen, dessen Stimme dann bei Stimmengleichheit den Ausschlag gab. Weil dies für viele Arbeitgeber inakzeptabel war, war die Wahl des Präsidenten vielerorts Anlass für heftige Konflikte zwischen Conseillers patrons und Conseillers ouvriers. Gegen den Versuch, dem Juge de paix, einem Vertreter des Staates, den Vorsitz zu übertragen, protestierten die Conseils de prud'hommes heftig. 1899 ergab eine Enquete des Handelsministeriums, dass 89 von 103 befragten Conseils de prud'hommes, aber auch die Mehrzahl der befragten Gewerkschaften und Arbeitgeberverbände sowie viele Handelskammern und Handelsgerichte die Einführung eines Außenseiters als Juge départiteur für überflüssig hielten.[43] Ein großer Teil der Befragten erklärte, die Konflikte um die Wahl des Präsidenten ließen sich entschärfen, wenn im Bureau général, wie im Bureau particulier, Stimmengleichheit herrschte, der Präsident also nicht mehr über die ausschlaggebende Stimme verfügte. Diejenigen, die selbst an Institutionen und Formen der Selbstregulierung beteiligt waren, vertrauten also darauf, dass die Conseils de Prud'hommes auch ihre internen Konflikte selbst würden regeln können.

Die Befürworter einer stärkeren Bindung an den Staat dagegen begründeten den Vorsitz des Juge de paix mit der »Krise« der Prud'hommes, die aufgrund

41 »[...] danger qu'il y aurait eu à laisser se former, dans certains ressorts, une jurisprudence des Conseils de prud'hommes, en opposition formelle avec le texte ou l'esprit de la loi, danger qui n'est pas à redouter lorsque la décision émane d'un magistrat de carrière, comme le juge de paix.« Pic, Traité (Fn. 6), 529.

42 »Les jugements rendus en dernier ressort [...] pourront être attaqués par la voie du recours en cassation pour excès de pouvoir ou violation de la loi.«, URL: http://gallica.bnf.fr/ark:/12148/bpt6k6138319w/f4.image.r=Martinique.langFR

43 Die Enquete wurde von der Commission permanente des Conseil supérieur du travail durchgeführt. Die Ergebnisse in Conseil supérieur du travail, Compte rendu, 9. session, Juni 1900, hg. vom Ministère du Commerce et de l'Industrie, Paris 1900. Vgl. Pic, Réforme (Fn. 11), 250.

heftiger Konfrontationen zwischen Conseillers patrons und ouvriers nicht mehr imstande seien, Konflikte zu schlichten. Sie beklagten, dass die Conseils de prud'homme nicht länger befriedend und schlichtend wirkten, und führten dies auf den Klassenkampf zurück, der in den Conseils herrsche, wo sich die Conseillers ouvriers durch ein imperatives Mandat verpflichten, immer im Sinne des klagenden Arbeiters zu entscheiden.[44] Obwohl die Zahlen, die die Enquete erbracht hatte, bewiesen, dass klagende Arbeiter keineswegs häufiger Erfolg hatten, wenn ein Conseiller ouvrier den Vorsitz im Bureau général führte, machte die Rede von der Krise der Prud'hommes Eindruck. Der Anteil der im Bureau particulier geschlichteten Fälle war von über 72 % 1851 auf nur noch 40 % 1891 zurückgegangen.[45] Dass der Rückgang der Schlichtungen als Ausdruck des Versagens der Institution gewertet wurde, zeigt, welche hohen Erwartungen die Kritiker an die Conseils de prud'hommes stellten, und wie sehr diese als Schlichter, nicht als Richter verstanden wurden. Die unterschiedliche Erwartungshaltung fällt insbesondere im Vergleich zu deutschen Gewerbegerichten auf, denen ein ähnlich niedriger Anteil an Schlichtungen nicht zum Vorwurf gemacht wurde.[46] Die französische Regierung zeichnete mit einer Ehrenmedaille diejenigen Conseils de prud'hommes aus, die mehr als 90 % der Fälle im Bureau particulier schlichten konnten, und hob lobend das Beispiel einiger Conseils hervor, denen es gelungen war, innerhalb eines Jahres kein einziges Urteil zu fällen.[47]

In diesem Kontext zielte der Vorschlag, den Vorsitz des Bureau général dem Juge de paix zu übertragen, nicht auf die Verwandlung des Conseil des prud'hommes in ein Schöffengericht, mit einem rechtskundigen Vorsitzenden und Laien als Beisitzern, denn der Juge de paix war ja in der Regel nicht

44 Compte-rendu des travaux de la Chambre de commerce de Lyon 1905, zitiert bei Emile Levasseur, Questions ouvrières et industrielles en France sous la IIIe République, Paris 1907, 490. Tatsächlich verpflichteten sich Arbeiter, die bei den Wahlen zu den Prud'hommes kandidierten, die Rechte der Arbeiter zu verteidigen; dass die Kandidaten Rücktrittserklärungen blanko hinterlegten, den Entzug ihres Mandats also akzeptierten, wird jedoch nur aus Paris berichtet, ebd. 489.

45 Zahlen bei Cottereau, Cent quatre-vingt années (Fn. 3), 7 f. Die Zahlen zeigen aber auch, dass im gleichen Zeitraum der Anteil der Urteile an der Gesamtzahl der Fälle nur von 4,6 % auf 13,8 % stieg, weil ein erheblicher Teil der Klagen, die das Bureau particulier nicht hatte gütlich beilegen können, zurückgezogen wurden, ehe es zum Urteil im Bureau général kam.

46 Schöttler, Mikrogeschichte (Fn. 26), 137, ausführlicher Vergleich mit Praxis und Legitimität der Gewerbegerichte bei Rudischhauser, Geregelte Verhältnisse (Fn. 22).

47 Compte rendu des fêtes du Centenaire de la Prud'homie données à Lyon, les 21, 22, 23 et 24 juillet 1906. Lyon 1907, 172 f.

rechtskundig. Vielmehr sollten durch die Präsenz des Staates in Gestalt des ernannten Richters die Konflikte befriedet werden, die die Institution der Prud'hommes selbst durchzogen. Die Proteste der Prud'hommes zeigen, dass sie die Intervention des Juge de paix, die 1905 schließlich Gesetz wurde, als Einmischung des Staates, aber nicht als Zugewinn an Rechtssicherheit erfuhren. Sie protestierten gegen den Vorsitz eines Außenseiters, der das Gewerbe und seine Gewohnheiten nicht kannte und daher nicht sachkundig war. Friedensrichter waren zwar grundsätzlich auch in Arbeitsstreitigkeiten kompetent, aber nur an den Orten oder für die Gewerbe, die keinen Conseil de prud'hommes besaßen. Gerade dort, wo der Juge de paix nun den Vorsitz übernehmen sollte, hatte er also zuvor nie mit Konflikten zwischen Arbeitern und Arbeitgebern dieses Gewerbes zu tun gehabt.

Darüber hinaus konnten sich die Friedensrichter gerade in den Städten immer weniger auf die Autorität stützen, die ihre herausgehobene soziale Stellung Notabeln verlieh. Der gesellschaftliche Wandel in der III. Republik hatte das Ende der Notabeln eingeleitet;[48] die Juges de paix galten nur noch als Beamte, die sich auf staatliche Autorität stützten. Gerade deshalb strebten die Vereinigungen der Friedensrichter die Professionalisierung ihres Amtes an und forderten die Einführung einer Eignungsprüfung, um ihre Stellung zu stärken.[49] Mit der allmählich einsetzenden Professionalisierung ging aber keine arbeitsrechtliche Spezialisierung einher, da der Juge de paix ja weiterhin für sämtliche Bagatellstreitigkeiten zuständig war und, anders als die Vorsitzenden deutscher Gewerbegerichte, nur gelegentlich, wenn nämlich im Bureau général eine Patt-Situation entstand, den Vorsitz übernahm.

Für Lyon jedenfalls zeigen die Zahlen, dass Stimmengleichheit nur selten eintrat, so dass der Juge de paix meist nicht in Anspruch genommen werden musste.[50] Gleichzeitig deuten Analysen der Rechtsprechung des Conseils von Lyon darauf hin, dass in der umstrittensten Frage, nämlich der Gültigkeit von Arbeitsordnungen, die Entscheidung davon abhing, welcher Juge de paix im konkreten Fall den Vorsitz übernahm.[51] Der gelegentliche Einsatz wechselnder Friedensrichter lief der Herausbildung einer einheitlichen, ständigen Rechtsprechung zuwider. Eine »Verrechtlichung« im Sinne einer gesetzlichen Rege-

48 Daniel Halévy, La fin des notables, Paris 1972.

49 Pelicand, Das Recht (Fn. 13), 263–275.

50 Der Lyoner Conseil des prud'hommes, Section Bâtiment, entschied 1909 1 226 Fälle, davon 152 durch Urteile. Nur in 33 Fällen musste der Juge de paix hinzugezogen werden. AD Rhône 5 Up 63.

51 Rudischhauser, Geregelte Verhältnisse (Fn. 22), gestützt auf Aussagen des Arbeitgeberverbandes im Baugewerbe von Lyon, Le Bulletin fédéral. Organe de la Fédération des Chambres syndicales patronales du bâtiment et des travaux publics est et sud-est, 20. November 1907.

lung der Arbeitsordnungen, und damit des Verhältnisses zwischen individueller Vertragsfreiheit, richterlicher Kontrolle und tarifvertraglich ausgehandelten Regeln blieb aus; stattdessen wurden die Conseils des prud'hommes einer engeren Staatsbindung unterworfen. Dass das Gesetz von 1905 die Prud'hommes dem Justizministerium, und nicht mehr dem Handelsministerium unterstellte, unterstrich ihre Integration in den Justizapparat.

III. Schiedsgerichtsbarkeit zur Regelung kollektiver Konflikte

Während die Conseils de prud'hommes als justizielle Selbstregulierung individueller Konflikte bis heute funktionieren, wurden sie aus der Regelung kollektiver Konflikte systematisch ausgeschlossen. Stattdessen übertrug der Gesetzgeber dem Juge de paix die Aufgabe, die Konfliktparteien zur Teilnahme an einem Vergleichsverfahren einzuladen. Das gesetzlich vorgesehene Verfahren zielte, wie im folgenden Abschnitt dargestellt wird, nicht auf eine Verrechtlichung kollektiver Konflikte. Dagegen strebten die permanenten Schiedskommissionen, welche die Konfliktparteien selbst organisierten, rechtlich verbindliche, vollstreckbare Entscheidungen an.

1. Comités de conciliation et d'arbitrage: Konfliktregelung ohne Recht?

Ähnlich wie die Gesetzgebung zu den Conseils de prud'hommes war auch das Gesetz vom 27. Dezember 1892 zur Streikschlichtung getragen von hohen Erwartungen hinsichtlich der friedlichen Beilegung kollektiver Konflikte. Den Konfliktparteien wurde die Möglichkeit eröffnet, in einem solchen Fall den Juge de paix anzurufen. Hatte der Arbeitskampf bereits begonnen, sollte der Juge de paix von sich aus die Parteien auffordern, Delegierte zu benennen und ein Comité de conciliation zu bilden. In seinem Protokoll der Verhandlungen des Comité de conciliation hielt der Juge de paix fest, ob sich die Parteien geeinigt hatten. Ein Schiedsspruch des Juge de paix war nicht vorgesehen, anders als im deutschen Gewerbegerichtsgesetz von 1890, das dem Einigungsamt auftrug, einen Schiedsspruch zu fällen. Das französische Gesetz ermöglichte es den Parteien jedoch, selbst Schiedsrichter zu benennen nach einem Verfahren, das weitgehend dem im Code civil Art. 1006 vorgesehenen entsprach. Jede Partei benannte danach einen Schiedsrichter, einigten sich diese nicht, so konnten ein dritter Schiedsrichter benannt werden. Der Schiedsspruch war kein vollstreckbares Urteil, sondern konnte von Arbeitgebern wie Arbeitnehmern angenommen oder verworfen werden.

Aus Sicht des Gesetzgebers handelte es sich nicht um eine Form justizieller Selbstregulierung. Das Comité de conciliation verhandelte zwar unter dem Vorsitz eines Richters, sollte jedoch kein Recht sprechen. Der Gesetzgeber, hier wieder vor allem der Senat, hatte es bewusst abgelehnt, die Conseils de prud'hommes mit der Vermittlung in kollektiven Konflikten zu beauftragen, um den Anschein zu vermeiden, es handele sich hier um Rechtsprechung. Zur Begründung verwiesen Parlamentarier wie Kommentatoren darauf, dass es keine Zwangsmittel gebe, um Arbeiter zur Wiederaufnahme der Arbeit oder Arbeitgeber zur Annahme eines Schiedsspruchs zu zwingen. Wenn aber der Schiedsspruch nicht vollstreckt werden könne, dürfe er auch nicht von Richtern gefällt werden.[52]

Diese Argumentation beruhte auf der Annahme, die Paul Pic offen vertrat, dass individuelle Konflikte immer Rechtstreitigkeiten, kollektive dagegen immer Regelungsstreitigkeiten seien und deshalb nur einer Schlichtung, nicht aber einem Rechtsspruch unterliegen könnten. Ausdrücklich erklärte Pic, wenn ein Arbeitgeber gegen den Tarif verstoße, so seien die Prud'hommes zuständig. Wenn aber mehrere Arbeitgeber gemeinsam gegen den Tarif verstießen oder eine Gruppe von Arbeitern in Streik trete, »und sei es auch, um die Arbeitgeber zu zwingen, die Bestimmungen eines bestehenden Vertrages zu respektieren«, so nehme der Streit die Form eines Interessenkonfliktes an.[53] Die Unterscheidung zwischen individuellen und kollektiven Konflikten wurde in der III. Republik zu einem strukturierenden Prinzip des französischen Arbeitsrechts.[54]

Eine Verbindung zwischen dem neuen Verfahren der Streikschlichtung und der alten Praxis der Conseils de prud'hommes, zwischen Vertretern der Gewerkschaften und der Arbeitgeber vereinbarte Arbeitsbedingungen als bindend anzusehen, wollte der Gesetzgeber keinesfalls herstellen. Deshalb wurde ein im ersten Entwurf enthaltener Artikel gestrichen, der vorsah: »Wenn ein Vergleich oder ein Schiedsspruch die Arbeitsbedingungen festgelegt hat, so soll dieser Vergleich oder Schiedsspruch vor Gericht Geltung haben für die Regelung individueller Konflikte, wenn nichts anderes vereinbart wurde.«[55] Das Gesetz ließ offen, welche rechtliche Geltung ein Procès-verbal de conciliation bzw. Schiedsspruch haben sollte, und bestimmte nur, dass beide Dokumente im Register der Friedensgerichte aufbewahrt und außerdem öffentlich angeschla-

52 Kommentar des Gesetzes, mit Entstehungsgeschichte, Motiven des Regierungsentwurfs, Verhandlungen der Kammer und des Senates in Recueil Sirey, Lois annotées, 1893, 532–540.

53 »[...] soit même pour contraindre les patrons à respecter les clauses du contrat en vigueur, le débat prend alors les allures d'un conflit collectif [...].« Pic, Réforme (Fn. 11), 314–317, Zitat 317.

54 Sabine Rudischhauser, Neue Forschungen zur Geschichte des frz. Arbeitsrechts, in: Archiv für Sozialgeschichte 47 (2007), 553–568, 565.

55 »Lorsqu'une décision de conciliation ou d'arbitrage aura fixé les conditions du travail, elle fera foi en justice pour le règlement de litiges individuels, à moins de conventions contraires.« Pic, Traité (Fn. 6), 506.

gen werden sollten. Die Regierung hoffte, mit dieser Aufbewahrungs- und Veröffentlichungspflicht den Ergebnissen der Verhandlungen im Comité de conciliation die rechtliche Wirkung einer Verkehrssitte zu verleihen, sie in »eine Art Gewohnheitsrecht [une sorte de charte coutumière]« zu verwandeln.[56] Weil diese Wirkung aber keineswegs sicher war, bestanden die Arbeiter in vielen Fällen darauf, das Protokoll der im Comité de conciliation erzielten Ergebnisse beim Conseil de prud'hommes zu hinterlegen, wodurch es nach Auffassung der Parteien erst rechtsverbindlich wurde, wie andere tarifvertragliche Vereinbarungen auch.[57] Sie stellten so in der Praxis die Verbindung zwischen Schlichtungsverfahren und Rechtsprechung wieder her, die der Gesetzgeber nicht gewollt hatte. Einzelne Arbeiter konnten dann vor den Prud'hommes den Respekt der im Rahmen einer Streikschlichtung vereinbarten Arbeitsbedingungen einklagen.

Als Tarifverträge wurden die vor dem Juge de paix ausgehandelten Vereinbarungen von der französischen Rechtswissenschaft lange Zeit nicht anerkannt. Erst 1904 wies der Volkswirt Charles Rist erstmals darauf hin, dass es sich bei vielen dieser Vereinbarungen de facto um Tarifverträge handelte. Dagegen erklärten französische Rechtswissenschaftler schon 1894, eine Entscheidung eines deutschen Einigungsamtes, der beide Parteien zustimmten, sei ein bindender Vertrag.[58] Allerdings waren in diesem Fall auch die Parteien des Vertrages leichter zu benennen, weil Gewerkschaften und Arbeitgeberverbände vor den deutschen Einigungsämtern als Vertreter der Arbeiter und Arbeitgeber auftreten konnten, nicht aber im französischen Verfahren vor dem Juge de paix.

Der Senat hatte abweichend vom ursprünglichen Projekt durchgesetzt, dass die Delegierten zum Comité de conciliation am Arbeitskampf Beteiligte sein mussten und keine Außenstehenden. Die Selbstregulierung, die der Mehrheit des Senats als Ideal vorschwebte, bestand in direkten Verhandlungen zwischen

56 »Ces décisions, par le fait de leur conservation en minute aux greffes des justices de paix et de leur affichage, constitueront, pour tous les patrons et ouvriers de la profession qui n'auront pas fait de conventions contraires, une sorte de charte coutumière, à laquelle devront se rapporter les tribunaux compétents pour juger les différends individuels.«, Exposé des motifs, J. O. Chambre, Doc. parl., 1891, 2855. Die Wortwahl zeigt, dass auch amtliche Dokumente nicht zwischen »coutume« und »usage« unterschieden.

57 Das Protokoll der Verhandlungen im Streik der Weber von Armentières 1903 hält fest, der vereinbarte Lohntarif werde beim Conseil des Prud'hommes hinterlegt, »par conséquent, son application sera désormais obligatoirement garantie.«, Statistique des gréves 1903, 523.

58 Pic, Traité (Fn. 6), 501, »En aucun cas d'ailleurs, cette décision est susceptible d'exécution forcée, à moins, bien entendu, qu'elle n'ait été formellement acceptée par les parties, auquel cas elle a, entre les parties qui y ont adhéré, la valeur d'un contrat ordinaire.«

dem Arbeitgeber und Vertretern seiner Belegschaft, unter Ausschluss von Gewerkschaftsvertretern, die sich als betriebsfremde »intermédiaires« zwischen den Arbeitgeber und seine Arbeiter hätten drängen können. Die Folge war, dass Streikende Gewerkschaftler nicht mit der Vertretung ihrer Interessen beauftragen konnten, es sei denn, die Gewerkschaftsvertreter gehörten selbst zu den Streikenden.[59] Diese Vorschrift setzte nicht nur der Selbstregulierung enge Grenzen, da die Parteien nicht einmal ihre Vertreter frei bestimmen durften. Sie führte auch dazu, dass die Delegierten beider Seiten als Vertreter eines nicht-organisierten Kollektivs von Streikenden bzw. bestreikten Arbeitgebern betrachtet wurden, also von Gruppen, die sich mit Ende des Konflikts auflösten. Unter diesen Umständen fehlte nach Abschluss einer Vereinbarung vor dem Juge de paix ein rechtsfähiger Verein als Vertragspartei, der den Respekt des Vertrages hätte einklagen können. Darin sah der Gesetzgeber kein Manko, da er die Parteien nur dazu drängte, Konflikte durch Aussprache, die Beseitigung von Missverständnissen und durch gegenseitige Zugeständnisse friedlich beizulegen. Ziel des Verfahrens war die Wiederaufnahme der Arbeit, nicht ein Vertrag, der die zukünftigen Arbeitsbedingungen bestimmte.[60] Der Gesetzgeber schuf 1892 kein Durchsetzungsregime, weil er Gewerkschaften und Arbeitgeberverbänden nicht die Aufgabe zuschreiben wollte, die Arbeitsbedingungen zu regeln, sie nicht als »Regelungskollektiv« anerkennen wollte.[61] Als dann 1919 das französische Tarifvertragsgesetz die Fähigkeit nicht-organisierter Kollektive anerkannte, durch Vertreter Tarifverträge abzuschließen, bot es keine Lösung für die Frage, wie denn der Respekt einer vor dem Juge de paix ausgehandelten Vereinbarung durchzusetzen wäre. Der geschädigte Arbeiter konnte den Tariflohn vor dem Conseil de prud'hommes einklagen, wenn die Vereinbarung dort hinterlegt worden war; der Tarifbruch selbst aber konnte nicht sanktioniert werden.

2. Paritätische Schiedskommissionen: Verrechtlichung ohne Staat?

Wie unbefriedigend diese Rechtslage für Tarifparteien war, die ihren Tarifvertrag als verbindliches Recht durchsetzen wollten, zeigt die Einrichtung von ständigen paritätischen Schiedskommissionen (»Commissions mixtes«) durch Arbeit-

59 In Deutschland war die Rechtslage genau umgekehrt: Im Verfahren vor dem Einigungsamt durften Beisitzer und Vertrauensmänner der Parteien selbst nicht zu den am Konflikt Beteiligten gehören. Diese Bestimmung erleichterte die Zuziehung von Gewerkschaftlern und Vertretern des Arbeitgeberverbandes.

60 Zur Tendenz großer Teile der französischen Sozialreform und Sozialpolitik, Arbeitskämpfe als Folge von Missverständnissen und nicht als Ausdruck von Interessengegensätzen zu betrachten, s. RUDISCHHAUSER, Geregelte Verhältnisse (Fn. 22).

61 Siehe den Beitrag von Gunnar Folke Schuppert in diesem Band.

geberverbände und Gewerkschaften. Außerhalb staatlicher Institutionen und unabhängig von staatlichen Vorgaben erfanden die Parteien eigene Formen zur Lösung kollektiver Konflikte und zwar vor allem im Verlagswesen, wo komplexe Stücklohntarife vereinbart wurden. Beispiele für solche paritätischen Schiedskommissionen waren das berühmte von Anthony Mundella errichtete »Board of conciliation and arbitration« der Wirkwarenindustrie in Nottingham, die Vergleichskammern der Solinger Messer- und Scherenschleifer, die »Union de la fabrique de rubans« der Bandweber von St. Etienne, die Commission mixte der Leinenweber von Cholet, der Batistweber des Cambrésis und der Handschuhmacher von Saint Junien.

Diese Commissions mixtes stellen eine Form justizieller Selbstregulierung dar, weil sie rechtsförmliche Verfahren etablierten, um über Verstöße gegen den Tarif zu entscheiden. Charakteristisch für diese Schiedskommissionen im Verlagswesen war, dass sie Rechts- und Regelungsstreitigkeiten behandelten: Sie handelten Preise für neue Produkte aus und verhängten Geldbußen gegen Arbeitgeber und Arbeitnehmer, die unter Tarif arbeiteten bzw. arbeiten ließen. Dass beide Parteien des Arbeitsvertrags im Falle eines Tarifbruchs als schuldig betrachtet wurden, war eine Besonderheit dieses Systems. Verstöße gegen den Tarif wurden hier also durch die Verbände verfolgt und geahndet, während der Conseil de Prud'hommes gegen solche Verstöße nur vorgehen konnte, wenn ein geschädigter Arbeitnehmer Klage erhob. Hatte dieser aber bei Übernahme der Arbeit den niedrigeren Stückpreis schriftlich akzeptiert, so hatte seine Klage wenig Aussicht auf Erfolg. Darüber hinaus konnte der Conseil de prud'hommes einem klagenden Arbeiter zwar den Tariflohn zusprechen, aber keine Strafe über den tarifbrüchigen Verleger verhängen. An einer solchen Bestrafung waren jedoch die tariftreuen Verleger vor allem interessiert.

Die Verleger, die in Avesnes-les-Aubert und anderen Dörfern des Cambrésis Batist weben ließen, hatten untereinander eine einheitliche Länge der Kette vereinbart, die dem Weber ausgehändigt wurde, um zu verhindern, dass der Weber für 80 m Batist bezahlt wurde, tatsächlich aber 85 m zu weben hatte. Die Verleger hatten Strafzahlungen in den Statuten ihres Verbandes festgesetzt, sie aber niemals anwenden können, weil die tarifbrüchigen Verleger drohten, in diesem Fall den Verband zu verlassen.[62] Der Verband war also zu schwach, um

62 Der Vorsitzende des Verbandes, Herbin, berichtete einer Enquetekommission des Parlamentes: »D'ailleurs une amende de 200 F que le syndicat patronal avait prévu ne fut jamais appliqué, les contrevenants ayant menacé de donner leur démission de membres du syndicat. [...] une longeur unique de chaîne avait été adapté et n'aurait jamais du être modifiée [...]«; Die Gewerkschaft von Avesnes erklärte: »Malgré les statuts du syndicat patronal aucune amende n'a jamais été appliqué aux membres de ce syndicat qui ne mesurent pas exactement.«,

die eigenen Mitglieder zu disziplinieren. Erst die Gewerkschaften, die 1905 einen großen Streik organisierten, zwangen den Arbeitgeberverband zum Handeln gegen die eigenen Mitglieder und zur Einrichtung einer paritätisch besetzten Commission mixte.[63] Der Tarifvertrag von 1905 regelte die Wahl und das Verfahren vor der Commission mixte und setzte die Länge der Kette fest. Vor dem Bürgermeisteramt wurde ein öffentliches Messgerät installiert, mit dem jeder Weber die Kettenlänge in Gegenwart von zwei Mitgliedern der Commission mixte kontrollieren konnte.[64] Wenn ein Verleger den Tarif unterlief, musste er eine Strafe in dreißigfacher Höhe der Differenz zwischen Tarif und tatsächlich gezahltem Stückpreis zahlen, wohingegen der Weber das Doppelte der Differenz als Strafe zahlen musste.

Schon in den ersten Sitzungen der Commission mixte ergaben sich Schwierigkeiten, weil ein zur Geldbuße verurteilter Verleger die Zahlung verweigerte. Die Commission beschloss, dem Fall dem Juge de paix vorzulegen, doch zeigte sich bald, dass die Parteien ein unterschiedliches Verhältnis zur Justiz pflegten. Den Verlegern war sehr daran gelegen, Prozesse und damit die öffentliche Bloßstellung des tarifbrüchigen Kollegen zu vermeiden. Die Gewerkschaft dagegen meldete Tarifbrüche der Commission mixte und zeigte den Arbeitgeber zugleich bei der Staatsanwaltschaft an. Wenn der Verleger nämlich Gewicht und Länge der Kette nicht korrekt in das Arbeitsbuch des Webers eintrug, so verstieß er gegen das Gesetz vom 7. März 1850 »über die Beweismittel hinsichtlich der Vereinbarungen zwischen Arbeitgebern und Arbeitnehmern der Weberei und Spulerei«.[65] Wie oben dargestellt, hätte die Gewerkschaft den Verleger nicht wegen eines Verstoßes gegen den Tarifvertrag verklagen können, konnte sich aber auf ein spezielles Gesetz zum Schutz der Weber vor betrügerischen Verlegern stützen, um einen Strafprozess in Gang zu setzen. Die Verleger in der Commission mixte protestierten heftig und stellten die Gewerkschaft vor die Wahl zwischen zwei verschiedenen Durchsetzungsregimen.

Archives nationales C7318, Anhörung vom 12. Oktober 1904. Die Ergebnisse der Enquete liegen in vier Bänden vor: Gustave Dron, Procès-verbaux de la commission chargée de procéder à une enquête sur l'état de l'industrie textile et la condition des ouvriers tisseurs, Paris 1906. Der geplante 5. Band, der u. a. die Situation der Batistweber des Cambrésis schildern sollte, erschien nicht.

63 Statistique des grèves 1905, 558 f.

64 Adéodat Boissard, La loi du 7 mars 1850 et le mesurage du travail à la tâche, Rapport, Compte-rendu des discussions. Association nationale française pour la protection légale des travailleurs, Paris 1907, 94.

65 25. Januar 1906 Moniez-Noyelle, Mitglied des Arbeitgeberverbandes, Fabrikant in Avesnes und Unterzeichner des Tarifvertrags von 1905, wird wegen Verstoß gegen das Gesetz vom 7. März 1850 vom Tribunal de simple police verurteilt, Bulletin de l'Office du Travail 1906, 484.

An anderen Orten, wo Commissions mixtes funktionierten, suchten Gewerkschaften und Arbeitgeberverbände gemeinsam die Unterstützung der staatlichen Gerichtsbarkeit, um den Tarif durchsetzen und Geldbußen vollstrecken zu können. So verklagte 1912 der Präsident der »Association syndicale de l'industrie textile de Bailleul«, Joseph Castryck, den Industriellen René Courdant auf Zahlung von 1 125 Franc wegen neun Verstößen gegen den Tarifvertrag der Leinenweber von Bailleul.[66] Courdant hatte neun Webern eine längere Kette ausgehändigt als im Tarif vorgesehen und im Arbeitsbuch vermerkt. Vor dem Bureau particulier des Conseil de Prud'hommes hatte sich Courdant mit den Webern verglichen und ihnen den korrekten Lohn ausbezahlt, wollte aber die im Tarifvertrag vorgesehene Geldbuße an den Verband nicht zahlen.

Insgesamt zeigte sich, dass diese Form justizieller Selbstregulierung in Frankreich nicht ohne staatliche Zwangsmittel auskam, weil die Arbeitgeberverbände zu schwach waren, um Druck auf ein tarifbrüchiges Mitglied auszuüben: Der Ausschluss aus dem Verband war keine wirksame Sanktion, wenn sie den Verband stärker schädigte als den betroffenen Arbeitgeber. Die geschilderten Fälle lassen aber erkennen, dass die Tarifparteien häufig nicht wussten, vor welche Instanz sie ihre Forderung nach Zahlung der vertraglich vereinbarten Buße tragen sollten und sich deshalb an die Prud'hommes wandten, denen sie vertrauten, die aber nicht kompetent waren.[67] Für diese Form justizieller Selbstregulierung gab es keine passende staatliche Regulierung, insbesondere keinen klaren Instanzenzug, der die Bemühungen der Parteien um die Verrechtlichung ihrer Konflikte unterstützt hätte.

IV. Schluss

Es überrascht wenig, dass Formen justizieller Selbstregulierung im nachrevolutionären Frankreich eng reguliert und kontrolliert wurden und Ende des 19. Jahrhunderts einer engeren Gesetzesbindung unterworfen wurden. Bemerkenswert ist eher, welche Bedeutung außergerichtliche Konfliktlösungen und

66 Bulletin de l'Office du Travail 1913, 1373 f. Castryck klagte vor dem Conseil de prud'hommes; der beklagte Arbeitgeber akzeptierte das Urteil, obwohl er in Berufung hätte gehen können.

67 So führte die Commission mixte der Leinenweber von Cholet 1904 eine Geldstrafe bei Tarifbruch oder Warenzahlung ein, die, falls der Arbeitgeber die Zahlung der Strafe verweigerte, beim Conseil des prud'hommes einklagbar sein sollte, Stat. des grèves 1904, 745: »Le prix des façons, tissage et dévidage sera payé intégralement en argent. […] La sanction pécuniaire […] sera prononcée par la commission d'arbitrage ou par le conseil des prud'hommes. […] Le cas ne sera porté devant le conseil des prud'hommes que si le fabricant condamné par la commission d'arbitrage à payer l'amende, refuse de s'y soumettre.«

Schlichtungsverfahren für die III. Republik besaßen. Mit dem Ideal der schiedlich-friedlichen Beilegung von Konflikten aus dem Arbeitsverhältnis korrespondierte eine Politik, die die Verrechtlichung der Beziehungen zwischen Arbeitgebern und Arbeitnehmern eher vermied als förderte. Ausdruck dieser Politik waren das Scheitern einer gesetzlichen Regelung des Arbeitsvertrages, die geringe Professionalisierung und Spezialisierung der mit der Entscheidung von individuellen und der Vermittlung in kollektiven Arbeitsstreitigkeiten beauftragten Beamten und die Weigerung, für kollektive Konflikte überhaupt gerichtliche Verfahren zu organisieren. Die Entwicklung der Institutionen paritätisch organisierter Selbstregulierung war geprägt von dem Gegensatz zwischen der zunehmenden Verstaatlichung und dem geringen Zuwachs an Rechtssicherheit.

Sabine Rudischhauser

Tarifautonomie vor Gericht

Ausgangspunkte eines institutionellen Arrangements

I. Ein Federstrich

Als im Juli 2015 der § 4a TVG (»Tarifeinheitsgesetz«) in Kraft trat, konnte das als eine Art Paukenschlag in der Grundsatzabteilung des kollektiven Arbeitsrechts erscheinen.[1] Und dies gleich in dreifacher Hinsicht:

– Das Gesetz wurde trotz erheblicher verfassungsrechtlicher Bedenken verabschiedet, die in überaus vielzähligen wissenschaftlichen Stellungnahmen zum Ausdruck gebracht wurden. Sie schlossen sich an Argumente zu Art. 9 III GG an, die das Bundesarbeitsgericht bei seiner erst jüngst erfolgten Wende hin zur Tarifpluralität zugrunde gelegt hatte. Sie waren auch in der Bundestagsanhörung nicht zu überhören und sind inzwischen im Vorfeld des anstehenden Karlsruher Urteils weiter angeschwollen.[2] Außer einigen Nachbesserungen am Gesetzestext haben sie bislang nichts bewirkt. Wir sehen eine entschlossene Gesetzgebung, die es in Sachen ›Normative Ordnung der Lohnpolitik‹ wissen will.

– Gerade weil Regierung und Parlament um die hohen verfassungsrechtlichen Risiken wissen mussten, geht von der Verabschiedung des Tarifeinheitsgesetzes ein starkes Signal aus. Die Gesetzgebung gab damit zu erkennen, dass sie sich auf dem Regulierungsfeld der industriellen Beziehungen in der Verantwortung sieht. Nur kurze Zeit zuvor hatte sie mit dem »Tarifautonomiestärkungsgesetz« und dem in diesem Artikelgesetz vorgesehenen »Mindestlohn-

1 Zum Diskussionsstand und zum wesentlichen Material Wolfgang Däubler / Klaus Bepler, Das neue Tarifeinheitsrecht. Hintergründe und Anwendungsprobleme, Baden-Baden 2015.

2 In unserem Kontext besonders bemerkenswert die Stellungnahme der BAG-Präsidentin Ingrid Schmidt per FAZ-Interview: Bundesrichterin warnt vor Tarifgesetz (FAZ vom 18. Mai 2015, http://www.faz.net/aktuell/wirtschaft/arbeitsrecht-bundesrichterin-warnt-vor-tarifgesetz-1592050.html).

gesetz« bereits einen starken Auftritt.[3] Sie hat mit dem gesetzlichen Mindestlohn nicht nur Zugriff auf lohnpolitische Eckdaten gesucht; sie hat auch ein Verfahren zur turnusmäßigen Fixierung des Mindestlohnsatzes etabliert, das den Prozess der Lohnfindung – nun auch ganz gesetzesoffiziell – korporatistisch attributiert.

Freilich wird man den Wiedereintritt der Gesetzgebung in die regulatorische Arena bis zu einem gewissen Grade auch wieder relativieren müssen. Das Tarifeinheitsgesetz wurde mit dem erklärten Willen der Spitzenverbände von Kapital und Arbeit erlassen, ja sogar auf deren ausdrückliches Ersuchen hin, man möge zentrifugalen Tendenzen im System der Interessenpolitik seitens des Staates entgegentreten.[4] Das Mindestlohngesetz verbucht die Gewerkschaftsseite als eigene Errungenschaft, aber zugleich war die Opposition der Arbeitgeberverbände allenfalls lau. Wenn die beiden Gesetze also auch im Rahmen der tripartistischen Struktur ergingen und nicht gegen sie: Die starken gesetzgeberischen Impulse im industriellen Verhandlungssystem sind in der deutschen Rechtsgeschichte fürwahr keine alltägliche Angelegenheit. Sie sind, wenn man nicht übertreiben will, noch kein Ausgangspunkt für neue Pfade der normativen Ordnung, vielleicht aber doch bereits mehr als erratische Episode.

– Als besonders spektakulär darf man es schließlich empfinden, dass die Gesetzgebung ein Urteil des Bundesarbeitsgerichts konterkarierte, das zum Thema Tarifpluralität erst vor kurzem ergangen war. Das BAG hatte, an die Rechtsprechung des Reichsarbeitsgerichts aus der Weimarer Zeit anknüpfend, über Jahrzehnte hinweg den Grundsatz der Tarifeinheit betont.[5] »Ein Betrieb, ein Tarifvertrag« lautete die Devise mit entsprechend düsteren Perspektiven für normativen Pluralismus am Arbeitsmarkt. Die neue BAG-Entscheidung veränderte die Rechtslage fundamental in Richtung Diversität, wurde aber durch den Federstrich des Gesetzgebers des Jahres 2015 umgehend wieder in die Schranken gewiesen. Cum grano salis: Das alte, das richterrechtlich novellierte Richterrecht tritt jetzt als neues – seiner verfassungsgerichtlichen Prüfung harrendes – Gesetzesrecht in Erscheinung.

Vergleichbare Fälle einer gesetzgeberischen Revision des Richterrechts sind in der deutschen Arbeitsrechtsgeschichte selten. Man mag aus neuerer Zeit das arbeitsvertragliche Befristungsrecht nennen, das das Beschäftigungsförderungsgesetz von 1985 in Abkehr von den strikten Regeln des BAG einführte. Oder –

3 Umfassend Jens M. Schubert / Kerstin Jerchel / Franz Josef Düwell, Das neue Mindestlohngesetz. Grundlagen und Auswirkungen, Baden-Baden 2015.

4 BDA / DGB, Funktionsfähigkeit der Tarifautonomie sichern – Tarifeinheit gesetzlich regeln, abgedr. in: Recht der Arbeit 2010, S. 315.

5 Zur BAG-Rechtsprechung m. w. N. Olaf Deinert, § 8, Rn. 283, in: Michael Kittner / Bertram Zwanziger / Olaf Deinert (Hg.), Arbeitsrecht, 8. Aufl., Frankfurt a. M. 2015.

aus 1986 – den seinerzeit so heiß umstrittenen neuen § 116 AFG, der die Grundsätze des Bundessozialgerichts in Fällen arbeitskampfbedingter Arbeitslosigkeit zulasten der Versicherten verschob. Aber das zeitlich komprimierte Auf-und-Ab der Rechtslage in Sachen Tarifpluralität ist ganz ohne Beispiel.

Wir sehen im Entstehen des neuen Tarifeinheitsrechts eine Relation von Gesetzgebung und Richterrecht, die der ganz langen Linie des kollektiven Arbeitsrechts mit deren Akzent auf Jurisdiktion nicht entspricht. Richterrecht einerseits, das über das ganze arbeitsrechtliche Jahrhundert hinweg auf selbstgeschaffenen Bahnen prozessiert, sich in der Abfolge der Entscheidungen gleichsam selbst reguliert und der durch dieses Richterrecht regulierte Regulierer Tarifautonomie andererseits: Dies ist das Arrangement der Institutionen, das wir in dieser Studie zu seinen Ausgangspunkten zurückverfolgen.[6]

II. Justizialisierung

Bei der Ordnung des industriellen Verhandelns spielt die Gesetzgebung nicht die erste Geige. Wie man weiß, befinden wir uns auf einem Feld, auf dem die Justiz mit ihrem Richterrecht die Szene dominiert. »Regulierte Selbstregulierung« ist hier im fast schon emphatischen Sinne justizialisiert. Dies gilt für das ganze kollektive Arbeitsrecht, in dem einen Bereich mehr, im anderen weniger. Allein die neueste Zeitgeschichte des kollektiven Arbeitsrechts ist angefüllt mit wichtigen und wichtigsten, samt und sonders recht freischwebenden Entscheidungen des BAG, wie das eingangs erwähnte, Richterrecht umwendende Urteil zur Tarifpluralität aus allerjüngster Zeit wieder belegt hat. Und auch sonst herrschte in dieser Zeitgeschichte großer Betrieb, wie jedes Lehrbuch zum Kollektiven Arbeitsrecht vermitteln kann: Das BAG befindet über den Gewerkschaftsbegriff und über die Frage der Tariffähigkeit der Verbände. Es entscheidet, ob und wie die Koalitionen gegen tarifvertragswidrige Betriebsabsprachen vorgehen können, darüber, wie die volkswirtschaftlich so bedeutsame Dezentralisierung der Tarifpolitik sich rechtlich darstellt, darüber, ob die tariffähigen Arbeitgeberverbände Mitglieder aufnehmen dürfen, die eine Tarifvertragsbindung für sich ausschließen, darüber, ob tarifvertragliche Errungenschaften auf Gewerkschaftsmitglieder begrenzbar sind, darüber, was das im Kontext der Bündnisse für Arbeit wieder so umstrittene Günstigkeitsprinzip wirklich besagt.

Im Arbeitskampfrecht schließlich, also im Zentralbereich des Koalitionsverfahrensrechts, sind die Gerichte mit dem Art. 9 III des Grundgesetzes dann voll und ganz allein auf weiter Flur. Das Bundesarbeitsgericht ist hier Ersatzgesetz-

6 Zum soziologischen Konzept der Koevolution kurz und prägnant Rudolf Stichweh, Niklas Luhmann (1927–1998), in: Dirk Käsler (Hg.), Klassiker der Soziologie, Bd. 2, München 1999, S. 206–229, 217.

geber, wie sein Großer Senat in der zweiten großen Arbeitskampfentscheidung von 1971 selbstbewusst verkündet hat.[7] 1980 hat das der 1. Senat in der dritten großen Entscheidung zum Arbeitskampf[8] so offensiv nicht mehr formuliert, sondern zurückhaltendere Wendungen bevorzugt, und bis heute gehört diese neue Bescheidenheit zum guten Erfurter Ton. In der Sache selbst hatte sich freilich nichts geändert. Im Gegenteil: Die Entscheidung von 1980 zu den Aussperrungsquoten ist die vielleicht spektakulärste Demonstration der Richtermacht, die das Arbeitsrecht gesehen hat, obwohl oder gerade weil der 1. Senat sich nicht einmal genötigt sah, den Großen Senat zu bemühen. Kampfrecht ist Richterrecht – 1980 und auch danach.[9] Wie souverän man sich nach wie vor sieht, zeigt die Entwicklung der Arbeitskampfrechtsprechung nach 1980. Das Säulenheiligtum des Ultima-Ratio-Prinzips, das in der ersten großen Entscheidung zum Arbeitskampf von 1955 voll entfaltet worden war, wird sehr weitgehend relativiert, viele Beobachter sagen geradezu geschleift. Es bleibt auch in der Berliner Republik dabei: Das Koalitionsverfahrensrecht ist justizialisiert, und mit dem Europäischen Gerichtshof betritt ein zusätzlicher großer Richter die Bühne, der in arbeitskampfbezogenen Entscheidungen[10] die Rolle des Mitspielers im Justizialisierungsspiel für sich reklamiert – nationale Souveränitäten und die Kompetenzsperre des Art. 153 Abs. 5 AEUV hin oder her.

Natürlich herrscht über die zentrale Stellung der Justiz im kollektiven Arbeitsrecht nicht nur reine Freude und auch das BAG selbst plädiert, wie erwähnt, für ein wenig mehr legale Deckung. Aber viel mehr als ein unentschlossenes Unwohlsein wurde über die vielen Jahre des höchstrichterlichen Wirkens nicht bekundet. Justizialisierung, Rechtsproduktion durch hohe Richter, ist seit Josef Essers Rechtstheorie als ›normal‹ durchschaut[11] und sieht sich des Odiums des Irregulären, wenn nicht gar Skandalösen entkleidet.[12] Jenseits

7 BAGE 23, 292 ff.

8 BAGE 33, 140 ff.

9 Sehr interessant Waldemar Reinfelder/Klaus Treber, Von Ritualen und plumpen Findlingen – 60 Jahre Arbeitskampfrechtsprechung in Deutschland – Interview mit Präsident des BAG a. D. Prof. Dr. Thomas Dieterich, in: Arbeit und Recht Sonderausgabe November 2015, G21.

10 Dazu etwa Thomas Blanke, Die Entscheidungen des EuGH in den Fällen Viking, Laval und Rueffert – Domestizierung des Streikrechts und europaweite Nivellierung der industriellen Beziehungen, Oldenburger Studien zur Europäisierung und zur transnationalen Regulierung Nr. 18, 2008.

11 Josef Esser, Grundsatz und Norm in der richterlichen Fortbildung des Privatrechts, 2. Aufl., Tübingen 1964; ders., Vorverständnis und Methodenwahl in der Rechtsfindung. Rationalitätsgrundlagen richterlicher Entscheidungspraxis, Frankfurt a. M. 1970.

12 Zur ›Normalisierung‹ Dieter Simon, Die Unabhängigkeit des Richters, Darmstadt 1975.

der freirechtlichen Emphase wird richterrechtliche Normbildung als unvermeidlich angesehen, als Muss dynamischer Gesellschaften, gegen das sich mit Vernunft nicht anrennen lässt. In den Augen Friedrich Küblers, der mit dem Aufsatz »Kodifikation und Demokratie«[13] einen wesentlichen Beitrag zur Normalisierung des Richterrechts geleistet hat, ist die »seit langem schwelende Krise der Gesetzgebung nichts anderes als die Normalität einer demokratisch verfassten Industriegesellschaft«; entsprechend seien gesetzliche Generalklauseln keine Anomalien, sondern in vielen Fällen »starting points oder Aufhänger für die konkrete richterliche Normbildung, deren Ergebnis vielfach klarer und eindeutiger ist als das des ordentlichen Gesetzgebungsverfahrens«. Werde dies »generell kritisiert, drängt sich der Eindruck auf, dass die Gegenwart wiederum mit den Ordnungsbedürfnissen und -idealen einer vergangenen Epoche gewogen und zu leicht befunden wird«.[14]

III. Historizität

Lange Linien haben Anfänge.[15] Diesen Anfängen, mit dem Aufstieg der Rechtsprechung zum tonangebenden Regulierer der Selbstregulierung im industriellen Beziehungssystem, wird die folgende Skizze Rechnung tragen. Sie führt zurück in die ungefähr drei Jahrzehnte vor dem Ersten Weltkrieg. In dieser Zeitspanne differenziert sich ein neuartiges System der industriellen Beziehungen aus, in turbulenten, verwickelten Episoden, aber doch auch wahrnehmbar als starke strukturelle Drift.[16]

In Deutschland ist die Rechtsprechung von Anfang an mit im Boot der Ausdifferenzierungsgeschichte, und sie ist über die Lebenszeit des Kaiserreichs hinweg – und später dann mit immer größerer Selbstverständlichkeit und mehr und mehr durch die eigene Institutionengeschichte präjudiziert – auf ihrem Platz geblieben.

13 Friedrich Kübler, in: JZ 1969, S. 645–651.

14 Eine aktuelle Diskussion des Themas bietet mit Blick auf die globale Arena Armin v. Bogdandy / Ingo Venzke, In wessen Namen? Internationale Gerichte in Zeiten globalen Regierens, Berlin 2014, insbes. S. 16 ff.

15 Grundsätzliches zum Themenfeld ›Institutionen und Geschichte‹ bei James Mahoney / Kathleen Thelen (eds.), Advances in Comparative-Historical Analysis, Cambridge 2015 und dort besonders die Beiträge in Abschnitt III (Paul Pierson; Giovanni Capoccia; Jacob S. Hacker / Paul Pierson / Kathleen Thelen).

16 Zum Profil des Wandels Gerd Bender, Tarifautonomie, Regulierte Selbstregulierung, Korporatismus. Eine Skizze, in Peter Collin / Gerd Bender / Stefan Ruppert / Margrit Seckelmann / Michael Stolleis (Hg.), Regulierte Selbstregulierung im frühen Interventions- und Sozialstaat, Frankfurt a. M. 2012, S. 53–67 (S. 57–60 konkret zum Kaiserreich).

Der andere Weg, den man in England gegangen ist, war nicht der Weg der deutschen Arbeitsbeziehungen.[17] Auf der Insel entstand in jenen frühen Jahren der industriellen Beziehungen »ein relativ autonomes System, weitgehend unbehelligt von staatlicher Regulierung und weit entfernt von der Justiz«.[18] Mit der Immunitätsgesetzgebung von 1875 (Strafrecht) und dann von 1906 (Haftungsrecht) wurden die Arbeitsmarktkoalitionen, ihre Kämpfe und ihre Vereinbarungen von den Zugriffen der Common-Law-Justiz weitestgehend befreit. Es entstanden im Bereich des kollektiven Verhandelns rechts- und justizfreie Räume, ein dezidiertes collective laissez-faire, das Otto Kahn-Freund mit besonderer Intensität und Empathie als britische Spezialität beschrieben hat.[19] Die deutschen Verhältnisse entwickelten sich ganz anders. Das industrielle Verhandlungssystem war und blieb bis auf den heutigen Tag eingebettet in staatliches Recht. Dies gilt vielleicht in besonderer Weise für die Betriebsverfassung. Aber auch die Normenproduktion qua Tarifautonomie war und ist rechtlich organisiert und weit entfernt von collective laissez-faire. Sehr zugespitzt formuliert: »Denn was für Deutschland hier kennzeichnend ist, ist das Gegenteil der britischen Situation. Es ist die Hypertrophie des rechtlichen

17 Ein gutes Beispiel für »varieties of capitalism«, wenn man so will.

18 Willibald Steinmetz, Begegnungen vor Gericht. Eine Sozial- und Kulturgeschichte des englischen Arbeitsrechts (1850–1925), München 2002, 41. Steinmetz verbindet diese zutreffende Zustandsbeschreibung mit einer Kritik an einer Geschichtswissenschaft, die auf das fokussiert, was sich durchgesetzt hat, und so die »Alternativen vernachlässigt, die sich den Akteuren des 19. Jahrhunderts möglicherweise noch anboten«.

19 Siehe etwa das Werk Arbeit und Recht, Köln/Frankfurt a. M. 1979 (englisches Original in 2. Aufl. von 1979) und hier besonders die Vorrede zur deutschen Ausgabe, S. XIII–XXIII). Verfehlt wäre es, das britische Arbeitsmarktregime als Konfiguration jenseits der Verrechtlichung zu erachten. Die Eingriffe des Staates in den Arbeitsmarkt sind – außerhalb der Ordnung des Verhandlungssystems freilich – notorisch und auch hier gar nicht zu übersehen. (Zur Transnationalität der Verrechtlichung s. den fundamentalen Beitrag von Spiros Simitis, Zur Verrechtlichung der Arbeitsbeziehungen, in: Friedrich Kübler (Hg.), Verrechtlichung von Wirtschaft, Arbeit und sozialer Solidarität, Frankfurt a. M. 1985, S. 73–165). Und schließlich mag die Emphase, mit der Kahn-Freund den britischen Voluntarismus auffasste, angesichts der Zerstörungen, die der Thatcher-Liberalismus in der kollektiven Ordnung herbeiführen konnte, in einem veränderten Licht erscheinen. Die Skepsis, die Sinzheimer – unter wieder anderen historischen Umständen freilich – gegenüber »kollektivem Liberalismus« äußerte, mag durch diese britischen Erfahrungen wie bestätigt erscheinen. Siehe das Referat Hugo Sinzheimers vor der Gesellschaft für soziale Reform von 1929 (Die Reform des Schlichtungswesens, Schriften der Gesellschaft für Soziale Reform, Jena 1930). Zu allem aus neuerer Zeit die Strukturierung von Catherine Barnard/Simon Deakin, Constituzionalizzare il diritto del lavoro. L'esperienza britannica, in: Lavoro e diritto 4/2000, S. 575–606.

Denkens, die zentrale Bedeutung des Rechts für die Beziehungen zwischen Kapital und Arbeit. Dies ging schon weit zu Zeiten der Weimarer Republik, geht es in der Bundesrepublik nicht noch weiter?«[20]

Vergleichende Zuspitzung hin, Überspitzung her: Das kollektive Arbeitsmarktregime der Deutschen war und blieb mit dem Recht intensiv gekoppelt. Wie ein Schlaglicht auf diese deutschen Anfänge erscheint uns Sinzheimers Votum aus dem Jahr 1913 zur rechtlichen Lage des Tarifvertrags und gegen rechtspolitische Positionen, die »von dem falschen Grundgedanken beherrscht sind, der Arbeitstarifvertrag stehe heute noch außerhalb des Rechtes, er sei ein freies soziales Verhältnis, und das Recht solle erst durch eine gesetzliche Regelung an ihn herangebracht werden. (...) Der Tarifvertrag ist eine freie Schöpfung des sozialen Lebens, hervorgegangen aus dem freien Spiel seiner organisierten Kräfte. Aber er lebt im Recht. Er kann ihm nicht entrinnen.«[21]

IV. Praxis 1

Die Position des Reichsgerichts zur Regulierung der industriellen Beziehungen war bis zum Weltkrieg freilich nicht einheitlich. Rechtshistorische Untersuchungen zum frühen kollektiven Arbeitsrecht haben die Unterschiede zwischen Straf- und Ziviljustiz immer wieder betont.[22] Der nur notdürftig koordinierte Dualismus der beiden Abteilungen hat die Rechtsentwicklung bis zu den großen Umbrüchen von 1918 stark geprägt und hinterlässt ein kompliziertes Bild.[23]

In privatrechtlicher Hinsicht hat das Reichsgericht im Jahr 1910 den Tarifvertrag als wirksame, von § 152 II GewO nicht berührte Obligation bestätigt, ohne aber über die eigentlich brisante Frage einer normativen Wirkung auch nur ein Wort zu verlieren.[24] Hinsichtlich der Haftung für arbeitskampfbedingte

20 Otto Kahn-Freund (Anm. 19), S. XV.

21 Hugo Sinzheimer, Rechtsfragen des Arbeitstarifvertrags. Brauchen wir ein Arbeitstarifgesetz?, Jena 1913, S. 162 f., 196.

22 Vgl. die große Arbeit von Rainer Schröder, Die Entwicklung des Kartellrechts und des kollektiven Arbeitsrechts durch die Rechtsprechung des Reichsgerichts vor 1914, Ebelsbach 1988; zum Grundmuster Gerd Bender, Strukturen des kollektiven Arbeitsrechts vor 1914, in: Harald Steindl (Hg.), Wege zur Arbeitsrechtsgeschichte, Frankfurt a. M. 1984, S. 251–293.

23 Umfassende Informationen zur kollektivrechtlichen Situation bietet Michael Kittner, Arbeitskampf. Geschichte – Recht – Gegenwart, München 2005. (Siehe auch für das Folgende den Abschnitt 4 zum Kaiserreich). Für die Zeit bis zur Jahrhundertwende besonders interessant die Denkschrift des Gewerkschaftsvorsitzenden Carl Legien, Das Koalitionsrecht der deutschen Arbeiter in Theorie und Praxis, Hamburg 1899.

24 RGZ 73, S. 92 ff.

Schäden hat sich das Gericht weitgehend zurückgenommen. Die Anwendbarkeit des § 823 I BGB war schon wegen der noch instabilen Dogmatik des Rechts am eingerichteten und ausgeübten Gewerbebetrieb zweifelhaft, vor allem aber musste § 152 I GewO, der die Koalitionsfreiheit verbürgte, die Rechtswidrigkeit eines möglichen Eingriffs mit mehr als einem Fragezeichen versehen. Für die Heranziehung des Strafrechts der §§ 153 GewO oder 253 StGB als Schutzgesetz gem. § 823 II BGB hatte man keine Sympathie. Es könne nicht sein, dass der Arbeitskampf selbst durch § 152 I GewO gedeckt sei, die Androhung desselben aber strafrechtlich geahndet werde, so wie die Strafjustiz dies freilich ohne viel Federlesens vorsah.[25] Es blieb also § 826 BGB, und hier ließ der 6. Senat im fast schon legendären Urteil von 1906 zum Kieler Bäckerboykott[26] nur wenig Zweifel: Bei wirtschaftlich motivierten Kämpfen bliebe für den Befund einer sittenwidrigen Schädigung in der Regel kein Raum.

Diese vor allem bei der Bewertung der Kampfziele betont libertäre Rechtsprechung hat allerdings alsbald – sich bis 1914 verstärkend – bedeutsame Veränderungen erfahren.[27] Zum einen bringen die auf den Bäckerboykottfall folgenden Entscheidungen eine Erhöhung der an den Boykottaufruf geknüpften Sorgfaltspflichten. Es wurde erstens verlangt, dass die Gewerkschaft die Umstände, die den Aufruf veranlassten, »objektiv« recherchieren und das Publikum genauso »objektiv« informieren müsse. Zweitens konnte sich die Sittenwidrigkeit des Boykotts aus einem groben Missverhältnis in der Ziele-Mittel-Relation ergeben. Es durften keine unverhältnismäßig schwerwiegenden Mittel angewendet werden, insbesondere solche nicht, die den Gegner in seiner wirtschaftlichen Existenz bedrohten. Und drittens – und für das, was später kommen sollte, besonders bedeutsam: Der Boykott musste dem Konfliktgegner

25 Dass man bei der Arbeitskampfdrohung nicht nur die Anwendung des § 253 StGB erwog, sondern in einer RG-Entscheidung von 1903 auch den § 153 GewO für anwendbar hielt (RGSt 36, S. 236 ff.), führte zur vielleicht spektakulärsten Kontroverse um die entstehende Dogmatik des kollektiven Arbeitsrechts. Wer zur Anwendbarkeit des § 153 in der Arbeitgeber-Arbeitnehmer-Relation ja sagte, sie also nicht auf gruppeninternen Zwang begrenzte, musste auch zu § 152 II GewO im Verhältnis der Tarifpartner ja sagen, so die nahe liegende Schlussfolgerung. Dies hätte die Klagbarkeit der Tarifverträge ausgeschlossen. Zu diesem Problem und zur ablehnenden Reaktion des zuständigen Zivilsenats Gerd Bender, Richtungskämpfe? Das Reichsgericht und die Tarifverträge, in: Ulrich Falk / Heinz Mohnhaupt (Hg.), Das bürgerliche Gesetzbuch und seine Richter. Zur Reaktion der Rechtsprechung auf die Kodifikation des deutschen Privatrechts, Frankfurt a. M. 2000, S. 561–583, 573 f.

26 RGZ 64, S. 52 ff.

27 Vgl. RG/JW 1912, S. 810 oder RG/JW 1913, S. 147 f. Zur Entwicklung etwa Philipp Loewenfeld, 50 Jahre deutsches Koalitionsrecht, in: Die Justiz 1928/29, S. 233–266.

angedroht werden und dabei sei eine Zeitspanne für eine gütliche Verständigung zu beobachten.

Gerade das Urteil von 1912 zur verhandlungsbegleitenden Friedenspflicht zeigte die neuen Akzente in besonderer Weise auf. Die Konzeption der nahezu unbegrenzten – fast schon englischen – Arbeitskampffreiheit, die 1906 im Koalitionsprivatrecht für einen rechtshistorischen Augenblick gegeben war, verliert – zumindest, was das Kampfmittel Boykott betrifft – in der unmittelbaren Vorkriegszeit den Boden unter den Füßen. An ihre Stelle tritt – tastend noch und ohne Vehemenz – ein Recht, welches das industrielle Verhandeln auf, wie auch immer limitierte, Kooperation programmiert. Arbeitskämpfe werden an ihrer ökonomischen Rationalität gemessen und Warnpflicht und Friedenspflicht formieren eine Pufferzone im industriellen Konfliktgeschehen. In einer rechtshistorischen Situation, in der die Zugriffe der Strafjustiz das Bild noch prägten, kündigten sich mit diesen Entscheidungsinhalten Konturen einer neuen richterrechtlichen Ordnung an, einer Ordnung, in der die Tarifautonomie als regulierte Autonomie zur Kooperation eingebettet war und ist.

V. Praxis 2

Die in der Forschung detailliert geschilderten höchstrichterlichen Entscheidungen zum Koalitionsstrafrecht[28] sind ganz anders gerichtet. Nachdem mit dem Scheitern der so genannten Zuchthausvorlage eine Verschärfung des Koalitionsstrafrechts unwahrscheinlich geworden war, waren es die teilweise exzessiven Urteile des Reichsgerichts zu § 153 GewO, die sich als größtes Hindernis für die »legale Befestigung«[29] der Gewerkschaften und des industriellen Verhandlungssystems darstellten. Zusammen mit der höchstrichterlichen Praxis, die Androhung des Arbeitskampfes als Erpressungshandlung gem. § 253 StGB zu würdigen, hat die Judikatur zum Koalitionszwang die Gewerkschaften, aber auch und gerade die bürgerlichen Sozialreformer empört. Diese sahen in der

28 Noch immer wichtig Klaus Saul, Staat, Industrie, Arbeiterbewegung im Kaiserreich, Düsseldorf 1974 (Abschnitt III zum Koalitionsrecht). Sehr materialreich die im Auftrag der Generalkommission der Gewerkschaften Deutschlands verfasste Zusammenstellung: Siegfried Nestriepke, Das Koalitionsrecht in Deutschland, Berlin 1914. Dieses Buch schließt an die Arbeit Carl Legiens (Anm. 23) an.

29 Goetz Briefs, Theorie der Gewerkschaften, in: ders., Ausgewählte Schriften, hg. von Heinrich Basilius Streithofen / Rüdiger v. Voss, Berlin 1980, S. 801. Zu seiner Geschichtskonzeption Joseph Zrinyi, The Changing Status of Unionism: A Labor Theory, in: Johannes Broermann u. a. (Hg.), Soziale Verantwortung (Fs Briefs), Berlin 1968, S. 273 ff.

Rechtsprechung einen sozialpolitisch hochgradig unerwünschten Affront gegen eine »positive Gewerkvereinspolitik«, von der sich nicht nur der Wortschöpfer Lujo Brentano,[30] sondern die ganze kathedersozialistische Strömung die große gesellschaftliche Detente und einen Einstieg in eine rationale industrielle Kommunikation versprach.[31] Gegen die gebotene Einbettung und Normalisierung des industriellen Konflikts gerichtet, erschien zeitgenössischen wie späteren Kritikern diese Rechtsprechung als »Ersatz-Sozialistengesetz«[32] und damit wie aus der Zeit der Jahrhundertwende gefallen.

In der Tat ist die auf repressive Muster festgelegte Justizialisierung des Koalitionsrechts kein Kind der drei Dekaden zwischen dem Ende des Sozialistengesetzes und der Novemberrevolution. Die Strafjustiz verharrt auf Positionen, die in die 70er Jahre zurückführen, in jene Zeit also, in der die Arbeitsverfassung der Gewerbeordnung gerade eben erst auf Koalitionsfreiheit umgestellt worden war. Hier stand nicht wie in den späteren Jahren der Arbeitskampf, sondern die vereinsrechtliche Stellung der Gewerkschaften im Vordergrund.[33] In seiner Leitentscheidung zum Begriff des politischen Vereins von 1875 hat das preußische Obertribunal das Merkmal ›politisch‹ weit ausgelegt. »Sofern daher (im Verein) eine Erörterung sozialer Fragen mit der Richtung auf Beeinflussung der staatlichen Einrichtungen und Anordnungen geschieht, wird diese Erörterung zu einer politischen.«[34] Die Vermutung, dass Themen wie die »Verbesserung der Lage der Arbeiter im allgemeinen, die Lohnfrage u. s. w. … im vorangedeuteten Sinne politischer Natur sein können«, bestehe zu Recht.

Die Folgen der Politischerklärung, besonders das berühmt-berüchtigte Verbindungsverbot, und die damit verbundenen strafrechtlichen Sanktionen waren für die neuen Gewerkschaften einschneidend und desillusionierend. Das Reichsgericht hat die Rechtsprechung des Obertribunals in einem Grundsatzurteil von 1887 aufgegriffen und das Verhältnis von Vereinsrecht und § 152 I GewO aufgrund der so genannten »Metamorphosentheorie« dogmatisch eingeordnet:

30 Lujo Brentano, Positive und negative Gewerkvereinspolitik, in: Soziale Praxis 1899, Sp. 1185 ff.

31 Zur ›Sozialreform‹ speziell (und zur Einordnung der Sozialpolitik im Kaiserreich überhaupt) jetzt Sandrine Kott, Sozialstaat und Gesellschaft. Das deutsche Kaiserreich in Europa, Göttingen 2014, S. 97 ff.

32 Karl Erich Born, Der soziale und wirtschaftliche Strukturwandel Deutschlands am Ende des 19. Jahrhunderts, in: Hans-Ulrich Wehler (Hg.), Moderne deutsche Sozialgeschichte, Köln 1966, S. 276.

33 Für das Folgende Gerd Bender, Die schwierige Koalitionsfreiheit. Eine Studie zu Rechtsprechung und Gesetzgebung im Jahrzehnt der Reichsgründung, in: Heinz Mohnhaupt (Hg.), Rechtsgeschichte in den beiden deutschen Staaten (1988–1990), Frankfurt a. M. 1991, S. 466–490, 476 ff.

34 Entscheidungen des Königlichen Obertribunals 76, 397.

»Sobald irgend welche gewerblichen Koalitionen behufs Erlangung günstiger Lohn- und Arbeitsbedingungen das Gebiet des gewerblichen Lebens mit seinen konkreten Interessen verlassen, sobald sie hinübergreifen in das staatliche Gebiet, sobald sie die Organe und die Thätigkeit des Staates für sich in Anspruch nehmen, hören sie auf, (durch § 152 I GewO privilegierte, Verf.) gewerbliche Koalitionen zu sein, und wandeln sich in politische Vereine um, die als solche den Beschränkungen des Vereins- und Versammlungsrechts unterliegen.«[35]

Bis zu den vereinsrechtlichen Reformen, die 1899 einsetzten, blieb diese – durch das Sozialistengesetz noch zugespitzte[36] – Rechtsprechung im Zentrum der Justizialisierung des neuen Koalitionswesens. Die neue Freiheit des § 152 I GewO erwies sich, kaum in Kraft getreten, bereits als fragwürdige Freiheit, als Freiheit unter schwerwiegendem Vorbehalt. Und wenn sich auch der Fokus der normativen Ordnung der industriellen Beziehungen auf das Arbeitskampfstrafrecht verschob: Das, was die hohen Richter nach dem Fall der Koalitionsverbote machtvoll initiierten, sollte die regulatorische Landschaft für Jahrzehnte prägen. Von positiver Gewerkvereinspolitik, von legaler Befestigung war diese Version der Ordnung weit entfernt. Sie zählte deshalb zu den großen Hypotheken des beginnenden Sozialstaats.

VI. Bewertungen

Heute gilt die Normenproduktion durch industrielle Koalitionen, deren rechtliche Lage wir ins deutsche Kaiserreich zurückverfolgt haben, der Theorie der Regulierung geradezu als das Paradebeispiel für regulierte Selbstregulierung.[37] Dort, wo Tarifverträge Geltung erlangen, dort wo es sich tarifautonom normieren lässt, dort verfügt das ökonomische System der Gesellschaft über einen Mechanismus, der regulatorische Alternativen zur mehr und mehr fiktiven

35 RGSt 16, S. 383 ff. (387).

36 Sobald ›für politisch erklärt‹ und damit des Schutzes des § 152 I GewO beraubt, ließ sich das Sozialistengesetz auch und gerade auf die Gewerkschaften anwenden. Die Wirkungen resümiert Adolf Braun, Die Gewerkschaften, ihre Entwicklung und Kämpfe, Nürnberg 1914, S. 31 f.

37 Zu diesem Konzept aus rechtshistorischer Sicht: Peter Collin, Einleitung: »Gesellschaftliche Selbstregulierung« und »Regulierte Selbstregulierung« – ertragreiche Analysekategorien für eine (rechts-)historische Perspektive?, in: Peter Collin / Gerd Bender / Stefan Ruppert / Margrit Seckelmann / Michael Stolleis (Hg.), Selbstregulierung im 19. Jahrhundert. Zwischen Autonomie und staatlichen Steuerungsansprüchen, Frankfurt a. M. 2011, S. 3–31. Mit steuerungstheoretischem Schwerpunkt: Bender, Regulierte Selbstregulierung. Der Fall Tarifautonomie, in: Miloš Vec / Marc-Thorsten Hütt / Alexandra M. Freund (Hg.), Selbstorganisation. Ein Denksystem für Natur und Gesellschaft, Köln / Weimar / Berlin 2006, S. 355–371.

Herrschaft des freien Arbeitsvertrags, zugleich aber auch Alternativen zur direkten Staatsintervention ins Spiel bringt. Wenn man begrifflich so will, erzeugt Tarifautonomie die Möglichkeit einer subsysteminternen Politik der Wirtschaft, einer ökonomischen Binnenpolitik mit neuen Chancen auch des Staates zu indirekteren Formen der Steuerung und Einflussnahme.

Verhandlungssysteme überhaupt, das industrielle Verhandlungssystem ganz besonders, rücken ins Zentrum rationaler Governance ein. Sie produzieren Normen in einem normativen Verfahrenskontext, den sie allenfalls teilweise selbst erarbeiten, teilweise aber vom Staate beziehen.[38] Die Verbindung einer nicht-staatlichen Normenproduktion mit staatlichem Verfahrensrecht: Dies erscheint der neueren Regulationstheorie fast schon als Königsweg aus den viel diskutierten Pathologien der Fremdsteuerung, zugleich aber auch als Chance, an der Idee der Steuerung festzuhalten.[39] Und es ist die Tarifautonomie der Arbeitsmarktkoalitionen, die dieses überlegene Regulierungsmodell wie kaum eine andere Institution bis heute verkörpert.

Blickt man von diesen Gesichtspunkten aus zurück auf die kaiserliche Rechtsprechung, auf die Rechtsprechung in Strafsachen zumal, sehen wir eine Justiz, die sich mit einer konstruktiv-programmierenden Rolle im Geflecht der Arbeitsbeziehungen mehr als schwer getan hat. Wir erleben, von den erwähnten Ansätzen in der unmittelbaren Vorweltkriegszeit hier einmal abgesehen, nicht die dirigierende, die kontextsteuernde Judikatur zum kollektiven Arbeitsrecht, wie sie in den besseren Jahren Weimars, besonders aber in der Bundesrepublik in Erscheinung tritt. Das alte Reichsgericht hat die Zügel der institutionellen Modernisierung nur gelegentlich und dann zögernd ergriffen, wenn es sich der Modernisierungsfrage nicht gleich vollends verschloss. Viele Zeitgenossen haben deshalb Justizversagen attestiert, viele spätere Geschichtsexperten stimmten in die Kritik entschlossen ein und bestätigten die negative Bilanz.

Wie wir zeigten, hat diese sozialpolitisch problematische Rechtsprechung während der gesamten Zeitspanne des Kaiserreichs bestanden: nur wenig erschüttert vom Impuls der neuen Koalitionsfreiheit, von schärfster wissenschaftlicher Kritik, vom unaufhaltsam anmutenden Aufstieg der Gewerkschaften, von der Ausbreitung des Tarifvertrags und von den lauten und halblauten Andeutungen der Sozialpolitik, dass eine Entspannung des industriellen Kon-

38 Zu Tarifautonomie und Governance Tanja Börzel, European Governance. Markt, Hierarchie oder Netzwerk, in: Gunnar Folke Schuppert/Ingolf Pernice/Ulrich Haltern, Europawissenschaft, Baden-Baden 2005, S. 620

39 Gunther Teubner hat dieses Thema seit den 80er Jahren immer wieder angesprochen. Siehe etwa Polykorporatismus: Der Staat als »Netzwerk« öffentlicher und privater Kollektivakteure, in: Hauke Brunkhorst/Peter Niesen (Hg.), Das Recht der Republik (Fs Maus), Frankfurt a. M. 1999, S. 346 ff.

flikts vonnöten sei. All dem gegenüber verhielt sich die koalitionsstrafrechtliche Regulierung über die Jahrzehnte hinweg wie ein »unremovable object«.[40]

Nicht zur Rechtfertigung des richterlichen Wirkens im frühen System der industriellen Beziehungen, um die es auch methodisch nicht gehen kann, sondern gewissermaßen zur Komplettierung der Szenerie sind abschließend aber vielleicht doch noch einige Hinweise zum Kontext am Platze. Denn – vom Recht des industriellen Verhandelns einmal ganz abgesehen – das System der industriellen Beziehungen jener Zeit, die Grundlage und der Bezugspunkt der Rechtsprechung also, bot ein in mehrfacher Hinsicht ambivalentes und unübersichtliches Bild. Diese Komplexität war für eine Justiz, die ihren Weg zu suchen hatte, natürlich ein Problem, das man nicht übersehen darf.

So waren bedeutende Teile der Arbeitgeber bis zum Ende des Kaiserreichs nicht bereit, sich auf ›Tarifautonomie‹ auch nur ansatzweise einzulassen. Die Gewerkschaften wurden mit aller Macht bekämpft und von den Unternehmen fern gehalten. Das industrielle Verhandeln war angesichts dieses Herr-im-Hause-Standpunkts auf Teile der Industrie begrenzt. In diesem Segment gab es zwar Verständigung, immer wieder aber auch äußerst harte Auseinandersetzungen mit zermürbenden Streiks und exzessiven Aussperrungen. Die wirkliche Welt der Tarifautonomie war von den optimistischen Gemälden der Sozialreformer weit entfernt.[41]

Die Freien Gewerkschaften selbst hatten sich erst im Jahre 1899 zum Tarifvertrag als Instrument eines temporären industriellen Friedens dezidiert bekannt.[42] Eben erst, 1905/06, hatten sie ihr Verhältnis zur sozialdemokratischen Partei im Sinne der Eigenständigkeit geklärt und den politischen Massenstreik als Mittel der soziopolitischen Veränderung verworfen.[43] Und in der Hitze der programmatischen Gefechte mochte es manchem Beobachter fraglich erscheinen, ob diese Selbstjustierungen irreversibel waren.

Schließlich: Selbst in der Arena der bürgerlichen Sozialreform waren die Verhältnisse nicht wirklich geklärt. Auf den Versammlungen stritt man heftig

40 Zum Konzept institutioneller Persistenz bei starkem Veränderungsdruck Paul Pierson, Irresistible Forces, Immovable Objects: Post-Industrial Welfare State Confront Permanent Austerity, in: Journal of European Public Policy 1998, S. 539–560.

41 Zum »niederschmetternden Befund« siehe Michael Kittner (Anm. 23), S. 379.

42 Siehe zum Frankfurter Gewerkschaftskongress von 1899 das Dokument 64, in: Thomas Blanke/Rainer Erd/Ulrich Mückenberger/Ulrich Stascheit (Hg.), Kollektives Arbeitsrecht. Quellentexte zur Geschichte des Arbeitsrechts in Deutschland, Bd. 1, Reinbek bei Hamburg 1975.

43 Zum Kölner Gewerkschaftskongress von 1905, zum Mannheimer Parteitag der SPD von 1906 und zur schrittweisen Konsolidierung eines Gewerkschaftspragmatismus generell siehe kurz Gerd Bender (Anm. 22), S. 283 ff.

darüber, wie das System der industriellen Beziehungen auszugestalten sei. Während die einen das Assoziationsprinzip hoch hielten und auf die Verhandlungen freier Verbände setzten, haben die anderen korporatistische Lösungen mit Zwangsorganisationen im Mittelpunkt bevorzugt.[44]

Diese kurzen Hinweise mögen andeuten, wie fragil, wie unreif das Verhandlungssytem, das von den Richtern zu regulieren war, bis zur Weltkriegszeit gewesen ist. Man muss schon sehen, dass ein so unklar konturierter Regelungsbereich nicht das ist, was Regulierer wünschen und eigentlich benötigen. Und vor allem muss man sehen, dass die schlingernde Sozialpolitik des Kaiserreichs und die notorisch impotente Gesetzgebung die Ungewissheit der justiziellen Umwelt noch zuspitzt hat. In der »Polykratie rivalisierender Machtzentren«, von der Wehler mit Blick auf das späte Kaiserreich einmal gesprochen hat, gab es viele Konzepte, aber wenig Implementation. Gesetzliche Verschärfungen des Koalitionsrechts, die man versuchte, brachte man nicht mehr durch. Umgekehrt fand man keinen Zugang zur gesetzlichen Regelung des Tarifvertrags und zu einer Arbeitskampfordnung, die mehr gewesen wäre als eine Quelle kollektiver Verbitterung. Über Arbeitskammern hat man im Reichstag beraten, kam aber auch da nicht zum Abschluss. Gewisse Veränderungen (Gewerbegerichte, Arbeiterausschüsse, vereinsrechtliche Liberalisierung) sollen nicht übersehen werden; sie drangen aber in den Kernbereich der kollektiven Ordnung nicht vor. Dieser Kernbereich blieb bis zum Systemende des wilhelminischen Deutschlands der Justiz vorbehalten, als ihre Prärogative und als ihre Last.

Bereits im Kaiserreich, am Ausgangspunkt der langen Justizialisierungslinie, hatte man zu konstatieren, dass es auch ohne den Gesetzgeber irgendwie gehen muss. Anders als auf der Insel wurde die Justiz nicht aus der Verantwortung entlassen, blieb aber mit dieser Verantwortung – in der obstruktiven Strafrechtspraxis wie in den späten Ansätzen zu einem reflexiven Koalitionsprivatrecht – weitestgehend allein. Was man aus dieser Führungsrolle machte, war gewiss nicht aller Ehren wert. Aber das ist nicht mehr wirklich wichtig. Werner Abelshauser hat vom Kaiserreich als Treibhaus der Institutionen[45] gesprochen, unserer Institutionen, wie man hinzufügen kann. Das justizialisierte kollektive Arbeitsrecht, die Verbindung von Richtermacht und kollektivem Verhandeln, ist in diesem Treibhaus ein bemerkenswertes Element.

Gerd Bender

44 Signifikant die Kontoversen im Verein für Sozialpolitik. Hierzu etwa Dieter Lindenlaub, Richtungskämpfe im Verein für Sozialpolitik, Wiesbaden 1967.

45 Werner Abelshauser, Kulturkampf. Der deutsche Weg in die Neue Wirtschaft und die amerikanische Herausforderung, Berlin 2003 (Abschnitte II und III).

III. Referential Field II: The World of Economy

Die Renaissance der (Handels-)Schiedsgerichtsbarkeit im 19. Jahrhundert als Ausdruck regulierter Selbstregulierung?

I. Einleitung

Die Motive zum Entwurf eines preußischen HGB stellten richtig fest, dass die Schiedsgerichtsbarkeit »ein von alten Zeiten hergebrachtes« Institut ist.[1] Die genauen Ursprünge der Schiedsgerichtsbarkeit liegen jedoch bis heute im Ungewissen. Der Meinung des Frankfurter Völkerrechtlers Karl Strupp, dass »die Geschichte der Schiedsgerichtsbarkeit [...] beinahe so alt [ist], wie die der Menschheit überhaupt«,[2] muss mit Zurückhaltung begegnet werden. Worauf Strupp hier verweist, mögen die Anfänge geordneter Streitbeilegungsmechanismen sein, entspricht unserem heutigen Verständnis nach aber wohl eher der Schlichtung, der Vermittlung oder der Mediation. Schiedsgerichtsbarkeit, d. h. rechtsverbindliche Entscheidung durch einen von den Parteien bestimmten Dritten, setzt hingegen bereits eine gewisse Vergesellschaftung des Rechtsprechungsanspruchs voraus. Nur in einer Gesellschaft, in der Mechanismen zur Verfügung stehen, um eine unwillige Streitpartei zur Beugung unter den

1 Entwurf eines Handelsgesetzbuchs für die preußischen Staaten nebst Motiven, Bd. 2, Berlin 1857, 586.

2 Karl Strupp, Die internationale Schiedsgerichtsbarkeit. Zwei Vorträge zur Einführung, Berlin und Leipzig 1914, 1; so bereits Wolfgang Heinrich Puchta, Das Institut der Schiedsrichter, nach seinem heutigen Gebrauche und seiner Brauchbarkeit für Abkürzung und Verminderung der Prozesse, Erlangen 1823, 5 f.; wohl beipflichtend Eugen Bucher, Was macht den Schiedsrichter? Abschied vom »Schiedsrichtervertrag« – und Weiteres zu Prozessverträgen, in: Birgit Bachmann u. a. (Hg.), Grenzüberschreitungen. Beiträge zum Internationalen Verfahrensrecht und zur Schiedsgerichtsbarkeit. Festschrift für Peter Schlosser zum 70. Geburtstag, Tübingen 2005, 97–118, 105; differenzierend Sebastian Kneisel, Vom Internationalen zum Transnationalen Recht. Die Entstaatlichung der Schiedsgerichtsbarkeit, in: Carsten Bäcker / Stefan Baufeld (Hg.), Objektivität und Flexibilität im Recht, Stuttgart 2005, 157–170, 160.

Schiedsspruch zu bewegen, kann von Schiedsgerichtsbarkeit im modernen Sinne gesprochen werden.[3]

Spätestens seit Mitte des 19. Jahrhunderts geht man von einer bipolaren Rechtsgrundlage der Schiedsgerichtsbarkeit aus. Diese fußt zum einen in der Privatautonomie des Einzelnen, seine eigenen Angelegenheiten ohne (übermäßige) Einflussnahme des Staates zu regeln. Zum anderen findet sie ihren Ursprung aber im Rechtsstaatsprinzip und ihre rechtliche Zulässigkeit fungiert insofern (wie die staatliche Gerichtsbarkeit) als Ausgleich für das dem Einzelnen auferlegte Selbsthilfeverbot.[4] Gleichzeitig wirkt das Rechtsstaatsprinzip auch (und vornehmlich) als begrenzender Faktor auf die privatautonome Ausgestaltung der Schiedsgerichte. Aus dieser Doppelfunktion und der Notwendigkeit eines staatlichen Tätigwerdens für das Funktionieren der Schiedsgerichtsbarkeit – bspw. im Rahmen der Anerkennung und der Vollstreckung der Schiedssprüche – ergibt sich ein Regulierungsbedürfnis. Diese Regulierung hat dergestalt auszufallen, dass sie der Privatautonomie möglichst umfassend Rechnung trägt, der Schiedsgerichtsbarkeit die nötige Effizienz verleiht und dieser ausreichende Beschränkungen auferlegt, um die Rechtsstaatlichkeit des Verfahrens zu garantieren, deren sie bedarf, wenn der Staat ihr die Anerkennung verleihen soll. Hierbei fiel notwendigerweise die Antwort der jeweiligen historischen Gesetzgeber, ob der Privatautonomie (bzw. Parteiautonomie) oder der Rechtstaatlichkeit (resp. dem Schutz der Rechtsordnung) der Vorzug zu geben ist, unterschiedlich aus. Ab Mitte des 19. Jahrhunderts lässt sich jedoch eine klare legislatorische Präferenz für solche Schiedsgesetze ausmachen, die den Streitparteien immer größere Handlungsspielräume beließen,[5] wobei der Gesetzgeber hieran die Erwartung knüpfte, dass diese Handlungsspielräume durch die

3 So wohl auch Derek Roebuck, Ancient Greek Arbitration, Oxford 2001, 23; Wolfgang Sellert, Art. »Schiedsgericht«, in: HRG 4 (1990), 1386–1393, 1386. Im Stammesältesten oder -häuptling ist eher der Vorgänger des Richters als des Schiedsrichters zu sehen – hatte dieser doch seine »Rechtsprechungsgewalt« auf Grund seiner gesellschaftlichen Funktion und nicht auf Grund des Konsenses der Streitparteien. Verkürzt gesagt, ist die Schiedsgerichtsbarkeit nicht die Mutter des Gerichtsverfahrens. Beide haben sich vielmehr parallel entwickelt und gegenseitig befruchtet; vgl. auch Miroslav Boháček, Arbitration and State-Organized Tribunal in the Ancient Procedure of the Greeks and Romans, in: Iura 3 (1952), 191–215; Karl-Heinz Ziegler, Das private Schiedsgericht im antiken römischen Recht, München 1971, 5.

4 Siehe mit anderem Ergebnis Florian Nikolaus Rehm, Die Schiedsgerichtsbarkeit im Rechtssystem, Baden-Baden 2009, insb. 133 ff.

5 Vgl. einführend Knut Wolfgang Nörr / Kerstin Schlecht, Zur Entwicklung der Schiedsgerichtsbarkeit in Deutschland. Gesetze und Entwürfe des 19. Jahrhunderts, in: Vito Piergiovanni (Hg.), From *lex mercatoria* to commercial law, Berlin 2005, 165–182.

Streitparteien mittels Regelungen in den Schiedsvereinbarungen oder durch andere Akteure konkretisiert werden.

II. Historische Grundlagen der Schiedsgerichtsbarkeit und Rezeption im Römisch-Deutschen Reich

Um diesen reformierenden Ansatz des 19. Jahrhunderts einordnen zu können, erscheint es notwendig, zunächst einen kurzen Blick auf die vorangegangene Evolution der Schiedsgerichtsbarkeit zu werfen.

1. Ursprünge der Schiedsgerichtsbarkeit

Die Geburtsstätte der (privaten) Schiedsgerichtsbarkeit scheint in Mesopotamien zu liegen, wo die Assyrer wohl bereits im 19. Jahrhundert v. Chr. geregelte Schiedsverfahren kannten. Man könnte zugespitzt sagen, dass die vormoderne Schiedsgerichtsbarkeit vom 19. bis ins 19. Jahrhundert währte. Obgleich davon ausgegangen werden muss, dass bereits zu diesem Zeitpunkt das Schiedsverfahren keineswegs nur bruchstückhaft geregelt, sondern im Gegenteil sehr facettenreich ausgestaltet war,[6] liegt diese Periode aus Mangel an Quellen doch weitgehend im Dunkeln. Gleiches gilt in schwächerer Weise auch für die Schiedsgerichtsbarkeit im antiken Griechenland.[7] Der uns bekannte Ursprung der heutigen Schiedsgerichtsbarkeit ist im römischen Recht zu verorten.

Dreh- und Angelpunkt der römischen Schiedsgerichtsbarkeit – und mithin auch der späteren deutschen Schiedsgerichtsbarkeit nach dem Gemeinen Recht – war das von Otto Lenel rekonstruierte prätorische Edikt Tit. XI § 48:

> »Qui arbitrium pecunia compromissa receperit, eum sententiam dicere cogam.«[8]

6 Siehe insb. den Aufsatz Sophie Lafont, L'arbitrage en Mésopotamie, in: Rev. arb. 2000, 557–590; aber auch Thomas Clay, L'arbitre, Paris 2001, Rdn. 5. Schlichtweg falsch insofern von Lindheim, der behauptet, dass es das römische Recht war, welches für das Schiedsverfahren die ersten gesetzlichen Normen aufstellte, Alfred von Lindheim, Das Schiedsgericht im modernen Civilprocesse, Wien 1891, 13.

7 Für einen ersten Zugriff Stawros G. Huwardas, Über die Vergleiche und die privaten Schiedssprüche nach attischem Recht, in: Zeitschrift für vergleichende Rechtswissenschaft 49 [1934], 289–335; Julie Velissaropoulos-Karakostas, L'arbitrage dans la Grèce antique. Époque archaïque et classique, in: Revue de l'arbitrage 2000, 9–26; Derek Roebuck, Ancient Greek Arbitration, Oxford 2001, 23.

8 Otto Lenel, Das Edictum Perpetuum – Ein Versuch zu dessen Wiederherstellung, 1. Aufl., Leipzig 1883, 103. Ziegler weist darauf hin, dass Lenel das entsprechende Edikt aus zwei Ulpian Kommentaren, nämlich Dig.4.8.3.2 (Ulpian 13) und Dig.4.8.15 (Ulpian 13), rekonstruiert, vgl. Ziegler, Schiedsgericht

Der Prätor versprach also, dass er denjenigen, der das Amt eines Schiedsrichters übernimmt (*qui arbitrium receperit*), allerdings nur wenn die Schiedsparteien sich eine Vertragsstrafe versprochen haben (*pecunia compromissa*), zur Fällung eines Schiedsspruches (*sententiam dicere*) zwingen (*cogere*) wird. Entscheidend ist hierbei, dass der Prätor den Schiedsparteien keine Klage (*actio*) gegen den säumigen Schiedsrichter zugesteht, sondern der Prätor selbst unmittelbar gegen den Schiedsrichter vorgeht.[9]

2. Rezeption und späterer Niedergang der Schiedsgerichtsbarkeit im 18. Jahrhundert

In Deutschland fand das Institut des Schiedsgerichts ab seiner Rezeption im 13. Jahrhundert[10] ausgedehnte Anwendung.[11] So finden sich ab ca. 1150 Tausende von Urkunden, in denen Schiedsabreden, Schiedsvergleiche und Schiedssprüche dokumentiert werden.[12] Unabhängig von der Frage, ob es sich hierbei jeweils um private Schiedsgerichtsbarkeit im modernen Sinne handelte oder nicht doch eher um Schlichtung oder andere Streitbeilegungsmechanismen, zeigt sich hier ein gehöriges Bedürfnis der Menschen dieser Zeit, Rechtsstreite auf anderem Wege zu beenden als über den Weg zu den staatlichen Gerichten. Dieser Umstand mag sich – nach viel wiederholter Ansicht – besonders durch

(Fn. 3), Fn. 6; in identischer Form wurde der Ediktentitel bereits von Adolf Friedrich August Rudorff, De iuris dictione edictum. Edicti perpetui quae reliqua sunt, Leipzig 1869, § 46 rekonstruiert.

9 Patrick M. M. Lane, The Appointment of an Arbitrator – Contract or Status, in: Arbitration and Dispute Resolution Law Journal 1994, 91–95, 91 a. E.; vgl. auch Jens Gal, Die Haftung des Schiedsrichters in der internationalen Handelsschiedsgerichtsbarkeit, Tübingen 2009, 15 ff. und 121 ff.

10 Krause verortet die Anfänge der Schiedsgerichtsbarkeit in Deutschland bereits in der germanisch-fränkische Zeit, vgl. Hermann Krause, Die geschichtliche Entwicklung des Schiedsgerichtswesens in Deutschland, Berlin 1930, 3 ff. In dem Verfahren [der Streitgedinge], welches er als Schiedsgerichtsbarkeit begreift, vermag eine solche jedoch nur schwerlich erkannt werden; so auch Sellert, Schiedsgericht (Fn. 3), 1386; vgl. auch v. Lindheim, Schiedsgericht (Fn. 6), 13 f.

11 Die Schiedsgerichtsbarkeit scheint auf Grund italienisch-kirchlichen Einflusses in Deutschland aufgekommen zu sein, vgl. Gerhard Köbler, Art. »Schiedsgericht«, in: Zielwörterbuch europäischer Rechtsgeschichte, 4. Aufl., Gießen 2007, 698. In der Tat finden sich ab dem 13./14. Jahrhundert Dokumente, die in Italien studierte Deutsche als Schiedsrichter ausweisen, vgl. v. Lindheim, Schiedsgericht (Fn. 6), 14; Michael Kobler, Das Schiedsgerichtswesen nach bayrischen Quellen des Mittelalters, München 1967, 113 f.

12 Karl S. Bader, Arbiter arbitrator seu amicabilis compositor – Zur Verbreitung einer kanonischen Formel in Gebieten nördlich der Alpen, in: Zeitschrift der Savigny-Stiftung für Rechtsgeschichte, Kanonistische Abteilung 46 (1960), 239–276, 239 f.

die rechtlichen und politischen Verhältnisse im Heiligen Römischen Reich Deutscher Nation während des Mittelalters erklären lassen, also mit dem Zerfall der kaiserlichen Jurisdiktionsgewalt.[13] Aber auch andere Faktoren dürften hier eine entscheidende Rolle gespielt haben – wie das Ziel bestimmten zwingenden Rechtsfolgen des (geschriebenen) Rechts, der immanenten Rechtsunsicherheit und den langen Prozessfristen sowie den unübersichtlichen Zuständigkeitsregeln der einzelnen Gerichte zu entgehen.[14]

Parallel zur Herausarbeitung der Schiedsgerichtsbarkeit auf Grundlage des Gemeinen Rechts (und des kanonischen Rechts[15]) durch die Lehre[16] – wobei sogar einige Monographien sich mit dem Thema beschäftigten[17] – wurde das Institut der Schiedsgerichtsbarkeit auch auf der Ebene der Reichsstädte und Partikularstaaten behandelt. So bildeten mehrere Partikularrechtsordnungen zu dieser Zeit das prätorische Edikt nach und näherten das Verhältnis der Parteien zum Schiedsrichter wieder der klassischen römischen Rechtslage an. So sah das

13 Paul Caspers, Der Güte- und Schiedsgedanke im kirchlichen Zivilgerichtsverfahren. Eine kirchenrechtliche Untersuchung über das Wesen der episcopalis audientia, Düsseldorf 1954, 62; Philipp Sebastian Heigl, Das Deutsche Schiedsverfahrensrecht von 1998 im Vergleich zum English Arbitration Act 1996, Frankfurt am Main u. a. 2000, 15.

14 Vgl. rechtshistorisch Gary B. Born, International Commercial Arbitration, Bd. 1, Alphen aan den Rijn u. a. 2009, 31 f. m. w. N.

15 Im kanonischen Recht nimmt die Schiedsgerichtsbarkeit eine vom römischen Recht losgelöste beziehungsweise unabhängige Entwicklung, wobei die kanonische Schiedsgerichtsbarkeit in den meisten Fällen der Schlichtung bzw. Vermittlung ähnelt und keine echte Schiedsgerichtsbarkeit im modernen Sinne darstellte; vgl. hierzu Gal, Haftung (Fn. 9), 19 ff.

16 Vgl. bspw. Loys Charondas, *recte* Louis Le Caron, Codicis D[omini] Ivstiniani Sacratiss[imi] Principis PP. Avg. Repetitæ Prælectionis Lib[ri] XII, Antwerpen 1575, 118 f.; Antonius Contius, *recte* Antoine Leconte, Disputationum iuris civilis, Bd. 1, Frankfurt 1595, 35 f.; Antonius Faber, *recte* Antoine Favre, Rationalia in Pandectas, Saint-Gervais 1604, 748 ff.; für einen Überblick siehe *Anonymus*, Art. »Arbiter«, in: Johann Heinrich Zedler (Hg.), Grosses vollständiges Universal-Lexicon etc., Bd. 2: An-Az, Halle / Leipzig 1732, 1154–1159.

17 Johann Jacob von Ryssel / Johann Heinrich Dürfeld, De Arbitro Compromissario, Leipzig 1663 (dies entspricht nach heutigem Verständnis allerdings eher einem Schiedsgutachten oder einer Schlichtung); Georg Gottlieb Ritter / Johann Georg Drezel, De Compromissis Fori Germanici in Judicem Competentem Factis, Altdorf 1693, 12 ff. *et passim*, im Schwerpunkt allerdings zu Gerichtsstandsklauseln; Wolfgang Adam Lauterbach / Wolfgang Heinrich von Gölnitz / Enoch Heiland, De Arbitris Compromissariis, Tübingen 1675; spätere Monografien zum Gemeinen Recht sind bspw. Wilhelm André, Gemeinrechtliche Grundzüge I. der Schiedsgerichte II. des Wasserrechts im Anschluß an das hannoveranische Gesetz vom 22. August 1847, Jena 1860; Leopold Kurz, Streitentscheidung durch Schiedsrichter. Nach den Quellen des gemeinen Rechts, München 1866.

Augsburger Stadtrecht um ca. 1276 vor, dass, »wolten aber die scheitlute das verziehen, das sie den kriech niht schieden, so mag in der vogt oder der burggrafe … wol gebieten das sie den kriech scheiden«. Ähnlich formuliert das Münchner Stadtrecht von 1347, wie säumige Schiedsrichter zu behandeln sind: »Ob sie des nicht tuon wollten durch ir paider willen, so sol sie der richter darzu benötigen.«[18] Noch 1564 sah das Nürnberger Stadtrecht vor, »[wv]rde aber ainer oder mer / auf vorgeend ersuchen / den Hindergang auf sich nemen / vnd den Außspruch zuthun bewilligen / So sollen sie demselben vnwaigerlich nachkommen / vnd mu^e^gen durch den ordenlichen Richter / wo nit erhebliche vrsachen vorhanden / darzu gehalten werden.«[19] Für die Reichsstadt Frankfurt wird noch im 17. Jahrhundert konstatiert, dass deren Kaufleute (in Wechselsachen) regen Gebrauch von der Schiedsgerichtsbarkeit machen.[20] Aber auch in anderen Rechtsstreitigkeiten war in Frankfurt (und anderen deutschen Städten) die Schiedsgerichtsbarkeit immer noch verbreitet.[21]

Nach dieser Blütezeit der Schiedsgerichtsbarkeit im Spätmittelalter und der frühen Neuzeit, in der sich das Institut beträchtlich entwickelte, folgte jedoch der allmähliche Niedergang des Schiedswesens. Hierfür mag zum einen das sich verbessernde Gerichtswesen verantwortlich sein.[22] Hauptsächlich dürfte die Ursache aber im Aufkommen der absolutistischen, kontrollierenden National-

18 Beide Beispiele entnommen bei Krause, Entwicklung (Fn. 10), 29.

19 Tit. 9,2 (§ 2) Der Stat Nurmberg verneute Reformation, [Nürnberg] 1564.

20 Johann Martin Vogt, Tractatus analyticus de Cambiis etc., Gießen 1658, 206 f.; diesen zitierend Johann Jakob Heydiger, Kurtze Anleitung zu gründlichem Verstand des Wechsel-Rechts etc., Köln 1715, 114.

21 Ein Beispiel eines Frankfurter Schiedsverfahrens wird geschildert bei Gabriele Marcussen-Gwiazda, Die Liquidation der Juwelenhandlung des Daniel de Briers in Frankfurt am Main. Ein Beitrag zu konsensualen Konfliktlösungsstrategien bei Handelsstreitigkeiten im nordwesteuropäischen Kontext, in: Anja Amend u. a. (Hg.), Die Reichsstadt Frankfurt als Rechts- und Gerichtslandschaft im Römisch-Deutschen Reich, München 2008, 165–183. Das hier zur Anwendung kommende Verfahren wird zwar als Streitschlichtung mittels Compromissarien beschrieben, in Ansehung der Vereinbarung, »in keinerley weis gegen den Ausspruch der guthen Männer zuethun oder zuehandeln, weder inn- noch außerhalb Rechtens Begehren und Ersuchen darumb alle Herren und Richter uns kein gehör zu geben noch Processen zu gestatten« (ebenda, 177), wird aber deutlich, dass dies nach heutigem Verständnis der Schiedsgerichtsbarkeit entsprach.

22 Im Kontrast zur stetig wachsenden Qualität der Gerichtsurteile mag dann auch die deutsche Rechtsparömie »Geh nicht in ein Kompromiss, du verlierst die Sach' gewiss« entstanden sein; vgl. Otto Averdieck, Die Haftung des Schiedsrichters für einen unrichtigen Schiedsspruch nach gemeinem Recht und nach Bürgerlichem Gesetzbuche, Leipzig 1904, 91; Conrad Bornhak, Schiedsvertrag und Schiedsgericht nach geschichtlicher Entwicklung und geltendem Recht, in: Zeitschrift für deutschen Zivilprozeß 30 (1902), 1–46, 17.

staaten liegen.[23] Letztlich ist die Schiedsgerichtsbarkeit historisch betrachtet und auch heute noch ein Ausdruck der Autonomie des Einzelnen gegenüber dem staatlichen Einfluss,[24] so dass es nur wenig verwundert, dass beispielsweise der auf Kontrolle bedachte preußische Staat dieser Form der Streitbeilegung eher reserviert gegenüberstand.[25] Dies geht so weit, dass Wolfgang Puchta 1823 in einer dem Schiedswesen gewidmeten Monographie konstatiert: »Und so hat es denn nur noch, gleich einem alten Armaturstück in einem Zeughaufe, in den Gesetzen und Prozeßordnungen seinen angewiesenen Platz, um für den Fall, daß es doch etwa einmal jemand einfallen möchte, davon Gebrauch zu machen, bei der Hand zu seyn.«[26] Noch dreißig Jahre später konstatiert Christian Friedrich Koch, dass das Institut der Schiedsgerichtsbarkeit zwar gesetzgeberisch in Preußen aufgenommen wurde, aber »fast ganz außer Gebrauch« gekommen sei.[27] Vergleichbare Feststellungen finden sich in dieser Zeit auch für andere Partikularrechtsordnungen.[28] Die Erklärungsansätze für diesen Niedergang sind zahlreich. Das Schiedsgerichtswesen auf Grundlage des Gemeinen Rechts wurde als rechtsunsicher und kompliziert empfunden.[29] Dies war jedoch kein Spezi-

23 Vgl. PUCHTA, Schiedsrichter (Fn. 2), 5, 12, 35, 43, 44 f., 46 f. *et passim*, der als Zeitgenosse geradezu beispielhaft in der Ablehnung des Instituts ist.

24 ISTVAN RUDNAY, Die Haftung aus dem Schiedsrichtervertrag, Diss. Univ. Wien 2002, 11.

25 JULIUS ALBERT GRUCHOT, Beiträge zur Lehre von der Entscheidung der Rechtsstreitigkeiten durch Schiedsrichter, in: Gruchot's Beiträge 16 (1872), 1–54, 5, spricht für Preußen von lediglicher Duldung; siehe auch KRAUSE, Entwicklung (Fn. 10), 61 ff.

26 PUCHTA, Schiedsrichter (Fn. 2), S. 67; zustimmend noch AVERDIECK (Fn. 22), S. 93. Aus heutiger Sicht ist diese Einschätzung, dass das Institut ein Mechanismus der Vergangenheit sei, eindeutig widerlegt und sie sei mit einem Zitat von Lambert Matray beantworten: »L'arbitrage appartient au passé, au présent et à l'avenir. Ce qui frappe en lui c'est sa permanence«, LAMBERT MATRAY, Quelques problèmes de l'arbitrage commercial international (doctrine et jurisprudence), in: ders. / GEORGES DE LEVAL (Hg.), L'arbitrage – Travaux offerts au professeur Albert Fettweis, [Brüssel 1989], 289–336, 289.

27 CHRISTIAN FRIEDRICH KOCH, Der Preußische Civil-Prozeß, 2. Aufl., Berlin 1855, 6.

28 BURCHARD WILHELM PFEIFFER, Der praktische Gebrauch und Nutzen der Schiedsgerichte in einzelnen Streitfällen. An einem, auch materiell nicht uninteressanten, Rechtsfalle erläutert, in: Zeitschrift für Civilrecht und Proceß, N. F. 3 (1847), 48–86, 50: »des heute allerdings selten gewordenen Gebrauchs der Schiedsgerichte«; NICOLAUS THADDÄUS VON GÖNNER, Entwurf eines Gesetzbuches über das gerichtliche Verfahren in bürgerlichen Rechtssachen, 2. Bd.: Motive, 1. Abt., Erlangen 1815, 139: »welches aber dieses Ziel [sc. Minderung und Abkürzung der Prozesse] nach seiner bisherigen Behandlung nicht mehr erreicht, daher beinah veraltet ist«.

29 PFEIFFER, Schiedsgerichte (Fn. 28), 50 ergänzt dies noch dahingehend, dass die mittlerweile eingetretene Unwissenheit des Rechtsverkehrs vom Institut als Hauptursache für den Niedergang auszumachen sei.

fikum dieser Zeit und kann insofern nicht erklären, warum gerade im 18. und beginnenden 19. Jahrhundert die Verwendung der Schiedsgerichtsbarkeit ihren Tiefpunkt erreichte. Auch das verbesserte Gerichtswesen erscheint als unzulänglicher Erklärungsansatz,[30] da gerade im Hinblick auf die Handelsgerichtsbarkeit durch die Zeitgenossen noch einiges bemängelt wurde.[31] Naheliegend scheint es, hier das Aufkommen des absolutistischen Staates als entscheidenden Faktor zu erkennen.[32] Auch diese Erklärung greift jedoch zu kurz, wenn hiermit nur Bezug genommen wird auf die angebliche Ablehnung der Schiedsgerichtsbarkeit durch den absolutistischen Staat.[33] Entscheidend ist vielmehr, dass diese mutmaßliche Ablehnung sich auch in einigen gesetzlichen Bestimmungen zeigte, die die Vorzüge der Schiedsgerichtsbarkeit entscheidend beschnitten. Hierbei sind besonders zwei Punkte zu nennen: Zum einen wurde nach vielen Landesrechten den ordentlichen Gerichtsverfahren eine Güteverhandlung vorgeschaltet, in denen der staatliche Richter zudem darauf hinwirkte, dass die Parteien ihn zum Schiedsrichter bestimmen sollten.[34] Zum anderen, und dies scheint von entscheidenderer Bedeutung, wurden gegen sämtliche Schiedssprüche (unterschiedliche) Rechtsmittel zur ordentlichen Gerichtsbarkeit zugelassen.[35] Ein Beispiel hierfür bildet die Gerichtsordnung der Stadt Bremen von

30 So angedeutet bereits bei Puchta, Schiedsrichter (Fn. 2), 44 ff.

31 Zu den Auseinandersetzungen über die Einrichtung von Handelsgerichten bzw. Kammern für Handelssachen vgl. Wilhelm Silberschmidt, Die Entstehung des deutschen Handelsgerichts nach archivalischen Quellen dargestellt, Leipzig 1894; ders., Die deutsche Sondergerichtsbarkeit in Handels- und Gewerbesachen insbesondere seit der Französischen Revolution, Stuttgart 1904.

32 So Bornhak, Schiedsvertrag (Fn. 22), 26.

33 Krause, Entwicklung (Fn. 10), 62, vermag bspw. keine Belege für eine (generelle) Abneigung des absolutistischen Staates gegen die Schiedsgerichtsbarkeit zu finden.

34 Vgl. m. w. N. Gruchot (Fn. 25), 3 f. So bspw. auch Sellert, Schiedsgericht (Fn. 3), 1391.

35 Dies macht bereits Puchta, Schiedsrichter (Fn. 2), 47 als eines der gewichtigsten Probleme aus. Regulatorische Beispiele hierfür: § 274 Allgemeine Gerichtsordnung 1781 (für Böhmen, Mähren, Schlesien und Österreich); Teil 1 Titel 2 § 174 Allgemeine Gerichtsordnung für die Preußischen Staaten 1795; Anhang III Paragraph 52 Land-Recht des Großherzogthums Baden, Karlsruhe 1809 (allerdings jeweils mit einem Verzichtsrecht auf die Appellation). Eine vorherige Besonderheit bildete insofern in seiner Modernität Theil 5 Titel 1 § III des Rostocker Stadtrechts 1757, vgl. Rostocksches Stadt-Recht, Rostock 1757, 219: »Sind Schieds-Richter erwählet, die sollen ebener maßen nach Ordnung der Rechte verfahren, immittelst aber wider ihren Ausspruch überall kein remedium, es sey appellatio, restitutio in integrum, reductio ad arbitrium boni viri, protestatio intra decendium, querela nullitatis, oder wie es immer Nahmen haben mag, statt haben«; vgl. zur historischen Sonderstellung dieser Regelung auch Krause, Entwicklung (Fn. 10), 85.

1820, wo gemäß § 50 eine Appellation und eine Nichtigkeitsbeschwerde an das Obergericht stattfanden und auch eine Wiedereinsetzung in den vorherigen Stand möglich war (§ 51). Zumindest auf die Rechtsmittel der Nichtigkeitsbeschwerde und der Wiedereinsetzung in den vorherigen Stand konnte nicht im Schiedsvertrag verzichtet werden.[36] Durch diese Zulässigkeit einer *révision au fond* wurde das Schiedsverfahren zu einer Art Vorverfahren degradiert,[37] sodass die Vorteile der Verfahrensbeschleunigung, aber auch der sachgerechteren Entscheidung durch Fachleute nicht mehr vollumfänglich wirken konnten. Trotz aller reduzierten Anwendung der Schiedsgerichtsbarkeit ist jedoch darauf hinzuweisen, dass die Schiedsgerichtsbarkeit auch in dieser Zeit nicht völlig zum Erliegen kam. Und so erscheinen die deutschen Partikularstaaten dieser Periode ausländischen Wissenschaftlern als Beispiel für den ununterbrochenen Gebrauch der Schiedsgerichtsbarkeit, während sie in anderen Ländern beinahe überhaupt nicht mehr zur Anwendung kam.[38]

III. Renaissance der Schiedsgerichtsbarkeit im 19. Jahrhundert

Gegen Mitte des 19. Jahrhunderts fand jedoch, bedingt durch das Bedürfnis der Industrie und des Handels nach einem schnellen, kostengünstigen und fachkompetenten Streitentscheidungsmechanismus, eine zweite Renaissance der Schiedsgerichtsbarkeit statt.[39] So konstatieren die Motive zum Entwurf eines

36 Gerichtsordnung der freien Hansestadt Bremen, Bremen 1820, 16 f.; in der Entscheidung Reichsoberhandelsgericht, Senat I vom 23. Februar 1872, Capitain Perry ./. Wencke (Rep. 22/72), in: Entscheidungen des Reichsoberhandelsgerichts 4, 421–443, 429 f., wird dies für eine Besonderheit der bremischen Schiedsgerichtsbarkeit gehalten; vgl. auch Justin Thimotheus Balthasar Linde, Von dem Verzichte auf Rechtsmittel, in: Archiv für civilistische Praxis 14 (1831), 177–206, 191.

37 So auch Sellert, Schiedsgericht (Fn. 3), 1391; Krause, Entwicklung (Fn. 10), 64.

38 Vgl. Born, Arbitration (Fn. 14), Bd. 1, 49. Auch deutsche Wissenschaftler deuten teilweise in diese Richtung Walther Haeger, Schiedsgerichte für Rechtsstreitigkeiten der Handelswelt, Berlin 1910, 2 f.: »dass die Schiedsgerichte fast zu allen Zeiten von der Kaufmannschaft als ein dringendes Bedürfnis empfunden worden sind und dass auch die Gesetzgebung ihnen stets einen Platz neben den ordentlichen Gerichten eingeräumt hat«.

39 Bspw. Kurt Rosenfeld, Die Entwicklung des schiedsrichterlichen Verfahrens, Diss. Univ. Breslau [1927], 28; Alwin Lothar Kleemann, Das schiedsrichterliche Verfahren nach dem neuen Zivilprozeßrecht, Diss. Univ. Halle an der Saale 1926, 7. Die Geburtsstunde der Internationalen Handelsschiedsgerichtbarkeit in ihrer heutigen Form (als bevorzugter internationaler Streitbeilegungsmechanismus) dürfte hingegen später liegen; Dezalay und Garth nehmen als Bezugspunkt die großen Öl-Schiedsverfahren der 70er Jahre, Yves Dezalay/Bryant G. Garth, Dealing in Virtue. International Commercial Arbitration and the Construction of a Transnational Legal Order, Chicago/London 1996, 74 f. et passim.

preußischen Handelsgesetzbuches von 1857 bereits wieder, dass »gerade in Handelssachen von demselben [sc. dem Schiedsgericht] häufig Gebrauch gemacht« werde.[40]

Die Gründe hierfür liegen wohl einerseits im Wandel vieler der betrachteten Partikularstaaten von absolutistischen Regimen hin zu konstitutionellen Staaten. Dies spiegelte sich auch in der Gesetzgebung zur Schiedsgerichtsbarkeit wider, wobei auch das französische Verständnis, die Möglichkeit der Vereinbarung eines Schiedsgerichtes als Naturrecht anzusehen,[41] nachgewirkt haben mag. Bedeutender sind aber wohl andererseits der erhöhte Druck und die Initiativen der erstarkenden Kaufmannschaft gewesen, die auf die Etablierung effizienter und praxisgerechter Streitbeilegungsmechanismen drang.

Im letztgenannten Sinne stellt die zweite Renaissance der Schiedsgerichtsbarkeit eine Parallelentwicklung zum Kampf um die Handelsgerichtsbarkeit dar. So war es in dieser Periode eines der dringlichsten Anliegen der Industrie und des Handels, für Handelsstreitigkeiten eine eigenständige Gerichtsbarkeit zu etablieren, die insbesondere durch die Mitwirkung von Kaufleuten als Richter eine besondere Handelsexpertise aufweisen sollte. Nahezu sprichwörtlich ist hier das Eduard Gans'sche Bild von der Totgeburt des Handelsrechts

40 Entwurf eines Handelsgesetzbuchs für die preußischen Staaten nebst Motiven, Bd. 2, Berlin 1857, 587; in der Vorbemerkung wiederum wird von dem »für die Handelswelt so wichtigen Institute der Schiedsgerichte« gesprochen (ebenda, Bd. 1, Berlin 1857, XVII). August Bulmerincq, Von der Wahl und dem Verfahren des freiwilligen Schiedsgerichts. Eine theoretisch-praktische Erörterung, Dorpat 1849, IV, spricht beinahe zehn Jahre früher von einem »so häufig angewandte[n] Institut«. André, Gemeinrechtliche Grundzüge (Fn. 17), 59, stellt fest, dass ihm »im Gegenteil [zu Puchta] ziemlich viele Fälle von Schiedsverträgen und schiedsrichterlichen Verhandlungen bekannt« seien.

41 In Frankreich war die Schiedsgerichtsbarkeit zumindest unmittelbar nach der Revolution der wichtigste Streitbeilegungsmechanismus und drängte sogar die ordentliche Gerichtsbarkeit weit in den Hintergrund, Jean-Jacques Clère, L'arbitrage révolutionnaire. Apogée et déclin d'une institution (1790–1806), in: Revue de l'arbitrage 1981, 3–28, 3 *et passim*; Clay, L'arbitre (Fn. 6), 8. Siehe hierzu auch Tit. 1, Art. 1 des Décret sur l'organisation judiciaire vom 24. August 1790, abgedruckt in: Jean-Baptiste Duvergier (Hg.), Collection complète des lois, décrets, ordonnances, réglemens et avis du conseil d'état, Bd. 1, Paris 1824, 361–377, 362, in dem festgehalten wird, dass der Gesetzgeber keinerlei Maßnahmen treffen darf, die darauf abzielen, die Begünstigung oder die Effektivität der Schiedsvereinbarungen zu beschneiden, da es sich bei der Schiedsgerichtsbarkeit um das angemessenste Mittel handelt, um Rechtsstreitigkeiten zwischen den Bürgern zu beenden. Hieran anknüpfend wurde eine Beschneidung der Schiedsgerichtsbarkeit sogar verfassungsrechtlich untersagt, vgl. Tit. 3, chap. 5, art. 5 der Verfassung von 1791: »Le droit des citoyens, de terminer définitivement leurs contestations par la voie de l'arbitrage, ne peut recevoir aucune atteinte par les actes du Pouvoir législatif«.

geworden, das in der Forderung »Ohne Handelsgerichte kein Handelsrecht« kulminiert.[42] Jedoch konnte die Rechtsentwicklung hier kaum mit den Bedürfnissen und Forderungen des Handels Schritt halten. Beispielhaft mag die Entwicklung in Frankfurt am Main angeführt werden. Hier verweigerte der Senat (bzw. vormals das Generalgouvernement) von 1814 bis 1879 die Wünsche und Eingaben des Handlungsvorstandes bzw. später der Handelskammer auf maßgebliche Mitwirkung von Vertretern der Kaufmannschaft in eigenständigen Handelsgerichten.[43] Auch andernorts wurden entsprechende Wünsche von Industrie und Handel nur partiell erfüllt.[44]

Teilweise wurden gerade in Reaktion auf das Fehlen einer solchen Spezialgerichtsbarkeit besondere Schiedsgerichte gegründet oder Schiedsordnungen geschaffen. Ein späteres Beispiel hierfür bildet der Handelsverein Darmstadt, der 1867 ein solches ständiges Schiedsgericht errichtete, um nach eigenem Bekunden kurzfristige Abhilfe für die Abwesenheit eines Handelsgerichtes zu schaffen.[45] Die Beibehaltung alter und die Gründung neuer ständiger Schiedsgerichte wurde generell als ein Indiz für die fehlerhafte oder mangelnde Ausgestaltung der Handelsgerichtsbarkeit betrachtet.[46] Die bis zu diesem Zeitpunkt gebetsmühlenartig wiederholten Vorbehalte gegen die Schiedsgerichtsbarkeit – die in der Rechtsparömie »Geh nicht in ein Kompromiss, du verlierst die Sach' gewiss« gebündelt wurden – verloren hier an Bedeutung. Tatsächlich überwogen die Vorteile die vermeintlichen Gefahren für den Handel derart, dass die württembergischen Kaufleute bei Gründung des ständigen Schiedsgerichts des Handelsvereins konstatierten: »Für uns ist die Sache ein Lebensbedürfnis, wir wollen die Probe mit unserem Vermögen machen«.[47]

42 Eduard Gans, Über die Handlungsfirmen (Ein Gutachten), in: ders., Beiträge zur Revision der Preußischen Gesetzgebung, Berlin 1830–1832, 36–67, 37.

43 Vgl. hierzu Handelskammer zu Frankfurt am Main (Hg.), Geschichte der Handelskammer zu Frankfurt a. M. (1707–1908) – Beiträge zur Frankfurter Handelsgeschichte, Frankfurt 1908, 686 ff., 910 ff.

44 Vgl. umfassend Silberschmidt, Handelsgericht (Fn. 31) und ders., Sondergerichtsbarkeit (Fn. 31).

45 Jahresberichte der Großherzöglich Hessischen Handelskammer zu Darmstadt 1867/69, Darmstadt 1869, 4: »Der Zweck, den man bei der Gründung der fraglichen Einrichtung im Auge hatte, war auch lediglich der, dem dringendsten Bedürfnisse einstweilen Abhülfe zu leisten«.

46 So bspw. Anonymus, Deutsches Handelsrecht und Handelsgerichte, in: Georg Westermann (Hg.), Unsere Tage. Blicke aus der Zeit in die Zeit – Culturgeschichtliche Revué [sic!] in zwanglosen Heften, Bd. 6 (1864/1865), 372–381, 380, und bereits vorher Otto Lewald, Das Handelsgericht als Staatsinstitut und als Schiedsgericht. Praktisch dargestellt für Kaufleute, Berlin 1845, 40.

47 Zitiert nach Silberschmidt, Sondergerichtsbarkeit (Fn. 31), 165; Krause, Entwicklung (Fn. 10), 92.

Es wäre jedoch verkürzt, das Wiederaufkommen der Schiedsgerichtsbarkeit im 19. Jahrhundert allein als Reaktion auf staatliche Versäumnisse zu verstehen. Vielmehr zeigt sich in dieser Periode in Deutschland erstmals der Wille staatlicher Akteure, vermittelt durch die Schiedsgerichtsbarkeit bestimmte legislatorische Ziele zu erreichen.[48]

1. Reformierung der Schiedsverfahrensgesetze

Die Ablösung des absolutistischen durch den konstitutionellen Staat – der in vielen Fällen auch eine liberalere Grundausrichtung hatte – führte auch zu einer veränderten staatlichen Wahrnehmung der Schiedsgerichtsbarkeit. Ziel des Staates war es nicht mehr, das Leben der Untertanen möglichst detailliert zu regeln, was zwingend gewisse Ressentiments gegenüber der Schiedsgerichtsbarkeit bedeuten musste, in der sich die Bürger den staatlichen Gerichten und insofern auch der Regelungsmacht des Staates entzogen. Vielmehr ging es nunmehr um die Absteckung eines regulatorischen Rahmens, innerhalb dessen sich das Individuum – dem freien Spiel der Marktkräfte überlassen – selbst verwirklichen sollte. Auf die Schiedsgerichtsbarkeit übertragen hätte dies bedeutet, dass der Staat lediglich die Rahmenpunkte des geordneten Schiedsverfahrens hätte festsetzen dürfen und die Detailregelung den Parteien hätte überlassen müssen. Indes hat sich die liberale Idee in den Neuregelungen der Schiedsgerichtsbarkeit nicht vollumfänglich verwirklicht. So zeigen sich auch in den reformierten Gesetzen noch bestimmte Beschränkungen der Schiedsgerichtsbarkeit. Diese Vorschriften dienen jedoch nicht, wie man *prima facie* glauben mag, dazu, ein Kräftegleichgewicht zwischen starken und schwachen (Schieds-)Vertragsparteien herzustellen, wie dies beispielsweise bei der späteren AGB-Gesetzgebung der Fall war. Dem Spiel der Kräfte gegenüber blieb der Staat vielmehr unbeteiligt.[49] Die Beschränkungen der Schiedsgerichtsbarkeit – viele dieser Beschränkungen bestehen, *nota bene*, auch heute noch mit gutem Recht – dienten insofern nicht primär dem Schutz des Einzelnen, sondern dazu, die Durchsetzung des Restinteresses des Staates an der Kontrolle des Verfahrens und hierdurch der unterliegenden Rechtsverhältnisse zu sichern.

Dies vorausgeschickt zeigte sich im 19. Jahrhundert gleichwohl eine starke Tendenz, die Schiedsgerichtsbarkeit in einer Weise zu regeln, dass die Bürger diese mit möglichst größtem Nutzen verwendet konnten, wobei hier auch

48 Hierbei lassen sich allerdings noch keine expliziten wirtschaftspolititschen Ziele ausmachen, die Motive sind eher rechtspolitischer Natur, so auch Nörr/Schlecht (Fn. 5), 181 f.

49 Hierzu Krause, Entwicklung (Fn. 10), 97, 101.

immer wieder auf die freie Gestaltung durch die Parteien Bezug genommen wurde. So vermerken bereits die Motive zur badischen Zivilprozessordnung 1831, dass »[d]ie schiedsrichterliche Entscheidung [...] in der Prozeßgesetzgebung besonders begünstigt zu werden [verdient]« und schon von daher vor den gerichtlichen Verfahren geregelt werden soll, als ihr »das freie Vertrauen zu Grunde« liegt.[50] Die Motive zum Entwurf der bayrischen Zivilprozessordnung von 1861 stellen fest, dass die Vorschriften des Entwurfes über Schiedsgerichte »[a]uf Förderung möglichst freier Bewegung [...] berechnet« sind.[51] Auch die Motive zum Entwurf des preußischen HGB legten offen, dass die gesetzlichen Regelungen »auf Förderung des Instituts« zielen.[52] Und schließlich will auch die Reichs-Civilprozeßordnung von 1877 mit ihren Regelungen zur »gedeihlichen Entfaltung« des Rechtsinstituts beitragen.[53]

Aus zahlreichen der Reformgesetze und deren Motiven trat der Wille zutage, die Detailregulierung den interessierten Akteuren – und hierbei vorrangig den Schiedsparteien – zu überlassen. Hierzu mag als Beispiel dienen, dass die Schiedsverfahrensrechte immer mehr vom pandektischen Grundsatz abgingen, dass der Schiedsrichter bereits im Schiedsvertrag benannt sein müsse.[54] Dieses Verständnis führte letztlich dazu, dass eine im Voraus für eventuelle Streitigkeiten geschlossene Schiedsklausel kaum möglich war oder aber zumindest mit erheblichen Risiken behaftet blieb.[55] Dieser Ansatz, dass ein Schiedsvertrag ohne gleichzeitige Benennung der Schiedsrichter nichtig sei, fand sich beispielsweise noch in Art. 1006 des Code de Procédure Civile 1806 und § 195 S. 2 der Badischen Zivilprozessordnung 1831. Später erlassene Schiedsverfahrensgesetze gingen hingegen dazu über, es den Parteien zu überlassen, entweder die Schiedsrichter im Schiedsvertrag zu benennen, das Benennungsverfahren dort zu regeln oder aber auf die dispositiven Benennungsregeln der Gesetze zurück-

50 Georg von Weiler, Motive zum Entwurfe der Prozessordnung in bürgerlichen Rechtsstreitigkeiten für das Großherzogthum Baden, Karlsruhe 1831, 13.

51 Entwurf einer Prozeßordnung in bürgerlichen Rechtsstreitigkeiten für das Königreich Bayern, München 1861, 554.

52 Entwurf eines Handelsgesetzbuchs für die preußischen Staaten nebst Motiven, Bd. 2, Berlin 1857, 588.

53 Entwurf einer deutschen Civilprozessordnung nebst dem Entwurfe eines Einführungsgesetzes, Berlin 1872, 611.

54 Siehe bspw. Entwurf eines Handelsgesetzbuchs für die preußischen Staaten nebst Motiven, Bd. 2, Berlin 1857, 588.

55 Die Pandektenwissenschaft versuchte, dieses Problem der Unwirksamkeit von Schiedsabreden ohne Schiedsrichterbestellung dadurch zu entschärfen, dass in solchen ein Vertrag auf Abschluss eines Schiedsvertrages (*pactum de compromittendo*) gesehen wurde, wobei hieraus auch auf Abschluss der Schiedsvereinbarung geklagt werden konnte; vgl. Bernhard Windscheid, Lehrbuch des Pandektenrechts, Bd. 2, 6. Aufl., Frankfurt 1887, § 416.

zugreifen.[56] Auf diese Weise wurde einerseits den Parteien eine größere Regulierungsbefugnis hinsichtlich der Ausgestaltung des (Bestellungs-)Verfahrens zugestanden und andererseits wurde die Schiedsgerichtsbarkeit hierdurch erst zu einem Instrument umgestaltet, das auch sinnvoll im Voraus vereinbart werden konnte.

Diese wachsende Selbstregulierungskompetenz war jedoch nicht nur auf dem Papier durch zwingende Vorschriften der Schiedsverfahrensrechte reguliert. Vielmehr konnten damals wie heute unter bestimmten Voraussetzungen staatliche Gerichte den Schiedsspruch überprüfen und eventuell aufheben. In der betrachteten Phase war jedoch ein ständiges Zurückweichen der Gerichte in ihrer Überprüfungskompetenz zu konstatieren. Während zunächst jeder Schiedsspruch mittels ordentlicher Rechtsmittel vor den staatlichen Gerichten überprüft werden konnte (worauf die Parteien bei bestimmten Schiedsvereinbarungen noch nicht einmal verzichten durften[57]), wurden die Appellation und ähnliche Rechtsmittel spätestens ab Beginn des 19. Jahrhunderts insoweit zur Disposition der Streitparteien gestellt, als sie bereits im Schiedsvertrag auf diese verzichten konnten. Ein solches Verzichtsrecht auf die Appellation sahen beispielsweise die preußische Allgemeine Gerichtsordnung von 1795 und das Landrecht des Großherzogtums Baden von 1809 vor.[58] Baden hingegen stellte dieses Regel-Ausnahme-Verhältnis im Folgenden um, sodass in der badischen Zivilprozessordnung von 1831 die Appellation ausgeschlossen war, wenn sie nicht von den Parteien im Schiedsvertrag vorbehalten wurde.[59] Mit demselben Ergebnis regelte dies auch noch die bayrische Prozessordnung 1869.[60] Dies erschien schon weitaus schiedsfreundlicher, da ein Ausschluss von Rechtsmit-

56 Vgl. bspw. Art. 1319 und Artt. 1324 ff. Prozeßordnung in bürgerlichen Rechtsstreitigkeiten für das Königreich Bayern, 2. Abt., Würzburg 1869, 342 ff.; §§ 854 ff. Reichs-Civilprozeßordnung 1877.

57 Siehe bspw. Hermann Rehm, Die standesherrliche Schiedsgerichtsbarkeit – Ihre Zulässigkeit und ihre Grenzen im heutigen Recht, Straßburg 1912, 21.

58 Teil 1 Titel 2 § 174 Allgemeine Gerichtsordnung für die Preußischen Staaten 1795; Anhang III Paragraph 52 Land-Recht des Großherzogthums Baden, Karlsruhe 1809.

59 § 207 Prozess-Ordnung in bürgerlichen Rechtsstreitigkeiten für das Großherzogthum Baden, Karlsruhe 1832, 37; so auch noch § 1080 Prozessordnung für das Großherzogthum Baden 1864, in: Neue Justizgesetze für das Großherzogthum Baden, Bd. II, Karlsruhe 1864, 238. Die Motive sagen hierzu, dass die Appellationsmöglichkeit zwar bedungen werden kann, ansonsten aber nicht stattfindet, »weil das unbedingte Vertrauen auf den Schiedsspruch vermuthet werden muß«, vgl. v. Weiler, Motive (Fn. 50), 14. Diese Regelungsmechanik fand sich erstmals in Art. 362 des Loi sur la procédure civile pour le canton de Genève 1819.

60 Art. 1340 S. 1 Prozeßordnung in bürgerlichen Rechtsstreitigkeiten für das Königreich Bayern, 2. Abt., Würzburg 1869, 347.

teln widerleglich vermutet wurde.[61] Schließlich wurden solche Rechtsmittel endgültig für unzulässig erklärt, wobei unter Geltung der Reichs-Civilprozeßordnung 1877 nur noch im Rahmen des Aufhebungsverfahrens (§ 867) oder der Vollstreckungserklärung (§ 868) eine eingeschränkte Überprüfung der Schiedssprüche vorgenommen werden konnte.[62] Gerade in diesem Rückzug des Staates von der vollumfänglichen Überprüfung der Schiedssprüche zeigt sich die Übertragung der Regulierungsbefugnis auf andere Akteure. Dies waren vorrangig die Schiedsparteien, die das Verfahren ihren Interessen gemäß einzurichten hatten. Nachrangig waren hierzu jedoch auch die Schiedsrichter berufen, denen diese Kompetenz zukam, soweit die Parteien hierzu keine Bestimmungen vorgesehen hatten.[63]

2. Errichtung von ständigen Schiedsgerichten

Neben diese beiden »Regulierungsermächtigten« trat jedoch ein dritter Akteur. So ist es eine Besonderheit der Entwicklung der deutschen Schiedsgerichtsbarkeit im 19. Jahrhundert, dass eine ausgemachte Tendenz zur Errichtung sogenannter ständiger Schiedsgerichte bestand.[64] Im modernen Duktus unterscheidet man zwischen der ad hoc und der institutionellen Schiedsgerichtsbarkeit, also einerseits einem Schiedsverfahren, das völlig autonom zwischen den Parteien ausbedungen wird, und andererseits einem Verfahren, bei dem die administrative Unterstützung einer Schiedsorganisation (und deren Schieds-

61 Dies war schon von daher zu begrüßen, als deutsche Gerichte einen strengen Maßstab an das Vorliegen eines Rechtsmittelverzichtes in der Schiedsvereinbarung anlegten; so hat das Hofgericht Raststatt in einer Entscheidung unter Geltung des Land-Rechts des Großherzogtums Baden 1809 festgehalten, dass der Verzicht ausdrücklich zu erfolgen hat und die Formulierung »sollte ein Streit [...] entstehen, so verbinden sich hiermit die Associes, *nie bei irgend einer Gerichtsstelle Klage hierüber zu führen*, sondern Schiedsrichter zu ernennen, und sich deren Ausspruch zu unterwerfen« [Hervorhebung durch Verf.] dem nicht genüge, siehe in: Johann Baptist Bekk u. a. (Hg.), Annalen der Großherzoglich Badischen Gerichte 1 (1833), 365–367, 365.

62 Neben dieser kontinuierlichen Verkürzung der Rechtsmittel setzte auch noch ein Prozess der inhaltlichen Beschränkung der außerordentlichen Rechtsbehelfe ein, an dessen Ende nur noch die Aufhebung wegen einiger weniger Aufhebungsgründe möglich war; vgl. Nörr / Schlecht (Fn. 5), 175 ff.

63 Siehe bspw. § 1370 S. 2 Entwurf einer Prozeß-Ordnung in bürgerlichen Rechtsstreitigkeiten für den Preußischen Staat, Berlin 1864, 333; im Ansatz aber bereits § 200 Prozess-Ordnung in bürgerlichen Rechtsstreitigkeiten für das Großherzogthum Baden, Karlsruhe 1832, 36.

64 Born, Arbitration (Fn. 14), 50, verortet diese Entwicklung zwar etwas zu spät auf das Fin de Siècle, macht aber deutlich, dass es sich international hierbei um ein Unikum handelt.

verfahrensordnung) in Anspruch genommen wird.[65] Die ständigen Schiedsgerichte des 19. Jahrhundert sind (grundsätzlich) der modernen institutionellen Schiedsgerichtsbarkeit zuzuordnen oder dieser zumindest vergleichbar. Die meisten ständigen Schiedsgerichte unterschieden sich jedoch sowohl von der ad hoc als auch der institutionellen Schiedsgerichtsbarkeit der Gegenwart dadurch, dass das streitentscheidende Spruchorgan nicht für den Einzelfall konstituiert wurde, sondern eine feste Besetzung innehatte[66].[67] Erst später kamen ständige Schiedsgerichte hinzu, deren Besetzung nicht statisch war. Auch bei diesen wurden die Schiedsrichter jedoch nicht wie heute frei durch die Parteien bestimmt, sondern waren entweder durch die Parteien oder eine institutionelle Instanz von einer festgelegten Liste zu wählen.[68]

Ergänzend zu den Begriffen der ad hoc und institutionellen Schiedsgerichtsbarkeit kennt die modernere Terminologie noch die Vereins- und Verbandsschiedsgerichtsbarkeit.[69] Diese Begrifflichkeit sollte für die vorliegenden Betrachtung dahingehend zugespitzt verstanden werden, dass es hierbei in Abgrenzung zur vertraglich vereinbarten Schiedsgerichtsbarkeit[70] um satzungsmäßige Schiedsgerichte geht.[71] Auch dies traf auf einige der ständigen Schiedsgerichte der Zeit zu, sodass bestimmte Streitigkeiten ihrer Mitglieder unter-

65 Vgl. zur Unterscheidung einführend Rolf A. Schütze, Deutsches Internationales Zivilprozessrecht unter Einschluss des Europäischen Zivilprozessrechts, Berlin 2005, Rdn. 481 ff.

66 So bspw. die Kommission der Aeltesten der Kaufmannschaft Berlin; vgl. § 36 Statut für die Kaufmannschaft zu Berlin, Gesetz-Sammlung für die Königlichen Preußischen Staaten (PrGS) 1820, 46–59, 51.

67 Nach modernem Verständnis wäre ein solches statisch besetztes ständiges Schiedsgericht nach teilweise geäußerter Meinung nicht mehr als Schiedsgericht zu sehen; vgl. BGH, in: Neue juristische Wochenschrift 1995, 583–587, 587; Sonja Stommel, Die Vereins- und Verbandsgerichtsbarkeit unter besonderer Berücksichtigung der Berufsverbände, Münster u. a. 2002, 138 f. Zumindest aber würde die fehlende Mitwirkungsmöglichkeit, bei gleichzeitiger Bestellung durch eine nicht-neutrale Instanz eine Verletzung des Anspruchs auf ein faires Verfahren darstellen, sodass der Schiedsspruch aufhebbar wäre.

68 Siehe bspw. für die Modi der Schiedsrichterbestellung für die ständigen Schiedsgerichte in Berlin: Berliner Jahrbuch für Handel und Industrie 1908, Bd. 1, 668.

69 Diesen Terminus verwenden und definieren bspw. Rolf A. Schütze, in: ders. / Dieter Tscherning / Walter Wais, Handbuch des Schiedsverfahrens, 2. Aufl., Berlin / New York 1990, Rdn. 21 ff.; Jens-Peter Lachmann, Handbuch für die Schiedsgerichtspraxis, 3. Aufl., Köln 2008, Rdn. 25 ff.

70 Also durch Abschluss einer nicht in einer Satzung oder ähnlichem Rechtsinstrument enthaltenen Schiedsvereinbarung; vgl. zum Themenkomplex Lachmann, Handbuch (Fn. 69), Rdn. 263 ff.

71 Vgl. hierzu bspw. Münch, in: Thomas Rauscher u. a. (Hg.), Münchener Kommentar zur Zivilprozessordnung, 3. Aufl., München 2008, § 1066 Rdn. 8 ff.

einander oder mit dem Interessenverband zwingend der Zuständigkeit eines ständigen Schiedsgerichts zugewiesen wurden.[72]

Als Ausgangspunkt der gesamten Entwicklung wird vielfach das von König Friedrich Wilhelm am 2. März 1820 – nach zähem Ringen[73] – erlassene Statut der Kaufmannschaft zu Berlin angesehen.[74] § 36 lit. a des Statuts bestimmte, dass die Aeltesten der Kaufmannschaft – d. h. das frei gewählte, einundzwanzigköpfige Vorstandsgremium (vgl. §§ 17 ff. des Statuts)[75] – aus ihrer Mitte eine siebenköpfige Kommission zu wählen haben, die als Schiedsgericht fungieren soll, wenn Streitparteien freiwillig eine Schiedsvereinbarung mit dieser als Schiedsrichter abschließen.[76] Die Kommission der Aeltesten der Berliner Kaufmannschaft war insofern ein ständiges Schiedsgericht im wahren Wortsinn – seine Mitglieder waren nicht durch die Parteien frei bestimmbar, sondern auf ein Jahr konstant gewählt. Sie war jedoch als rein fakultatives Schiedsgericht ausgestaltet, sodass die Mitglieder der Korporation der Kaufmannschaft zu Berlin (rechtlich) frei entscheiden konnten, ob sie einen Streit vor dieses ständige Schiedsgericht oder die staatlichen Gerichte bringen wollten.[77] Seinem Gepräge nach war die schiedsrichterliche Kommission für Rechtsstreitigkeiten Berliner Kaufleute bestimmt, wobei jedoch aus dem Statut keine Beschränkung

72 Bspw. § 1 Convention der Mietglieder des Vereins der Buchhändler zu Stuttgart betreffend die Niedersetzung eines Schiedsgerichts vom 10. Juni 1841, in: Allgemeine Press-Zeitung 1842, 729–731, 729.

73 Siehe hierzu Christoph Biggeleben, Das »Bollwerk des Bürgertums«. Die Berliner Kaufmannschaft 1870–1920, München 2006, 68 ff.

74 Gesetz-Sammlung für die Königlichen Preußischen Staaten (PrGS) 1820, 46 ff.; für eine zeitgenössische Würdigung Lewald, Handelsgericht (Fn. 46), 40 *et passim*; als Scheitelpunkt der Entwicklung sehen dies bspw. Köbler, Schiedsgericht (Fn. 11), 698; Sellert, Schiedsgericht (Fn. 3), 1392.

75 Biggeleben (Fn. 73), 28, macht dies als eine Besonderheit des preußischen Handelskammermodells aus. Erweiternd ist dies jedoch ein typprägendes Merkmal der Kaufmännischen Korporation im Gegensatz zur Handelskammern französischer Prägung; vgl. Martin Will, Selbstverwaltung der Wirtschaft: Recht und Geschichte der Selbstverwaltung in den Industrie- und Handelskammern, Handwerksinnungen, Kreishandwerkschaften, Handwerkskammern und Landwirtschaftskammern, Tübingen 2010, 269.

76 Eine gewisse Vorläuferfunktion mag hier das Börsen-Reglement von 1805 gehabt haben, in dessen Art. 1 allerdings kein ständiges Schiedsgericht konstituiert wurde, sondern lediglich statuiert wurde, dass die vier Börsenvorsteher einen Antrag auf Übernahme eines Schiedsrichteramtes nicht ablehnen dürfen; Börsen-Reglement für die Kaufmannschaft und vereinigte Börsen-Corporation von Berlin vom 15. Juli 1805, in: Allgemeine Juristische Monatsschrift für die Preußischen Staaten 1 (1805), 452–460, 453.

77 Preußisches Obertribunal, Ellissen ./. Kuczynski (IV. Senat vom 2. Mai 1861), in: Theodor Striethorst (Hg.), Archiv für Rechtsfälle, die zur Entscheidung des Königlichen Ober-Tribunals gelangt sind, N. F. 4 (1861), 363–366.

hierauf hervorging, sodass das Preußische Obertribunal es für möglich hielt, auch Streitigkeiten mit fremder Beteiligung vor die Kommission zu bringen.[78]

Dieses Beispiel machte Schule.[79] In der Folge errichteten viele (der neugegründeten) Handelskammern oder äquivalente Körperschaften[80] ähnliche ständige Schiedsgerichte. In Preußen waren dies beispielsweise 1821 die Vorsteher der Korporation der Kaufmannschaft von Stettin;[81] 1822 die Aeltesten der Korporation der Kaufmannschaft von Danzig,[82] 1823 die Kommission der Aeltesten der Kaufmannschaft von Tilsit[83] und 1824 die Aeltesten der Kaufmannschaft von Elbing[84].[85] Eine interessante Volte bietet Breslau, wo sich die Generalversammlung des Handelsstandes 1847 gegen die Errichtung eines Handelsgerichts nach dem neuen Gesetz wegen Errichtung von Handelsgerichten entschied, solange kein auf einfachen Prinzipien basierendes Handelsgesetzbuch geschaffen wurde, und stattdessen ein ständiges Schiedsgericht aus der Wiege heben wollte.[86]

78 Preußisches Obertribunal (Fn. 77), 364, wobei bei diesen *obiter dicta* gemachten Ausführungen unklar bleibt, ob es – was wohl der Ansicht des Obertribunals entsprach – zumindest eines Berliner Korporierten Beteiligten bedurfte; in diese Richtung auch die Aeltesten zitiert in: Lewald, Handelsgericht (Fn. 46), 45 f.

79 Als erfolgreiche Beispiele ständiger Schiedsgerichte galten hierbei neben Berlin auch noch Stettin, Breslau und Danzig, so Silberschmidt, Sondergerichtsbarkeit (Fn. 31), 116.

80 Zu den preußischen Handelskammern und dem durch ihre Gründung angestoßenen Selbstregulierungsprozess Boris Gehlen, Selbstregulierung der Wirtschaft als evolutorischer Prozess. Die preußischen Handelskammern zwischen staatlichem Auftrag und regionaler Interessenorganisation (ca. 1800 bis 1870), in: Peter Collin u. a. (Hg.), Selbstregulierung im 19. Jahrhundert – zwischen Autonomie und staatlichen Steuerungsansprüchen, Frankfurt 2011, 253–273.

81 § 39 lit. a des Statuts für die Kaufmannschaft von Stettin (PrGS 1821, 194–212, 202).

82 § 54 lit. a des Statuts für die Kaufmannschaft von Danzig (PrGS 1822, 130–143, 136).

83 § 53 lit. a des Statuts für die Kaufmannschaft von Tilse (PrGS 1823, 77–91, 83): hier fehlen zwar die Verweise auf die Regelungen der preußischen Allgemeinen Gerichtsordnung zum Schiedsverfahren, es ist aber trotz der Bezeichnung als Vergleichsinstanz (so auch in den Statuten der anderen preußischen Korporationen) von einem echten ständigen Schiedsgericht auszugehen.

84 § 54 lit. a des Statuts für die Kaufmannschaft zu Elbing (PrGS 1824, 85–100, 92).

85 Die Vergleichs-Deputation der Kaufmannschaft von Magdeburg, § 70 ff. des Statuts für die Kaufmannschaft zu Magdeburg (PrGS 1825, 25–100, 34 f.), war hingegen kein ständiges Schiedsgericht, da sie tatsächlich nur Vergleiche zu vermitteln hatte. Die Statuten der Korporation von Memel und Königsberg sahen überhaupt keine Streitschlichtungsmechanismen vor, vgl. Krause, Entwicklung (Fn. 10), 91.

86 Anonymus, Bemerkungen über das Gesetz wegen Errichtung von Handelsgerichten vom 3. April 1847, in: Gräffs Archiv für das preußische Handels- und Wechselrecht 2 (1848), Hb. 1, 124–129, 126 ff.

Gemeinsam war allen diesen ständigen Schiedsgerichten, dass sie eine sachliche Zuständigkeit für Handelssachen hatten, durch die Streitparteien per Schiedsvertrag gewählt werden mussten und keine ergänzenden Verfahrensordnungen besaßen, sodass es bei den Regeln der preußischen Allgemeinen Gerichtsordnung (AGO) von 1795 blieb. Dies bedeutete insbesondere, dass gemäß Teil 1 Titel 2 § 173 f. AGO für den Fall, dass die Parteien die Berufung nicht ausdrücklich in der Schiedsvereinbarung ausgeschlossen hatten, eine solche an die staatlichen Gerichte möglich war.

Einen möglichen Ausweg aus diesem Dilemma zeichneten mehrere ständige Schiedsgerichte aus Württemberg vor. In vielerlei Hinsicht erstaunlich modern ist hierbei das Schiedsgericht des Vereins der Buchhändler zu Stuttgart. Deren Mitglieder verpflichteten sich in der Convention betreffend die Niedersetzung eines Schiedsgerichts[87] alle Streitigkeiten untereinander bis zu einem Streitwert von 2.000 Gulden zwingend vor das Schiedsgericht zu bringen (§ 1 S. 1), wobei auch bei übersteigenden Beträgen ein Einzelschiedsvertrag auf das Schiedsgericht geschlossen werden konnte (§ 1 S. 2) und das Schiedsgericht auch Nichtmitgliedern für buchhändlerische Streitigkeiten offenstand, solange ein Schiedsvertrag geschlossen wurde (§ 4).[88] In § 21 wurde schließlich festgelegt, dass gegen Aussprüche des Schiedsgerichts keine Appellation statthaft war. Hier zeigt sich die Wirkung der Convention als Schiedsordnung *avant la lettre*. Die Streitparteien mussten den Ausschluss der Berufung hier nicht in der Schiedsvereinbarung ausführen, es reichte eine Bezugnahme auf das Schiedsgericht der Stuttgarter Buchhändler, wodurch auch die Regelungen der diesbezüglichen Convention in die Schiedsvereinbarung inkorporiert wurden. Den gleichen Weg beschritt das 1843 gegründete Schiedsgericht des Württembergischen Handelsvereins, gegen dessen Schiedssprüche eine Berufung ebenfalls ausgeschlossen war.[89] Ungewöhnlich erscheint aus heutiger Sicht, dass die ständigen

87 Convention der Mitglieder des Vereins der Buchhändler zu Stuttgart betreffend die Niedersetzung eines Schiedsgerichts vom 10. Juni 1841, in: Allgemeine Press-Zeitung 1842, 729–731.

88 Lewald, Handelsgericht (Fn. 46), 46, kritisiert diese Öffnung für einen Streit zwischen zwei Nicht-Mitglieder als überbordend. Aus heutiger Sicht erscheint aber gerade diese Tendenz des Schiedsgerichts, seine Kompetenz nicht regional zu begrenzen, als besonders modern.

89 § 34 der Statuten des Württembergischen Handelsvereins vom 29. Oktober 1843, in: Allgemeines Organ für Handel und Gewerbe und damit verwandte Gegenstände 9 (1843), 630–631, 631. Silberschmidt, Sondergerichtsbarkeit (Fn. 31), 165 behauptet, dass durch die vorgenannte statuarische Vorschrift entgegenstehende Vereinbarungen (des Schiedsvertrages) ungültig seien (ebenda, 164 f.). Dies ist jedoch nicht mit Sicherheit zu sagen, genauso gut hätte eine Auslegung der Schiedsvereinbarung mit ausdrücklichem Vorbehalt der Berufung an die staatlichen Gerichte dazu führen können, dass die Berufung möglich und § 34

Schiedsgerichte des Württembergischen Handelsvereins – es waren vier (Stuttgart, Heilbronn, Ulm und Reutlingen) – und das ständige Schiedsgericht des Vereins der Buchhändler zu Stuttgart ihre Verhandlungen öffentlich abhielten.[90] Dieser Öffentlichkeitsgrundsatz wurde noch dadurch gestärkt, dass die Schiedssprüche vielfach publiziert wurden.[91] Interessant ist die Betonung der Öffentlichkeit historisch auch, da sich darin die Förderung dieser Institutionen durch den Staat zeigte. So fand die erste Sitzung des ständigen Schiedsgerichts der Stuttgarter Abteilung des Württembergischen Handelsvereins im Stuttgarter Rathaus statt und der Präsident des Handelsvereins konnte in seinen Eröffnungsworten konstatieren, dass »[d]ie ausdrückliche Erklärung der Staatsregierung, daß sie der neuen Schöpfung nichts in den Weg lege, [...] für die Zulässigkeit der Probe [bürge], welche von der städtischen Behörde durch das wohlwollendste Zuvorkommen in jeder Weise gefördert worden«.[92] Einen deutlichen Schritt zurück stellen die später durch die Verordnung des Königreichs Württemberg betreffend die Errichtung von Handels- und Gewerbe-Kammern 1854 verfassten ständigen Schiedsgerichte. Hier statuierte § 7 S. 2, dass für die Fälle, dass eine Handelskammer auch als Schiedsgericht auftrete, der König aus einer dreiköpfigen Vorschlagsliste einen Vorsitzenden für dieses Schiedsgericht auf 6 Jahre bestellt.[93] Insofern wurde nicht nur eine (zumindest teilweise) statische Besetzung des Schiedsgerichts gewählt, sondern dessen Besetzung durch staatliche Instanzen beeinflussbar gemacht, wodurch diese neu zu gründenden Schiedsgerichte – die alten sollten noch fortbestehen – staatlichen Gerichten angenähert wurden.

Auffällig erscheint bei dieser Entwicklung, dass die Rechtsordnungen einiger Partikularstaaten mit besonders ausgeprägtem Handel dieser Entwicklung scheinbar hinterherhinkten. So lassen sich beispielsweise in den Hansestädten ständige Schiedsgerichte in dieser frühen Phase nicht finden. Für Hamburg lässt

der Statuten insoweit abbedungen war oder dass die ganze Schiedsvereinbarung für nichtig oder undurchführbar erachtet worden wäre. Pragmatisch hätte das ständige Schiedsgericht hier wohl einfach auf die Parteien einzuwirken gesucht, den Passus zu ändern, und im Falle des Scheiterns die Annahme des Rechtsstreits verweigert.

90 Dies erschien Lewald, Handelsgericht (Fn. 46), 42 ff., als eine besonders sinnvolle Einrichtung. Heute gilt der Grundsatz der Vertraulichkeit und Nicht-Öffentlichkeit als nahezu wesensimmanent für die Schiedsgerichtsbarkeit; vgl. Christian Leisinger, Vertraulichkeit in internationalen Schiedsverfahren, Baden-Baden 2012; Gal, Haftung (Fn. 9), 328 ff.

91 Für einige Schiedssprüche, die auch im Schwäbischen Merkur und anderen Zeitungen abgedruckt wurden, siehe Lewald, Handelsgericht (Fn. 46), 58 ff.

92 Zitiert nach Lewald, Handelsgericht (Fn. 46), 57.

93 Königliche Verordnung vom 19. September 1854 in: Regierungs-Blatt für das Königreich Württemberg 1854, 79–82, 81.

sich dies jedoch relativ einfach erklären. Zum einen war hier die ad hoc Schiedsgerichtsbarkeit bereits damals wohl etabliert,[94] sodass die Vorteile eines ständigen Schiedsgerichts zwingend begrenzter erscheinen mussten. Zum anderen war Hamburg Vorreiter in der Errichtung einer staatlichen Handelsgerichtsbarkeit, die den Bedürfnissen des Handels gerecht wurde,[95] sodass die Suche nach alternativen Streitbeilegungsmechanismen weniger dringlich erschien. Dass die Suche des Handels nach alternativen Verfahrenswegen stark durch das Vorhandensein oder die Abwesenheit einer funktionierenden Handelsgerichtsbarkeit beeinflusst wurde, zeigte sich in Bremen. Hier hatte die Kaufmannschaft 1817 den Vorschlag gemacht, ein ausschließlich kaufmännisches Handelsgericht zu errichten, das jedoch nur dann bindend entscheiden sollte, wenn beide Parteien die Unterwerfung unter das Urteil im Voraus erklärten.[96] Dies wäre nach heutigem Verständnis ein ständiges Schiedsgericht gewesen. Es kam in der Folge nicht dazu und so blühte auch in Bremen für längere Zeit nur die ad hoc Schiedsgerichtsbarkeit.[97] Für Hamburg ist diese fortgesetzte Verwendung der ad hoc Schiedsgerichtsbarkeit schon dadurch belegt, dass sie 1904 als Handelsbrauch angesehen wurde und so als »Hamburger freundschaftliche Arbitrage« in die Platz-Usancen aufgenommen wurde.[98]

3. Schaffung branchenspezifischer ständiger Schiedsgerichte

Eine Problematik, die den vorgenannten ständigen Schiedsgerichten innewohnte, ergab sich daraus, dass sie in ihren festen Besetzungen für alle Handelssachen zuständig waren. Dies musste letztlich dazu führen, dass für hochspezielle Streitigkeiten bestimmter Handelsbranchen die Besetzung als nicht sachgerecht erschien und hierdurch diese Schiedsgerichte, wie dies der staatlichen Gerichts-

94 Gerhard Schröder, Hamburg – An International Place of Arbitration and Conciliation, in: Alain Plantey u. a. (Hg.), Festschrift für Ottoarndt Glossner zum 70. Geburtstag, Heidelberg 1994, 317–332, 317; siehe auch Johannes Trappe, Schiedsgerichtsbarkeit, in: Jan Albers (Hg.), Recht und Juristen in Hamburg, Bd. 1, Köln u. a. 1994, 141–151.

95 Silberschmidt, Sondergerichtsbarkeit (Fn. 31), 140 ff.

96 Carl Joseph Anton Mittermaier, Ueber den neuesten Zustand der Leistungen in Bezug auf die Civilprozeßgesetzgebung, Gerichtsverfassung und würdige Stellung des Advokatenstandes insbesondere über die neuesten Erzeugnisse der Gesetzgebung in Bezug auf Anordnungen von Handelsgerichten, in: Archiv für civilistische Praxis 28 (1846), 274–293, 277 f.

97 Silberschmidt, Sondergerichtsbarkeit (Fn. 31), 156 f.

98 Siehe hierzu bspw. Mike Oliver Korte, Die Hamburger freundschaftliche Arbitrage – ein Überblick anlässlich des 100-jährigen Jubiläums des § 20 Platzusancen für den hamburgischen Warenhandel, in: Zeitschrift für Schiedsverfahren 2004, 240–245.

barkeit immer wieder vorgeworfen wurde, nicht über die nötige Sachkunde verfügten, um den Streit interessengerecht zu entscheiden. Da die erwähnten ständigen Schiedsgerichte ihre inflexible Besetzung in den meisten Fällen beibehielten, konnten bestimmte Branchenvertreter dieses Problem nur umgehen, indem doch wieder auf die ad hoc Schiedsgerichtsbarkeit zurückgegriffen wurde, in der die Schiedsrichter den Bedürfnissen des Falls entsprechend benannt werden konnten. Der Handel wollte sich hiermit jedoch nicht zufrieden geben, da er die Vorzüge der institutionellen Schiedsgerichtsbarkeit inzwischen schätzen gelernt hatte, und ging dazu über, für besondere Branchen besondere ständige Schiedsgerichte zu errichten. Eines dieser Schiedsgerichte, das Schiedsgericht des Vereins der Buchhändler zu Stuttgart, wurde bereits erwähnt. Beispiele für weitere spezielle Schiedsgerichte der damaligen Zeit sind diejenigen des Deutschen Bühnenvereins, die 1846 mit der Gründung des Vereins eingerichtet wurden.[99] In § 7 der Übereinkunft über die Gründung des Deutschen Bühnenvereins von 1846 verpflichteten sich die korporierten Theaterdirektoren ihre Streitigkeiten vor einem Bühnenschiedsgericht auszutragen.[100] 1873 wurde die Zuständigkeit durch § 1 der Einheitlichen Contracts-Bestimmungen der Genossenschaft Deutscher Bühnen-Angehöriger (GDBA) auf Vertragsstreitigkeiten mit den Schauspielern ausgeweitet,[101] wobei diese Unterwerfung unter die Schiedsgerichtsbarkeit 1875 für die Mitglieder zwingend wurde.[102] Das so geschaffene Schiedsgericht war in seinen Anfängen nach teilweise vertretener Meinung kein ständiges Schiedsgericht.[103] Zumindest in ihrer heutigen Gestalt erscheinen die Bühnenschiedsgerichte jedoch geradezu als Prototyp eines ständigen Schiedsgerichts des vorletzten Jahrhunderts. Sie haben einen festen Sitz (in sechs deutschen Großstädten) und eine feste Besetzung, mit jeweils einem Vorsitzenden und einem Vertreter sowie 12 Beisitzern und ebenso vielen Vertretern. Zudem gibt es noch ein Bühnenoberschiedsgericht mit Sitz in Frankfurt am Main, zu dem die Berufung nach den Bestimmungen der Bühnenschiedsgerichtsordnung zulässig ist.[104]

Von diesen Ausnahmen abgesehen machten den Anfang der Entwicklung hin zu spezialisierten ständigen Schiedsgerichten diejenigen an den deutschen

99 Zur Historie der Bühnenschiedsgerichtsbarkeit Krause, Entwicklung (Fn. 10), 95; tiefergehend Dietrich Reupke, Bühnenschiedsgerichte in der Bewährung, Frankfurt am Main u. a. 1997, 19 ff.

100 Abgedruckt in Eugen Schöndienst, Geschichte des Deutschen Bühnenvereins – Ein Beitrag zur Geschichte des Theaters 1846–1935, Frankfurt am Main u. a. 1979, 345 ff.

101 Schöndienst, Geschichte (Fn. 100), 353 ff.

102 Reupke, Bühnenschiedsgerichte (Fn. 99), 22.

103 Reupke, Bühnenschiedsgerichte (Fn. 99), 22.

104 Siehe bspw. Pallasch, in: Reinhard Richardi u. a. (Hg.), Münchener Handbuch zum Arbeitsrecht, 3. Aufl., München 2009, § 334 Rdn. 63 f.

Börsen.[105] Eine gewisse Institutionalisierung der Schiedsgerichtsbarkeit an den Börsen hatte bereits vor der Errichtung der allgemeinen ständigen Schiedsgerichte bei den Handelskammern eingesetzt. So hatte Art. 1 des Reglements der Börsen-Corporation von Berlin 1805 festgelegt, dass die vier Börsenvorsteher einen Antrag auf Übernahme eines Schiedsrichteramtes nicht ablehnen durften, allerdings noch kein ständiges Schiedsgericht konstituiert.[106] In der Folge sollten jedoch eine Vielzahl von Börsen ständige Schiedsgerichte errichten. Dies führte dazu, dass 1910 konstatiert werden konnte, dass beinahe sämtliche deutsche Börsen über ein ständiges Schiedsgericht verfügten.[107]

Auch in Versicherungssachen hatte die Schiedsgerichtsbarkeit eine herausgehobene Bedeutung,[108] was darin begründet lag, dass zeitweise in einigen Territorien ein gesetzlicher Zwang bestand, einen Schiedsvertrag über versicherungsrechtliche Streitigkeiten abzuschließen.[109] In diesem Bereich verdichtete sich die Schiedsgerichtsbarkeit jedoch für gewöhnlich nicht dahingehend, dass ständige Schiedsgerichte gegründet worden wären.[110]

Eine solche Verdichtung erfolgte jedoch in zahlreichen anderen Handelszweigen. Eines der ältesten ständigen Branchenschiedsgerichte in Deutschland (man spricht für gewöhnlich von Warenschiedsgerichten), das auch heute noch besteht, ist dasjenige der Hamburger Getreidehändler, das 1868 gegründet wurde.[111] Auch im weiteren Verlauf sollte Hamburg bei dieser Entwicklung eine Vorreiterfunktion einnehmen. So entstanden hier ab den sechziger Jahren

105 Haeger, Schiedsgerichte (Fn. 38), 19; Krause, Entwicklung (Fn. 10), 92; Paul Jüdel, Die Einrichtung der Schiedsgerichte an den Hauptbörsen Deutschlands, Freiburg 1923.

106 Vgl. Fn. 76.

107 Haeger, Schiedsgerichte (Fn. 38), 19; so auch Jüdel, Einrichtung (Fn. 105).

108 Krause, Entwicklung (Fn. 10), 92.

109 Siehe bspw. Buch 1, Teil 2, Titel 6 § 44 Corpus Juris Fridericianum 1781, wo erstinstanzlich eine schiedsgerichtliche Entscheidung angeordnet wurde; abgeschwächt allerdings durch Teil 1 Titel 30 § 48 Allgemeine Gerichtsordnung für die Preußischen Staaten 1795 und auch 1822, wo nur noch festgestellt wurde, dass *der Regel nach* ein Schiedsverfahren stattfinden solle, die Sache aber auch vor die staatlichen Gerichte gebracht werden könne.

110 Ausgenommen sei hier aber bspw. das Schiedsgericht der ständigen Deputation für das Versicherungs-Gewerbe in Berlin.

111 Dieter Justus Schottelius, Die Kaufmännische Schiedsgerichtsbarkeit – Eine vergleichende Darstellung des Schiedsgerichts der Bremer Baumwollbörse mit den Bremer und Hamburger ständigen Schiedsgerichten und ausländischen Baumwoll-Schiedsgerichten, Bremen 1953, 19, hält dies gar für das älteste. Dies kann schon von daher nicht stimmen, als derselbe Verein der Getreidehändler der Hamburger Börse bereits 1863 ein ständiges Schiedsgericht für Qualitäts- und Gewichtsstreitigkeiten errichtet hat, das auch heute noch besteht; vgl. Petra Sandvoss, Richter der Ähre, in: Hamburger Wirtschaft (Juli 2006), 48–49, 48.

des 19. Jahrhunderts ständige Schiedsgerichte für nahezu sämtliche Handelszweige: Neben dem Getreidehandel waren dies der Spiritushandel, der Kartoffelhandel, der Kaffeehandel, der Zuckerhandel, der Baumwollhandel, der Kolonialwarenhandel, der Futtermittelhandel, der Metallhandel, der Kautschukhandel, der Butterhandel, der Drogenhandel, der Harz- und Terpentinölhandel, der Gummihandel sowie einige allgemeinere ständige Schiedsgerichte wie das oberelbische und das unterelbische Schiedsgericht der Handelskammer sowie das Schiedsgericht der Wertpapierbörse und das des Vereins der Hamburger Exporteure.[112] Eine ähnliche Entwicklung setzte auch in anderen deutschen Städten ein. So wurde beispielsweise 1871 das Schiedsgericht der Bremer Baumwollbörse gegründet. Noch in den 1950er Jahren bestanden über 20 dieser ständigen Schiedsgerichte allein in Bremen und Hamburg.[113] Auch Berlin tat sich bei der Errichtung solcher spezialisierten ständigen Schiedsgerichte hervor. Hier gab es Schiedsgerichte beim Börsen-Vorstand, der Produktenbörse, für die Eierhändler, Kolonialwarenhändler, Butter-, Käse und Schmalzhändler, Holzhändler, Kohlen- und Briketthändler, Lederhändler, Textilhändler, Chemikalien-, Drogen- und Farbenhändler, Metallhändler, Ziegelhändler und bei der Fondsbörse.[114]

Ein letzter Verdichtungsschritt sollte jedoch noch auf sich warten lassen. So blieben die meisten ständigen Schiedsgerichte – dies trifft auf die allgemeinen und die speziellen gleichermaßen zu – im Regionalen verhaftet. Sie waren von ihrer Zielsetzung her auf die Entscheidung der Streitigkeiten zwischen den regionalen Marktteilnehmern und höchstens noch auf solche zwischen Vereinsmitgliedern und Auswärtigen angelegt. Überregionale Schiedsinstitutionen blieben eine Seltenheit. Ein frühes Beispiel zu einer solchen Entwicklung bietet höchstens das Schiedsgericht des Vereins der Buchhändler zu Stuttgart, welches entgegen seinem Namen für alle buchhändlerischen Streitigkeiten zur Verfügung stand.[115] Der erste echte Schritt hin zu einer Ausweitung der regionalen Kompetenzen dürfte erst 1913 in der Gründung des Deutschen Seeschiedsgerichts zu sehen sein.[116] Hierdurch wurde in Deutschland eine Entwicklung angestoßen, die in anderen Staaten etwas früher eingesetzt hatte und zur Gründung von Schiedsorganisationen, die keine regionale Begrenzung der Streitigkeit vorsehen, sondern auf den internationalen Handelsverkehr zugeschnitten sind, führte. Am Ende dieser Entwicklung steht in Deutschland die

112 Auflistung bei Krause, Entwicklung (Fn. 10), 94; detaillierter Schröder, Hamburg (Fn. 94), 317 f.
113 Schottelius, Schiedsgerichtsbarkeit (Fn. 111), 19.
114 Zusammenstellung entnommen bei Haeger, Schiedsgerichte (Fn. 38), 20 f.
115 Vgl. oben insb. Fn. 87 f.
116 Siehe hierzu Krause, Entwicklung (Fn. 10), 94; Otto Mathies, Die ständigen Schiedsgerichte des Hamburger Grosshandels, Braunschweig u. a. 1921, 26 f.

Gründung der Deutschen Institution für Schiedsgerichtsbarkeit (DIS) und einiger handelsspezifischer Schiedsinstitutionen.[117]

Der Staat stand dieser Entwicklung der Verdichtung des Schiedsverfahrens nicht nur positiv gegenüber, sondern nahm sie sich in vielen Bereichen gar zum Vorbild. So setzte im Anschluss an die geschilderte Verdichtung auch im Völkerrecht eine solche ein und zahlreiche (wirtschaftsbezogene) internationale Verwaltungsunionen wurden mit einem ständigen Schiedsgericht versehen.[118]

4. Aufstellung von Schiedsverfahrensordnungen durch (semi-)private Akteure

Die geschilderten ständigen Schiedsgerichte waren zwar in vielerlei Hinsicht eine Vorstufe der modernen institutionellen Schiedsgerichtsbarkeit, weichen vom heute Üblichen jedoch auch stark ab. Zum einen haben institutionelle Schiedsgerichte heute typischerweise keine feste Besetzung. Die Schiedsrichter werden vielmehr durch die Parteien, eventuell mit Unterstützung der Schiedsinstitution bestellt (wobei der Vorsitzende typischerweise durch die parteiernannten Schiedsrichter bestellt wird).[119] Ein noch heute existierendes Nachwirken der ständigen Schiedsgerichte ist die teilweise bei manchen Schiedsinstitutionen vorhandene Schiedsrichterliste. Diese hat jedoch heute typischerweise nur noch Vorschlagscharakter[120] und die Parteien können auch Schiedsrichter, die nicht auf der Liste geführt werden, bestellen.[121] Ein Beispiel für den Wandel eines ständigen Schiedsgerichts bietet das Schiedsgericht des Waren-Vereins der Hamburger Börse. Während ursprünglich alle Schiedsrichter durch den Vorstand des Waren-Vereins ernannt wurden, wurde die Verfahrensordnung nach langen Disputen und einer stetigen Abwanderung der Schiedsverfahren zu

117 Für einen nicht-abschließenden Überblick siehe Lachmann, Handbuch (Fn. 69), Rdn. 2968 ff.

118 Siehe hierzu insb. Sebastian Kneisel, Schiedsgerichtsbarkeit in Internationalen Verwaltungsunionen (1874–1914). Die Verrechtlichung der zwischenstaatlichen Streitbeilegung, Baden-Baden 2009, 8 ff. *et passim*.

119 Vgl. § 1035 Abs. 3 S. 2 Zivilprozeßordnung; §§ 6.2 Nr. 5, 12.1 S. 1, 12.2 S. 1 Deutsche Institution für Schiedsgerichtsbarkeit (DIS), Schiedsgerichtsordnung 1998.

120 So bereits Peter Schlosser, Das Recht der internationalen privaten Schiedsgerichtsbarkeit, 2. Aufl., Tübingen 1989, Rdn. 467.

121 Es gibt hiervon jedoch auch noch zahlreiche Ausnahmen, bspw. § 17 Nr. 7 und 9 International Commercial Arbitration Court Moscow (MKAS), Arbitration Rules (für Vorsitzenden und Einzelschiedsrichter); Art. 24 China International Economic and Trade Arbitration Commission (CIETAC) Arbitration Rules (für alle Schiedsrichter, wobei die Parteien dies in der Schiedsvereinbarung grundsätzlich auch abbedingen können).

anderen Schiedsgerichten (insbesondere solchen, die nach der Hamburger Freundschaftlichen Arbitrage[122] bestellt wurden) schließlich 1951 dahingehend abgeändert, dass die Parteien jeweils einzeln einen Schiedsrichter und diese gemeinsam den Vorsitzenden bestellen.[123] Diese mussten jedoch insoweit von einer Liste gewählt werden, als nur einem Mitgliedsunternehmen angehörige Schiedsrichter bestellt werden konnten. Nachdem der BGH diese Regelung für Streitigkeiten zwischen Mitgliedern und Nicht-Mitgliedern für gesetzeswidrig erklärt hatte,[124] wurde jedoch auch diese Beschränkung aufgehoben.[125] Im Gefolge solcher Urteile und Entwicklungen nahmen viele ständige Schiedsgerichte schleichend eine Form an, die der modernen institutionellen Schiedsgerichtsbarkeit entspricht.

Ein wichtiger Unterschied zur modernen Schiedsinstitution ist auch darin zu sehen, dass die ständigen Schiedsgerichte des 19. Jahrhunderts oftmals keine Schiedsordnung oder ein funktionsgleiches Dokument bereithielten.[126] Diese ständigen Schiedsgerichte wirken heute daher wie »entkleidete Schiedsinstitutionen«. Folglich machten ständige Schiedsgerichte bzw. deren »Trägerorganisationen« noch zu wenig von ihrem durch die Gesetzgebung belassenen Regulierungsspielraum Gebrauch. Es blieb insofern bei den Streitparteien, diesen Spielraum in der Schiedsvereinbarung zu nutzen, was jedoch wiederum das Risiko barg, dass einzelne Bestimmungen unzulässig waren oder aber das berufene ständige Schiedsgericht mit diesen nicht einverstanden war. Insofern musste es nur eine Frage der Zeit sein, bis die ständigen Schiedsgerichte sich durch die Aufsetzung von Schiedsordnungen weiter verrechtlichten. Eine Vorreiterfunktion hatten hierbei die schon mehrfach erwähnten Württemberger Schiedsgerichte.[127] Alle fünf verfügten über ausführliche Schiedsordnungen –

122 Was gemäß § 20 der Platzusancen bedeutete, dass jede Partei einen Schiedsrichter des Zweipersonenschiedsgerichts benennen konnte und ein Obmann nur im Falle der Nichteinigung – und dann durch die Schiedsrichter gemeinsam oder bei Nichteinigung durch die Handelskammer – bestellt wurde; zur Hamburger Freundschaftlichen Arbitrage siehe vorne Fn. 98.

123 Robert Sieveking, Die Geschäftsbedingungen des Waren-Vereins der Hamburger Börse e.V. (Warenvereinsbedingungen-WVB), Berlin / New York 1979, 307 f.

124 Entscheidungen des Bundesgerichtshofs in Zivilsachen (BGHZ) 51, 255.

125 Sieveking, Geschäftsbedingungen (Fn. 123), 307.

126 Anders nur E. C. Weiss, Arbitration in Germany, in: Law Quarterly Review 43 (1927), 205–211, 206 f., der behauptet, diese ständigen Schiedsgerichte hätten über Gerichtsschreiber verfügt, die detaillierte Verfahrensordnungen ausgearbeitet hätten. Über solche Verfahrensordnungen lässt sich jedoch andernorts nichts finden. Auch wird Weiss generell vorgeworfen, dass deutsche Schiedsverfahrensrecht der Zeit (aber auch der Vergangenheit) verfälschend darzustellen, vgl. Born, Arbitration (Fn. 14), 50 (dort Fn. 269) m. w. N.

127 Siehe oben S. 175 f.

wenn sie auch noch nicht als solche bezeichnet wurden –, durch die das Verfahren in zulässiger Weise abweichend von den unverbindlichen gesetzlichen Bestimmungen zum Schiedsverfahren geregelt wurde. Hieran anknüpfend erarbeiteten – dies allerdings erst wesentlich später – auch zahlreiche Industrie- und Handelskammern für ihre Schiedsgerichte eigene Schiedsverfahrensordnungen.[128] Insgesamt ist die Quellenlage hier allerdings zu unklar. Es wäre insofern denkbar, dass bereits die ersten ständigen Schiedsgerichte mit den Streitparteien bei Eingang der Schiedsklage eine Vereinbarung hinsichtlich des Verfahrens trafen, wodurch die Schiedsvereinbarung dahingehend abgeändert worden wäre, was funktional in etwa einer Schiedsverfahrensordnung entsprechen würde.[129] Es kann jedoch gesagt werden, dass es zumindest kein Automatismus war, dass sich ein ständiges Schiedsgericht auch eine Schiedsverfahrensordnung gab. Die große Zeit der (deutschen) Schiedsverfahrensordnungen begann dann schließlich erst im 20. Jahrhundert.

IV. Fazit

Die Entwicklung im 19. Jahrhundert stellt im eigentlichen Sinne keine Wiedergeburt der Schiedsgerichtsbarkeit dar, sondern bildet den Anfang einer völligen Neuausrichtung des Institutes. Wenn auch heutige Vertreter der Lehre der Meinung sind, dass die moderne internationale Handelsschiedsgerichtsbarkeit erst in den 1950er bis 1970er Jahren das Licht der Welt erblickte,[130] so steht doch diese wiederum auf die Bedürfnisse des (internationalen) Handels verbessert abgestimmte Form der Schiedsgerichtsbarkeit in einer direkten Entwicklungslinie zur Reform der Schiedsgerichtsbarkeit im 19. Jahrhundert. Ein besonderes Phänomen des 19. Jahrhunderts stellt das Aufkommen der ständigen Schiedsgerichte dar, die als Vorläufer der heutigen Vereinsschiedsgerichtsbarkeit, aber auch moderner institutioneller Schiedsgerichtsbarkeit gelten müssen. In ihrer Gründung tritt der Wille bestimmter Handelskreise zu Tage, zum einen die eigenen Angelegenheiten weitestgehend vor der Einmischung durch den Staat zu schützen und zum anderen die Schiedsgerichtsbarkeit durch einen Institu-

128 Noch 1994, also zu einem Zeitpunkt an dem die Schiedsgerichtsbarkeit der IHK durch Abwanderung zu anderen Organisationen wie der DIS erheblich an Bedeutung verloren hatte, sahen 27 IHK eine eigene Schiedsordnung vor; vgl. Michael Swoboda, Schiedsgerichtsordnungen deutscher Industrie- und Handelskammern, in: Alain Plantey u. a. (Fn. 94), 447–458, 448.

129 In diese Richtung wohl Weiss, Arbitration (Fn. 126), 206 f.; wobei diese Ausführungen aus den oben genannten Gründen mit Vorsicht zu genießen sind (vgl. Fn. 126).

130 Siehe Fn. 39.

tionalisierungsprozess der staatlichen Gerichtsbarkeit bis zu einem gewissen Grad anzunähern. Entscheidend für diese Entwicklung war jedoch das Wohlwollen (oder zu Beginn zumindest die Indifferenz), die der Staat ihr entgegenbrachte. Dieser beförderte diese Entwicklung und mag sie teilweise sogar bewusst mit angestoßen haben, indem er die Gewährleistung der Schiedsgerichtsbarkeit zu Aufgaben der Handelskammern erklärte. Wichtiger aber noch war der fortlaufend reformierte legislatorische Rahmen der Schiedsgerichtsbarkeit. In den Gesetzen des 19. Jahrhunderts zeigt sich eine stetige Rücknahme des Staates, der immer weitere Bereiche zur Festlegung des Schiedsverfahrens zur Disposition der Parteien stellt. Diese Möglichkeit, das Schiedsverfahren nach den Vorstellungen der Parteien auszugestalten, kann nahezu als Musterbeispiel der justiziellen Selbstregulierung gelten. Soweit das staatliche Recht jedoch immer noch bestimmte zwingende Regelungen enthielt (und solche gibt es auch heute noch) und an deren Verletzung die Rechtsfolge einer Aufhebung des Schiedsspruchs oder die Verweigerung seiner Vollstreckung durch die staatlichen Gerichte knüpfte, blieb und bleibt diese Selbstregulierung reguliert.

Jens Gal

Vanishing Trials in Maritime Law – Why Arbitration Replaces Litigation in the Maritime Industry

I. Introduction[1]

The »vanishing trial« has been the subject of numerous debates in the last decade especially in the USA. Empirical data retrieved suggests that a shift from litigation to alternative forms of dispute resolution such as mediation or arbitration has occurred and still is going on.[2] One reason for the decrease in the numbers of trials before national courts in the USA has been seen in a structural social movement, described by Galanter as »the turn against law«.[3] This structural change in society is especially rooted in an increasing legislation in the field of torts, which in the freedom-based American society has led to a legal culture of »too much law«.[4]

1 Parts of this paper are based on previous work, especially on ANDREAS MAURER, Lex Maritima, Tübingen 2012.

2 MARC GALANTER, The Vanishing Trial: An Examination of Trials and Related Matters in Federal and State Courts, in: Journal of Empirical Legal Studies 1 (2004), 459–570. Galanter's data, however, has also been criticized. See e.g. STEPHEN B. BURBANK, Keeping Our Ambition Under Control: The Limits of Data and Inference in Searching for the Causes and Consequences of Vanishing Trials in Federal Court, in: Journal of Empirical Legal Studies 1 (2004), 571–590 and GILIAN K. HADFIELD, Where Have All the Trials Gone? Settlements, Nontrial Adjudications, and Statistical Artifacts in the Changing Disposition of Federal Civil Cases, in: Journal of Empirical Legal Studies 1 (2004), 705–734.

3 MARC GALANTER, The Turn Against Law: The Recoil Against Expanding Accountability, in: Texas Law Review 81 (2002), 285–304; LAWRENCE M. FRIEDMAN, The Day Before Trials Vanished, in: Journal of Empirical Legal Studies 1 (2004), 689–703. Different reasons have been identified by SHARI SEIDMAN DIAMOND/JESSICA BINA, Puzzles about Supply-Side Explanations for Vanishing Trials: A New Look at Fundamentals, in: Journal of Empirical Legal Studies 1 (2004), 637–658 (arguing that reasons for vanishing trials can also be seen on the supply side, e.g. an overstrained court system).

4 GALANTER, The Turn Against Law (note 3), 291 et seq.

But the phenomenon of vanishing trials can not only be observed in the USA. Tendencies of a shift from litigation to arbitration can also be seen in Europe and particularly in Germany.[5] It may be too early to speak about »the end of law«[6] but decreasing numbers of trials before national courts can cause severe problems for national law in several aspects. In terms of justice it is mandatory that equal cases are decided equally. A shift from litigation to arbitration endangers this crucial principle of justice.

In the following section I will first give an example of an industry in which the disappearance of litigation and the increasing importance of arbitration is very manifest, namely the maritime industry. I will introduce data to support the hypothesis of a »de-nationalization« of maritime law before I will try to identify some of its causes. After that I will argue that vanishing trials are a problem for national law. I will suggest that the disappearance of trials before national courts can be mitigated by an extended understanding of the scope of application of private international law and mutual observation and recognition of the findings of national courts and arbitral awards.

II. The De-Nationalization of Maritime Law

In 1999, Juergen Basedow, a well known German legal scholar in the field of international private law, coined the phrase of a »de-nationalization of maritime law«. In a random sample he compared decisions of German courts that were published between 1985 and 1987 (12 decisions) and decisions that were published between 1995 and 1997 (3 decisions) and compared them with published court decisions in the year 1935 (24 decisions).[7] This survey may be questionable and statistically insignificant. It is rather »anecdotal evidence«, which can hardly serve as a basis for informed conclusions. But this survey describes a tendency which is also confirmed by lawyers and members of the maritime industry. Basedow's conclusion, however, could be supported by some more substantial data, which in turn is not easy to collect since statistical data is not archived systematically in courts.

Substantial data can be retrieved from legal databases such as the JURIS-database, which collects court decisions in Germany. I retrieved a sample from

5 Hermann Hoffmann / Andreas Maurer, Entstaatlichung der Justiz. Empirische Belege zum Bedeutungsverlust staatlicher Gerichte für internationale Wirtschaftsstreitigkeiten, in: Zeitschrift für Rechtssoziologie 2010, 279–302.

6 Rex R. Perschbacher / Debra Lyn Bassett, The End of Law, in: Boston University Law Review 84 (2004), 1–62.

7 Jürgen Basedow, Perspektiven des Seerechts, in: Juristenzeitung 1999, 9–15, 12–13.

that database which was based on the following parameters: Court decisions of a) all German courts b) in the time from 1950 until 2011 in which c) the decisive norm was based in the German maritime law (§§ 476–900 Handelsgesetzbuch (Commercial Code)). This survey resulted in 587 decisions over more than 60 years. That means that on average fewer than 10 cases were decided in German courts in the field of maritime law. The numbers can be depicted with the following chart:

The situation, however, seems to be different before British courts. In Great Britain, the Commercial Court and the Admiralty Court have jurisdiction over maritime cases. The numbers that were retrieved here are considerably higher than the numbers before German courts. Yet, the numbers are decreasing. Whereas in the years 1995–1997 approximately 2000 cases were decided before state courts, in the following years only 800–1000 cases were decided. This is illustrated in the following chart, in which the number of cases in the commercial code is divided by two because only 50 % of commercial court cases are maritime cases:[8]

8 Duncan McKenzie, Maritime Services, edited by International Financial Services London Research, London 2009, 8.

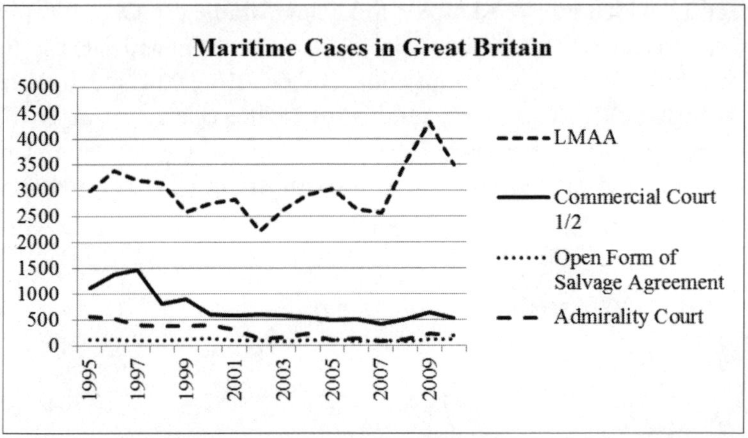

Even though the caseload of maritime cases in British is much higher than in German courts, one can see a considerable decrease between the years 1995 and 2011. The degree to which a de-nationalization of maritime law can be observed becomes clear, if one contrasts these numbers with the caseload of maritime arbitrators. Especially in London, maritime arbitration is strongly based in the London Maritime Arbitrator's Association (LMAA). During the last years, the LMAA has had a caseload of approximately 3000–4000 cases per year. Another important arbitration association in London is the Lloyds Open Form Salvage Agreement in which arbitrators decide on the amount of salvage money that a maritime salvor can claim.[9] The following chart shows that maritime arbitration is much more important for maritime dispute resolution than state courts.

9 See Anthony R. Miller, Lloyd's Standard Form of Salvage Agreement »LOF 1980«: A Commentary, in: Journal of Maritime Law and Commerce 12 (1981), 243–261, 248 ff.

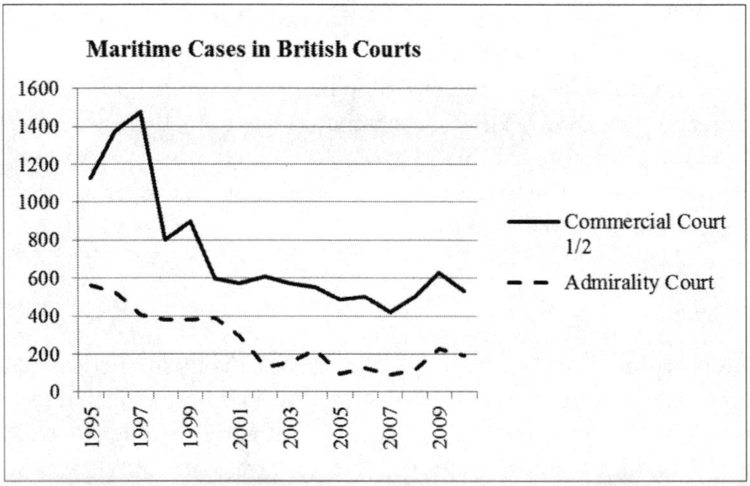

The ratio between private arbitration and litigation before state courts becomes even more obvious, when the numbers of cases before state courts and the caseload of arbitration associations are combined.[10]

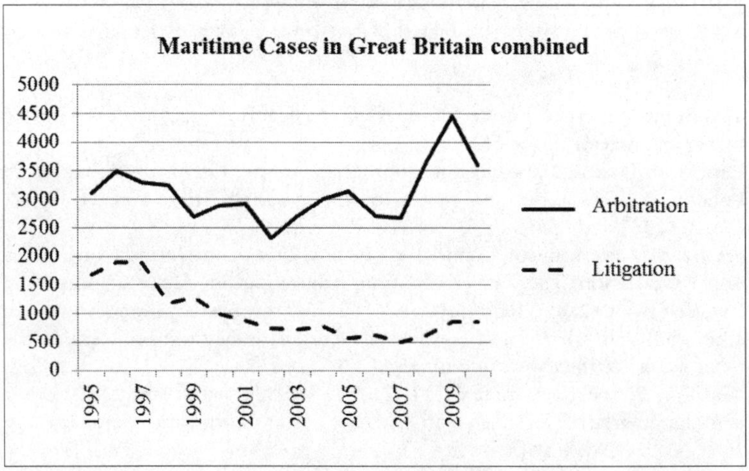

Those numbers, of course, are only valid for Great Britain. But maritime arbitration also exists in other places. In New York, for instance, the Society of Maritime Arbitrators (SMA) is the second largest maritime arbitration institute in the world after the LMAA. The SMA has a caseload of approximately 500 cases

10 See also DUNCAN MCKENZIE, Maritime Services, edited by International Financial Services London Research, London 2007, Table 5, p. 8 and Table 6, p. 9.

per year.[11] Thus, the LMAA and the SMA handle 90 % of the worldwide caseload in maritime arbitration.[12]

These numbers show that the maritime industry is not necessarily reliant on litigation and state courts. Maritime arbitration has a much greater importance for dispute resolution in this field.[13] Therefore Basedow's observation of a denationalization of maritime law can be confirmed at least as far as a respective tendency can be observed.

III. Why arbitration comes out ahead

Reasons for a shift from litigation to arbitration are manifold. Juergen Basedow, for instance, has argued that legal uncertainty in international trade forces parties to use economic institutions such as insurances in order to avoid legal disputes.[14] Besides that, arbitration is said to have many advantages such as choosing the venue for arbitration, procedural rules,[15] or the applicable law[16] including private codifications like the UNCITRAL-rules or »transnational law«.[17] But economic efficiency[18] or quick procedures arbitral tribunals are also alleged reasons for vanishing trials before national courts.

However, one of the most profound reasons for the disappearance of trials in national courts, probably is the fact that national courts, especially in Germany,

11 This number is based on the information given during an interview with the managing director of the SMA.

12 PETROS N. TASSIOS, Choosing the Appropriate Venue: Maritime Arbitration in London or New York?, in: Journal of International Arbitration 21 (2004), 355–366, 355 and 359.

13 See for this development FABRIZIO MARRELLA, Unity and Diversity in International Arbitration: The Case of Maritime Arbitration, in: American University Law Review 20 (2005), 1055–1100, 1077 (»It [...] reveals the widespread turn to arbitration and, therefore, the spinning off from domestic jurisdiction in the main sectors of the shipping business.«).

14 BASEDOW, Perspektiven (note 7), 13; DIETER RABE, Seehandelsrecht – Ist es für den Bundesgerichtshof noch von Interesse?, Transportrecht – Sonderbeilage 2004, XXIX–XXXII, XXIX.

15 SIEGFRIED H. ELSING / JOHN M. TOWNSEND, Bridging the Common Law-Civil Law Divide in Arbitration, in: Arbitration International 18 (2002), 59–65.

16 JULIAN D. M. LEW, Determination of Applicable Substantive Law, in: International Business Lawyer 25 (1997), 157–160; ANIBAL SABATER, National Courts, Supranational Courts and Arbitral Tribunals in International Litigation, in: International Trade Law Journal 14 (2005), 3–17.

17 NIGEL BLACKABY i. a., Redfern and Hunter on international arbitration, Oxford 2009, 195 ff. and 215 et seq.

18 ROBERT FORCE / ANTHONY J. MAVRONICOLAS, Two Models of Maritime Dispute Resolution: Litigation and Arbitration, in: Tulane Law Review 65 (1991), 1461–1518, 1470 et seq.

tend to review many well-established standard contracts in the maritime industry under the law against unfair contractual terms (sec. 305 et seq. German Federal Commercial Code).

This fact can be well-exemplified with a case that the German Federal Court of Justice had to decide in the year 1977. The vessel »Nordholm« had to ship two tons of steel parts and ran into heavy seas. Water ingressed and the steel parts started to corrode. The owner of the steel parts sued the ship-owner for compensation under sec. 485 of the German trade act. The defendant argued that claims for compensation had been disclaimed in the charter contract. The Federal Court of Justice, however, reviewed the charter contract under the German act on standard form contracts and voided the respective clause. As a result plaintiff could not claim compensation and lost the law-suit.

Criticism against this decision was severe, but only raised doctrinal questions.[19] The problem behind this case, however, goes farther. It raises questions about the relationship between national law and privately created norms because the charter contract that was subject to the »Nordholm«-case was the so-called GENCON/CP, a standard contract issued by the Baltic and International Maritime Council (BIMCO).

The most interesting aspect of the GENCON/CP is the process of its creation. This process applies, but is not limited to many standard contracts in the maritime industry in particular and in international trade in general.

My thesis is that many of the standard contracts in international trade are Private Law. And because national courts do not accept these contracts as privately created law, arbitration is the procedure of choice in international trade. The question then is: Why should national courts accept privately created norms as transnational law? And if they accepted the existence of transnational law, what does that mean for national law?

1. Private Lawmaking in international trade

Most transactions in international maritime trade are based on standard form contracts. Standard form contracts, however, are often criticized for being one-sided and unfair and for not reflecting public policy and public goods. This may hold true for many standard contracts. They are usually unproblematic from an

19 See for instance Dieter Rabe, Inhaltskontrolle von Charterverträgen? Betrachtungen zum »Nordholm«-Fall, in: Versicherungsrecht 1985, 1010–1017; Andreas Fischer-Zernin, Der Chartervertrag – Formularvertrag im Sinne von § 1 Abs. 1 AGBG oder zwingende Individualvereinbarung?, in: Versicherungsrecht 1986, 418–425; Johannes Trappe, Der Fall »MS Nordholm«, in: Versicherungsrecht 1985, 206–210.

organizational point of view since they standardize business transactions and thus reduce transaction costs. Standard contract terms become a legal problem when one party uses them to redistribute contractual risks in its own favor. In that case, standard form contracts can even become unconscionable.

International trade, however, has established processes in which standard form contracts are developed in discursive and participative procedures. Therefore they are not one-sided and coercive, but well negotiated among many, if not all, stakeholders. In the following I will introduce some of the features of such contracts.

Within the shipping industry the Baltic and International Maritime Council (BIMCO) plays a major role in drafting and distributing standard charter parties and other standard contracts. The objective is to produce standard forms and other shipping documents that strike a fair and equitable balance between the parties, are legally sound, and can be understood by everyone involved.[20]

The drafting process of standard contracts at BIMCO always follows similar patterns. The so-called »BIMCO Documentary Committee« coordinates all BIMCO activities in the field of standard contracts. The Documentary Committee – a very interesting and important fact – has members with various backgrounds in the shipping industry who serve as agents and representatives for their respective organization. Among the members of the Documentary Committee are representatives of several states,[21] Protection and Indemnity Insurances, shipping companies as well as representatives of international shipping associations – such as the »International Chamber of Shipping« or the »Federation of National Associations of Ship Brokers and Agents« (FONASBA) – and, finally, members of the BIMCO Secretariat.[22] In addition, prior to a change of existing standard forms or at the beginning of the drafting process of a new form, all BIMCO members are asked for their opinions and their experiences with existing standard forms are evaluated. This form of participation also increases the acceptance of standard contracts in the industry.

After preparatory evaluations a smaller group, the subcommittee, starts the specific drafting process. The subcommittee again consists of members who represent ship-owning/shipbroking and ship-operating interests. After the draft-

20 Grant Hunter, Standard Forms – The BIMCO Experience, in: D. Rhidian Thomas (ed.), Legal Issues Relating to Time Charterparties, London 2008, 1–15, 1.

21 According to the BIMCO homepage, members from Belgium, China, Cyprus, Denmark, Finland, France, Germany, Greece, Italy, India, Japan, South Korea, the Netherlands, Norway, Poland, Russia, Singapore, Spain, Sweden, Turkey, the United Kingdom, and the USA were part of the Documentary Committee.

22 Hunter, Standard Forms (note 20).

ing process is finished, the document is put forward to the Documentary Committee for formal approval.[23] That means that every stakeholder in the shipping industry with his/her specific interests is represented in the drafting process of a standard contract form, which is later distributed and widely used in international shipping.

Another example for the creation of private rules in the shipping industry is the Comité Maritime International (CMI). The CMI is a private organization founded in 1897 that drafts, publishes and administers – besides many other rules and regulations – the so-called »York-Antwerp-Rules« (YAR). The YAR are regulations on the maritime legal instrument of »general average« (French: *havarie grosse*) that are essential in the shipping industry. The rules on the general average go back to the 8th century BC[24] and reflect the fact that shipping has always been a risky venture for several people. Not only does the ship-owner bear the risk of losing the ship in heavy weather or rough seas, but the cargo-owners are similarly subjected to the risk of losing their property. The rules on general average accommodate this fact; if a ship and its cargo are at risk of being lost, the captain might order the crew to abandon some of the cargo and throw it over board or, in earlier times when vessels usually were sailing ships, they would cut the mast to save the entire ship or the rest of the cargo. In those cases, grand average rules made everyone involved in the journey liable for any loss incurred by a cargo-owner or ship-owner. That meant that if one cargo-owner lost his cargo, which had been abandoned in order to save the ship and the rest of the cargo, he could claim compensation from the other parties.[25] These rules still apply today, but revisions must be made periodically. The revisions, however, are handled by the CMI and its members again, and as in the case of BIMCO, they are representatives of various stakeholders of the maritime industry such as insuring companies, ship-owners, carriers and freight-forwarders, lawyers and many other interest groups.[26] The revision process is a discursive process in which many different and partly concurring interests have to be mitigated. Here once again the drafting and revision process

23 Ibid., 3.

24 William Tetley, The General Maritime Law – The Lex Maritima, in: Syracuse Journal of International Law and Commerce 20 (1994), 105–145, 109. But see also Robert D. Benedict, The Historical Position of the Rhodian Law, in: Yale Law Journal 18 (1909), 223–242, who is skeptical on the exact date of the creation of the rules on general average.

25 Richard K. Foster, General Average – A Unique Indemnification Feature of Admirality, in: North Carolina Central Law Journal 4 (1972), 114–125, 114 ff.

26 For a general overview over the work of the CMI see Francesco Berlingieri, The Work of the Comité Maritime International: Past, Present, and Future, in: Tulane Law Review 57 (1983), 1260–1273.

is not one-sided but very balanced in order to suit the needs of everyone involved.

Yet another example for a standard contract form which is not unilaterally imposed on one contractual party by the other party is the Uniform Customs and Practice for documentary credits (UCP). Similarly to the INCOTERMS, the UCP is drafted, published and administered by the International Chamber of Commerce (ICC). The UCP is evaluated on a regular basis and is revised if necessary. Such revisions have taken place approximately every ten years. The drafting process is very similar to the BIMCO drafting process. The ICC was founded in 1919 and is represented by so-called national committees in more than 130 nations. Members of national committees are corporations and enterprises, law firms, associations of certain industries, and national chambers of commerce. The drafting process of the UCP – as well as the BIMCO Drafting process – is governed by substantial participation of representatives who will later be affected by the UCP. That means that various kinds of banks and financial institutes have the opportunity to participate in the drafting process. The draft documents are then circulated back and forth between the drafting committee of the ICC and national chambers of commerce who, inspired and supported by their members, can influence the drafting process and its results. The participation is so extensive and the result so adequately well balanced that even UNCITRAL promotes the UCC as an equitable instrument that facilitates international trade.[27]

2. Conclusion

Those examples show that in international trade, standard form contracts are not necessarily instruments of stronger parties imposing disadvantageous contractual terms on the weaker party, by using their expert knowledge or larger bargaining power. Rather, they show that international trade has developed procedures of participation in norm creation processes which allow many (if not all) stakeholders to influence the norm generating process. This of course

27 »The United Nations Commission on International Trade Law, Expressing its appreciation to the International Chamber of Commerce for transmitting to it the revised text of 'Uniform Customs and Practice for Documentary Credits' (...); Congratulating the ICC on having made a further contribution to the facilitation of international trade (...); Noting that 'Uniform Customs and Practice for Documentary Credits' constitutes a valuable contribution to the facilitation of international trade, Commends the use of the 2007 revision, (...) in transactions involving the establishment of a documentary credit.« United Nations, Report of the United Nations Commission on International Trade Law, New York 2009, 70.

represents a rather fluid notion of law, but processes of globalization demand new concepts of law. In this light I will proceed to elaborate on the normative power of participative private norm creation processes in the transnational realm.

IV. Normativity in the transnational realm

When we examine the processes of private lawmaking, we can turn to a rich scholarship on the topic that has been carried out especially by American and European lawyers and political scientists. A first approach to the normative power of private lawmaking processes is Janet Koven Levit's »Bottom-Up Lawmaking« in which she introduced and elaborated the processes in several contexts.[28] Levit is a public international lawyer who conceives the concept of Bottom-Up Lawmaking as a two-tier process in which, in the first step, rules and standards are created on a private basis. Those rules and standards are based on the efforts of practitioners who attempt to solve their issues in daily business by standardizing and harmonizing norms and standard contracts. At the end of these processes of standardization and harmonization, rules and standards are created that can be accepted by everyone within the respective industry or group.[29] In the second step, Bottom-Up Lawmaking demands a transfer of these privately created and widely accepted norms into national law. According to Levit, the private norms should be »embedded« in national law or should be linked to »official lawmaking communities«.[30] In this context, normativity is not only rooted in the private lawmaking process and in the acceptance of privately created norms within a certain group or industry, but rather in the »embedding« of such rules in national laws and in their acceptance by »official lawmaking communities«. Bottom-Up Lawmaking therefore is only a first step towards a theory of the normativity of private norms. It is, however, still very much state-centered because national law is needed to raise private norms into the status of law.

28 Janet Koven Levit, A Bottom-Up Approach to International Lawmaking: The Tale of Three Trade Finance Instruments, in: Yale Journal of International Law 30 (2005), 125–209; Janet Koven Levit, A Cosmopolitan View of Bottom-Up Transnational Lawmaking: The Case of Export Credit Insurance, in: Wayne Law Review 51 (2005), 1193–1208; Janet Koven Levit, Bottom-Up International Lawmaking: Reflections on the New Haven School of International Law, in: Yale Journal of International Law 32 (2007), 393–420; Janet Koven Levit, Bottom-Up Lawmaking through a Pluralist Lens: The ICC Banking Commission and the Transnational Regulation of Letters of Credit, in: Emory Law Journal 57 (2008), 1147–1225.

29 Levit, Bottom-Up Lawmaking through a Pluralist Lens, 1155 et seq.

30 Ibid., 1156.

A genuine approach to private lawmaking has been proposed by David Snyder.[31] His approach is »genuine« because he no longer relies on state law; instead, Snyder chooses a functional approach. He does not define law on the basis of its source but on the basis of the effect a norm has.[32] Snyder argues that often privately created norms have the same effect as national law. In support of this argument he refers to the UCP. Even if the UCP only has the nature of standard contract terms, they are actually more than just mere contractual agreements between two parties. The fact that many stakeholders have the opportunity to partake in the drafting process gives them a surplus over regular standard contract terms. Snyder argues that the UCP also reflects well-established business practice in the banking industry. It is hardly possible to deviate from these rules. Insofar as Snyder claims, the UCP is even »harder« than national law because a deviation from the UCP would not only cause a contract to be not enforced (which would be the consequence of a deviation from national law) but could even result in an exclusion from the entire trade sector.[33]

But this still falls short of fulfilling the purpose of this paper. If transnational rules shall be accepted as law, it is not sufficient that they »only« have the same effect as law. Since the additional surplus of law over other non-legal rules requires that it also has a certain dignity which is reflected in its normativity, that means that we have to find a source of normativity in the transnational sphere which also »dignifies« privately created norms.

In order to shed some light on the question why privately created norms are only reluctantly accepted as law by legal scholarship, one has to take the classical theory of legal norms and their sources into account. Civil law systems as well as common law systems are deeply rooted in the idea that only states are able to legitimately create law. In the classical theory of legal norms, privately created norms are simply inconceivable. If at all, customary law as one kind of non-state law was accepted but only in very confined limits. The focus on state law in the classical theory of the sources of law, however, obstructs the view on normative processes outside the national state and the »spontaneous production of law«.[34] The processes of norm production that have been explained above are dissimilar to the formation of customary law. Indeed, what these processes have in common with customary law is that in both cases they are rooted in social move-

31 David V. Snyder, Private Lawmaking, in: Ohio State Law Journal 64 (2003), 371–449.

32 Ibid., 405.

33 Ibid., 412.

34 For the notion of »spontaneous law« see: Gunther Teubner, Global private regimes: Neo-spontaneous law and dual constitution of autonomous sectors in world society?, in: Karl-Heinz Ladeur (ed.), Globalization and Public Governance, Cambridge 2000, 1–17.

ments and processes rather than in norm creation processes of a national legislature. But whereas the formation of customary law is based on vague and diffuse incidents, and driven by »silently operating forces of informal coordination of conduct«,[35] the UCP, INCOTERMS, Charter parties, the YAR and other norms of international trade are the results of coordinated and systematic processes which are highly formalized and which are based on participative discourses.

And it is exactly these participative discourses that are the basis for emerging normativity in privately created norms. Whereas national law, especially in western democracies, is based on the legitimacy and normativity of democratic decision making, in which the majority allegedly legitimizes political decisions, private transnational law draws its legitimacy and normativity from a balanced inclusion of the interests and stakes of all stakeholders that will later be affected by the norm. The transnational sphere lacks a national legislature, and a »world-state« which could overcome this deficit is not imminent. Therefore transnational law will have to be conceptualized differently from national law. Transnational law will instead consist of »negotiated orders«, which have their own rationalities and which are different from national law.[36] But that does not mean that such negotiated orders could not claim legitimacy and normativity. The negotiations and discourses over transnational norms are the roots of legitimacy and normativity in the transnational sphere because they open the stage for participation. Although as in national states it is not necessary that everyone agrees with a certain rule, it is, however, necessary that everyone has the chance to raise his/her voice and partakes in the process of norm creation. In the transnational sphere it is necessary that every stakeholder has the chance to partake and therefore possibly accept the norm despite their disagreement. It is not required that everybody agrees because the negotiated result is the best result from his/her perspective. But it is necessary that strategic and opportunistic behavior of individuals is prevented. To the extent that the norm creation process is opened up for stakeholders and that opportunistic behavior of individuals is prevented, acceptability and thus normativity increase.[37]

35 Ibid.

36 Simon Roberts, After Government? On Representing Law Without the State, in: Modern Law Review 68 (2005), 1–24, 23, (»Negotiated orders have their own rationalities: they involve a different orientation to the normative repertoire from those of state law; decision-making is through agreement, reached through cyclical processes of information exchange and learning, rather than the imposed order of a third party (…).«).

37 For that thought see: Jürgen Habermas, Between Facts and Norms: Contributions to a Discourse Theory of Law and Democracy, Cambridge, Mass. 1996, 1 et seq., 287 et seq.

Admittedly, normativity in the transnational realm is different from normativity in a democratic state. This fact has been pointed out by American lawyer Christiana Ochoa who, with reference to works of Carole Pateman[38] and Daniele Archibugi,[39] coined the notion »participatory democracy« in order to describe law formation processes which are not rooted in national states but in a global civil society.[40] Ochoa is arguing for the legitimization of privately created norms. She sees deficits in the legitimacy of law formation on the national and international level since especially on the international level many governments participate in the formation of public international law which are in turn not at all legitimized in a democratic process.[41] She points to the »[...] lack of actual democratic participation by, and meaningful representation of, individual citizens in the laws made and policies set by international institutions as symptomatic of the legitimacy crisis these institutions currently face.«[42] On the other hand there are many fields in which private regulation produces soft law that increasingly transforms into harder forms of law.[43] Ochoa admits that »participative democracy« could initially be a form of participation which is limited to global elites. But she also claims that this does not mean that such processes are undemocratic. Participative democracy enables members of a global society to participate in law formation processes whereas a representative democracy is not (yet) conceivable on a global level.[44] So here again it is the possibility of participating in the norm creation processes which creates normativity in the transnational sphere.

38 Carole Pateman, Participation and Democratic Theory, London 1970.

39 Daniele Archibugi, Cosmopolitan Democracy and its Critics: A Review, in: European Journal of International Relations 10 (2004), 437–473.

40 Christiana Ochoa, The Relationship of Participatory Democracy to Participatory Law Formation, in: Indiana Journal of Global Legal Studies 15 (2008), 5–18.

41 Ibid., 9 et seq. See also Joseph S. Nye, Globalization's Democratic Deficit, in: Foreign Affairs 80/4 (2001), 2–6, 4, arguing that the deficit of democratic legitimacy is reflected in the rule »one state one vote« which in international lawmaking processes means that a citizen of the Maldives has several thousand times the weight of a citizen of India.

42 Ochoa, Participatory Law Formation, 9 et seq.

43 Ibid., 15. See also for the field of environmental protection Robert Rohrschneider/Russell J. Dalton, A Global Network? Transnational Cooperation among Environmental Groups, in: Journal of Politics 64 (2002), 510–533. Besides that Ochoa is expressly referring to Janet Koven Levit's research on the UCP, Ochoa, Participatory Law Formation (note 40), 17. See also Christiana Ochoa, Symposium Introduction: Democracy and the Transnational Sector, in: Indiana Journal of Global Legal Studies 15 (2008), 1–3 as well as the conference papers published in this issue of the Indiana Journal of Global Legal Studies.

44 Ochoa, Participatory Law Formation (note 40), 16.

The opportunity for participation is also part of Gralf Calliess' and Peer Zumbansen's concept of »rough consensus and running code«.[45] In their concept, the democratic process is transferred into a transnational and digital world. Since transnational law cannot be formed in a democratic process, the focus turns to acceptability and acceptance of norms. The core idea is that norms are created in a discursive process and that interested members of a world society can participate in the norm creation process. Since interests and opinions will be manifold, it cannot be expected that a consensus can be reached. The consequence is that a »rough consensus« is considered sufficient. That means that not everybody has to fully agree to a norm but that most people roughly agree. This »rough consensus« is then assessed in the application of the respective norm. It becomes a »running code« and its acceptance and performance is tested in »the real world«. This »rough consensus« certainly can be changed over time and will certainly adapt to changes in its normative and actual environment.

It is very striking that this concept almost perfectly describes the formation processes of privately created norms by, for instance, the BIMCO, the CMI, or the ICC that have been described above. There is a combination of formal and informal processes and opportunities to partake in the norm creation process. The process aims at consensus, but it will never be possible to find rules that accommodate every participating party perfectly so that the aim always is a compromise that reflects at least a »rough consensus«. The results of these processes are rules that are implemented, tested, monitored and revised, if necessary. They are, in the words of Calliess and Zumbansen, »running code«. Normativity in these cases is not produced by a national legislature but by participation, acceptability, agreement with the respective rule and the opportunity of revision within a manageable time period.

If we scrutinize such forms of private norm creation, we see that the law in the transnational sphere will have to be conceptualized differently from the law within nation states. Law in a globalized world society is distinct from the concept of law that has been established in nation states. Private international law only accepts national law as equipollent[46] even if national law has not been

45 Gralf-Peter Calliess / Peer Zumbansen, Rough Consensus and Running Code. A Theory of Transnational Private Law, Oxford 2010.

46 Attempts to overcome this paradigm have e. g. been made during the formation process of the Rome Regulations on the European Rules of the Conflict of Laws. It has been proposed to allow the parties that they »[...] may also choose as the applicable law the principles and rules of the substantive law of contract recognized internationally or in the Community.« (COM (2005) 650 – final, Art. 3 para. 2). For a detailed analysis see Gralf-Peter Calliess (ed.), Rome Regulations – Commentary on the European Rules of the Conflict of Laws, Alphen aan den Rijn 2011, 65 et seq.

created in a democratic process. On the other hand there are private norms that are not recognized as law although they were created in participative processes and therefore are normative and legitimate, at least within a specific social sector like an industry or a certain branch of trade. The privately created norms might not conflict with national law; they might even be »embedded« as Janet Levit had observed. But privately created transnational law might as well be in conflict with national laws and for those cases legal scholarship will have to devise rules to solve such conflicts. Law can no longer be seen only as national law. In the transnational sphere also privately created norms will have to be included in the concept of law. This, however, demands two more preconditions: legal theory will have to open up for concepts of legal pluralism in the transnational sphere and the law will have to develop mechanisms to accept and include privately created norms.

V. Legal Pluralism and a »Conflict of Laws«

If we accept the fact that the processes of private norm creation can also generate a normative and legitimate transnational law, we will have to re-conceptualize the law itself. As Jan Klabbers argues and describes, there are many »points where the private sector and international law intersect«.[47] But this is not only true for international law but for all concepts of state-centered legal doctrine. In the transnational sphere, traditional concepts of law and new forms of privately created norms intersect and clash all the times. Law therefore has to be re-conceptualized in the transnational sphere and one way of doing so is provided by the concept of legal pluralism.

1. Legal Pluralism

The fact that other normative orders can exist besides law is not new. The phenomenon of legal pluralism had been identified in the early 20th century, long before cross-border trade, globalization, and transnationalization was put on the agenda of legal scholars around the world. The field of legal pluralism has developed against the background of the research of anthropologists who, in the 19th and early 20th century, had observed the fact that there existed rules and sanctions in the colonies of the Commonwealth that were at least as effective as

47 Jan Klabbers, Of Round Pegs and Square Holes: International Law and the Private Sector, in: Paulius Jurcys i. a. (eds.), Regulatory Hybridization in the Transnational Sphere, Leiden 2013, 29–48, 31.

the Common Law.[48] The co-existence of national common law and indigenous rules and sanctions has been characterized as »Legal Pluralism«.[49]

The narrow focus on the co-existence of indigenous law and common law has, since the 1970s, been extended by French, British, and American authors, who were influenced and inspired by a socio-scientific legal scholarship, and the research has also encompassed colonialized modern countries.[50] They used the paradigm of legal pluralism as a blueprint for their description and analysis of the relationship between national law and other normative social orders.[51] The central aim and objective of such a »normative legal pluralism« is not only questioning but overcoming the paradigm of national law as the only possible form of law. National law has hitherto been the focal point for aspirations of a unity of law and the legal system. But if these aspirations for unity of the legal system persist and if the state still is in the center of legal theory and theories of norm creation, there is no space for legal pluralism.[52] If, however, the horizon is broadened and social contexts, networks, and social co-operations that also create norms come into sight, we can gain a full view on the law in the transnational sphere. The law then is no longer the monopolist of social regulation but must be seen as *primus inter pares* among several suppliers of normative goods. The Society is no longer well-organized, but displays itself as a loose compound of partly overlapping and fragmented groups and communities.[53] This concept of legal pluralism also shows clear parallels to the research agenda of systems theory, which conceives the law as only one communication system among others. Social fragmentation is the consequence of social differentiation which does not stop at national borders. In particular, German legal scholar Gunther Teubner has scrutinized the development of society and law under the influence of globalization[54] and has taken a »global law without the state«[55] as a focus of his research.

48 See as an example for one of these studies BRONISLAW MALINOWSKI, Crime and Custom in a Savage Society, New York 1926.

49 SALLY ENGLE MERRY, Legal Pluralism, in: Law & Society Review 22 (1988), 869–896.

50 Ibid., 872.

51 In this direction see STEWART MACAULAY, Private Government, in: LEON LIPSON / STANTON WHEELER (eds.), Law and the Social Sciences, New York 1986, 445–518.

52 JOHN GRIFFITHS, What is Legal Pluralism?, in: Journal of Legal Pluralism and Unofficial Law 24 (1986), 1–55, 3.

53 MARC GALANTER, Justice in many Rooms: Courts, Private Ordering, and Indigenous Law, in: Journal of Legal Pluralism and Unofficial Law 19 (1981), 1–47, 12.

54 GUNTHER TEUBNER, »Global Bukowina«: Legal Pluralism in the World-Society, in: GUNTHER TEUBNER (ed.), Global Law without a State, Brookfield 1997, 3–28.

55 GUNTHER TEUBNER (ed.), Global Law without the State, Dartmouth 1996.

For traditional lawyers, however, it is not easy to accept a concept of legal pluralism which de-centers the state and replaces it with the normative power of social movements. But we have to accept that there are other forms of regulation besides national law. For instance, since the music and movie industry did not rely on the protection of their intellectual property by nation states, they developed copy-protection mechanisms which are more effective than any law could ever be.[56] Private organizations, then, are legislators in the transnational realm. *Lex mercatoria,*[57] *lex electronica,*[58] *lex contructionis,*[59] *or lex sportiva*[60] are only synonyms for a de-nationalization and »socialization« of law in which the differences of national law and non-state law are increasingly blurred.

But how should the law cope with this »post-national constellation«?[61] The answer is that the law has to conceptualize conflicts of law as a legal paradigm which is also applicable to the conflicts between state law and privately generated law.

2. Conflict of Laws as a Legal Paradigm

As argued above, societal fragmentation increasingly undermines the semantics of unity that were hitherto inseparably linked to the nation state. In particular, globalisation and cross-border trade challenge traditional concepts of the state as well as concepts of law. As early as the 1970s and early 1980s, German legal scholar Rudolf Wiethölter responded to the problem of an ever increasing social fragmentation and the intertwining of law, society and politics with the concept of proceduralization.[62] In contrast to conflicts law, which does not decide cases but only decides which law should decide the case, procedural law receives

56 See for that example Lawrence Lessig, Code and other Laws of Cyberspace, New York 2000, 116 ff.

57 Berthold Goldman, Lex Mercatoria, in: Forum Internationale 1983, 3–23.

58 Vincent Gautrais i. a., Droit du commerce électronique et normes applicables: l'emergence de la lex electronica, in: International Business Law Journal 1997, 547–583.

59 Camilo A. Franco Leguizamo, From Lex Mercatoria to Lex Constructionis (De la Lex Mercatoria a la Lex Constructionis), in: Revist@ e-mercatoria 6 (2007), 1–23.

60 Ken Foster, Is There A Global Sports Law?, in: Entertainment Law 2 (2003), 1–18; Ken Foster, Lex Sportiva and Lex Ludica: the Court of Arbitration for Sport's Jurisprudence, in: Entertainment and Sports Law Journal 2005, 1–15.

61 Jürgen Habermas / Max Pensky, The postnational constellation: political essays, Cambridge, Mass. 2001.

62 Rudolf Wiethölter, Materialization and Proceduralization in Modern Law, in: Gunther Teubner (ed.), Dilemmas of Law in the Welfare State, Berlin 1986, 221–249.

different legal and societal normative claims and reconciles them. Proceduralization is, in simple words, the aspiration for a private international law which is not only applicable to state law but also to social norms. This development of the idea of conflict of laws towards a concept of proceduralization has inspired many legal scholars.[63] They have conceptualised the formerly very limited scope of the notion of conflicts of law towards an entirely new legal paradigm which now allows us to scrutinize conflicting legal and social normative orders.

Whereas traditional private international law is only applicable to different national laws, a concept of conflicts of law as a legal paradigm of proceduralization again broadens the horizon. If we apply the idea of private international law not only to national laws but also to private norms, the conflict lines are shifted. The basic approach, however, remains the same: private international law does not decide the case, but decides which law is applicable to the case. The consequence of a modification of a procedural conflicts law is that it is not limited to national law but also takes privately created norms into account. The question then is: Which privately created norms have to be considered? Does every social norm conflict with state law? Of course, not every contract and every social norm has the normative power to conflict with state law, but some privately created norms do, as argued above. Against this background, national law loses its predominant claim of validity but it also gains a new task. It has to decide whether certain private norms have enough normativity to conflict with national laws and thus has to mitigate the »clash of rationalities«[64] that arises from new forms of regulation in the transnational sphere. This, of course, implies that normativity is a gradual concept, which might be the most important transformation of the concept of law in the transnational realm. If, however, we accept that also privately created norms can be normative and legitimate, we will gain an entirely new perspective on transnational law in the post-national world.

This claim opens an entirely new perspective on the debate on state and non-state justice systems. Whereas for instance Miranda Forsyth describes the relationship between state and non-state justice systems explicitly from a state

63 See, for instance, ANDREAS FISCHER-LESCANO / GUNTHER TEUBNER, Regime-Collisions: The Vain Search for Legal Unity in the Fragmentation of Global Law, in: Michigan Journal of International Law 25 (2004), 999–1046; WILLIAM E. SCHEUERMAN, Reflexive Law and the Challenges of Globalization, in: The Journal of Political Philosophy 9 (2001), 81–102; RALF ROGOWSKI, Reflexive Regulation of Labour and Employment Conflict Resolution, in: GRALF-PETER CALLIESS i. a. (eds.), Soziologische Jurisprudenz, Berlin 2009, 573–585.

64 FISCHER-LESCANO / TEUBNER, Regime-Collisions (note 63), 1007.

perspective,[65] the approach of this paper is one of mutuality. State legal systems as well as non-state legal systems will have to find a way to mutually recognize each other.

VI. Conclusion

National courts are losing international trade cases in general and maritime cases in particular. The reason for that is the fact that international trade has established normative orders which are not enforced by national courts. Arbitration courts, however, are enforcing privately created norms without prejudice. The shift to arbitration bears the danger for national courts of losing their expertise and connectivity to the legal system of international trade. Therefore it is necessary to find methods that allow national courts to identify and evaluate privately created norms in order to decide whether these norms can be accepted as transnational law.

Andreas Maurer

65 Miranda Forsyth, A Typology of Relationships Between State and Non-State Justice Systems, in: Journal of Legal Pluralism and Unofficial Law 56 (2007), 67–112.

IV. Non-State Actors within State Structures

Private Courts and Rural Justice in Prussia (1815–1848)

During the pre-March era, Prussia and many other German States saw lively political debates on topics concerning law and the justice system. Trial by jury, judicial proceedings to be held in public and oral conduction were popular demands, and the bourgeois elites of the Prussian Rhine province, against the plans of the Prussian king and ministry, wanted to hold on to the French Civil Code as »Rhenish Law« (»Rheinisches Recht«), mainly because of more modern provisions concerning private property in contrast to the Prussian General Code. Also, the discussions on and the ultimate failing of a draft of a new penal code or the role of the independence of judges in the sense of rule of law (»Rechtsstaat«) were hotly debated issues. Reflecting the aims of early constitutionalism in Germany, a »liberal« public confronted the »absolutist« ways of German monarchical governments. Within these controversies on legal and constitutional frames of a contemporary political order, the public debate on patrimonial jurisdiction took its share. The »Staatslexikon«, edited by German Professors Carl von Rotteck and Carl Welcker, might be seen as the »bible« of German liberalism during these years. The author of the »Staatslexikon« did not think that patrimonial jurisdiction had to be interpreted as the main problem of contemporary legal politics: »But the first thing we think of is not abolition of patrimonial jurisdiction, but judicial proceedings to be held in public, simple, German and popular law codes, or, to be more precise, one simple, universal German law code and the restoration of a high court for all Germany.«[1] In Prussia, the discussion had started during the years of reforms, but while some highly influential laws and decrees consequently modernized both state and society, the abolition of patrimonial jurisdiction, which had been planned by the ministries of Freiherr vom Stein and Prince Hardenberg, finally failed.[2]

1 [Beck], article »Patrimonialgerichtsbarkeit«, in: Carl von Rotteck/Carl Welcker (eds.), Staatslexikon oder Encyclopädie der Staatswissenschaften, vol. XII, Altona 1941, 379–386, 382 f.

2 For the general history of Prussia see Christopher Clark, Iron Kingdom. The Rise and Fall of Prussia, 1600–1947, London 2006; Thomas Stamm-Kuhlmann, Restoration Prussia, 1786–1848, in: Philip G. Dwyer (ed.), Modern Prussian

The Prussian patrimonial court as such gives an excellent example of a legal institution, which showed both public and private elements. Obviously the law and the court's procedures code were part of the state's sovereignty and dominated by state officials, namely the ministry of justice in Berlin and the higher district courts and the judges officiating. The judicial bureaucracy and many higher judges accepted no reason for the existence of private jurisdictions at all. Accordingly, state control happened to be the most important aim of state jurists. The »state logic« was pronounced by state officials who presented state control as a mode of fostering public welfare. In this perspective, the justice system had to act for the common good, and was strictly opposed to private profit. While state law prevailed, the jurisdiction of estate owners could be seen as a private property right. The fact that this rather modern property right of land owners derived from feudal law made things even more complicated. Many estate owners – most, but not all of them noble – acted as defenders of private property rights with ancient origins. Obviously they were not allowed to influence the legal business of the court, but they were responsible for financing the court while collecting charges. The estate owner as owner of the jurisdiction (»Gerichtsherr«) was able to influence the patrimonial judge as main protagonist and court functionary. So the judges held the key position between the public and the private. For this group, non-state logic often preponderated. While it seems to be necessary to shortly introduce patrimonial courts in Prussia as such (I), the paper then concentrates on the patrimonial court system as private institution. The private character of the legal institution »patrimonial jurisdic-

History, 1830–1947, Harlow 2001, 43–65; DAVID E. BARCLAY, Frederick William IV and the Prussian Monarchy 1840–1861, Oxford 1995; For important discussions on judicial politics see MARIE THERES FÖGEN, Der Kampf um Gerichtsöffentlichkeit, Berlin 1974; REINER SCHULZE (ed.), Rheinisches Recht und europäische Rechtsgeschichte, Berlin 1998; KARL GEORG FABER, Recht und Verfassung. Die politische Funktion des Rheinischen Rechts im 19. Jahrhundert, Köln 1970; DIRK BLASIUS, Der Kampf um die Geschworenengerichte im Vormärz, in: HANS-ULRICH WEHLER (ed.), Sozialgeschichte heute. Festschrift für Hans Rosenberg zum 70. Geburtstag, Göttingen 1974, 148–161; for the Rhineland: JONATHAN SPERBER, Rhineland Radicals. The Democratic Movement and the Revolution of 1848–1849, Princeton, NJ 1991; JAMES BROPHY, Popular Culture and the Public Sphere in the Rhineland, 1800–1850, Cambridge 2007. For the plan to abolish patrimonial jurisdiction see Stein's famous »Nassauer Denkschrift«: »Des Ministers Freiherr vom Stein Denkschrift Über die zweckmäßige Bildung der obersten und der Provinzial-Finanz-Justizbehörden in der preußischen Monarchie«, Nassau, Juni 1807, in: GEORG WINTER, Die Reorganisation des Preußischen Staates unter Stein und Hardenberg, Erster Teil, Bd. 1, Leipzig 1931, 189–206, 205. As an example for the – not very lively – public debate see the anonymous pamphlet: Können die Gutsbesitzer die Aufhebung der Patrimonialgerichtsbarkeit wünschen?, Königsberg 1808.

tion« (»Patrimonialgerichtsbarkeit«) is revealed by the motives of non-state logic which played a significant role for some of the actors (II). Finally, the third part deals with the perspective of the state and discusses the positions of the defenders of a governmental position (III).[3]

I. »Private Justice« during the first half of the Nineteenth Century

The jurisdiction of manorial land owners was conceived as a private property right, deriving from ancient noble privilege, and might be seen as a feudal residuum. Since the Prussian reforms of the early 19th century, also non-noble estate owners were entitled to hold jurisdiction. Most owners of estates were still noblemen, but the portion of bourgeois »Junker« grew rapidly from 10 % in 1800 to 43 % in the 1840s. Judicial rights were linked to more than 6,000 estates, and property, not status, constituted the essential criteria. In the Eastern parts of Prussia, patrimonial jurisdiction was quantitatively important. In 1845, 62 % of the Silesian population, 40 % of Pomeranians and 31 % of the inhabitants of the province of Brandenburg were subjects to private jurisdictions.[4]

Estate owners possessed the right to administer justice to all inhabitants of their manorial districts. Rural people were born as subjects to patrimonial jurisdiction without a chance to leave it unless they decided to leave their homes for good. Farmers, servants and day labourers, but also millers and innkeepers were listed as inhabitants of the judicial districts (»Gerichtseingesessene«). Only the academic middle classes were exempt. Like the estate owner himself, pastors and judges had to be taken to the higher district court (»Oberlandesgericht«). Unless the estate owner happened to be a trained jurist, he could not administer the law himself, but had to appoint a jurist who had studied at a university and passed a state examination to sit as private judge. In contrast to former assumptions of historians, even during the 17th and 18th centuries, estate owners rarely sat as judges themselves. This wouldn't have made much sense in any case, because the bulk of court proceedings concerned civil, not criminal matters, and while justice and administration were deeply intertwined, the qualification as a jurist would be indispensable.[5]

3 Sabine Werthmann, Vom Ende der Patrimonialgerichtsbarkeit. Ein Beitrag zur deutschen Justizgeschichte des 19. Jahrhunderts, Frankfurt a. M. 1995; Monika Wienfort, Patrimonialgerichte in Preußen. Ländliche Gesellschaft und bürgerliches Recht 1770–1848/49, Göttingen 2001.

4 For mentalities and political ideas of noble landowners during the pre March era, see Robert Berdahl, The Politics of the Prussian Nobility: The Development of a Conservative Ideology 1770–1848, Princeton 1988.

5 Monika Wienfort, Administration of Private Law or Private Jurisdiction? The Prussian Patrimonial Courts 1820–1848, in: Willibald Steinmetz (ed.), Private

The competence of patrimonial courts differed in every province. In East-Elbian Prussia, they regularly dealt with the whole sphere of civil law. The everyday business of a judge most often consisted of property matters. Non litigious civil jurisdiction was quantitatively important (contracts, wills, sales, mortgages, guardianship). In general, these actions constituted the lucrative part of the judicial business. Civil litigation supervened: Debts, divorce proceedings, paternity suits, inheritance and neighborhood conflicts, verbal slender, and also some minor cases of assault and battery. Finally minor criminal cases and misdemeanors came into play. This criminal jurisdiction did generally not include capital crime. Consequently, patrimonial courts had nothing to do with murder trials or the spectacle of public executions. The quantitative importance of minor theft cases differed widely. Whereas in some bigger court districts, namely in the poorer parts of Silesia, many cases of theft were brought to court, some small districts in Brandenburg did not count a single case in a year.[6]

In Prussia, the administrative rule of private jurisdiction essentially formed two types of judges working within the system: state judges and private judges. Judges of lower state courts were often eagerly interested to administer a private court district as a lucrative part time job. The private judges as such, often named »Patrimonialrichter« or »Justitiar«, did not hold any state position and had to rely on the acquisition of – very often more than five – private court districts. In general they represented the jurists with the poorest exam results and were situated at the end of the juridical hierarchy. Many state judges, notoriously higher state judges, did not at all accept them as of equal rank. The ministry of justice in Berlin, higher judges, and the liberal public faced them with distrust and, more often than not, with arrogance. A typical private judge would have lived in a small town of the Prussian East. He would have held from five to ten positions, defined by private contracts with the estate owners of the area. During the 18th century, most judges only sat up to four times a year in each district, some even less often. During the 1830s, Prussian higher courts aspired to intensify and homogenize the work of the rural courts. Accordingly, the *Oberlandesgerichte* urged patrimonial courts to sit at least once a month.[7]

By law, the estate owner was obliged to employ the judge by a private contract and to pay a fixed annual salary. The state strongly inhibited to refer the judge

Law and Social Inequality in the Industrial Age. Comparing Legal Cultures in Britain, France, Germany, and the United States, Oxford 2000, 69–88.

6 W. F. C. Starke, Beiträge zur Kenntnis der bestehenden Gerichtsverfassung, pt. 2: Justiz-Verwaltungsstatistik des preußischen Staats, Berlin 1839.

7 Monika Wienfort, Preußische Patrimonialrichter im Vormärz: Bildungsbürgertum auf dem Lande zwischen staatlichem Einfluss und gutsherrlichen Interessen, in: Klaus Tenfelde / Hans-Ulrich Wehler (eds.), Wege zur Geschichte des Bürgertums, Göttingen 1994, 57–77.

to the court fees, which during the 18th century had been the traditional mode to pay the judge. The interest of both estate owner and judge revolved around the economical function of the legal system: Whereas judges thought about whether it would be more profitable to get a fixed salary or to earn the court fees, estate owners deliberated the economic situation of their jurisdiction in general. And while some of the bigger court districts with rather wealthy inhabitants tended to yield a profit, small districts with less than a hundred inhabitants got into difficulties, most often because the estate owner was obliged to pay criminal costs for poor defendants. In turn, many critics of the patrimonial justice system never ceased to suspect that judges still got the fees, and the liberal public did not hesitate to take this suspicion as proof of corruption. In contrast to the highly critical public discussion, during the 1830s and 1840s, most judges in fact were not only entitled to, but actually got a fixed salary. This ultimate success of state policy was secured by a never ceasing stream of orders and recommendations of the higher district courts.[8]

In general, a typical patrimonial court was formed by only one judge, assisted by just one subaltern. Only a few substantial private courts consisted of two or even three judges who sat as a »collegium«. The estate owner could elect the judge at his own free will, but the contract needed the approval of the Oberlandesgericht. The contract had to be for life; against his will a judge could only be removed by the Obertribunal, the highest court in Prussia. Estate owners were obliged to finance the expenses of the court. The expenses could amount to substantial sums: the salary of the judge and the subalterns, the costs of the office, travel expenses of judges or witnesses, finally costs for trials of inhabitants without any property or income. These costs had to be paid even when the trial was implemented by a state court. In return the estate owners as *Gerichtsherren* received the total amount of the jurisdictional fees. If the district happened to have many wealthy inhabitants who eagerly engaged in business, the court could be profitable, but many tiny districts with insignificant business never achieved even a black zero.

Needless to say, the law for both state and patrimonial court districts was entirely the same. The Prussian Law Code of 1794 and many local customary laws were to be upheld before every court in Prussia. Whereas the administration of the law belonged to the public law, the court fees constituted private income,

8 During the 1830s and 1840s, public discussion in Germany concentrated on Saxony, because of judge's entitlement to get court fees, see Anon., Fixe Besoldung oder Sporteln? Noch ein Wort über die Patrimonialgerichte und über die Nachteile des auf Sportelneinkommens angewiesenen Richteramtes. Ein Nachtrag zu der Schrift: Die Patrimonialgerichte aus dem Gesichtspunkt der Sicherheits-und Strafrechtspflege und des Sportelnwesens, Grimma 1841.

and the court costs were defined as private spending. The ambivalence was obvious: On one hand both a liberal minded public and the judicial bureaucracy, finally the majority of judges assumed the legal system as part and synonym of state sovereignty. But within the reality of pre-revolutionary Prussia, the existence of patrimonial courts unmistakably showed that the public and the private were in fact deeply intertwined.[9]

II. Non state logic: Property and community related reasoning

As many preindustrial societies, the population of mid-nineteenth century Prussia relied on wood as main source for furnace, heating and building. Especially during the 1840s, rainy and cool summers provoked failed harvests. Accordingly, for the majority of the Prussian population, poverty and destitution reigned, and many regions saw a significant growth of crime rates. While minor thefts in general dominated the scene, one kind of offense loomed prominently: timber theft.

The stealing of unfelled trees (»ungefälltes Holz«) was traditionally seen by the rural population not so much as a crime, but as a function of traditional rights. Before the reform laws of the early 19th century, many rural communities had in fact held customary and ancient rights to pick scrubs, grass and moss in the woods belonging to estates. During the years of hardship, even many jurists interpreted timber theft as a social crime, deriving from distress and poverty, and argued for more lenient sentences. But since 1821, a new special law for timber thefts (»Holzdiebstahlgesetz«) standardized different kinds of punishments without any reference to the economic reasons of the offence as a social phenomenon. From then on, delinquents had to pay fines according to the value of the timber (most often four times the value of the stolen goods). If they were too poor to pay the fine, the delict carried either a prison sentence (eight days in prison were held as equivalent to five Taler in fines), or penal labour for the forest owner. These provisions often made the enforcement of the law and the occupation of many private and public foresters with tracing and finding timber thieves very attractive.[10]

9 Michael Stolleis, Geschichte des öffentlichen Rechts in Deutschland, vol. 1–4, München 1988–2012. Franz Wieacker, Privatrechtsgeschichte der Neuzeit unter besonderer Berücksichtigung der deutschen Entwicklung, 2nd ed., Göttingen 1967.

10 Dirk Blasius, Bürgerliche Gesellschaft und Kriminalität. Zur Sozialgeschichte Preußens im Vormärz, Göttingen 1976, 150, statistical overview on the number of trials concerning timber theft in Prussia without the Rhine province 1833–1850; Dirk Blasius, Kriminalität und Alltag. Zur Konfliktgeschichte des Alltagslebens im 19. Jahrhundert, Göttingen 1978, 55–58; Josef Mooser,

In general, both the middle class public of Prussia and the judicial bureaucracy criticized patrimonial courts for a rather low interest in law enforcement. At first sight, this even seemed to be true for cases of timber theft. In 1834, nearly 100.000 cases came before the courts. Whereas state courts were responsible for 87 % of the cases, patrimonial courts – with 25 % of the population – counted only for 13 % of cases. In 1846, the year of the last »hunger crisis« in central European History, the figure for the patrimonial courts had risen to 19 %. But some exceptions still seem to be interesting: In some regions, especially in Westphalia, patrimonial courts just like state courts were eager to prosecute timber thefts. The reasons for the adaptation of the state courts' eagerness by patrimonial courts are unclear. It might be possible that land owners effectively put pressure on state and patrimonial courts alike.

Secondly, while stealing of moss and grass was of virtually no interest to state courts, patrimonial courts had a huge amount in their case books. For many court districts, like the big estate of Sonnewalde in Lower Lusatia, timber theft was everyday business. In 1820, out of 203 fines, 123 were inflicted because of timber theft, the rest dealt with grass and moss. Here, not only the poor were sentenced, but also members of the village elite, e. g. farmers, millers, innkeepers and even an administrator of the estate. In Westphalia, both estate owners and state officials argued that not only the local residents, whether poor or not, were accused of stealing wood, but also armed gangs, which were held responsible for violent assaults on foresters and policemen. These gangs definitely transgressed the line between a »social crime« out of necessity and stealing for sale and profit on a regular basis.[11]

The figures of prosecution differed widely. In 1834, in the district of Paderborn with 400,000 inhabitants, more than 15,000 new official inquests concerning timber theft were reported to Berlin. In contrast, the district of Stettin with 430,000 inhabitants counted only 4,350 cases. While it seems to be likely that the difference was influenced by the distribution of wood, the social composition of the population, and the economic situation in general, there is no explanation for the magnitude of the difference.[12]

In 1837, some patrimonial court districts in the province of Brandenburg counted a lot more trials concerning timber theft than other penal proceedings.

»Furcht bewahrt das Holz«. Holzdiebstahl und sozialer Konflikt in der ländlichen Gesellschaft 1800–1850 an westfälischen Beispielen, in: Heinz Reif (ed.), Räuber, Volk und Obrigkeit. Studien zur Geschichte der Kriminalität in Deutschland seit dem 18. Jahrhundert, Frankfurt a. M. 1984, 43–89.

11 Brandenburgisches Landeshauptarchiv Potsdam (Record Office Potsdam), Pr. Br. Rep. 37, Sonnewalde Nr. 2227.

12 Jahrbücher für die Preußische Gesetzgebung, Rechtswissenschaft und Rechtsverwaltung, vol. 48, Berlin 1836, Übersicht Untersuchungen wegen Holzdiebstahls.

In Pförten, a large demesne (Standesherrschaft) in Lower Lusatia with nearly 11,000 inhabitants, 766 trials concerning timber or grass theft were opposed to only 49 penal and police proceedings. In Lübbenau, where the estate owner count Lynar was frequently engaged in civil litigation with inhabitants of his court district, 174 timber theft cases related to 71 criminal proceedings. Nevertheless, some state courts were even more eager. During the same year, the state court in nearby Peitz, which was responsible for nearly 10,000 inhabitants, conducted 1,112 proceedings concerning timber theft. The judicial statistics of 1837 also listed court districts without any proceedings concerning timber or grass theft. The district of Lipke in the Neumark with nearly 3,500 inhabitants or the nearby Hohenkränig with 1,500 inhabitants may function as good examples. These figures show that the vast differences of the prosecution of timber theft must have to do with the interest of forest owners. In some cases, the estate owner and owner of the court district himself was responsible. But in many other cases, also farmers and other small landowners tried eagerly to protect their own resources in the woods. In many regions, small landowners constantly reported thefts to the courts and strived to persuade the judges to prosecute intensively, indifferent to the fact whether the court happened to be a state court or not.[13]

In 1825, Friedrich August Ludwig von der Marwitz, a prominent Prussian conservative and eager advocate of traditional rights and rural paternalism, had to deal with a case of timber theft committed by his own farmhands. The defendants demonstratively displayed remorse, using religious references which must have impressed pious Marwitz: »Our eyes were blind, but now as we are caught, our eyes are open (…) afterwards we found out about the 7th commandment saying we should leave and protect everybody's property and nutriment.« The records did not show whether the estate owner decided to reduce the fine, but in the light of Marwitz' understanding of the appropriate rural order, it does not seem unlikely.[14]

The prosecution of timber theft in rural Prussia shows the prevalence of a non-state logic within a state controlled realm of prosecution. The same might be said from other characteristics of patrimonial court proceedings. Many court records display that a considerable proportion of cases did not result in a verdict. Johanna Bartsch, a worker's daughter in Mittelwalde, a small community in the mountainous parts of lower Silesia, was accused of stealing grass worth six Pfennig. The reasons for the striking out of cases are not at all clear. On one hand, Prussian law worked with the request of proof, and it might be that it

13 W. C. Starke, Justizverfassung (note 6), pt. 2, 132 f.

14 Landeshauptarchiv (Record Office Potsdam), Pr. Br. Rep. 37, Friedersdorf, No. 139, f. 94.

was often too difficult to gather appropriate witnesses. On the other hand, six Pfennig damage costs were trivial and not worth the effort to use it as warning to other offenders.

Non state interests dominated yet another type of litigation. The liberal public often criticized the fact that also lawsuits between the lord and his own peasants (about taxes, dues, manorial services) could come before the patrimonial court. In general, estate owners could sue their peasants in their own court, but not vice versa. In some aspects, the research on patrimonial courts affirms other findings, for example on the Imperial Chamber Court (»Reichskammergericht«), which showed peasants and communities who sought to eagerly and patiently defend their »common rights«. They rejected claims of the estate owners to increase dues or services and appealed to the law. In Silesia, many estate owners sued their peasants for not paying the »Laudemien«, a tax on property transfers. Estate owners and inhabitants also fought frequently about the protection money (»Schutzgeld«), which in this context meant a jurisdictional tax to help pay the cost of the jurisdiction. This tax was levied on the poorer inhabitants who did not own land. The confrontation between Count Lynar, a rich estate owner in Lower Lusatia, and the inhabitants of the small town of Lübbenau in the Spreewald was notorious even then. But many inhabitants lost their cases not only in the patrimonial court, but also on appeal with the Oberlandesgericht. So in fact a state court as first court instance would not have changed things because in this case the law interpreted by a higher court also favored estate owners. A different mode can be identified concerning lawsuits between peasant and peasant or between inhabitants (neighbors about property lines, buildings on property lines, debts). In these cases, the judge often tried to find an arrangement.[15]

Patrimonial courts were particularly successful in bringing about a settlement between litigants. The courts often succeeded in verbal abuse or debt cases, usually due to the lacking of the presentation of witnesses or limited resources of the debtors. In many cases, the debtor was an inhabitant of a small court district, personally known to the judge, whereas the creditor very often was coming from elsewhere (a tradesman or tradeswoman, a doctor). This combination might have favored the debtors. In general, the percentage of settlements concerning civil litigation in Prussia during the 1830s amounted to 20 to 30 %. Characteristically, the figures differed between higher court districts. But everywhere, the figures were higher for patrimonial courts. Take for example the higher court district of Breslau (»Oberlandesgerichtsbezirk«) in 1837. Whereas state courts

15 See Rita Sailer, Untertanenprozesse vor dem Reichskammergericht. Rechtsschutz gegen die Obrigkeit in der zweiten Hälfte des 18. Jahrhunderts, Köln/Weimar/Wien 1999. For litigation concerning Lübbenau see Wienfort, Patrimonialgerichte (note 3), 208–210.

settled 16 % of civil cases, (»gewöhnliche Civil-Prozesse«), patrimonial courts accounted for 25 %. In all Prussia (without the Rhine province), the percentage of settlements for state courts amounted to 19 %, for patrimonial courts to 27 %. The percentage of settlements in cases concerning minor cases (»Bagatellprozesse«) was even higher: In 1835, Breslau state courts settled 27 %, patrimonial courts 36 %. Measured by the total number of trials which were finally settled, the quota of settlements seems to be impressive. Prussian judicial statistics gave the significantly lower figure of 11 % for all courts, state or non-state, but here a substantial number of trials which were not yet finished were included.[16]

A good example for the popularity of settlements and arbitration might be seen in paternity suits. In general, few women participated in the system of rural justice. To be sure, a minority of estate owners holding jurisdictional rights consisted of women. But while a considerable amount of male estate owners had some legal training through their study at a university, female owners were obliged to transfer the political rights of their property, e. g. the participation in district diets of estate owners, to a male substitute. So women's participation consisted most often in the presence before the bar either as a litigant or a defendant. In Prussia, mothers could sue the presumed father for the costs of baptizing the baby, alimony for the child up to four years, and subsidies for herself. Moral reasoning also played a role, because the position of the mother depended on her »Unbescholtenheit« (respectability, chastity in a sexual sense). Both patrimonial courts and state courts tried to find and identify a father. After 1840, a conservative and protestant revival made litigation more difficult for women. The »Einrede des Mehrverkehrs« (*exceptio plurium concubentium*: a plea accusing a woman of having sexual contacts with more than one man) should protect the rights of men who were possibly not the father of the baby. If at least one other sexual contact was »proved«, most often with the help of another man as witness, the defendant could go free. A very sensible perception of legal rights of men who were possibly not the fathers diminished a chance of alimony for the child. Of course, during the 19th century, no chance existed to prove fatherhood with natural science methods. The attempts of patrimonial courts to achieve a settlement between the unwed mother and the presumed father of the child was facilitated by a general acceptance of sexual intercourse and pregnancy before marriage in many parts of rural Prussia. Often, marriage accordingly followed

16 Wienfort, Patrimonialgerichte (note 3), 215, 271 f.; W. C. Starke, Justiz-Verwaltungsstatistik des Preußischen Staats, 2. Teil, 2. Abtl., Berlin 1839, 5. Total numbers for civil litigation (settled) in Prussia in 1837: 1. state courts: 41281; settlements: 7903, decisions: 21850, other: 11528. 2. Patrimonial courts: 9168; settlements: 2448, decisions: 5010, other: 1710. Numbers for »Bagatellprozesse« 1833–1838, 10.

suit. Many of the presumed fathers who had to appear in court were soldiers or farmers or very young men who could not legally marry, at least not at that point in time.[17]

A community based sense of justice can also be identified in some divorce cases. In Prussia, divorce proceedings were no longer the responsibility of ecclesiastical courts, but ordinary lower courts. For small patrimonial courts this usually meant that the judge and also the estate owner were familiar with the couple in question. The courts showed quite a lot of understanding for the suffering of plaintiffs. In 1815, village mayor Bernt from Wustrau filed for divorce, accusing his wife of the abuse of alcohol. Bernt got the divorce within a short amount of time, but he was asked to promise to pay alimony. The village mayor also provided for small lodgings for his former wife. Patrimonial courts often granted divorces, especially after joint decisions about the property of the couple and the maintenance of the economically weaker person. Whereas the law would not gratify maintenance to the guilty part of a divorce, patrimonial courts tried to find an acceptable solution. In the end, this was in the economic interest of both the estate owner and the propertied inhabitants, because it helped to lower the burden on the poor law. Face-to-face jurisdiction concerning inhabitants of a village was able to accept personal motives and watched out for dispute resolution rather than a decision according to »guilt« in a strict sense of the law.[18]

In 1844, Friedrich Carl von Savigny, the conservative minister of justice, tried to reduce the number of divorces in Prussia. It seemed to be difficult to change material law, especially divorce grounds. Both judges and the public, e. g. the provincial diets, formulated opposition against the aggravation of divorces. Savigny decided against a reform of material law and for a reform of proceedings: From then on, the higher courts (»Oberlandesgerichte«) should be competent in divorce proceedings. This decision had some influence on costs and duration of divorce trials. Only three year later, because of the constant opposition of the public, the reform was suspended. Once again, the lower courts handled divorce cases on a regular basis.[19]

17 Beate Harms-Ziegler, Außereheliche Mutterschaft in Preußen im 18. und 19. Jahrhundert, in: Ute Gerhard (ed.), Frauen in der Geschichte des Rechts. Von der Frühen Neuzeit bis zur Gegenwart, München 1997, 325–344.

18 Dirk Blasius, Reform gegen die Frau: Das preußische Scheidungsrecht im frühen 19. Jahrhundert, in: Ute Gerhard (ed.), Frauen in der Geschichte des Rechts (note 17), 659–69; Dirk Blasius, Ehescheidung in Deutschland im 19. und 20. Jahrhundert, Frankfurt a. M. 1992. Examples for »fast-track« divorces in Wienfort, Patrimonialgerichte (note 3), 245.

19 Verordnung über das Verfahren in Ehesachen vom 28.6.1844, in: Gesetzsammlung für die königlich Preußischen Staaten 1844, 184–194; Stephan Buchholz,

III. State logic: State Control and the Removal of the Patrimonial Courts 1848/49

The judicial bureaucracy fought heavily for political and legal measures to control the ever rising crime rate. For some higher judges, this included the abolishment of patrimonial jurisdiction in general. But during the 1840s, the King Frederick William IV, out of his romantic and estate-based ideals, became a dear friend of patrimonial jurisdiction as a legal institution. To make things even more complicated, he was assisted by the department of the interior, which also promoted private jurisdiction vigorously. The judicial bureaucracy never tired in making important points of critique: Prussian statistics showed that the figure for criminal prosecutions was significantly lower in the patrimonial than in the state controlled districts. In 1839, there was one investigation (»Untersuchung«) for every 39 inhabitants in state court districts, but in patrimonial districts, with 74 inhabitants per case, the figure was significantly lower.[20] Property crime happened to be a major problem in the 1840s. Accordingly, public discourse eagerly discussed the obvious »lack« of prosecution by patrimonial court districts. Because the estate owner had to shoulder the costs of criminal prosecutions of people without means, the clash of interest between the public wish for more prosecutions and the interest of the estate owners to keep the costs as low as possible seemed to be all too evident. With drastic words, estate owners, but also towns and rural communities urged the takeover of criminal costs by the state. They jointly complained about lenient verdicts, extreme injustice and malfunction of the state: »It might be possible that cases occur, in which the owner of the jurisdiction agrees to pay an annual fee to habitual criminals, who in turn promise to avoid any court costs.« (» Es sollen sogar Fälle vorkommen, wo der Gerichtsherr sich mit Verbrechern von Ruf auf ein Jahrgeld setzt, unter der Bedingung, daß sie ihm keine Gerichtkosten zuziehen.«) In fact, differences between verdicts for similar offences were substantial, but that held also true for state courts.[21]

Savignys Stellungnahme zum Ehe- und Familienrecht. Eine Skizze seiner rechtssystematischen und rechtspolitischen Überlegungen, in: Ius Commune 8 (1979), 148–191.

20 For the rising crime rates see Blasius, Kriminalität und Alltag (note 10), 20–21; Blasius, Bürgerliche Gesellschaft (note 10), 40–43; Wienfort, Patrimonialgerichte (note 3), 224.

21 Eric J. Hobsbawm, Primitive Rebels: Studies in Archaic Forms of Social Movement in the 19th and 20th Centuries. Manchester 1959; Eric J. Hobsbawm, Social Criminality: distinctions between socio-political and other forms of crime, in: Bulletin of the Society for the Study of Labour History 25 (1972), 5–6; Wienfort, Patrimonialgerichte (note 3), 199. For a discussion on differences between verdicts see Rebekka Habermas, Diebe vor Gericht. Die Entstehung der modernen Rechtsordnung im 19. Jahrhundert, Frankfurt a. M. 2008, 216–19.

During the 1840s, the Prussian ministry of justice promoted a plan of assignment of the jurisdiction by the free will of estate owners. Many small landholders would have gladly accepted the idea because saving on these ever increasing costs would be very attractive, but the plan failed. The conservative nobility defended their own courts and was supported by the king. But the ministry of justice at least succeeded in making the jurisdiction more cumbersome for the estate owners. Administrative regulation grew and grew. The ministry and the Oberlandesgerichte asked for office space, regular court sessions, statistics, subaltern help, and for acceptable prisons which could be heated during the winter.

The most important way of controlling became the court inspection (»Visitation«). During the 1830s, the judicial bureaucracy intensified surveillance. Between 1833 and 1838, the higher district courts reported 726 inspections of patrimonial courts. But again, the figures differed from one higher court district to the other. In 1837, the district of the Berlin Chamber Court (the »Kammergericht« as higher district court of Brandenburg) succeeded in the inspection of only 13 court districts, only 10 of them related to the 624 private court districts. Only the higher courts in Königsberg (East Prussia) and Breslau reported more than 200 »extraordinary inspections of registers and funds«. These provisions which concentrated on bookkeeping, added up to 1,717 »extraordinary inspections« of patrimonial courts between 1833 and 1838. In contrast to the intentions of the government, these figures were by no means impressing. During the same period, the higher courts succeeded in controlling 232 of 564 lower state courts. This is to say that nearly every second state court had been put under special surveillance. In comparison, one of the most urgent problems of patrimonial jurisdiction is clearly identified: The number of 6,597 private court districts rendered a sufficient mode of controlling impossible. During the 1840s, the ministry of justice once again intensified control: In 1840/41, 717 patrimonial courts were under investigation. However, 423 were located in the district of the »Kammergericht«, so the efforts of the remaining higher district courts did not seem too impressive.[22]

The inspections of the patrimonial courts often showed administrative negligence like disorganization of files or default in bookkeeping. Higher judges often observed negligence concerning the box in which the deposits of orphans or other monetary funds were kept. Many judges did not hold court day every month or trusted a subaltern with official documents. Eventually the inspectors found fault with local offices and prisons. They wrote lists of items which they

22 Starke, Justiz-Verwaltungsstatistik (note 16), 49; Jahrbücher für die Preußische Gesetzgebung 61 (1843), 308.

missed, as for instance a locked room where mortgage certificates (»Hypothekenbücher«) were to be kept, or even a chamber pot for the prison. The inspections rarely found testimony for the charge of illegal court fees (»Sportelsucht«), which was one of the main issues in the public debate of patrimonial jurisdiction. At least in one case the higher court of Naumburg came to the conclusion that the court fees were indeed very high. But these fees were due to the fact that both litigants were represented by lawyers who did not live in the vicinity: Travel expenses contributed considerably to the court fees.[23]

The everyday supervision of the patrimonial courts made entirely clear that for the judicial bureaucracy, there was only one acceptable future: a future without patrimonial courts. But only within the context of the revolution of 1848/49, the ministry of justice finally succeeded. In most German states, trial by jury was by far the most popular demand concerning the law and the legal system. In March 1848, a popular movement in Silesia asked for the abolition of the patrimonial courts. The popular movement mainly consisted of farmers who asked for the abolition of many feudal, »grundherrliche« as well as »gerichtsherrliche« taxes and fees. The king promised the removal of patrimonial courts on March 22nd, and advised the government to prepare for a reformed organization of the court system. The development of the revolution in Prussia did not favour liberal and democratic demands. But when ministry followed after ministry, »reaction« and conservative politics captured the day. The growing influence of conservatism accentuated ideas of a powerful state: Patrimonial courts were no longer regarded as essential parts of a legal order. During the second half of 1848, preparations for the abolition of patrimonial jurisdiction were well under way. The majority of estate owners was constantly occupied with the vindication of seigneurial fees and work obligations of the rural population. Within this system, court fees did not play the most important role. Many estate owners deliberated the costs of criminal prosecution and finally decided to offer jurisdictional rights to the state. The only group who was really worried about a prospective removal of patrimonial courts were the patrimonial judges. In Prussia, nearly 450 judges depended solely on patrimonial courts for their livelihood. Hundreds of judges petitioned the king to accept them with the reorganization of the court system as state judges.[24]

The social movement of patrimonial judges in Prussia met with success: All of them were transferred into the state system. And the state did even more: During the 1850s, some 150 of the new state judges received considerable sums as compensation for a higher income during the prerevolutionary years.

23 Wienfort, Patrimonialgerichte (note 3), 125–128.

24 Wienfort, Patrimonialgerichte (note 3), 322–336; Werthmann, Ende (note 3), 159–165.

The Prussian constitution of December 5th, 1848, finally abolished patrimonial jurisdiction. The new organization was proclaimed by an ordinance on January 2nd, 1849. By April 1849, patrimonial courts in Prussia had ceased to exist.[25]

The abolition of the patrimonial courts in Prussia at first sight seems to present a classic win-win-situation. All protagonists, the government and the judicial bureaucracy, the liberal and democratic public, and the rural inhabitants of the old court districts saw their wishes accomplished. But following the abolition of patrimonial courts, many rural inhabitants in Silesia became in fact deeply disappointed. They had hoped for the abolition of all the taxes, fees etc. which were linked to the patrimonial system as such. But taxes defined as »grundherrlich«, connected with the land, became the object of many political discussions. The abolition of fees like protection taxes, which took place in 1850, significantly improved the situation of many Prussian farmers and the landless groups of the rural population. The propertied classes in rural Prussia, however, had other complaints. In Fischhausen in East Prussia, the inhabitants were afraid to lose their court at all. Without any court business, the impoverishment of their small town seemed to be well under way. As if this had not been enough, travels to the nearest court would make an additional time and money consuming nuisance. But for all grievances, the reform within the revolution was unstoppable.[26]

Both estate owners and inhabitants interpreted »justice« within a framework of economic or community based interests. Farmers, inn-keepers and millers, the propertied classes in general, wished for a court and a judge in the vicinity. In pre-March Prussia, the important role of settlements took place within, not out of court. As such, these settlements cannot be interpreted as »private«. But the high figure of settlements proved the considerable influence of non-state interests and ratios. After the abolition of the patrimonial courts, parts of the population complained about the higher costs for justice in time and money. The new district courts (»Kreisgerichte«) stood for a new homogeneity of large court districts, but also for more impersonal ways of the administration of justice. For the Prussian judicial bureaucracy, the patrimonial courts symbolized a private intervention or even a private domination of a public and state function. And from a political point of view, for liberals and democrats but also for governmental minded conservatives this kind of institution seemed no longer acceptable. It didn't help the institution that Otto von Bismarck had acted as an advocate for patrimonial jurisdiction in the 1840s as well as after

25 Verordnung über die Aufhebung der Privatgerichtsbarkeit und des eximierten Gerichtsstandes, sowie über die anderweitige Organisation der Gerichte vom 2.1.1849 (PrGS 1849, 1–13).

26 Wienfort, Patrimonialgerichte (note 3), 347–348.

the revolution. In the end, victory was all on the state's side. In 1849, private courts ceased to exist and the rule of law as sovereignty of the state was finally established.

Monika Wienfort

Schwurgerichte und andere Formen der Laienbeteiligung: staatsfremde Normativitäten und gesellschaftliche Selbstregulierung im staatlichen Organisationsgehäuse?

I. Einleitung

Wenn man von justizieller Selbstregulierung spricht und dabei in der Literatur diskutierte[1] und auch vom Autor dieses Beitrags schon entwickelte Verständnisse von Selbstregulierung als konzeptionelle Folie anlegt, dann liegt folgende Arbeitsdefinition nahe: Justizielle Selbstregulierung findet statt, wenn Selbstregulierung in justiziellen Formen stattfindet. Selbstregulierung wiederum ist zu verstehen als Koordinierung gesellschaftlicher Interessen in Bezug auf ein bestimmtes gemeinsames Ziel, wobei es einer gewissen institutionellen Verfestigung und Verstetigung bedarf.[2] Und noch ein Tatbestandsmerkmal von Selbstregulierung ist anzufügen, um diese Form von gesellschaftlicher Selbst-

1 Siehe nur Hans-Heinrich Trute, Verwaltung und Verwaltungsrecht zwischen gesellschaftlicher Selbstregulierung und staatlicher Steuerung, in: DVBl. 1996, 950–964; Udo Di Fabio, Verwaltung und Verwaltungsrecht zwischen gesellschaftlicher Selbstregulierung und staatlicher Steuerung, in: VVDStRL 56 (1997), 235–282; Matthias Schmidt-Preuss, Verwaltung und Verwaltungsrecht zwischen gesellschaftlicher Selbstregulierung und staatlicher Steuerung, a. a. O., 160–234; Andreas Vosskuhle, »Regulierte Selbstregulierung« – Zur Karriere eines Schlüsselbegriffs, in: Regulierte Selbstregulierung als Steuerungskonzept des Gewährleistungsstaates (Die Verwaltung, Beiheft 4), Berlin 2001, 197–200; Gunnar Folke Schuppert, Das Konzept der regulierten Selbstregulierung als Bestandteil einer als Regelungswissenschaft verstandenen Rechtswissenschaft, a. a. O., 201–252; Anselm Christian Thoma, Regulierte Selbstregulierung im Ordnungsverwaltungsrecht, Berlin 2008, 32 ff.

2 Peter Collin, »Gesellschaftliche Selbstregulierung« und »regulierte Selbstregulierung« – ertragreiche Analysekategorien für eine (rechts-)historische Perspektive, in: ders. u. a. (Hg.), Regulierte Selbstregulierung im 19. Jahrhundert – zwischen Autonomie und staatlichen Steuerungsansprüchen, Frankfurt am Main 2010, 3–31, 9.

koordination von anderen Manifestationen organisierter nichtstaatliche Zweckverfolgung, vor allem von rein privatautonomen Eigennutzverfolgungen abzugrenzen, die gewöhnlicher Weise in Gestalt privatrechtlicher Vertragsrelationen realisiert werden: Es bedarf eines Bezugs zu öffentlichen Angelegenheiten. Heute könnte man von der Erfüllung öffentlicher Aufgaben sprechen. Für eine Zeit, in der ein festumrissenes Verständnis von öffentlichen Aufgaben noch nicht existierte, ist es vielleicht besser, von Angelegenheit mit Gemeinwohlbezug zu reden – Gemeinwohlbezug nicht im Sinne eines substanzialistischen Verständnisses, sondern dabei abstellend auf das Gemeinwohlverständnis der Zeitgenossen.[3]

Diese Überlegungen zugrunde legend, scheint der Bereich justizieller Selbstregulierung in Deutschland ein außerordentlich schmaler zu sein. Das Phänomen mag man dort verorten, wo sich abgrenzbare Gruppen von gesellschaftlichen Akteuren zusammengeschlossen haben oder auch auf staatliche Initiative hin zusammengeschlossen wurden und – unter mehr oder weniger Staatseinfluss – die Bedingungen ihrer eigenen Reproduktion durch eigene Normsetzung und/oder Normdurchsetzung determinieren oder beeinflussen. Justizielle Formen wären dann nur ein – nicht mal notwendiger – Baustein dieser Selbstregulierung. Die institutionellen Manifestationen von Justiz, die hier behandelt werden sollen, also Schwurgerichte und andere Formen der Laienbeteiligung, würden in dieses Schema nicht passen. Andererseits darf – jedenfalls in analytischer Perspektive – Selbstregulierung nicht als festumreißbares, unter bestimmte Tatbestandsvoraussetzungen subsumierbares Phänomen verstanden werden, weil man sich dann den Blick auf Übergangsformen, Vorformen, Mischformen und überhaupt auf Verwandtschaften und konzeptionelle Verbindungen verbauen würde. Um diese möglichen Verwandtschaften, um die Zusammenhänge von Selbstregulierungskonzepten mit anderen Gestaltungsnarrativen soll es im folgenden Beitrag vor allem gehen. – Die Leitfragestellung lautet also: Inwiefern finden sich in Justizkonzeptionen Elemente, die eine Nähe zu Selbstregulierungsverständnissen aufweisen, wie sie andernorts schon für andere – nichtjustizielle – Modi gesellschaftlicher Selbstorganisation herausgearbeitet worden sind.[4] Zeitlich und sachlich eingegrenzt sind die Ausführungen wie folgt:

Zunächst konzentrieren sich die folgenden Bemerkungen auf die Zeit von den Justizreformdebatten seit den 1830er Jahren bis zum ersten großen Ausdifferenzierungsprozess des modernen Justizsystems, nämlich der Schaffung der Verwaltungsgerichtsbarkeit in den 1860er und 1870er Jahren. Sachlich beschränkt sich der Beitrag auf bestimmte institutionelle Ausformungen von

3 Collin, Gesellschaftliche Selbstregulierung (Fn. 2), 8 f. Siehe auch die Ausführungen in der Einleitung zu diesem Band.

4 Siehe dazu die Nachweise in den vorhergehenden Fn.

Laienbeteiligung: Im Zentrum steht die Schwurgerichtsbarkeit, daneben werden die Handelsgerichtsbarkeit und die gerichtsförmige Verwaltungskontrolle behandelt. In Betracht kämen auch noch die frühen Formen der Arbeitsgerichtsbarkeit, die aber schon umfassend aufgearbeitet[5] und auch schon unter dem Gesichtspunkt der »Selbstregulierung« behandelt worden sind;[6] den späteren Formen ist in diesem Band ein Beitrag gewidmet.[7] Gleiches gilt für justizmäßige Manifestationen sozialer Selbstverwaltung.[8]

Zunächst ein allgemeiner Befund: Der Einbau nichtstaatlicher Elemente in das Justizsystem war elementarer Bestandteil des justizpolitischen Diskurses seit den 1830er Jahren,[9] kulminierend in den Debatten des Vormärz und der Revolutionszeit. Soweit ein übergreifender politischer Forderungsgehalt darin mitschwang, war die Diskussion in der Reaktionszeit der 1850er Jahre allerdings weitgehend verstummt. In der liberalen ›Neuen Ära‹ in den 1860er Jahren lebte sie wieder auf, jedoch in deutlich abgeschwächter Intensität und ohne den Fortschrittsoptimismus der frühen Jahre.[10]

Jedoch verbanden sich die frühen Impulse nicht mit der Forderung nach einer partikularen Gerichtsbarkeit, die bestimmten sozialen Gruppen auch justizförmige Möglichkeiten der Selbstorganisation einräumte. Im Gegenteil, der Kampf richtete sich ja gerade gegen die überkommenen privilegierten Gerichte des Ancien Régime und gegen alte korporativ-ständische Strukturen. So wurde im Rahmen der Verfassungsdiskussionen in der Paulskirche folgendes Argument vorgebracht: »Wohin soll es führen, wenn am Ende jeder Stand und Beruf seine eigene Gerichtsbarkeit ausübt? Würden nicht diese Berufsgerichte ... einen Theil des Volkes, in derselben Weise wie bisher die Patrimonialgerichte, der vom Staat ausgehenden Gerichtsbarkeit entziehen?«[11] Hier werden einer-

5 Vor allem Jürgen Brand, Untersuchungen zur Entstehung der Arbeitsgerichtsbarkeit in Deutschland, Tbd. 1, Pfaffenweiler 1990; Tbd. 2, Frankfurt am Main 2002; Tbd. 3, Frankfurt am Main 2008.

6 Jürgen Brand, Arbeitsrecht. Gesellschaftliche Selbstregulierung in der Welt der Arbeit des 19. Jahrhunderts, oder: Im Westen nichts Neues, in: Peter Collin / Gerd Bender / Stefan Ruppert / Margrit Seckelmann / Michael Stolleis (Hg.), Selbstregulierung im 19. Jahrhundert – zwischen Autonomie und staatlichen Steuerungsansprüchen, Frankfurt am Main 2011, 231–250.

7 Siehe den Beitrag von Rudloff / Vogt in diesem Band.

8 Siehe den Beitrag von Ayass in diesem Band.

9 Siehe nur Pascale Cancik, »Selbst ist das Volk« – Der Ruf nach »Volkstümlichkeit der Verwaltung« in der ersten Hälfte des 19. Jahrhunderts, in: Der Staat 43 (2004), 298–327, 314.

10 Gernot Sydow, Die Verwaltungsgerichtsbarkeit des ausgehenden 19. Jahrhunderts, Heidelberg 2000, 146.

11 Motive zu § 31, 46 Gegenentwurf des Volkswirtschaftlichen Ausschusses der Paulskirche zu einer: Gewerbeordnung für das deutsche Reich. Vom 26. Feb-

seits Vorbehalte gegen alte ständische Gestaltungsmuster deutlich, andererseits tritt der universalistische Zug des zeitgenössischen Demokratie- und Staatsverständnisses hervor.

Mit Art. 180 der Paulskirchenverfassung, der vorsah, dass die »bürgerliche Rechtspflege (...) in Sachen besonderer Berufserfahrung durch sachkundige, von den Berufsgenossen frei gewählte Richter geübt oder mitgeübt werden (soll)«, wollte man einen Mittelweg beschreiten. In Spezialgebieten wie dem Handels-, Handwerks-, Fabrik- und Landwirtschaftsrecht ging es um die Schaffung besonderer Spruchkörper, in denen auch normative Rationalitäten zum Tragen kommen sollten, die von gelehrten Richtern nicht in angemessener Weise zur Anwendung gebracht werden konnten. Bürgerliche Partizipation und die Einbringung fachlicher Expertise waren gleichermaßen das Ziel. Überwiegend zielten solche Bestrebungen aber nicht auf die Schaffung eigenständiger Gerichtsinstitutionen, sondern auf die Integration in die ordentliche Gerichtsbarkeit.[12] Darauf wird an späterer Stelle zurückzukommen sein.

Die folgenden Ausführungen sollen nun zeigen, wie sich in diesem Spannungsfeld von Ablehnung hergebrachter Partikulargerichtsbarkeit einerseits und Anerkennung der Berücksichtigung (teilweise partikularer) nichtstaatlicher Regelungsbedürfnisse andererseits justizielle Einrichtungen herausbildeten, die ein gewisses Selbstregulierungspotenzial aufwiesen. Dabei soll wie folgt vorgegangen werden: Einem Überblick über die Entwicklung der betreffenden Institutionen schließen sich Überlegungen darüber an, welche Personengruppen als Träger – und damit als Selbstregulierungsakteure – einer solchen separaten Justiz überhaupt in Frage kamen. Dem folgen Ausführungen zu den normativen Entscheidungsgrundlagen, womit die Frage nach eventuell in Betracht kommenden nichtstaatlichen, autonom generierten Regelungsmaßstäben angesprochen ist.

II. Schwurgerichtsbarkeit

1. Überblick

Vor allem in den letzten zwei Jahrzehnten[13] hat die Forschung unser Wissen über die Schwurgerichte erheblich erweitert. Es sind umfangreiche Überblicke

ruar 1849, zit. nach Jörg-Detlef Kühne, Die Reichsverfassung der Paulskirche, 2. Aufl., Neuwied 1998, 368.

12 Kühne, Reichsverfassung (Fn. 11), 369.

13 Als ältere Literatur sind vor allem zu nennen (noch lange einflussreich) Erich Schwinge, Der Kampf um die Schwurgerichte bis zur Frankfurter Nationalversammlung, Breslau 1926 (Ndr. Aalen 1970); Dirk Blasius, Der Kampf um die

geschrieben worden,[14] man hat sich in meist regional begrenzten Studien mit der Urteilspraxis befasst,[15] man hat die rechtspolitischen Konzeptualisierungen näher in den Blick genommen[16] und auch die Verbindungslinien zum englischen und französischen Schwurgericht untersucht.[17] Die hier interessierenden Fragen sind dort teilweise angesprochen, aber nicht dezidiert zum Thema gemacht worden

Erstmalig wurde die Schwurgerichtsbarkeit – in ihrer modernen Form (von früheren Formen, für welche ein Teil der zeitgenössischen Literatur einen Vorläufer- oder Vorbildstatus beanspruchte, soll hier nicht die Rede sein) – seit 1798 in jenen deutschen Gebieten eingerichtet, für die das französische Recht in Geltung gesetzt wurde. Dort hielten sie sich trotz mancher Anfechtungen auch. In der Reformliteratur zum Strafprozess stieß Feuerbach mit seiner grundlegenden Schrift von 1813[18] erst einmal lebhafte Debatten an, die dann aber, was

Geschworenengerichte im Vormärz, in: Hans Ulrich Wehler (Hg.), Sozialgeschichte Heute. Festschrift für Hans Rosenberg zum 70. Geburtstag, Göttingen 1974, 148–161.

14 Peter Landau, Schwurgerichte und Schöffengerichte in Deutschland im 19. Jahrhundert bis 1870, in: Antonio Padua Schioppa (Hg.), The Trial Jury in England, France, Germany 1700–1900, Berlin 1987, 241–304; Peter Riess, Über das Schwurgericht im deutschen Strafprozess, in: ders., Beiträge zur Entwicklung der deutschen Strafprozessordnung, Berlin 2012, 59–90.

15 Petra Overath, Bayerische Schwurgerichte und die Todesstrafe. Handlungsspielräume von Laienrichtern in der zweiten Hälfte des 19. Jahrhunderts, in: Helmut Berding (Hg.), Kriminalität und abweichendes Verhalten. Deutschland im 18. und 19. Jahrhundert, Göttingen 1999, 171–197; Peter Collin, Der Kampf gegen die Schwurgerichte – Preußen 1849–1853/54, in: ZNR 23 (2001), 195–219; Helmut Paulus, Der Oberfränkische Schwurgerichtshof. Geschichte und Rechtsprechung von 1848 bis 1924 und 1948 bis 1950, Bayreuth 2004; Ingrid Sybille Reuber, Der Kölner Mordfall Fonk von 1816. Das Schwurgericht und das königliche Bestätigungsrecht auf dem Prüfstand, Köln / Weimar / Wien 2002.

16 Arnd Koch, Schwurgerichte oder Schöffengerichte? C. J. A. Mittermaier und die Laienbeteiligung im Strafverfahren, Budapest 2002; Beate Linkenheil, Laienbeteiligung an der Strafjustiz. Relikte des bürgerlichen Emanzipationsprozesses oder Legitimation einer Rechtsprechung »Im Namen des Volkes«?, Berlin 2003; Angelika Kleinz, Individuum und Gemeinschaft in der juristischen Germanistik. Die Geschworenengerichte und das »gesunde« Volksempfinden, Heidelberg 2001; Matthias Braun, Die Entwicklung der Schwurgerichtsfrage in Kurhessen bis zum Jahre 1851, Berlin 2011, insb. 71 ff.

17 Norman Lieber, Schöffengericht und Trial by Jury. Eine rechtsvergleichende Untersuchung zur Entstehehung, gegenwärtigen Praxis und möglichen Zukunft zweier Modelle der Laienbeteiligung am Strafverfahren in Europa, Berlin 2010; zur französischen Schwurgerichtskonzeption Kleinz, Individuum und Gemeinschaft (Fn. 16), 69 ff.

18 Paul Johann Amselm Feuerbach, Betrachtungen über das Geschwornen-Gericht, Landshut 1813.

ihre rechtspolitische Relevanz betraf, von ca. 1825 bis ca. 1840 weitgehend zum Erliegen kamen und erst ab Beginn der 1840er wieder an Fahrt gewannen. Obwohl dann immer noch namhafte Rechtslehrer die Schwurgerichtsbarkeit ablehnten, kann man doch sagen, dass die Befürworter vor dem Hintergrund einer positiven öffentlichen Stimmung, jedenfalls im liberalen Bürgertum, Einfluss gewannen.[19] In den Gesetzgebungsarenen der Revolutionszeit trugen die Jury-Anhänger fast durchgehend den Sieg davon; Schwurgerichte wurden in nahezu allen deutschen Staaten eingeführt. In der folgenden Reaktionsphase wurde ihnen einiges an Kompetenzen, besonders im Bereich der politischen Straftaten, genommen,[20] ab den 1860er Jahren konsolidierte sich dann die Schwurgerichtsbarkeit auf niedrigerem Niveau, aber der Enthusiasmus war verflogen. Durch die Reichsjustizreform der 1870er Jahre schlüpfte sie gerade noch so, aber die Idee des Schöffengerichts hatte doch inzwischen weit mehr an Zustimmung gewonnen.[21] Ihr endgültiges Ende kam mit der Emminger-Reform 1924.[22]

2. Akteure der Schwurgerichtsbarkeit

Versucht man nun eine erste mögliche Verbindungslinie zwischen Schwurgerichtsbarkeit und Strukturelementen von Selbstregulierung auszumachen, so stellt sich die Frage nach dem »Selbst« von Selbstregulierung. Wer sollten die Akteure sein? Wessen Angelegenheiten sollten in justizmäßiger Form organisiert werden?

Hier stößt man zunächst auf das Postulat des Urteilens der »Gleichen über die Gleichen«. Noch in der 3. Auflage des 13. Bandes des Staatslexikons von 1865 zieht Welcker die Verbindungslinie zur Magna Charta, wonach kein freier Mann anders verurteilt werden kann als durch Urteil seiner Rechtsgenossen.[23] In anderer Form begegnet es uns bei Hegel, wonach die Parteien Zutrauen nur in die Urteilsfähigkeit derer finden, die gleichen Standes seien – ein Befund, den Hegel mit dem Bekenntnis zum Schwurgericht verband,[24] und welcher wohl

19 Übersicht zum Gang der Debatte bei Schwinge, Der Kampf um die Schwurgerichte (Fn. 13), 67 ff.

20 Für Preußen Collin, Der Kampf gegen die Schwurgerichte (Fn. 15), 211 ff.

21 Einflussreich Friedrich Oskar Schwarze, Das Schöffengericht, Leipzig 1873.

22 Thomas Vormbaum, Die Lex Emminger vom 4. Januar 1924. Vorgeschichte, Inhalt und Auswirkungen, Berlin 1988.

23 Carl Theodor Welcker, Art. »Schwur- oder Geschworenengericht«, in: Carl von Rotteck/Carl Theodor Welcker (Hg.), Staats-Lexikon, Bd. 13, 3. Aufl., Leipzig 1865, 255–293, 256.

24 Georg Wilhelm Friedrich Hegel, Grundlinien der Philosophie des Rechts, hg. von Horst D. Brandt, Hamburg 2013, § 228.

auch den Umstand erklärt, dass die Hegelianer unter den Strafrechtlern zu den Jury-Anhängern zählten,[25] wobei sie dies teilweise mit Grundgedanken einer germanischen Gerichtsverfassung untermauerten.[26] Diese postulierte germanische Traditionslinie verband sich bei Mittermeier in einem frühen Werk mit dem Genossenschaftsgedanken und mit der Vorstellung mittelalterlicher – auch justizieller – Selbstverwaltung als historischem Grundstrukturprinzip.[27] Der Genossenschaftsgedanke findet sich auch in der späteren Juryliteratur[28] – ohne dass allerdings erkennbar wird, dass man in diesem Zusammenhang die Gelegenheit ergriff, das jurybezogene Verständnis mit den körperschaftsrechtlichen Gedanken der frühen Genossenschaftstheorie zu verbinden.

Genaugenommen hat man es also mit zwei legitimatorischen, wenn auch nicht trennscharf voneinander zu scheidenden Ansätzen zu tun: Die Jury als Repräsentation einer Lebenswelt, der auch der Angeklagte angehört, und die deshalb auch dessen Verhalten in seiner Individualität beurteilen kann, und die Jury als Element nichtstaatlicher Verbandsbildung.[29] Hinsichtlich des ersten Postulats verwies schon Feuerbach auf dessen brüchige Substanz. Wie sollte man differenzieren, vor allem wie weit ausdifferenzieren, bis man nur Gleiche – nicht nur sozial gleiche, sondern auch solche mit gleichen Rechtsvorstellungen – zusammenbekommen würde?[30] Und auch[31] Gneist folgte Feuerbach in seinem kleinen Buch über die Schwurgerichte von 1849 Argument für Argument bei der ironischen Zerlegung des Standesgenossenpostulats. Das bedeutete für Gneist jedoch nicht die Ablehnung der genossenschaftlichen Legitimationskomponente. Dem französischen System, das – so Gneist – keine »selbständige Städte- und Gemeindeordnung, selbständige Korporationen« kenne, dem also

25 Dazu Schwinge, Der Kampf um die Schwurgerichte (Fn. 13), 69 ff.

26 Christian Reinhold Köstlin, Das Geschwornengericht. Für Nichtjuristen dargestellt, Tübingen 1849, 13.

27 Carl Josef Anton Mittermaier, Einleitung in das Studium der Geschichte des germanischen Rechts, Landshut 1812, 75: »ganz Deutschland scheint vertheilt in kleine Kreise, von denen jeder sein besonderes Interesse, seine eignen Zwecke hatte. Gern schlossen sich da die gleich Interessirten an einander an, und wurden stark und mächtig, weil ihr eigner Wille und gemeinschaftliches Interesse sie verbanden.« Als Beispiel für justizielle Formen nannte er die Femegerichte (a. a. O.).

28 So Gustav Carl Nicolaus Rintel, Von der Jury, Münster 1844, 349.

29 Beides gleichsetzend allerdings Carl Josef Anton Mittermaier, Die Mündlichkeit, das Anklageprinzip, die Öffentlichkeit und das Geschwornengericht, Stuttgart / Tübingen 1845 (NDr. Leipzig 1970), 359.

30 Feuerbach, Geschwornen-Gericht (Fn. 18), 82 ff.

31 Wie er z. B. noch Mittermaier, Mündlichkeit (Fn. 29), 359; Friedrich Gottfried Leue, Das deutsche Schöffen-Gericht, Leipzig 1847, 103, immerhin einer der engagiertesten und als Praktiker (Generalprokurator im preußischen Rheinland) auch prominentesten Befürworter der Schwurgerichte.

die »Anerkennung von Partikularfreiheiten« fremd sei,[32] setzte er ein Schwurgerichtsmodell entgegen, welches er bis ins Detail dem englischen System nachempfand. Das Schwurgericht fungierte bei ihm als Funktionselement des gemeindlichen Selfgovernment.[33] An dieser Position Gneists lässt sich für unsere Frage, inwiefern sich bestimmte Formen von Laienbeteiligungen als Manifestation von Selbstregulierungskonzeptionen beschreiben lassen, durchaus anknüpfen. Aus heutiger Sicht mag es befremdlich erscheinen, die kommunale Selbstverwaltung im Kontext der Selbstregulierungsperspektive zu erörtern, jedoch ist deren gesellschaftliche, nicht staatliche Verortung im 19. Jahrhundert zu berücksichtigen. Die Gemeinde war das Modell privat organisierter, wenngleich staatlich angeleiteter Selbstorganisation der grundstücksbesitzenden oder anderweitig qualifizierten Hausvorstände schlechthin. – Bekanntlich setzte sich das französische Modell, jedenfalls im Grundsatz, durch. Doch der gemeindliche Anknüpfungspunkt blieb doch noch weiterhin der argumentationsstärkste, wenn es fortan darum ging, die Jury als Institut sozial radizierter Gerichtsbarkeit zu legitimieren.[34]

3. Normative Grundlagen

Worin bestand aber nun das »Selbst« der *Regulierung*? Welche von staatlichen Standards abweichenden normativen Elemente sollten zur Anwendung kommen, um von Schwurgerichten als Selbstregulierungsinstitutionen sprechen zu können. Hierfür müsste man sich zunächst von einem Schema, welches Normsetzung und Normanwendung als separate Modi konstituiert, verabschieden – jedenfalls soweit ein solches Modell nur trennscharfe Abgrenzungen anerkennt und die Möglichkeit ausschließt, dass Normanwendung auch Normsetzung sein kann. Eher erscheint es hingegen angebracht, sich auf ein Modell stufenweiser Normkonkretisierung einzulassen, wie es sich – wenn auch in anderer Darstellungsabsicht – bei Möllers findet.[35] In Bezug auf die Rechtsprechung der

32 Rudolf von Gneist, Die Bildung der Geschworenengerichte in Deutschland, Berlin 1849 (Ndr. Aalen 1967), 153.

33 So auch Erich J. Hahn, Rudolf von Gneist 1816–1895. Ein politischer Jurist der Bismarckzeit, Frankfurt am Main 1995, 39; ähnlich Landau, Schwurgerichte (Fn. 14), 271.

34 So weist Landau, Schwurgerichte (Fn. 14), 273, darauf hin, gerade wegen ihrer stärkeren organisatorischen Einbindung in die kommunale Selbstverwaltung hätten die südwestdeutschen Schwurgerichte noch am ehesten ihre Akzeptanz bewahren können.

35 Christoph Möllers, Durchführung des Gemeinschaftsrechts. Vertragliche Dogmatik und theoretische Implikationen, in: Europarecht 2002, 483–516, 496, 514 f.; siehe auch Matthias Vogt, Die Rechtsform der Entscheidung als

Schwurgerichtsbarkeit klingt Derartiges auch an bei Gottfried Leue, dem rheinischen Generalprokurator. Hiernach sei der Ausspruch der Jury »das Gesetz im Konkreten«,[36] aber eben nicht im Sinne maschineller Subsumtion, sondern durch die Zurgeltungbringung des »Rechts« – notfalls auch gegen das Gesetz.[37] Hier werden Verbindungslinien zu ausländischen und seinerzeit in Deutschland aufmerksam wahrgenommenen Schwurgerichtskonzeptionen sichtbar.

In England war weithin die sogenannte »Jury-Mitigation« anerkannt: das Recht der Geschworenen, die an sich gebotene Anwendung überharter Strafgesetze durch die Verneinung von Tatbeständen oder durch die Schuldigsprechung für ein mindersanktioniertes Delikt zu unterlaufen.[38] Zwar verringerte sich die Akzeptanz der Jury-Mitigation in dem Maße, in dem sich im Laufe des 19. Jahrhunderts die Zahl der mit der Todesstrafe belegten Tatbestände verringerte,[39] aber die Vorstellung vom Geschworenengericht als Träger eines *moral consensus*, der auf Gewohnheiten und herrschenden Moralvorstellungen beruhte, beherrschte doch weiterhin die englische Jury-Theorie.[40]

Die französische Lehre wurde, jedenfalls für eine nicht geringe Zeit, beherrscht von der Doktrin der »omnipotence du jury«. Diese gestand den Geschworenen ebenfalls ein Ermessen über die Grenzen des Gesetzes hinaus zu und beruhte auf der Vorstellung von der Jury als Organ der Volkssouveränität.[41] Nicht unbedingt im Hinblick auf diese vorausgesetzte Statuszuordnung wurde sie rezipiert, aber doch in Bezug auf die Zuweisung der Funktion, Recht zu artikulieren, dass auch im Gegensatz zu veralteten oder ungerechten Gesetzeswortlauten stand oder sich von steriler, juristisch-formalistischer Gesetzesanwendung distanzierte. Konstatiert wird, dass Ende der 1840er Jahre eine breite Mehrheit der Jurybefürworter dieser Konzeption der »omnipotence du jury« folgte.[42] Das englische Konzept fand hingegen keine breite Anhängerschaft; auch nicht bei Gneist, dem Anhänger des englischen Modells, der aber diesen

Mittel abstrakt-genereller Steuerung, in: Eberhard Schmidt-Assmann / Bettina Schöndorf-Haubold (Hg.), Der europäische Verwaltungsverbund, Tübingen 2005, 213–236, 226 f.

36 Leue, Das deutsche Schöffen-Gericht (Fn. 31), 97.

37 Leue, Das deutsche Schöffen-Gericht (Fn. 31), 143, 148.

38 Lieber, Schöffengericht und Trial by Jury (Fn. 17), 88 ff.

39 Lieber, Schöffengericht und Trial by Jury (Fn. 17), 98.

40 Kleinz, Individuum und Gemeinschaft (Fn. 16), 142 f.

41 Schwinge, Der Kampf um die Schwurgerichte (Fn. 13), 112; Kleinz, Individuum und Gemeinschaft (Fn. 16), 106 ff.

42 Schwinge, Der Kampf um die Schwurgerichte (Fn. 13), 113 f., 115; Kleinz, Individuum und Gemeinschaft (Fn. 16), 119; auch für Mittermaier, der freilich seine Haltung zu den Schwurgerichten bis dahin immer wieder geändert hatte, wird dies festgestellt; siehe dazu Arnd Koch, Carl Joseph Anton Mittermaier und das Schwurgericht, in: ZNR 22 (2000), 167–187, 185.

Legitimationsaspekt nicht weiter ausgeführt hatte. Im Ergebnis ließen beide gedanklichen Konstruktionen Raum für die Zurgeltungbringung besonderer, nichtstaatlicher Normativität – allerdings nicht in dem Sinne, dass hierdurch soziale Gruppen ihre eigenen Angelegenheiten in justizmäßiger Form selbst regulieren sollten.

III. Handelsgerichtsbarkeit

Damit kommen wir zu einer Form justizieller Streitregulierung, für die sich ein schärfer eingrenzbarer Kreis der Akteure und deutlicher sichtbare Maßstäbe nichtstaatlicher Normativität ausmachen lassen – der Konfliktlösung in Handelssachen. Der Begriff »Handelsgerichtsbarkeit« ist allerdings eine unscharfe Formulierung, da sich ihr – jedenfalls im 19. Jahrhundert – kein bestimmter Organisationstyp zuordnen lässt.[43] Eigenständige Handelsgerichte konnten darunterfallen, besondere Entscheidungsgremien an den ordentlichen Gerichten oder institutionell verfestigte – d. h. nicht lediglich ad hoc gebildete – kaufmännische Schiedsgerichte. Da all diese Einrichtungen als funktionale Äquivalente angesehen wurden[44] und zudem die Abgrenzungen zuweilen schwierig war (so wiesen korporativ eingerichtete, ständige Schiedsgerichte oft mehr Nähe zum Standardmodell des Gerichts als zum Modell des gemeinrechtlichen oder partikularen Schiedsverfahrensrechts auf[45]), soll diese Sammelbezeichnung hier genügen.

1. Überblick

Eine autonome kaufmännische Gerichtsbarkeit existierte zu Beginn des 19. Jahrhunderts in Deutschland nur noch in Restbeständen. Autonome Gerichtsbarkeiten waren mit der Entprivilegierung der kaufmännischen Korporationen weitgehend entfallen, die Schiedsverfahrensregeln des gemeinen und des partikularen Rechts waren wegen der Revidierbarkeit der Schiedssprüche und der teilweise vorgeschriebenen staatlichen Güteverfahren nur wenig attraktiv.[46] Vorbildwirkung für die weitere Entwicklung sollte zum einen von den *tribunaux de commerce* ausgehen, die im Zuge der napoleonischen Besetzung in den dann auch späterhin französisch-rechtlichen Gebieten eingerichtet worden

43 So auch schon Julius Creizenach, Das Wesen und Wirken der Handelsgerichte und ihre Competenz, Erlangen 1861, 99.

44 Bogdan Duschkow-Kessiakoff, Das Handelsgericht. Ein Beitrag zu Geschichte, Wesen und Wirken der Handelsgerichte, Greifswald 1912, 71 f.

45 Siehe dazu ausführlicher der Beitrag von Gal in diesem Band.

46 Siehe im Einzelnen dazu den Beitrag von Gal in diesem Band.

waren.[47] Attraktiv für den Handelsstand waren sie, weil einerseits dessen Beteiligung an der Entscheidungsfindung vorgeschrieben war, andererseits die Ausstattung mit Amtsbefugnissen hinreichende Autorität garantierte.[48] Zum anderen – und damit ist eine weitere Traditionslinie »moderner« kaufmännischer Schiedsgerichtsbarkeit, nämlich die bei kaufmännischen Vereinigungen angesiedelte Schiedsgerichtsbarkeit angesprochen – finden wir vor allem in Preußen, aber auch in anderen deutschen Staaten,[49] die Ausstattung von einzelnen Kaufmannskorporationen mit justiziellen Entscheidungsbefugnissen.[50] Die Trägereinrichtungen, also die kaufmännischen Korporationen variierten dabei zwischen behördenähnlichen Einrichtungen und freien Vereinen. Maßgeblich war aber, dass sie personell – wenigstens zu einem maßgeblichen Anteil – den Entscheiderstab stellten.

Korporativ angebundene Handelsschiedsgerichtsbarkeit und staatliche Handelsgerichtsbarkeit mit einem korporativen Mitgestaltungsanteil entwickelten sich eine Zeitlang in einem Wechselspiel und beide erlebten einen Aufschwung. Ab Mitte der 1850er Jahre wurde in etlichen deutschen Staaten eine eigenständige Handelsgerichtsbarkeit eingerichtet: in Braunschweig 1850, allgemein in Bayern 1857, in Sachsen 1862, in Württemberg ab 1863 und in Baden 1864/65.[51] Preußen hatte sie in seiner Verfassung zumindest zugesichert;[52] soweit Handelsgerichte (noch) nicht existierten, übernahmen oft Handelskammern die Aufgabe, eine kaufmännische Schiedsgerichtsbarkeit zu organisieren.[53] Zur Errichtung einer reichseinheitlichen Handelsgerichtsbarkeit für alle deutschen Staaten kam es allerdings nicht. Eine nicht unbedeutende Rolle wird die Kodifizierung des Handelsrechts im ADHGB von 1861 gespielt haben, die die für den kaufmännischen Verkehr entwickelten normativen Aussagen jetzt auch unmittelbar dem (nicht mit der Handelswelt vertrauten) Richter zugänglich machte.[54] Obwohl eine eigenständige Handelsgerichtsbarkeit noch im Entwurf

47 Werner Schubert, Die deutsche Gerichtsverfassung (1869–1877). Entstehung und Quellen, Frankfurt am Main 1981, 181.

48 In diese Richtung Vortrag Reyscher über die Schiedsgerichte, in: Verhandlungen der Germanisten in Frankfurt am Main am 24., 25. und 26. September 1846, Frankfurt am Main 1847, 160–166, 164.

49 Vortrag Reyscher (Fn. 48), 161, in Bezug auf die Verhältnisse in Württemberg.

50 Dazu der Beitrag von Jens Gal in diesem Band.

51 Wilhelm Silberschmidt, Die deutsche Sondergerichtsbarkeit in Handels- und Gewerbesachen, Stuttgart 1904, 66, 125, 133 ff., 166 ff., 171 f.

52 Art. 91 Abs. 1 der (revidierten) preußischen Verfassung vom 31. Januar 1850 (PrGS S. 17).

53 Wilhelm Kompe, Zur Kritik des preußischen Gesetzentwurfes über die Handelsgerichte, Erlangen 1865, 3 ff.

54 Dazu ausführlicher Werner Schubert, Die deutsche Gerichtsverfassung (1869–1877), Frankfurt am Main 1981, 189 ff.; siehe auch Protokoll der Reichstags-

vorgesehen gewesen war,[55] fanden sich im Gerichtsverfassungsgesetz von 1877 nur noch Kammern für Handelssachen als besondere Abteilungen der Landgerichte.[56] Die private kaufmännische Schiedsgerichtsbarkeit, die meist bei den Handelskammern angesiedelt war, setzte demgegenüber ihren Aufschwung fort.[57]

2. Akteure der Handelsgerichtsbarkeit

Im Unterschied zur Schwurgerichtsbarkeit war der Kreis der Akteure relativ klar bestimmt. Nur ein Jahr, bevor auf der Lübecker Germanistenversammlung endgültig der Meinungsumschwung zugunsten der Schwurgerichte stattfand,[58] hatte Reyscher auf der Frankfurter Germanistenversammlung von 1846 dahingehende Überlegungen vorgestellt. Das Handelsschiedsgericht war für ihn ein »Volksgericht«, in dem die Urteile von »Genossen«, also den Angehörigen des Handelsstandes, gesprochen werden sollten.[59] Ähnliches hinsichtlich der personellen Besetzung sollte für die (staatlichen) Handelsgerichte gelten. Mehrheitlich ging man zwar davon aus, dass ein staatlicher Richter als Vorsitzender amtierte, aber die Beisitzerbank sollte doch (zumindest mehrheitlich) Kaufleuten vorbehalten bleiben.[60]

Freilich wies die Option für ein zumindest mehrheitlich mit Kaufleuten besetztes Handelsgericht auch eine offene Flanke auf. Der Vorwurf der »Standesgerichtsbarkeit« – die ja gerade liberalen Justizvorstellungen zuwiderlief – stand immer im Raum.[61] Wie man semantisch (und letztlich auch konzeptionell)

kommission vom 26. April 1875, abgedr. in: Carl Hahn (Hg.), Die gesammten Materialien zu dem Gerichtsverfassungsgesetz und dem Einführungsgesetz zu demselben, Bd. 1, Berlin 1879, 286–289, 287: Stellungnahme des Abgeordneten Reichensperger: Nach der Kodifizierung sei das Kaufmannsrecht »nicht mehr ein Geheimnis des Kaufmannsstandes«.

55 § 1 Entwurf des Gerichtsverfassungs-Gesetzes, abgedr. in: Hahn, Materialien (Fn. 54), 3–21.

56 §§ 100 ff. GVG 1877.

57 Walter Haeger, Schiedsgerichte für Rechtsstreitigkeiten der Handelswelt, Berlin 1910.

58 Siehe dazu Collin, Der Kampf gegen die Schwurgerichte (Fn. 15), 195 f.

59 Vortrag Reyscher (Fn. 48), 162, 165; siehe dann auch später noch Robert von Mohl, Encyklopädie der Staatswissenschaften, 2. Aufl., Tübingen 1872, 675 f.

60 So z. B. Carl Josef Anton Mittermaier, Ueber den neuesten Stand der Leistungen in Bezug auf Civilprozeßgesetzgebung, Gerichtsverfassung und würdige Stellung des Advokatenstandes insbesondere über die neuesten Erzeugnisse der Gesetzgebung in Bezug auf Anordnung von Handelsgerichten, in: Archiv für die civilistische Praxis 28 (1846), 274–293, 276.

61 Dieter Dannreuther, Der Zivilprozeß als Gegenstand der Rechtspolitik im Deutschen Reich 1871–1945, Frankfurt am Main u. a. 1987. Auch bei den Be-

offensiv darauf reagieren konnte, zeigen schon die obigen Ausführungen von Reyscher: Als »Genossen« sollten die Kaufleute ihre Gerichtsbarkeit organisieren. Der positiv konnotierte Begriff der Genossenschaft konnte dann auch mit dem ebenfalls positiv besetzten Selbstverwaltungstopos verbunden werden. So führt Kompe zur Begründung einer eigenständigen Handelsgerichtsbarkeit aus: »Wir sind aus Ueberzeugung Anhänger von der Lehre der bürgerlichen Selbstverwaltung; wir halten auch den deutschen Kaufmannsstand für vollkommen befähigt, seine Angelegenheiten selbst zu vertreten«.[62] Die Handelsrichter sollten als Repräsentanten ihres Berufsstandes, gewählt von den kaufmännischen Korporationen und Handelskammern, in eigener Sache judizieren.[63] Ein klares Muster justizieller Selbstregulierung zeichnet sich hier also ab.

3. Normative Grundlagen

Aber inwiefern sollten dabei eigene – nichtstaatliche – Normativitäten zum Tragen kommen? Auch hier wieder soll zunächst auf Äußerungen von Reyscher zurückgegriffen werden, der einen bestimmten Bestand von Entscheidungsgrundlagen – oder präziser: Orientierungsrichtlinien – im Blick hatte: die handelsrechtlichen Gewohnheiten und eine spezifisch kaufmännisch akzentuierte Manifestation von Billigkeit.[64] Die Handelsschiedsgerichte waren am ehesten der Ort, an dem sich das Besler'sche Volksrecht operationalisieren ließ. Hier war keine Berufung auf ein allgemeines Rechtsbewusstsein notwendig, hier konnte auf im Kaufmannsstand präsente, konkrete Rechtsvorstellungen zurückgegriffen werden, die obendrein – so jedenfalls die Annahme – dem gelehrten Juristen nicht geläufig waren.[65] Die diesem geläufigen zivilrechtlichen Maßstäbe sollten nur eingeschränkt Geltung beanspruchen können.[66] Derartige Topoi beherrschten noch lange – jedenfalls bis zur Schaffung vollendeter Tatsachen durch die Reichsjustizgesetzgebung – die rechtspolitische Diskussion.[67]

ratungen zum GVG spielte das Argument noch eine Rolle, Werner Schubert, Die deutsche Gerichtsverfassung (1869–1877), Frankfurt am Main 1981, 194 f.

62 Kompe, Zur Kritik des preußischen Gesetzentwurfes (Fn. 53), 18.

63 Kompe, Zur Kritik des preußischen Gesetzentwurfes (Fn. 53), 20.

64 Vortrag Reyscher (Fn. 48), 161 f.; Diskussionsbeitrag zu Reyschers Vortrag, a. a. O., 167.

65 Georg Beseler, Volksrecht und Juristenrecht, Leipzig 1843, 259.

66 Mittermaier, Ueber den neuesten Stand der Leistungen (Fn. 60), 276.

67 So z. B. Denkschrift über Organisation der Handelsgerichte, Wahl der Handelsrichter und Competenz der Handelsgerichte nach dem Entwurfe zu einer Prozeß-Ordnung in bürgerlichen Rechtsstreitigkeiten für den Preußischen Staat. Ausgearbeitet in Verfolg der von den Rheinischen Handelskammern und Handelsgerichten in ihrer Conferenz zu Cöln am 19. Februar 1865 gefassten

Mit der schon oben erwähnten Kodifikation des Handelsrechts im ADHGB musste die rechtsnormative Substanz kaufmännischer Gewohnheiten neu verhandelt werden. Das Gesetz gab nunmehr die Regeln für den kaufmännischen Verkehr vor, nichtkodifizierte Normativität in Form von »Handelsgebräuchen« konnte nur subsidiär zur Anwendung kommen.[68] Und auch der normative Gehalt dieser Handelsgebräuche war strittig: Sollte man nur nach der Rechtsquellenlehre anerkanntes Gewohnheitsrecht oder auch Usancen darunter fassen?[69] Zudem wandelte sich das Verständnis von Gewohnheitsrecht. Auch im Handelsrecht begriff man als solches mehr und mehr eine gefestigte richterliche Tradition der Auslegung gesetzlichen Rechts, also Richterrecht,[70] nicht mehr Kaufmannsrecht. Die Handelsrechtskodifizierung schwächte damit nicht nur die Argumente für die personelle Beherrschung des Gerichts durch Kaufleute, drängte diese eher in die Rolle von Tatsachensachverständigen als von Rechtsverständigen,[71] sondern entzog einer eigenständigen Handelsgerichtsbarkeit und damit der justiziellen Selbstregulierung des Handelsstandes auch das normative Substrat. Freilich lebte diese, wenn auch mit geringerer hoheitlicher Armierung, in der kaufmännischen Schiedsgerichtsbarkeit fort.

IV. Verwaltungsgerichte

1. Überblick

Wieder in anderer Komposition und anderer Gewichtung treten Selbstregulierungselemente in der Diskussion um die Errichtung der Verwaltungsgerichtsbarkeit zu Tage. Wie bei den Schwurgerichten kann man konstatieren, dass es auch zu deren Geschichte mittlerweile einen erfreulichen Forschungsstand gibt. Die lange vorherrschende einseitige Konzentration auf die preußische Entwicklung ist überwunden, gehaltvolle Arbeiten sind inzwischen vor allem zur

Beschlüsse, Düsseldorf 1865, 7; Kompe, Zur Kritik des preußischen Gesetzentwurfes (Fn. 53), 14.

68 Art. 1 ADHGB: »In Handelssachen kommen, insoweit dieses Gesetz keine Bestimmungen enthält, die Handelsgebräuche und in deren Ermangelung das bürgerliche Recht zur Anwendung.«

69 Siehe dazu nur Regina Ogorek, Privatautonomie unter Justizkontrolle. Zur Rechtsprechung des Reichsoberhandelsgerichts (1870–1879), in: dies., Aufklärung über Justiz, Hbd. 1, Frankfurt am Main 2008, 253–286, 256.

70 Peter Raisch, Zur Abgrenzung von Gewohnheitsrecht und Richterrecht im Zivil- und Handelsrecht, in: ZHR 150 (1986), 117–140, 118.

71 Zeitgenössisch einflussreich hierzu vor allem Gustav Marschner, Die Zweckmäßigkeit besonderer mit kaufmännischen Richtern besetzter Gerichte für Handelssachen, in: ZHR 11 (1868), 340–492, 456 ff.

Entstehung der braunschweigischen Verwaltungsgerichtsbarkeit[72] und zu einer eigenständigen süddeutschen Rechtstradition des Verwaltungsrechtsschutzes[73] vorhanden.

Zunächst ist darauf hinzuweisen, dass Verwaltungsrechtsschutz nicht zwingend auf die Existenz spezieller Gerichte angewiesen war. Sich gegen Administrativakte wehren konnte der Bürger theoretisch auch verwaltungsintern, ggf. vor besonderen administrativen Instanzen, oder vor anderen externen Einrichtungen als den Verwaltungsgerichten, also vor allem ordentlichen Gerichten oder speziellen, z. B. parlamentarischen Gremien.[74] Der Streit in den ersten zwei Dritteln des 19. Jahrhunderts drehte sich dann auch um die Frage, wem die Zuständigkeit für diese Verwaltungskontrolle überwiesen werden sollte, wobei hauptsächlich die ordentlichen Gerichte (justiz-staatliche Lösung) oder spezielle Verwaltungsinstanzen (administrativ-staatliche Lösung) zur Debatte standen.[75] Einen vorläufigen Sieg errangen die Anhänger der justiz-staatlichen Lösung im Gefolge der Revolution von 1848/49: Die Paulskirchenverfassung schrieb die Zuständigkeit der ordentlichen Gerichte auch für Verwaltungsstreitigkeiten vor.[76] Die Verfassung wurde bekanntlich nicht (effektiv) in Geltung gesetzt, so dass ihre Vorgabe keine rechtliche Wirkung entfaltete, aber auch Impulswirkungen gingen von ihr nur in begrenztem Maße aus. Kaum ein Land wählte die umfassende justiz-staatliche Lösung.[77] Im Laufe der zweiten Jahrhunderthälfte wurden hingegen in nahezu allen deutschen Staaten spezielle Gremien errichtet, die in verwaltungsrechtlichen Staat-Bürger-Konflikten entschieden, also entweder separate Verwaltungsgerichte oder Verwaltungsbehörden, die auch als Verwaltungsgerichte fungierten und insofern (weitgehende) richterliche Unabhängigkeit genossen.[78]

72 Thomas Henne, Verwaltungsrechtsschutz im Justizstaat. Das Beispiel des Herzogtums Braunschweig 1832–1896, Frankfurt am Main 1995.

73 Gernot Sydow, Die Verwaltungsgerichtsbarkeit des ausgehenden 19. Jahrhunderts, Heidelberg 2000.

74 Übersicht bei Henne, Verwaltungsrechtsschutz (Fn. 72), 6.

75 Näher zu diesem Streit Regina Ogorek, Richterkönig oder Subsumtionsautomat? Zur Justiztheorie im 19. Jahrhundert, Frankfurt am Main 1986.

76 Art. 182 Verfassung des deutschen Reiches vom 28. März 1849 (Reichs-Gesetz-Blatt S. 101).

77 Regina Ogorek, Individueller Rechtsschutz gegenüber der Staatsgewalt. Zur Entwicklung der Verwaltungsgerichtsbarkeit im 19. Jahrhundert, in: Jürgen Kocka (Hg.), Bürgertum im 19. Jahrhundert. Deutschland im europäischen Vergleich, München 1988, 372–405, 392 f.

78 Zum Überblick vor allem Martin Sellmann, Der Weg zur neuzeitlichen Verwaltungsgerichtsbarkeit. Ihre Vorstufen und dogmatischen Grundlagen, in: Helmut Robert Külz/Richard Naumann (Hg.), Staatsbürger und Staatsgewalt. Verwaltungsrecht und Verwaltungsgerichtsbarkeit in Geschichte und

2. Akteure der Verwaltungsgerichtsbarkeit

Was das »Wer« der Selbstregulierung bei der Verwaltungsgerichtsbarkeit betraf, ist hier stärker erstens der Verwaltungs- und zweitens der (auf den unteren Ebenen) lokale Bezug jener Institutionen von Konfliktlösung zu beachten. Der Mainstream der Befürworter der Verwaltungsgerichtsbarkeit (nicht allerdings der Befürworter einer justiz-staatlichen Lösung) konzipierte diese sachlich, aber nicht institutionell unabhängig. In Baden, das 1863/1865 die ersten Verwaltungsgerichte hervorgebracht hatte, war der Diskurs jedenfalls in der frühen Phase engstens verknüpft mit dem Gedanken einer Demokratisierung der Verwaltung durch Laienbeteiligung.[79] Verknüpft wurde dies auch mit dem Selbstverwaltungskonzept,[80] allerdings einem Selbstverwaltungskonzept besonderer Art. Denn die Verwaltungsgerichte wurden nicht auf der gemeindlichen Ebene, also der Ebene der klassischen kommunalen Selbstverwaltung, angesiedelt sondern auf der Bezirksebene, in der die ministeriell angeleitete Staatsverwaltung mit Selbstverwaltungselementen kombiniert wurde. Die dann errichteten badischen Bezirksräte, die auch Verwaltungsrechtsstreitigkeiten entschieden, amtierten unter Vorsitz eines staatlichen Beamten mit sechs bis neun Bürgern als Laienbeisitzern.[81]

Ebenfalls nicht als gemeindliche Selbstverwaltung konzipiert war die preußische Verwaltungsgerichtsbarkeit in den maßstabsetzenden Konzeptionen von Gneist. Die unterste Instanz sollte auf Kreisebene angesiedelt sein: in Gestalt der Kreisausschüsse, die unter Vorsitz des Landrats mit sechs Bürgern als Laienbeisitzern entschieden. Zwar sprach Gneist auch in diesem Zusammenhang von Selbstverwaltung, gar von »selbstthätiger Jurisdiction«, die erst der Selbstverwaltung volle Wirksamkeit verschaffe,[82] aber bekanntlich handelte es sich beim Gneist'schen Modell um eine Staatsverwaltung mit ehrenamtlicher Bürger-

Gegenwart. Jubiläumsschrift zum hundertjährigen Bestehen der deutschen Verwaltungsgerichtsbarkeit und zum zehnjährigen Bestehen des Bundesverwaltungsgerichts, Bd. 1, Karlsruhe 1963, 25–86; Wolfgang Rüfner, Die Entwicklung der Verwaltungsgerichtsbarkeit, in: Kurt G. A. Jederich / Hand Pohl / Georg Christoph von Unruh (Hg.), Deutsche Verwaltungsgeschichte, Bd. 3, Stuttgart 1984, 909–930; Wolfgang Kohl, Das Reichsverwaltungsgericht, Tübingen 1991, 9 ff.

79 Rüdiger von Krosigk, Bürger in die Verwaltung! Bürokratiekritik und Bürgerbeteiligung in Baden. Zur Geschichte moderner Staatlichkeit im Deutschland des 19. Jahrhunderts, Bielefeld 2010.

80 Siehe auch die Stellungnahmen im Gesetzgebungsprozess bei Wolfram W. Hahn, Die Entwicklung der Laiengerichtsbarkeit im Großherzogtum Baden während des 19. Jahrhunderts, Berlin 1974, 100 f.

81 Sydow, Verwaltungsgerichtsbarkeit (Fn. 73), 69.

82 Rudolf Gneist, Die preußische Kreis-Ordnung in ihrer Bedeutung für den inneren Ausbau des deutschen Verfassungs-Staates, Berlin 1870, 165.

beteiligung, also um ein Modell, welches nur in schwachem Maße Elemente einer Selbstregulierung aufwies, wie sie hier skizziert wurde.

3. Normative Grundlagen

Auch der eigenregulative Anteil bei der normativen Konturierung der Entscheidungen ließ sich nur schwach konzipieren. Das lag auch in der Eigenart der Materie begründet. Bei den Schwurgerichten konnte auf grundlegende Empfindungen von Recht und Gerechtigkeit, wie sie als im Volksbewusstsein verankert angesehen werden konnten, verwiesen werden. Bei Instanzen für die Entscheidung von handelsrechtlichen Streitigkeiten stand das Arsenal kaufmännischer Gebräuche und kaufmännischer Billigkeitsanschauungen zur Verfügung. Für Konflikte zwischen Bürgern und Verwaltung ließ sich eine spezifische Beurteilungskompetenz der Laien hingegen nur schlecht begründen. Zwar hob Gneist die Vertrautheit der Beisitzer mit den örtlichen Verhältnissen hervor[83] und betonte als besondere Qualität seines Modells die »stetige Mitthätigkeit [der Bürger, PC] in der Handhabung des öffentlichen Rechts«,[84] aber bei diesen allgemeinen Postulaten verblieb es dann auch. Dies ist auch verständlich. Die für Staat-Bürger-Konflikte oft typische engmaschige Determinierung durch verwaltungsrechtliche Gesetze, Verordnungen und andere Regulative und demzufolge das Erfordernis professioneller Regelkenntnis ließ Laienbeteiligung fehl am Platz erscheinen.[85] Dieses Recht wurde in der Verwaltung geboren, nicht im Volksbewusstsein. Auch der für Baden ursprüngliche Impuls einer Volksrechtsprechung in Verwaltungsstreitigkeiten verlor mit der Abschwächung der partizipatorisch-demokratischen Stimmung im herrschenden Liberalismus an Kraft. Stattdessen wurde nun auf das Erfordernis professioneller Gesetzesanwendung verwiesen, womit sich fortan kritische Stimmen gegen eine Laienbeteiligung verbanden.[86]

V. Resümee

Ein Fazit ziehend, kann man zunächst festhalten, dass justizielle Selbstregulierung ein analytisches Konzept ist, mit dem sich Elemente institutionalisierter Konfliktlösung im Deutschland des 19. Jahrhunderts durchaus erfassen lassen –

83 Rudolf Gneist, Der Rechtsstaat und die Verwaltungsgerichte in Deutschland, 2. Aufl., Berlin 1879 (NDr. Darmstadt 1958), 298.

84 Gneist, Kreis-Ordnung (Fn. 83), 167.

85 Auf diese Auseinandersetzungen weist auch Hahn, Die Entwicklung der Laiengerichtsbarkeit (Fn. 80), 103, hin, betont aber die Stellungnahmen, in denen den Laien eine ausreichende Kenntnis des Gesetzesrechts attestiert wird.

86 Sydow, Verwaltungsgerichtsbarkeit (Fn. 73), 146 f.

allerdings mal in eher starker Form, mal nur in eher schwachen Spurenelementen. Gemeinsamer Ausgangspunkt für dahingehende Sondierungen ist das Vorhandensein eines Laienelements als notwendige, aber nicht hinreichende Bedingung. Sind Laien an der justizmäßigen Entscheidung von Konflikten maßgeblich beteiligt, dann liegt erst einmal die Vermutung nahe, dass sie nicht nur als Träger von Faktenwissen, sondern auch als Sachwalter bestimmter normativer Vorstellungen agieren – wobei dies im Konkreten natürlich auch davon abhängt, welchen Platz ihnen die betreffenden Justizorganisationsgesetze zuweisen. Damit ist jedoch noch nicht gesagt, inwiefern hierin Normativitäten bestimmter sozialer Gruppen in dem Sinne zum Tragen kommen, dass auf diesem Wege das soziale Leben dieser Gruppen mit Hilfe gruppeninterner Maßstäbe reguliert wird. Am ehesten kommt dem noch die Handelsgerichtsbarkeit nahe. Bei der Schwurgerichtsbarkeit musste dagegen das Postulat des Urteilens von »Gleichen über Gleiche« eine Chimäre bleiben. Und in der Verwaltungsgerichtsbarkeit sprach trotz des mitunter starken Bezugs zur kommunalen Selbstverwaltung schon die Natur der zu regelnden Rechtskonflikte gegen einen starken Entscheidungsanteil nichtstaatlicher Normativität.

In allen drei Fällen werden jedoch zwei konzeptionelle Muster sichtbar, die die Reformdebatten und die Rechtsentwicklung in Deutschland, auch über das 19. Jahrhundert hinausreichend, immer wieder stimulierten. Erstens sollte die Justiz nicht restlos staatlich verbeamteten Richtern vorbehalten bleiben. In irgendeiner Weise war das »Volk« zu beteiligen. Insofern spielten Selbstverwaltungsvorstellungen – und damit auch mittelbar Selbstregulierungsvorstellungen – eine Rolle, unabhängig davon, ob diese Selbstverwaltungskonzeptionen einen kommunalen oder berufsständischen Bezug aufwiesen; dabei ist zu konstatieren, dass einerseits genossenschaftliche Konzepte hierbei argumentationsverstärkend wirkten, die Vorbehalte gegen alte ständische Sonderordnungen andererseits Aversionen hervorrufen konnten. Und zweitens manifestierte sich ein grundlegendes Unbehagen gegen die Allmacht von Entscheidungsmaßstäben, die allein der Deutungsmacht gelehrter Juristen unterlagen. Darin drückte sich keine vehemente und umfassende Ablehnung gesetzlichen (bzw. staatlich als Entscheidungsgrundlage vorgeschriebenen gelehrten) Rechts aus – immerhin war hiermit ein Gewinn an Rechtssicherheit und Entscheidungsrationalität verbunden –, aber doch das Bedürfnis nach Korrektiven. Welche Gestalt diese Korrektive dann annehmen sollten, ob sie in der starken Form – konkurrierender, lückenfüllender oder modifizierender – handelsrechtlicher Gewohnheiten zum Tragen kommen sollten, ob die Zurgeltungbringung des »Volksbewusstsein« angemessene Entscheidungen hervorbringen sollte oder der Einsatz allgemeiner Billigkeitsüberlegungen vor »wirklichkeitsfremden« juristischen Subsumtionen bewahren sollte, ist damit nicht gesagt. Auf jeden Fall waren es mehr oder weniger zu konkreten Entscheidungsmaßstäben verdichtbare nichtstaatsgesetzliche Normativitäten, die im Raum standen.

Festhalten lässt sich damit, dass man für das 19. Jahrhundert in gewisser Weise von einer Parallelentwicklung sprechen kann. Einerseits setzte sich das Modell einer staatlichen Einheitsjustiz mit Richtern als Staatsbeamten durch, welches hinsichtlich seiner Entscheidungsgrundlagen auf staatsgesetzlichem Recht basierte. Andererseits fassten immer wieder Justizmodelle Fuß, die nichtstaatliche Elemente ins Spiel brachten, welcher einer weiter oder enger gefassten Vorstellung von justizieller Selbstregulierung Tribute zollten. Die hier skizzierten Formen vermögen nur eine kleinen Ausschnitt davon sichtbar machen, verdeutlichen wohl aber auch die Bandbreite.

Peter Collin

Die Rechtsprechung in der Sozialversicherung bis zur Reichsversicherungsordnung

Beteiligte, Institutionen, Verfahren

Von der Materie her gesehen ist eine spezielle Gerichtsbarkeit für die Sozialgesetzgebung nicht notwendig. In der Arbeiterversicherung Bismarcks wurde eine besondere Sozialgerichtsbarkeit zunächst nur für die Unfall- und die Rentenversicherung geschaffen, jedoch nicht für die Krankenversicherung. Das »Gesetz betreffend die Krankenversicherung der Arbeiter« vom 15. Juni 1883, das erste der Bismarck'schen Arbeiterversicherungsgesetze, verwies bei Streitigkeiten je nach Lage des Falls auf die ordentliche Gerichtsbarkeit, den Aufsichtsweg oder das Verwaltungsstreitverfahren.[1]

Doch die von den Verwaltungsgerichten getrennte besondere Sozialrechtsprechung der Unfall- und der Rentenversicherung wurde schließlich zum Modell für die gesamte Sozialversicherung, mit der Reichsversicherungsordnung von 1911 auch für die Krankenversicherung, ebenfalls 1911 für die Angestelltenversicherung und schließlich 1927 für die Arbeitslosenversicherung.[2] Rechtsstreitigkeiten der Armenfürsorge und später der Sozialhilfe waren allerdings bis 2005 von den Verwaltungsgerichten zu klären.

1 Vgl. Quellensammlung zur Geschichte der deutschen Sozialpolitik 1867–1914, II. Abt.: Von der kaiserlichen Sozialbotschaft bis zu den Februarerlassen Wilhelms II. (1881–1890), 5. Bd.: Die gesetzliche Krankenversicherung und die eingeschriebenen Hilfskassen, bearbeitet von Andreas Hänlein / Florian Tennstedt / Heidi Winter, Darmstadt 2009, XLVII–LII (im Folgenden abgekürzt: Quellensammlung GDS); vgl. die detaillierte Kommentierung zu § 57b und § 58 des Krankenversicherungsgesetzes bei Erich von Woedtke, Krankenversicherungsgesetz vom 15. Juni 1883 in der Fassung der Novelle vom 10. April 1892, 4. Aufl., Berlin 1893, 368–381.

2 Zur Geschichte der Sozialrechtsprechung vgl. Walter Bogs, Sozialrechtspflege vor Einführung der Sozialgerichtsbarkeit, insbesondere Verfassung und Verfahren des Reichsversicherungsamts, in: Deutscher Sozialgerichtsverband (Hg.), Sozialrechtsprechung. Verantwortung für den sozialen Rechtsstaat. Festschrift zum 25jährigen Bestehen des Bundessozialgerichts, Köln u. a. 1979, 3–23; Wolfgang Eilers, Die Entwicklung der Sozialgerichtsbarkeit im Lande Bremen seit 1883, Diss. jur. Kiel 1982; Saskia Knörr, Die Entstehung einer eigenständigen

I. Die Entstehung der Schiedsgerichte der Unfallversicherung

Die besondere Sozialgerichtsbarkeit entstand mit dem Unfallversicherungsgesetz vom 6. Juli 1884.[3] Das – erst im dritten Anlauf zustande gekommene – Unfallversicherungsgesetz enthielt eine in dieser Form in Deutschland neue Spezialgerichtsbarkeit und somit die Vorläufer heutiger Sozialgerichte.

Wäre es nach Otto von Bismarcks ursprünglichen Plänen gegangen, wäre alles ganz anders gekommen. Die erste am 8. März 1881 dem Reichstag zugeleitete Vorlage für ein Unfallversicherungsgesetz sah als Träger eine zentrale Reichsversicherungsanstalt vor, gegen deren Leistungsbescheide nur der normale Rechtsweg beschritten werden konnte.[4]

Es war Bismarcks eigenwilliger Mitarbeiter (und heimlicher Gegenspieler) Theodor Lohmann (1831–1905), der im Verlauf der innerministeriellen Arbeiten an der zweiten Unfallversicherungsvorlage im Oktober 1881 eine besondere Gerichtsbarkeit in den Gesetzentwurf einbaute. Unter wolkiger Berufung auf »in den Verhandlungen des Reichstags vielfach lautgewordenen Wünschen« nach Mitwirkung der Beteiligten bei der Feststellung der Entschädigung schlug er die Einrichtung paritätisch besetzter Schiedsgerichte vor.[5] Bismarck stimmte dem am 7. November 1881 zu.[6]

Die zweite Unfallversicherungsvorlage vom 8. Mai 1882 sah dann Schiedsgerichte unter Vorsitz eines öffentlichen Beamten vor, mit je zwei Arbeitern und zwei Arbeitgebern als ehrenamtliche Beisitzer.[7] Zu diesem Zeitpunkt sollten die Entscheidungen der Schiedsgerichte noch endgültig sein, es sollte also nur eine Rechtsinstanz geben. Erst in der dritten Unfallversicherungsvorlage vom 6. März 1884 und im schließlich beschlossenen Gesetz war dann ein zweistufiger Instanzenzug mit Schiedsgerichten (§§ 46–50) und dem Reichsversicherungsamt (§§ 87–91) enthalten, das letztinstanzlich entschied.[8]

Zum Funktionieren des Unfallversicherungsgesetzes gehörten somit »Schiedsgerichte für Unfallversicherung«, deren Gerichtsverfahren durch eine kaiserliche Verordnung vom 2. November 1885 geregelt wurde.[9]

Sozialgerichtsbarkeit unter besonderer Berücksichtigung Bayerns, Diss. jur. Regensburg 2007; zeitgenössisch Hans Seelmann, Das Streitverfahren in den Reichs-Versicherungsgesetzen, 2. Aufl., Berlin 1904.

3 RGBl. S. 69.

4 Stenographische Berichte des Reichstags, 4. Legislaturperiode, IV. Session 1881, Drucksache Nr. 41.

5 Vgl. Quellensammlung GDS, II. Abt., Bd. 2.1, Nr. 14, 49.

6 Vgl. Quellensammlung GDS, II. Abt., Bd. 2.1, Nr. 17, 70.

7 Stenographische Berichte des Reichstags, 5. Legislaturperiode, II. Session 1882/83, Drucksache Nr. 19.

8 Vgl. Fn. 3.

9 Verordnung, betreffend das Verfahren vor den Schiedsgerichten (RGBl. 1885 S. 279), auch abgedruckt in Quellensammlung GDS, II. Abt., Bd. 2.2, Nr. 262;

Für Rechtsstreitigkeiten, die sich für die Versicherten aus dem Unfallversicherungsgesetz ergaben, war die Anrufung der Schiedsgerichte obligatorisch, die Begehung des gewöhnlichen Rechtswegs war ausgeschlossen. Ein Schiedsgericht der Unfallversicherung war ein »dauernd fungierender Spezialgerichtshof«.[10] Die Schiedsgerichte bildeten somit einen besonderen Zweig der Verwaltungsgerichtsbarkeit und keine vorgelagerte oder ersatzweise außergerichtliche Schlichtungsinstanz. Sie konnten Zeugen und Sachverständige vereidigen; ihre Entscheidungen waren vollstreckbar. Mit den ersten Berufungsentscheiden dieser Schiedsgerichte und dem am 12. Juli 1886 ergangenen ersten Rekursentscheid des Reichsversicherungsamts begann die deutsche Sozialgerichtsbarkeit.[11]

Bezugspunkt der Schiedsgerichte waren die Berufsgenossenschaften, die Träger der Unfallversicherung.[12] Für jede regionale Sektion der Berufsgenossenschaften wurde ein Schiedsgericht errichtet, so dass Ende der 1880er Jahre mehr als 1.200 Schiedsgerichte bestanden. Je nach Zuschnitt der Genossenschaft erstreckte sich die Zuständigkeit allerdings unter Umständen auf eine ganze Provinz oder einen Bundesstaat.

Sämtliche Kosten der Schiedsgerichte jenseits des Gehalts des Vorsitzenden waren von den Berufsgenossenschaften zu tragen. Der Vorsitzende eines Schiedsgerichts musste ein Beamter sein, Näheres war nicht festgelegt. Er wurde von den Länderregierungen ernannt und – was seine Unabhängigkeit betonen sollte – auch bezahlt. Die Vorsitzenden waren Verwaltungsbeamte, aber auch Richter. Juristen dürften alle gewesen sein, doch selbst das war nicht explizit vorgeschrieben. Beispielsweise waren 1895 in den sieben Schiedsgerichten der Glas-Berufsgenossenschaft zwei Vorsitzende Regierungsassessoren, einer war Bezirksamtmann, einer Regierungsrat, dazu noch ein Landrichter, ein Amtsgerichtsrat und ein Landgerichtsrat.[13]

Den Vorsitz eines Schiedsgerichts führten die Beamten im Nebenamt. Eine besondere Ausbildung oder Nachschulung fehlte, nicht einmal ein Erfahrungs-

vgl. Max Reuss, Verordnung über das Verfahren von den auf Grund des Unfall-Versicherungsgesetzes errichteten Schiedsgerichten vom 2. November 1885, Dortmund 1886.

10 So Erich von Woedtke in seinem Referentenkommentar; vgl. Erich von Woedtke, Unfallversicherungsgesetz vom 6. Juli 1884, Berlin 1884, 164.

11 Vgl. den Bericht der Norddeutschen Allgemeinen Zeitung vom 12. Juli 1886 über die erste Spruchsitzung des Reichsversicherungsamts, abgedruckt in Quellensammlung GDS, II. Abt., Bd. 2.2, Nr. 289.

12 Vgl. Wolfgang Ayass, Regulierte Selbstregulierung in den Berufsgenossenschaften der gesetzlichen Unfallversicherung, in: Peter Collin u. a. (Hg.), Regulierte Selbstregulierung im frühen Interventions- und Sozialstaat, Frankfurt am Main 2012, 123–143.

13 Amtliche Nachrichten des Reichsversicherungsamts 11 (1895), 283.

austausch war organisiert. Ein Schiedsgerichtsvorsitzender konnte sich nur die gängigen Gesetzeskommentare besorgen, allen voran den Referentenkommentar Erich von Woedtkes (1847–1902), und ansonsten die »Amtlichen Nachrichten des Reichsversicherungsamts« nach dessen laufender Rechtsprechung durchforsten oder bald publizierte Entscheidungssammlungen heranziehen.

Die zwei ehrenamtlichen Beisitzer auf Arbeitgeberseite bestimmte die jeweilige Berufsgenossenschaft. Da diese den angefochtenen Leistungsbescheid ausgestellt hatte, fungierten die Arbeitgebervertreter faktisch als unmittelbare Abgesandte ihrer Berufsgenossenschaft, was die insgesamt durchaus vorhandene Unabhängigkeit der Schiedsgerichte doch etwas einschränkte.

Ausgesprochen kompliziert war die Wahl der Arbeitervertreter, für deren Wahl die Vorstände der Orts-, Fabrik- und Innungskrankenkassen zuständig waren, also ein organisatorisch völlig getrennter Versicherungszweig.[14] Wählbar waren nur volljährige, deutsche, männliche Arbeiter. Arbeiterinnen, die innerhalb der Krankenkassen noch volles aktives und passives Stimmrecht besaßen und somit auch in die Kassenvorstände gewählt werden konnten, durften nicht als Arbeitervertreter der Sozialrechtsprechung gewählt werden.[15] Als Vertretungsgremien für die Unfallversicherung wählten die Krankenkassenvorstände sogenannte »Arbeitervertreter der Unfallversicherung«, die jedoch nur sehr begrenzte Kompetenzen in der Unfalluntersuchung oder Unfallverhütung hatten und ansonsten an der Verwaltung der Berufsgenossenschaften nicht beteiligt waren. Diese wählten dann in Versammlungen die Beisitzer zu den Schiedsgerichten und diese wiederum wählten schließlich in einem schriftlichen, vom Reichsversicherungsamt organisierten Verfahren die nichtständigen Arbeitermitglieder des Reichsversicherungsamts. Das mehrfach gestufte – auf den Urwahlen zu den Krankenkassenvorständen aufbauende – indirekte Wahlverfahren bestand (wiederholt modifiziert) bis zur Abschaffung der Selbstverwaltung der Sozialversicherung durch die Nationalsozialisten.[16]

14 Vgl. Wolfgang Ayass, Hundert Jahre und noch mehr … Zur Geschichte der Sozialwahlen, in: Soziale Sicherheit 62 (2013), 422–426.

15 Zum Frauenwahlrecht in der Sozialversicherung bzw. den Gewerbegerichten vgl. die bei Max Schippel entstandene Dissertation von Georg Schlicke, Die Entwicklung der sozialpolitischen Frauenrechte, Diss. Dresden 1929.

16 Vgl. Hermann Schulz, Die Wahl, insbesondere die Verhältniswahl, in der sozialen Versicherung, Berlin 1913; Vorstand des Allgemeinen Deutschen Gewerkschaftsbundes (Hg.), Die Wahlen nach der Reichsversicherungsordnung. Ein kurzer Führer durch die gesetzlichen Vorschriften und die Musterwahlordnungen für die Wahlen zu den Orts- und Landkrankenkassen, Berlin 1927; vgl. Friedrich Kleeis, Die Vertreterwahlen zur sozialen Versicherung, Leipzig 1927; vgl. Fritz Okrass, Selbstverwaltung, Aufsicht und Wahlen in der Sozialversicherung, Berlin 1932.

II. Das Verfahren

Um den Rechtsweg zu beschreiten, waren weder juristische Kenntnisse noch Rechtsbeistand nötig. Jeder Bescheid einer Berufsgenossenschaft musste eine Rechtsmittelbelehrung einschließlich der Adresse des zuständigen Schiedsgerichtsvorsitzenden enthalten. Die Arbeiter konnten innerhalb einer Frist von vier Wochen formlos und ohne nähere Begründung beim Schiedsgericht oder bei einer beliebigen Behörde schriftlich (oder ebenso mündlich zur Niederschrift) ihre Unzufriedenheit mit den Bescheiden der Berufsgenossenschaften erklären. Auch direkt bei den Berufsgenossenschaften vorgebrachte Beschwerden, auch mündliche, die inhaltlich Berufungen waren, mussten an die Schiedsgerichte weitergeleitet werden. Schon die kommentarlose Übersendung des angefochtenen Bescheids an das Schiedsgericht genügte. In dem betont arbeiterfreundlichen Verfahren erwiesen sich Fristversäumnisse als die größte Hürde.

Heutige Grundsätze des Sozialgerichtsverfahrens galten von Beginn an. Das Verfahren war formfrei, mündlich, unmittelbar und öffentlich.[17] »Die Verhandlungen des Schiedsgerichts zielen auf Ergründung materieller Wahrheit ab«, schrieb Erich von Woedtke in seinem Referentenkommentar.[18] Das Schiedsgericht war nicht an Anträge der Parteien gebunden, es galten die Grundsätze der freien Beweiserhebung und der freien Beweiswürdigung. Das Verfahren war kostenfrei, auch im Fall einer Niederlage. Dies galt jedoch nicht für eigene Kosten oder die der Prozessgegner; das Schiedsgericht konnte der unterlegenen Partei gegnerische Kosten auferlegen; soweit dies zu Lasten von Arbeitern gegangen wäre, unterblieb dies in der Regel jedoch.

Eine Verschlechterung zu Lasten des Versicherten (reformatio in peius) war ausgeschlossen. Zusammengenommen führte dies dazu, dass der Rechtsweg häufig beschritten wurde. Die Schiedsgerichte der Unfallversicherung entschieden 1895 in 5.170 Sitzungen über 32.962 Berufungen. Die Arbeiter fochten fast jeden vierten Leistungsbescheid einer Berufsgenossenschaft an. Und sie hatten durchaus Erfolgschancen: In etwa einem Drittel der Berufungen änderten die Schiedsgerichte den angefochtenen Bescheid ganz oder zumindest teilweise zugunsten des klagenden Arbeiters ab.[19]

Über den Alltag der Schiedsgerichtsverhandlungen ist wenig bekannt. Die Fränkische Tagespost, eine sozialdemokratische Lokalzeitung, berichtete 1889, dass in einer Nürnberger Schiedsgerichtssitzung innerhalb von sechs Stunden neunzehn Fälle abgehandelt worden waren.[20] Der Vorsitzende – ein Regierungs-

17 Zum Verfahren vgl. Walter Kaskel/Fritz Sitzler, Grundriß des sozialen Versicherungsrechts, Berlin 1912, 432–466.

18 Von Woedtke, Unfallversicherungsgesetz (Fn. 10), 261.

19 Amtliche Nachrichten des Reichsversicherungsamts 12 (1896), 200.

20 Quellensammlung GDS, II. Abt., Bd. 2.2, Nr. 354.

rat im Bezirksamt – hatte eingehende Berufungen über Monate hinweg gesammelt, bis sich für ihn ein Sitzungstag lohnte. Die öffentliche Verhandlung fand im Amtszimmer des Vorsitzenden statt. Die Zuschauer mussten stehen. Alle Beteiligten waren auf morgens 8 Uhr geladen und mussten dann teils stundenlang warten. Nur einer der Arbeiter wurde von einem Rechtsanwalt vertreten. Nur in drei der neunzehn Fälle konnten die Arbeiter an diesem Sitzungstag einen Erfolg oder Teilerfolg erringen.

Schon nach etwa einem halben Jahrzehnt wurde die neue Spezialgerichtsbarkeit auch auf die Rentenversicherung übertragen, dem letzten der Bismarck'schen Arbeiterversicherungsprojekte. Das Invaliditäts- und Altersversicherungsgesetz vom 22. Juni 1889[21] enthielt – analog zur Unfallversicherung – ebenfalls einen zweistufigen Instanzenzug mit Schiedsgerichten (§§ 70–74) als erster und dem Reichsversicherungsamt (§§ 79–81) als zweiter und letzter Instanz.[22] Die Schiedsgerichte der Unfallversicherung hätten sich bewährt, hieß es dazu in den Motiven der Regierungsvorlage.[23] Zusätzlich zu den inzwischen 1.239 Schiedsgerichten der Unfallversicherung entstanden nun flächendeckend 631 »territoriale« Schiedsgerichte der Invaliditäts- und Altersversicherung mit eigenen Vorsitzenden und Beisitzern, also organisatorisch und personell völlig getrennt.[24] In Preußen hatte in der Regel jede Kreisstadt ein Schiedsgericht. Auch hier fungierten die von den Landesregierungen ernannten und bezahlten Vorsitzenden nur im Nebenamt. Die ehrenamtlichen Beisitzer, auf deren Berufsbezogenheit in der Rentenversicherung kein Wert gelegt wurde, wurden von den Ausschüssen der Landesversicherungsanstalten bestimmt (mit itio in partes von Arbeitgebern und Arbeitnehmern). Wie in der Unfallversicherung begann die Wahl der Arbeitervertreter auch in der Rentenversicherung bei den Krankenkassenvorständen. Im Jahr 1895 entschieden die Schiedsgerichte der Invaliditäts- und Altersversicherung in 3.396 Sitzungen 18.363 Rechtsfälle.[25]

21 RGBl. S. 97.

22 Vgl. (Wilhelm) Zeller, Das Berufungsverfahren vor den Schiedsgerichten der Invaliditäts- und Altersversicherung, in: Die Invaliditäts- und Alters-Versicherung im Deutschen Reiche 5 (1895), 41–43, 51–53, 57–59.

23 Stenographische Berichte des Reichstags, 7. Legislaturperiode, IV. Session 1888/89, Drucksache Nr. 10.

24 Verordnung, betreffend das Verfahren vor den auf Grund des Invaliditäts- und Altersversicherungsgesetzes errichteten Schiedsgerichten vom 1. Dezember 1890 (RGBl. S. 193).

25 Amtliche Nachrichten (Fn. 19), 213.

III. Schiedsgerichte für Arbeiterversicherung

Die große Zahl der Schiedsgerichte führte dazu, dass sie selten tagten und die nebenamtlichen Vorsitzenden kaum Fachwissen ansammeln konnten. Im Jahr 1900 wurden die Schiedsgerichte im Rahmen der Novellierung der Unfall- und der Altersversicherung völlig neu organisiert.[26] Es entstanden jetzt »Schiedsgerichte für Arbeiterversicherung«, die sowohl für die Unfallversicherung als auch für die Rentenversicherung zuständig waren.[27] Die Zahl der Schiedsgerichte wurde reduziert, von den 1.239 Schiedsgerichten der Unfallversicherung und den 631 Schiedsgerichten der Invaliditäts- und Altersversicherung verblieben nur noch 124 »Schiedsgerichte für Arbeiterversicherung«. In Preußen waren sie nun nicht mehr auf Ebene der Kreise, sondern auf Ebene der Regierungsbezirke angesiedelt, waren also für die Arbeiter weit schlechter zu erreichen. Die Verfahrensgrundsätze und die paritätische Besetzung unter Vorsitz eines »neutralen« Richters wurden beibehalten.

Bei den Berufsgenossenschaften stieß die Abschaffung »ihrer« Schiedsgerichte auf massiven, allerdings vergeblichen Widerspruch.[28] Jedoch blieb – als Zugeständnis – das Prinzip der Berufsbezogenheit der Beisitzer erhalten, die Laienrichter mussten bei Unfallsachen weiterhin aus der jeweiligen Branche kommen.

Die »Schiedsgerichte für Arbeiterversicherung« wurden nun erstmals von hauptamtlichen Vorsitzenden geleitet, die nach wie vor der Beamtenschaft der Länder entnommen wurden. Erst jetzt wurden die Schiedsgerichte auch von außen wahrnehmbare, eigenständige Institutionen mit eigenen Büros und Sitzungsräumen. Räumlichkeiten und Personal finanzierten die Landesversicherungsanstalten oder auch die Berufsgenossenschaften. Bürokräfte und Protokollführer stellten die Versicherungsanstalten.

Der Lütticher Rechtsprofessor Ernst Mahaim (1865–1938) hat 1902 eine Sitzung des Düsseldorfer »Schiedsgerichts für Arbeiterversicherung« besucht. Der Belgier war begeistert vom zivilen Umgangston der Verhandlung und insbesondere von der auch für die Arbeiter verständlichen Sprache bzw. der einfühlsamen Erläuterung der Rechtsverhältnisse. Nie habe er eine humanere und promptere Justiz gesehen: »Um einen hufeisenförmigen, grünbezogenen Tisch sitzen die 5 Mitglieder des Schiedsgerichts, daneben links ein Gerichtsschreiber, rechts ein Arzt. Der Vertreter der Versicherungsanstalt sitzt abseits,

26 Vgl. Franz Hoffmann, Die Schiedsgerichte der Arbeiterversicherung, in: Preußisches Verwaltungs-Blatt 19 (1897), 1–6; ders., Die Schiedsgerichte der Arbeiterversicherung, in: Die Arbeiter-Versorgung 15 (1898), 245–255.

27 Verordnung, betreffend das Verfahren vor den Schiedsgerichten für Arbeiterversicherung, vom 22. November 1900 (RGBl. S. 781).

28 Vgl. Quellensammlung GDS, III. Abt., Bd. 2, Nr. 126.

neben dem Gerichtsschreiber. Nicht der geringste Prunk, keine Uniformen! Wir hätten die beiden Arbeitervertreter von denen der Arbeitgeber kaum unterscheiden können, wenn man sie uns nicht bezeichnet hätte. Dieselbe ›bürgerliche‹ Kleidung, dieselben offenen, gescheuten, biederen Gesichter. Der Vorsitzende ist der Vertreter der Regierung, ein Regierungsrat, noch jung, von etwas militärischem Aussehen, er spricht kurz und bestimmt, aber nicht barsch. Der Arbeiter, der die Rente begehrt, tritt in den Halbkreis.«[29]

Auch dieses Schiedsgericht urteilte in schnellem Takt mit etwa 15 Minuten pro Fall. Die Begutachtung der Erwerbsminderung wurde vom anwesenden Arzt unmittelbar während der Verhandlung in aller Öffentlichkeit vorgenommen.

Im Vergleich zu späteren Regelungen waren die »Schiedsgerichte für Arbeiterversicherung« wenig an die Verwaltung angebunden und die Vorsitzenden hatten zumindest in den ersten Jahren noch erheblichen organisatorischen Gestaltungsspielraum.

Revisionsberichte des Geheimen Regierungsrats im preußischen Handelsministerium Franz Hoffmann (1864–1931) aus dem Jahr 1903 lassen uns etwas in das Innenleben der intern zunächst noch recht unterschiedlich organisierten »Schiedsgerichte für Arbeiterversicherung« blicken.[30] Interessant ist vor allem, dass mehrere Vorsitzende die Urteile nicht selbst verfassten, sondern diese vom Büropersonal ausarbeiten ließen. »Die ganze Maschinerie wird nur durch Subalternbeamte im Gang gehalten«, berichtete der Revisor aus Frankfurt an der Oder. Der Vorsitzende verfasse nicht eine Zeile selbst, nehme die Akten nie in die Hand und unterschreibe nur die Vorlagen seiner Sekretäre. An anderen Orten war man gewissenhafter und die Vorsitzenden schrieben ihre weit über tausend Urteile pro Jahr selbst.

Die Revision von 1903 brachte auch Skurriles zu Tage. Der Vorsitzende des Schiedsgerichts in Lüneburg war ein technikbegeisteter Mann, der nicht nur in seinen Büros mehrere jener neumodischen Schreibmaschinen klappern ließ, sondern sich auch eines der gerade aufkommenden Motorräder gekauft hatte. Mit seinem Sekretär auf dem Rücksitz knatterte der Regierungsrat nun über die Landstraßen des Regierungsbezirks Lüneburg. Diese Dienstreisen seien angeblich zur (im Gesetz im Übrigen tatsächlich möglichen!) »Beweisaufnahme« vor Ort notwendig, und zwar, wie der Revisor empört feststellte, im laufenden Jahr an bereits 131 Tagen.

29 Eine deutsche Schiedsgerichtssitzung in ausländischer Beleuchtung, in: Die Arbeiter-Versorgung 19 (1902), 527–529, abgedruckt in Quellensammlung GDS, III. Abt., Bd. 6, Nr. 75.

30 Die Berichte Hoffmanns sind überliefert in: GStA Berlin I. HA, Rep. 77, Tit. 923, Nr. 12, Bd. 1 und 2.

IV. Das Reichsversicherungsamt

Die zunächst zweite, später dann dritte (und letzte) Instanz der Sozialgerichtsbarkeit war bis 1945 das 1884 mit der Etablierung der Unfallversicherung gegründete Reichsversicherungsamt.[31] Das Reichsversicherungsamt hatte exekutive und judikative Funktionen; Verwaltung und Verwaltungsrechtsprechung waren Ende des 19. Jahrhunderts noch nicht klar getrennt.

Auf der einen Seite standen Verwaltungsaufgaben. Das Amt hatte die Organisation der Berufsgenossenschaften durchzuführen, leitete deren Aufbau und genehmigte – nach Vorschlag der jeweiligen Berufsgenossenschaft – Statuten, Gefahrentarife und Unfallverhütungsvorschriften. Das Reichsversicherungsamt entschied endgültig über Streitigkeiten, die sich auf Rechte und Pflichten der Genossenschaftsvorstände, Auslegung der Statuten und Gültigkeit von Genossenschaftswahlen bezogen. Auch bei Beschwerden gegen Entscheidungen und Strafverfügungen der Genossenschaftsvorstände war das Reichsversicherungsamt letzte Instanz.

Ab 1891 kamen die entsprechenden Aufgaben in der Invaliditäts- und Altersversicherung dazu, wie z. B. die Genehmigung der Statuten der Versicherungsanstalten. Von nun an hatte das Amt zwei Abteilungen.

Auf der anderen Seite standen – in den frühen Jahren weniger arbeitsintensiv – die Aufgaben der Rechtsprechung. Das Amt war letzte Entscheidungsinstanz in Entschädigungs- und Rentenfragen, es fungierte als oberster Gerichtshof für die Rekurse der Unfallversicherung und die Revisionen der Rentenversicherung.

Die Entscheidungen des Reichsversicherungsamts waren endgültig und weder vom Bundesrat noch von den allgemeinen Verwaltungsgerichten aufhebbar. Die Unabsetzbarkeit des Präsidenten und der »ständigen Mitglieder« sicherte die richterliche Unabhängigkeit.

31 Vgl. Das Reichs-Versicherungsamt und die Deutsche Arbeiterversicherung. Festschrift des Reichs-Versicherungsamts zum Jubiläum der Unfall- und der Invalidenversicherung 1910, Berlin 1910; Geschichte und Wirkungskreis des Reichs-Versicherungsamts. Vermehrter Sonderdruck aus dem Handbuch der Unfallversicherung, 3. Aufl., III. Band, hg. von Mitgliedern des Reichs-Versicherungsamts, Leipzig 1911; Alfred Christmann / Siegfried Schönholz, Die Errichtung des Reichsversicherungsamts und seine geschichtliche Entwicklung, in: Entwicklung des Sozialrechts. Aufgabe der Rechtsprechung. Festgabe aus Anlaß des 100jährigen Bestehens der sozialgerichtlichen Rechtsprechung, Köln 1984, 3–45; Florian Tennstedt, Das Reichsversicherungsamt und seine Mitglieder – einige biographische Hinweise, in: ebenda, 47–82; C. J. Schulte, Zur Entstehungsgeschichte des Reichsversicherungsamtes und des Bundesamtes für das Heimatwesen als Judikativorgane des Reiches, in: Zeitschrift für Sozialreform 44 (1998), 45–53.

Die Zusammensetzung des Reichsversicherungsamts war kompliziert. Zu den vom Kaiser auf Vorschlag des Bundesrats ernannten Berufsbeamten, den unabsetzbaren »ständigen Mitgliedern«, kamen vom Bundesrat entsandte »nichtständige Mitglieder«, eine Konstruktion, die erst die Abschaffung des Reichsrats durch die Nationalsozialisten beendete. »Nichtständige Mitglieder« waren schließlich auch die gewählten Vertreter der Arbeitgeber und der Arbeitnehmer. Dieses Laienelement blieb im Nationalsozialismus erhalten, wenngleich diese Vertreter ab 1934 nicht mehr gewählt wurden, sondern ernannt.

Die Spruchkammern (ab 1900 »Senate«) der Unfallversicherung bestanden aus sieben Personen: zwei ständigen Mitgliedern des Reichsversicherungsamts, einem Vertreter des Bundesrats, zwei »richterlichen Beisitzern«, die meist das Berliner Kammergericht stellte, und schließlich je einem gewählten Vertreter der Arbeitgeber und der Arbeiter. Wie die Schiedsgerichte der ersten Instanz enthielt also auch die oberste Rechtsprechung ein Laienelement, obschon ein vergleichsweise schwächeres.

Der Bundesratsvertreter konnte durch ein drittes ständiges Mitglied ersetzt werden, doch insbesondere in den ersten Jahren nahmen die Bundesratsvertreter – durchweg »stellvertretende Bundesratsbevollmächtigte« – tatsächlich auch an Einzelentscheidungen teil. Regierungsvertreter sprachen Recht.

In den Spruchkammern der Rentenversicherung war diese komplexe Zusammensetzung etwas einfacher, denn hier genügten fünf Richter. Auf den Bundesratsvertreter wurde verzichtet, nicht jedoch auf einen »richterlichen Beisitzer« und die Vertreter der Arbeitgeber oder der Arbeitnehmer.

Über grundsätzliche Fragen entschieden »Sitzungen des Reichsversicherungsamts«, später auch Abteilungssitzungen, bei denen sämtliche ständige und nichtständige Mitglieder Sitz und Stimme hatten.[32]

Das Reichsversicherungsamt ressortierte beim Reichsamt des Innern (in der Weimarer Republik und im Nationalsozialismus beim Reichsarbeitsminister). Das Reichsamt des Innern sah im Reichsversicherungsamt eine weisungsgebundene Unterabteilung und in dessen Präsidenten einen abhängigen Untergebenen. Das Reichsversicherungsamt dagegen begriff sich selbst als unabhängige oberste Reichsbehörde, zumal es in der Rechtsprechung tatsächlich völlig unabhängig war und seine Entscheidungen nicht angefochten werden konnten. Konflikte, die sich letztlich aus der Doppelfunktion des Amts in Aufsicht und Rechtsprechung ergaben, waren somit absehbar, die Anlässe vielfältig, der entsprechende Schriftverkehr füllt Aktenbände. Diese Streitereien

32 Verordnung, betreffend die Formen des Verfahrens und den Geschäftsgang des Reichsversicherungsamts, vom 5. August 1885 (RGBl. S. 255), auch abgedruckt in: Quellensammlung GDS, II. Abt., Bd. 2.2, Nr. 256.

über die staatsrechtliche Stellung des Reichsversicherungsamts zogen sich über Jahre hin, die Querelen wurden auch in der Tagespresse breitgetreten.

Die Zahl der dem Reichsversicherungsamt vorgelegten Rechtsfälle stieg von Jahr zu Jahr. Der unkomplizierte, kostenfreie und mit gewissen Aussichten auf Erfolg verbundene Gang zum obersten Gericht in Fragen der Unfall- und der Rentenversicherung war gang und gäbe. Dies zeugt von einer weitverbreiteten Unzufriedenheit mit den Leistungsbescheiden der Berufsgenossenschaften und der Landesversicherungsanstalten. Es ist aber auch ein Hinweis auf das Vertrauen der Versicherten in die frühe Sozialrechtsprechung. 1895 musste etwa jeder 14. Bescheid einer gewerblichen Berufsgenossenschaft in letzter Instanz vom Reichsversicherungsamt überprüft werden. Das Amt hat allein im Jahr 1895 über 8.353 Unfallsachen letztinstanzlich entschieden, dazu kamen noch 2.734 Rentensachen, also gut 11.000 Entscheidungen in nur einem Jahr.[33]

Die stetig steigende Überlastung des Reichsversicherungsamts führte bald zu der Überlegung, die Rekurse der Unfallversicherung (Nachprüfung in tatsächlicher und rechtlicher Hinsicht) durch Revisionen (nur Nachprüfung von Rechtsverstößen im Verfahren) zu ersetzen, wie dies bei den Rentensachen von Anfang an galt. Entsprechende, bei der Novellierung der Unfallversicherungsgesetze in Regierungsvorlagen enthaltene Vorstöße scheiterten jedoch im Reichstag.[34]

Die Novelle der Unfallversicherungsgesetze von 1900 enthielt allerdings, wie schon das Invaliditäts- und Altersversicherungsgesetz von 1889, Bestimmungen zur Senkung der Klageziffern. Offensichtlich unbegründete Fälle konnten nun in einem vereinfachten Verfahren abgewiesen oder die Einlegung »frivoler« Klagen mit Kostenbescheiden geahndet werden.

Die Arbeitervertreter im Reichsversicherungsamt wurden von den Arbeiterbeisitzern der Schiedsgerichte gewählt. Über das Reichsversicherungsamt wurden hierfür Blanko-Wahlzettel an die etwa 2.500 Schiedsgerichtsbeisitzer der Arbeitnehmer verschickt. In diese Stimmzettel musste dann handschriftlich der gewünschte Kandidat eingetragen werden. Offizielle Kandidaturen gab es zunächst nicht. Die politischen Richtungen mussten über ihre Presse die Namen ihrer Kandidaten bekannt geben. Erst mit der Reichsversicherungsordnung wurde dann ein Verhältniswahlrecht eingeführt, das nun Listenkandidaturen kannte.

Die Tätigkeit eines Arbeitervertreters beim Reichsversicherungsamt war ein Vollzeitjob, der mit 1.500 Mark Jahresgehalt bezahlt wurde, während die ersatzweise hinzugezogenen Stellvertreter Tagegelder und Fahrtkostenerstattung erhielten. Die Wahlperiode betrug zunächst vier Jahre, ab 1900 dann fünf Jahre.

33 Amtliche Nachrichten (Fn. 19), 191, 209.

34 Vgl. Quellensammlung GDS, III. Abt., Bd. 2, Nr. 114 und Nr. 118.

Die ersatzweise zugelassenen freien Hilfskassen waren von den Wahlen für die Arbeitervertreter der Sozialversicherung, deren Urwahl ja bei den Krankenkassen begann, jedoch zunächst vollkommen ausgeschlossen. Solange die Sozialdemokratie ihre eigenen Hilfskassen favorisierte und die Anhänger mehrheitlich den Ortskrankenkassen fernblieben, konnte sie die Arbeitervertreterwahlen folglich kaum beeinflussen.[35] Erst der vielzitierte »Sturm« der Sozialdemokraten auf die Ortskrankenkassen ab Mitte der 1890er Jahre schuf die Grundlage für sozialdemokratische Kandidaturen für die Arbeitervertreterposten an den Schiedsgerichten und im Reichsversicherungsamt.[36] Eine reichsweit organisierte Kampagne der sozialdemokratischen Arbeiterbewegung für die Arbeitervertreterwahlen lässt sich erstmals um 1900 nachweisen, für das Reichsversicherungsamt standen da schon die fünften Wahlen an![37]

Im Verfahren vor den Schiedsgerichten und dem Reichsversicherungsamt bestand kein Anwaltszwang. Eine Vertretung durch Dritte war jedoch möglich, wobei der Rechtsbeistand kein Anwalt zu sein brauchte. Bei den 1895 verhandelten Unfallsachen war der Verletzte oder ein Bevollmächtigter desselben nur in etwa jedem fünften Fall zur Verhandlung vor dem Reichsversicherungsamt erschienen. Nur einer von 53 Arbeitern wurde durch einen Rechtsanwalt vertreten. Bei den meisten Verhandlungen erschien niemand, weder von Arbeiterseite noch von Seiten der Berufsgenossenschaften.[38]

Hier engagierten sich ab Mitte der 1890er Jahre die sozialdemokratischen Arbeitersekretariate, die als kostenfreie Beratungsstellen für Rechtsfragen des Arbeitslebens fungierten, aber auch in Mietsachen Unterstützung boten.[39] Unübersehbarer Schwerpunkt war indes die Beratung in Fragen der Arbeiter-

35 Paul Umbreit sah in der Frage der Arbeitervertretung den maßgeblichen Grund für die Neuorientierung hin zur Mitgliedschaft in den Ortskrankenkassen, vgl. Paul Umbreit, Soziale Arbeiterpolitik und Gewerkschaften, Berlin 1916, 62.

36 Vgl. Wolfgang Ayass, Sozialdemokratische Arbeiterbewegung und Sozialversicherung bis zur Jahrhundertwende, in: Ulrich Becker/Hans Günter Hockerts/Klaus Tenfelde (Hg.), Sozialstaat Deutschland. Geschichte und Gegenwart, Bonn 2010, 17–43, 34–37; Zentral-Arbeiter-Sekretariat (Hg.), Die Arbeitervertretung in der Kranken-, Unfall- und Invalidenversicherung, Berlin 1909; vgl. Rudolf Wissell, Die Wahlen der Versicherten zu den Organen der Versicherungsträger und zu den Versicherungsbehörden, Berlin 1912.

37 Vgl. Protokoll der Verhandlungen des dritten Kongresses der Gewerkschaften Deutschlands. Abgehalten zu Frankfurt am Main-Bockenheim vom 8. bis 13. Mai 1899, Hamburg 1899, 199; Th(eodor) Sust, Die Vertreter in der Arbeiter-Versicherung und deren Aufgaben, Hamburg 1901.

38 Amtliche Nachrichten (Fn. 19), 193.

39 Vgl. Klaus Tenfelde, Arbeitersekretäre. Karrieren in der deutschen Arbeiterbewegung vor 1914, Heidelberg 1993; Myoung-Hoon Shin, Die Arbeitersekretariate in der deutschen Arbeiterbewegung, Tönning 2007.

versicherung, allen voran bei Arbeitsunfällen und den Leistungsbescheiden der Berufsgenossenschaften.

Die Generalkommission der sozialdemokratischen Gewerkschaften errichtete 1903 in Berlin ein »Zentralarbeitersekretariat«, dessen Hauptaufgabe die Vertretung von Arbeitern in den Spruchsitzungen des Reichsversicherungsamts war. Die Sekretäre waren fast täglich im Amt und vertraten pro Jahr hunderte Fälle, überwiegend Unfallsachen, wobei Fragen der nachträglichen Herabsetzung von Unfallrenten den größten Teil ausmachten.[40] Das Reichsversicherungsamt behandelte die Vertreter des Zentralarbeitersekretariats mit Respekt, die Beziehung zum Reichsversicherungsamt sei zufriedenstellend, berichtete das Zentralarbeitersekretariat in seinem ersten Jahresbericht. Es seien »seitens dieser Behörde auch nicht die geringsten Hindernisse in den Weg gelegt«.[41]

1907 hat ein Berliner Rechtsanwalt einen kleinen Bericht über die morgendliche Stimmung in den Fluren des Reichsversicherungsamts geschrieben: »[...] allmählich füllt sich der ganze weite Korridor mit Blinden, Lahmen, Verletzten, Verwundeten, Siechen aller Art. Die meisten sind von ihren Frauen, Kindern oder Verwandten begleitet und gestützt. Man hört alle deutschen Dialekte. Jener hagere Mann mit dem verbundenen Kopf kommt aus einem kleinen Dorf des Elsass, um vor dem höchsten Tribunal seine Rente zu erstreiten, die man ihm angeblich zu Unrecht vorenthält. Der bleiche Alte mit den Krücken stammt aus Essen. Die Frau mit dem roten Kopftuch aus einem Winkel Posens und radebricht ein Deutsch, das niemand versteht. Und das alles fiebert in der größten Erwartung und Spannung. [...] In den Kreisen der Versicherten ist das Reichsversicherungsamt ob seiner Milde und seines Wohlwollens weithin berühmt, und es soll selbst in diesem Rahmen noch besonders gütige Vorsitzende geben. ›Ja, die Berufsgenossenschaften, die kriegen es hier‹, hört man flüstern, und ›da ist so ein Vertreter von denen‹, und alles starrt ängstlich und wohl auch grimmig auf den kleinen blonden Herrn im schwarzen Rock, der sich behend durch die Menge windet und das Wartezimmer der [berufs]genossenschaftlichen Vertreter zu erreichen sucht. Inzwischen kommen die einzelnen Richter, teils ständige Mitglieder des Amtes, teils Berufsrichter, die als Beisitzer erkoren sind, wieder andere Bundesratsdelegierte, dazwischen die Vertreter Erwählten der Arbeitgeber und -nehmer. [...] Eine Anzahl der Erschienenen

40 Im Zentralarbeitersekretariat sind entstanden: Hermann Müller, Die Rechtsprechung in Unfallrenten-Streitsachen, Berlin 1909; ders. / Rudolf Wissell, Die Unfallversicherung in der Reichsversicherungsordnung, Berlin 1912; Hermann Müller, Gewöhnung an Unfallfolgen und anderes zur Rechtsprechung in Unfallrentenstreitsachen, Berlin 1914.

41 Correspondenzblatt der Generalkommission der Gewerkschaften Deutschlands 14 (1904), 170.

werden aufgerufen und hineingeführt, und nach wenigen Minuten kehren auch schon die nächsten Paare glückstrahlend zurück. Die erste Rente ist erstritten!«[42]

V. Tonio Bödiker

Erster Präsident des Reichsversicherungsamts wurde Tonio Bödiker (1843–1907).[43] Der Verwaltungsjurist war zuvor im Reichsamt des Innern in der Endphase maßgeblich an der Ausarbeitung des Unfallversicherungsgesetzes beteiligt gewesen. Nun konnte er das von ihm erarbeitete Gesetz praktisch umsetzen und zuletzt noch höchstrichterlich interpretieren. Unter seiner Leitung organisierte das zunächst noch recht kleine Reichsversicherungsamt 1885 in wenigen Wochen die Gründung von zunächst 55 gewerblichen Berufsgenossenschaften.

An der bald einsetzenden Gesetzgebung zur Ausdehnung der Unfallversicherung auf weitere Arbeiterkreise war Bödiker noch mit Gesetzentwürfen beteiligt. Das Reichsamt des Innern schloss ihn dann jedoch systematisch von Gesetzgebungsarbeiten aus und er erfuhr bisweilen den Wortlaut der aktuellen Regierungsvorlagen für Novellen zur Unfall- und Rentenversicherung erst aus der Presse. Auch scheiterte sein Wunsch der »Hinaufschraubung« des Reichsversicherungsamts zu einer vom Reichsamt des Innern völlig unabhängigen Reichsbehörde.[44]

In sichtbarem Widerspruch zu seiner innerministeriellen Isolation stand jedoch Bödikers Ansehen in der Öffentlichkeit. Das Reichsversicherungsamt galt bald als arbeiterfreundlich – bis weit in die Reihen der Sozialdemokratie hinein. In der wissenschaftlichen und politischen Öffentlichkeit galt Bödiker als hochkompetent. Bei den Tagungen der Berufsgenossenschaften war »Präsident Bödiker« gern gesehener Gast, denn er handhabte die Aufsichtsfunktionen des Reichsversicherungsamts nicht kleinlich. Bödiker war auch führend an den internationalen Arbeiterversicherungskongressen beteiligt, er war der einzige

42 Franz Hoeniger, Berliner Gerichte, Berlin/Leipzig 1907, 26 f.

43 Vgl. Ulrich Adolf, Tonio Bödiker (1843–1907). Erster Präsident des Reichsversicherungsamtes, Sögel 2006.

44 Zum Konflikt Bödikers mit dem Reichsamt des Innern vgl. Quellensammlung GDS, II. Abt., Bd. 2, XXV–XXVIII, Nr. 5, Nr. 25, Nr. 27, Nr. 31–34, Nr. 94; zu Bödikers (von Reichskanzler Leo von Caprivi explizit gerügten) Sicht zur Unabhängigkeit des Reichsversicherungsamts vgl. Tonio Bödiker, Reichs-Versicherungsamt, in: Johannes Conrad / Ludwig Elster / Wilhelm Lexis / Edgar Loening (Hg.), Handwörterbuch der Staatswissenschaften, Bd. 5, Jena 1893, 407–413, zum Teil abgedruckt in: Quellensammlung GDS, III. Abt., Bd. 2, Nr. 30, zur Rüge Caprivis vgl. ebenda Nr. 33.

sozialpolitische Spitzenbeamte, der international bekannt war.[45] Seinen über die deutsche Gesetzgebung hinausgehenden Blick unterstrich Bödiker 1884 und 1895 durch vergleichende Monographien zur europäischen Unfall- bzw. Arbeiterversicherung.[46]

Als Bödiker schließlich 1897 nach dreizehn Jahren zurücktrat, lobte der sozialdemokratische »Vorwärts« ihn ausdrücklich.[47] Bei seiner Verabschiedung im Reichsversicherungsamt pries ihn der sozialdemokratische Arbeitervertreter Karl Gutheit mit warmen Worten: »Die Arbeiter seien nicht in der Lage, dem scheidenden Präsidenten Denkmäler aus Erz zu errichten oder glanzvolle Adressen an ihn zu richten; aber der Name des Dr. Bödiker sei in jedem Arbeiterhaus bekannt und werde in den dankbaren Herzen der deutschen Arbeiter fortleben.«[48]

Für die sozialdemokratische Arbeiterschaft war die Rechtsprechung des Reichsversicherungsamts bald der positive Aspekt der bis zur Jahrhundertwende insgesamt noch abgelehnten Sozialversicherung. In der allgemeinen Reputation des ersten Präsidenten des Reichsversicherungsamts leuchtete früh die erst wesentlich später wirksam werdende klassenversöhnende Wirkung der Arbeiterversicherung auf.

Tonio Bödiker hatte 1884 mit einer Handvoll Mitarbeitern begonnen, zwei ständigen Mitgliedern und fünf Bürobediensteten. Bis zur Reichsversicherungsordnung von 1911, die neue Zuständigkeiten brachte, war aus dem Reichsversicherungsamt eine Großbehörde geworden mit dem Präsidenten, zwei Abteilungsdirektoren, 23 Senatsvorsitzenden, 42 weiteren ständigen Mitgliedern, 11 zusätzlichen höheren Beamten als »Hilfsarbeiter« und immerhin 276 Bürobediensteten. Von außerhalb kamen dazu noch 103 richterliche Mitglieder, sechs nichtständige Mitglieder seitens des Bundesrats und (mit den Stellvertretern) 264 nichtständige Mitglieder der Arbeitgeber und der Arbeiter.[49]

45 Zu Bödikers Auftreten auf internationalen Kongressen vgl. Adolf, Tonio Bödiker (Fn. 43), 76–90.

46 Vgl. Tonio Bödiker, Die Unfall-Gesetzgebung der europäischen Staaten, Leipzig 1884; ders., Die Arbeiterversicherung in den Europäischen Staaten, Leipzig 1895.

47 Quellensammlung GDS, III. Abt., Bd. 2, Nr. 100.

48 Protokoll der Sitzung des Reichsversicherungsamts vom 19. Juni 1897, in: Quellensammlung GDS, III. Abt., Bd. 2, Nr. 105.

49 Amtliche Nachrichten des Reichsversicherungsamts 28 (1912), 221.

VI. Die Reichsversicherungsordnung von 1911

Mit der Reichsversicherungsordnung wurde die Sozialgerichtsbarkeit erneut und umfassend reorganisiert, die »Schiedsgerichte für Arbeiterversicherung« bestanden somit nur zwölf Jahre. Materiell war die Sozialgerichtsbarkeit nun auch für die Krankenversicherung zuständig. Die Einführung der Witwen- und Waisenversorgung durch die Reichsversicherungsordnung erweiterte die Rechtsprechungszuständigkeit des Reichsversicherungsamts, später dann das Reichsknappschaftsgesetz von 1923 und das Gesetz über Arbeitslosenvermittlung und Arbeitslosenversicherung von 1927.[50] Die Rechtsprechung der Versicherung für Angestellte von 1911 war zunächst mit Rentenausschüssen, Schiedsgerichten und einem Oberschiedsgericht gesondert organisiert, 1922 erfolgte dann auch hier die Einbeziehung in den Instanzenzug der Reichsversicherungsordnung mit besonderen Angestelltensenaten des Reichsversicherungsamts.

Die Reichsversicherungsordnung schuf auf Ebene der Kreise angesiedelte Versicherungsämter und als Mittelinstanz zunächst 104 Oberversicherungsämter, die als Spruch-, Beschluss- und Aufsichtsbehörden fungierten. Die eigentümliche Doppelfunktion des Reichsversicherungsamts mit der organisatorischen Verbindung von Aufsicht über die Versicherungsträger und Rechtsprechung wurde auf den neuen Unterbau übertragen. Die Bezeichnung »Schiedsgericht« verschwand. Seit der Reichsversicherungsordnung kennt die deutsche Sozialrechtsprechung einen dreistufigen Instanzenzug.

Die Versicherungsämter waren Abteilungen der unteren Verwaltungsbehörden, also in der Regel der Kreisverwaltungen mit dem Landrat als Vorsitzendem. Die organisatorische Unabhängigkeit der vormaligen Schiedsgerichte von den Verwaltungsbehörden ging verloren, die Staatsgebundenheit wurde verstärkt.

Die laufenden Geschäfte der Versicherungsämter führten nicht die Landräte, sondern die stellvertretenden Vorsitzenden, für deren Qualifikation die Reichsversicherungsordnung in § 39 nur vorschrieb, dass sie »durch Vorbildung und Erfahrung auf dem Gebiet der Arbeiterversicherung geeignet« sein müssten.

Die bei den Versicherungsämtern und den Oberversicherungsämtern errichteten Spruch- und Beschlusskammern waren wie bei den vormaligen Schiedsgerichten unter Leitung des Vorsitzenden paritätisch besetzt.

Die in der Reichsversicherungsordnung von 1911 gefundenen organisatorischen Regelungen der Sozialrechtsprechung blieben trotz Änderungen im Detail in den Grundzügen bis zum Ende des Zweiten Weltkriegs bestehen. Erst mit dem Sozialgerichtsgesetz vom 3. September 1953 entstand schließlich eine

50 Vgl. Bogs, Sozialrechtspflege (Fn. 2), 9 f.; vgl. Christmann / Schönholz, Errichtung (Fn. 31), 28–36.

von der Verwaltung tatsächlich unabhängige Sozialrechtspflege.[51] Verfahrensgrundsätze heutiger Sozialgerichtsbarkeit und das Laienelement der ehrenamtlichen Richter waren allerdings in erstaunlicher Kontinuität schon seit den Anfängen der 1880er Jahre vorhanden.

Wolfgang Ayaß

51 Vgl. Harald Bürck, War die Spruchtätigkeit des Reichsversicherungsamtes, des Reichsversorgungsgerichts, der Oberversicherungsämter, der Versicherungsämter, der Versorgungsgerichte und der Schiedsgerichte nach damaligem und heutigem Rechtsverständnis Rechtsprechung?, in: Entwicklung des Sozialrechts. Aufgabe der Rechtsprechung. Festgabe aus Anlaß des 100jährigen Bestehens der sozialgerichtlichen Rechtsprechung, Köln 1984, 139–170.

V. Justice in Areas of Limited Statehood

Native Americans, the Colonial Encounter, and the Law of Harm, 1600–1787

One of the most persistent problems between Native Americans and federal authorities in the United States is their clash over legal issues. The problem has its roots in the colonial era of North American history when, perhaps strangely, Indians often had more chance to have their voices heard in legal forums. The formal processes and doctrinal precision of the U. S. federal courts over time has meant that Indians have had to adapt to the federal voice in making or answering complaints.[1] In the colonial period, in their legal encounters with British and other European colonists, Indians could challenge rules of jurisdiction, assert their own principles of justice, and participate in the execution of judgments. In this experiment of diverse cultural legal interactions, there were wide variations, and violence often prevented a legal resolution. When they were able, Native peoples engaged in forum shopping, insisted on normative pluralism, and adopted specific concepts of justice based on rationality and functionality. They found Europeans who willingly served as cultural brokers and legal reformers to help them adapt to the colonial situation.

Before contact with Europeans, Indians had legal customs and forums for decision-making. It is only through an examination of the records remaining about the colonial legal interactions between Indians and Europeans, though, during an especially fluid period of dispute resolution, that we can glimpse pre-existing Indian ideas of justice. Indians brought their concept of justice into the new world created by contact and they laid it at the feet of the colonists, demanding that colonial courts address the problems which arose as a result of the clash of peoples. Throughout New France, New Netherlands, New Sweden and New England, Indians appeared in colonial courts to right wrongs and to assert their own sense of justice when there were intercultural conflicts.

Indians did not possess jurisprudence, in the rigorous sense of that term. There was no monolithic Indian culture, although the tribes of the eastern

1 See, e. g., Carl G. Hakansson, An Historical Overview of Legal Doctrine and its Impact on New England Indian Tribal Relations, in: New England Journal Of History 62, 1 (2005), 1–13.

woodlands, largely Algonquian and Iroquoian linguistic groups, produced practices that yielded identifiable rules.[2] I have termed this »jurispractice,« a set of habitual performances informed by legal customs that allowed for a predictable settlement of disputes within a tribe and with nearby Native neighbors. Seeing that Indians were dependent on memory for their legal precepts, Europeans often stated that Indians had no law or relegated a legal idea to custom, with a sense that custom was more yielding to circumstances. Yet while Indians were flexible – often moreso than Europeans – in matters of trade, living arrangements, and use of new technologies, their ideas about justice show a pattern of continuation throughout the colonial period. They believed in the principle of reciprocity; in the responsibility of the source of a wrong to right it; in the use of patience; in the solicitation of wise opinions to settle a matter; and in the unanimity of decision-making.[3] Extralegal factors, such as the individual sachems' motives and actions, the uneven applications of law within and across colonial jurisdictions, and the existence of plural systems of law contributed to the malleability and fluidity of the law.[4] All of the legal concepts that survived colonization manifested in the way Indians of the eastern woodlands lived their daily lives. The principles and the plural legal system in which Indians operated demonstrate a legal mentalité that was asserted in new jurisdictional forums without losing its idealistic nature.

There was a period after contact, and before imperial dominance set in, in which the Native and European societies, with largely different concepts of justice, worked together to resolve disputes. They met each other in colonial legal forums where the fluidity of interaction allowed an exchange of concepts of justice, rather than the imposition of the European way upon the indigenous way. In some cases, European magistrates accepted traditional Indian means of conflict resolution into their courtrooms.[5] Each European nation, with the

2 The Iroquois, arguably, had a constitution discernible from their oral traditions that rested on five characteristics: minimization of internal conflict; primacy of the Mohawk but with an inclusion of all voices; customary but never rigid rules for the removal of political chiefs; aggression as the desirable quality among additional members of leadership; and »defensive imperialism« that allowed for justifiable wars of annihilation. See Donald S. Lutz, The Iroquois Confederation Constitution: An Analysis, in: Publius: The Journal Of Federalism 28, 2 (1998), 101–102.

3 Kenneth M. Morrison, The Bias Of Colonial Law: English Paranoia And The Abenaki Arena Of King Philip's War, 1675–1678, in: New England Quarterly 53, 3 (1980), 363–387, 364–65; Lutz, Iroquois Confederation (note 2), 104.

4 Ann Marie Plane, Liberator or Oppressor? Law, Colonialism, and New England's Indigenous Peoples, in: Connecticut History 43, 2 (2004), 163–165.

5 Jan Grabowski, French Criminal Justice and Indians in Montreal, 1670–1760, in: Ethnohistory 43, 3 (1996), 405–429, 405.

exception of the Swedes, found an indigenous enemy and created an »Other« that served as a legal foil for the Native friendships they wanted to cultivate. The French quarreled with the Iroquois Confederacy, the Dutch with the Algonquians, and the Southern English with the Minqua in New Sweden. The Dutch traded with the Long Island tribes and the Mohawk; the French, the Huron and Algonquian; the Swedes, the Minqua; and the English, the Iroquois.[6] The English stand out as having had the most difficulty establishing a favorite trading partner; they had complex interactions, friendly and inimical, with almost every tribe they encountered.

The North American colonial era might be roughly divided between the experimental age of 1600–1676, the era of international conflict from 1676 to 1713, the Long Peace to 1754, and the upheaval of the American Revolution. When the dust settled in 1787 with the U. S. Constitutional convention, the future was a long period of segregated assimilation for American Indians. Integrated assimilation had failed; segregated accommodation had failed. The American Indian emerged in 1787 as a distant figure of the west without any clear status in law, a very different position than he had occupied in the colonial world.[7]

Forsyth's typologies of relationships between state and non-state justice systems in decolonized countries in the post-colonial world, with its functional analysis of state and non-state systems, depends on there being one state with other non-state actors. It provides a useful way of thinking about intercultural relationships, but in this legal history of North America in the seventeenth and eighteenth centuries, it is not entirely applicable.[8] The complexity of North America in the colonial era requires us to recognize that it was a multi-state arena. In the era in which North America was being colonized, indigenous justice systems were state systems and indigenous decision makers were state actors. In Native America there was government.[9]

To adapt Forsyth's existing typology to this older world we must first recognize the distinction between a colonized world and the space between

6 Stellan Dahlgren and Hans Norman, The Rise and Fall of New Sweden, 66–67; Susan E. Kelpp, Encounter and Experiment, in: Randall M. Miller/William Pencak (eds.), Pennsylvania: A History of the Commonwealth, University Park 2002, 50; Algott Mattsson, New Sweden the Dream of an Empire, trans. Jan Teeland and Jeremy Franks, Gothenburg 1987, 36.

7 Daniel Richter, Facing East from Indian Country: A Native History of Early America, Cambridge 2001, 109, 135–141, 152–153, 183–184, 189.

8 Miranda Forsyth, A Typology of Relationships Between State and Non-State Justice Systems, in: J. of Legal Pluralism (2007), 67–113.

9 Carol Chiago Lujan/Gordon Adams, U. S. Colonization of Indian Justice Systems: A Brief History, in: Wicazo Sa Review 19, 2, Colonization/Decolonization, I (2004), 9–23, 9, 12.

contact and actualized colonization. In this enormous space equal justice systems co-existed and adapted. Forsyth's typology can be reformulated to characterize the relationships between multiple state systems and, most significantly, to add an additional type. In this latter type the relationship is one of cooperation, creating a blended forum for decision making. In this type each decision maker recognizes the power of the other, and they come together to make a joint decision. Not all interactions between indigenous and colonial decision makers involved blended forums or joint decision making, but recognition of this type of relationship is essential to understanding the pre-actualized colonial space.

Historians' recognition of this fluid legal space in which there were multiple, autonomous national entities exercising personal and subject matter jurisdiction, in addition to territorial jurisdiction, is a fairly new development. Much of the older historiography focuses on land transfer and territorial jurisdiction, and that is the root of the difference in vision. The new scholarship on the legal realities of Indians in the eastern woodlands flies in the face of some old doctrines, because it focuses on a larger legal world. Studying land gives an incomplete and misleading picture. The complete dispossession of New England Indians, which never occurred in fact, is attested to by historians, who have traditionally seen seventeenth-century land sales as swindles.[10] According to prior generations of scholars, these sales were conducted according to English common law, and even included at times the ritual of the transfer of a clod of turf. The colonists, we are told, followed a process in which Indians were forced to passively submit to legal arrangements that undermined their land tenure claims.[11] Some have even argued that colonists considered North America »terra nullius.«[12] This older picture of the relationship between Indians and colonists

10 Liam O'Melinn, The Imperial Origins of Federal Indian Law: The Ideology of Colonization in Britain, Ireland, and America, in: Ariz. State Law Journal 31 (1999), 1214, discusses this scholarship and its flaws.

11 George Rogers Howell, The Early History of Southampton L. I., New York, with Genealogies, New York 1866, 168.

12 For arguments about the question of whether America was »terra nullius«, see Wilcomb Washburn, The Moral and Legal Justifications for Dispossessing the Indians, in: James Morton (ed.), Seventeenth-Century America: Essays in Colonial History, Westport 1959, 15–32; William Cronon, Changes in the Land and Indians, Colonists, and the Ecology of New England, New York 1983, 62; Alden Vaughan, New England Frontier: Puritans and Indians, 1620–1675, Boston 1965, 10, 15; and Colin G. Galloway, New Worlds For All; Indians, Europeans, and the Remaking of Early America, Baltimore 1997, 122–123, who, though very different in their approaches to Native American history, all claim that colonists recognized aboriginal title, even if governments back in Europe proclaimed the land »empty« and theirs by right of discovery.

does not recognize Indians as active legal participants, much less equal state actors. More recently historians have shown that, at least in New England, Indians began to understand the English concept of property and chose to use means available within the colonial legal system to protect themselves.[13] Land negotiations between Penacook-Pawtucket Indians and Massachusetts colonists during the 1630's–90's reveal that Indians quickly grasped the conventions of English property law, which proved to be similar to Indian customs. Indians actively used that knowledge to assert their interests. Led by their chiefs, the sachems Passaconaway and Wonalancet, the Penacook-Pawtuckets seized upon their »aboriginal title,« the right of usufruct, and in various ways minimized the possibility of ceding land to clear trade debts. This reflects a relationship in which the power of the English legal system over land was both recognized and manipulated by the Indian system. By the end of the seventeenth century, growing English power vitiated the Penacook-Pawtuckets' ability to enforce such legal self-protection. The gradual collapse of intercultural and intersystem accommodation around land tenure experienced by the Penacook-Pawtuckets was part of other shifts, experienced by almost every tribe in the east, in legal, cultural, economic, and military power that surrounded King Philip's War in New England and Bacon's Rebellion in the Chesapeake in 1675–76.[14] In the years after the war, the English Crown sought to protect Indian lands from colonial encroachment in situations where »the autonomy of the chartered colonies was detrimental to the empire's struggle against the French for control of North America.«[15] After the American Revolution, a more complex Anglo-American reality emerged that resulted in a de jure dispossession, rejecting any remaining aboriginal title. Contradicting the older historical narrative, Indians remained in de facto possession of lands in every state and province, albeit much

13 Jean M. O'Brien, Dispossession by Degrees: Indian Land and Identity in Natick, Massachusetts, 1650–1790, Lincoln 2003, 115; Katherine Hermes / Alexandra Maravel, Native American Women's Use of Connecticut's Courts, in: Barbara Brookes / Dorothy Page (eds.), Communities of Women, Dunedin, NZ 2002, 60.

14 Peter S. Leavenworth, ›The best title that Indians can claime‹: Native agency and consent in the transferal of Penacook-Pawtucket Land in the Seventeenth Century, in: New England Quarterly 72, 2 (1999), 275; Katherine A. Hermes, The Law of Native Americans, to 1815, in: Michael Grossberg / Christopher Tomlins (eds.), The Cambridge History of Law in America, Vol. 1, Early America (1580–1815), New York 2008, 46; Jenny Pulsipher, Subjects unto the Same King: Indians, English, and the Contest for Authority in Colonial New England, Philadelphia 2005, 269; Yasuhide Kawashima, Puritan Justice and the Indian: White Man's Law in Massachusetts, 1630–1763, Middletown 1986, 233, 234.

15 Craig Bryan Yirush, Claiming the New World: Empire, Law, and Indigenous Rights in the Mohegan Case, 1704–1743, in: Law & History Review 29 (2011), 333–373, 333, 349.

reduced. Indigenous attempts to assert power through the colonial legal system continued as Indians insisted that they be compensated for takings of land, but the British, who had paid original inhabitants, now split hairs and decided Indians who had migrated to lands not originally theirs need not be recognized as deserving compensation.[16] The relationship between the two state systems was beginning to show the ever growing power imbalance that would eventually lead to total repression of the indigenous system. Colonial governments tried to regulate land transactions by various means, including enacting statutes that forbade private land deals, but fraudulent deeds abounded. The further away time moved from the original moment of contact and disruption, the less weight colonists placed on Indian claims. This was reflected in all issues that affected Native people. Historians must look beyond land transactions and conflicts to obtain a clear, complete picture of the legal topography. Land issues were just one of the many areas of potential conflict that existed. As important as property was the issue of the redress of personal harm. Indeed, preventing and compensating personal harm was at the center of Native habitus and jurispractice. By turning our eyes to this part of the legal landscape, we see the evidence of the indigenous state legal system and its changing relationship with the colonial legal regime.

Redress of harm was the most common expression of, and later silencing of, the Indian legal voice. The English and French bifurcated this redress in the law of torts and criminal law. In a modern explanation of tort law, Richard Azarnia described tort as a process to resolve peacefully the respective rights of parties and deter wrongful conduct. Tort law, by defining harm and injury, established normative values concerning social behavior, but without the more oppressive elements of the criminal law. Algonquian understanding of the way to repair harm and restore peace, whether in the northern regions of Quebec or the southern tidewater regions, resembled the law of tort far more than the criminal law of Europeans.[17] Shared concepts of types of harm, goals of substantive justice, and a desire for keeping a balance of power motivated some colonial communities and Indians to meet in legal forums rather than on battlegrounds. These shared concepts also allowed varying types of relationships between legal systems in the space between contact and actualized colonization.

Three types of harms characterized the colonial world's legal habitus: verbal, physical and metaphysical. The scope of these injuries extended to a reality

16 Alain Beaulieu, ›An equitable right to be compensated‹: The Dispossession of the Aboriginal Peoples of Quebec and the Emergence of a New Legal Rationale (1760–1860), in: Canadian Historical Review 94, 1 (2013), 1–27, 8.

17 Richard Azarnia, Essay: Tort Law in France: A Cultural and Comparative Overview, in: Wisconsin International Law Journal 13 (1995), 471–492, 480.

beyond reputation or physical sensation, into the world of dreams and specters, for both indigenous and colonial peoples, and they were within legal reach until the Enlightenment and modern jurisprudence ruled them out. Often it was hard to separate the categories from one another; modern thinking has led us to extract the metaphysical, leaving only verbal and physical harm.

The spoken word was powerful in colonial encounters. For Europeans, the concept of swearing to a promise or taking an oath increased the power of words, but according to most early accounts, Indian peoples had no oaths. John Eliot, a minister to the Massachusetts Indians, recorded that he had to »teach them to Swear before a Magistrate.«[18] The disjuncture between ordinary words and those spoken with affirmation or oath created misunderstandings. Deception, curses, and harsh speech were forbidden in both Algonquian and European cultures, but the Algonquian language suggests a concept different from that of the taboo, itself a word adopted much later into European vocabularies from Polynesian (tapu, kapu). The seventeenth-century concept of the forbidden, to the indigenous eastern woodland peoples, was similar to that of danger (Ahque/ Beware!).[19] For the Europeans, that which was forbidden was in the realm of morality and involved peril for the soul. For Indians forbidden speech had immediate harm and consequences; for Europeans, wrongful speech could have both present and delayed results. In a word-world of woodland encounters, diplomatic gatherings, councils, and courts, the continuum from informal speech to formal speech had to be negotiated to be universally understood by both parties. When verbal abuse took place, its venue, its content, and its tone all played a role in the resolution.

The ubiquitous problem of verbal abuse arose, not for the first time, at a treaty, trade and military site, Fort Orange, New York, in 1659. The Mohawk complained to the Dutch commander about Dutch verbal abuse. In our adaptation of Forsyth's typology this is an example of either limited or formal recognition by the Mohawk system of the Dutch system's responsibility to redress this abuse. »Firstly, they say that it is very bad that the Dutch abuse the Indians so much by calling all the nations ›dogs‹ and ›scoundrels …‹«. The worst insult was to be called the name of an enemy tribe combined with the use of »dog.«[20] When Mandush, the Shinnecock sachem, was forced to enter into a land transfer with Wyandanch, the Montauk sachem in league with the English,

18 John Eliot, Indian Grammar Begun, Cambridge, MA 1666, n. p., URL: http://people.umass.edu/aef6000/Texts/Algonquian/Massachusett/Eliot/Alia/IGB_666.asc.

19 Eliot, Grammar (note 18).

20 Charles T. Gehring (ed.), Fort Orange Court Minutes, 1652–1660, Vol. 1652, New Netherland. Inferior Court of Justice, Beverwyck, N.Y., 463.

he is reported to have said, »Now we are all one dog.«[21] Mandush meant to inflict pain when he said it, as indicated by his rubbing of Wyandanch's back as he spoke the words. Back rubbing was supposed to relieve pain, and the double dealing of the land transaction was reflected in spoken words and body language.

Calling someone a dog was bad to do during war, but it was worse to do it while trading or treating. The Indians were identifying what many minority groups in America today refer to as »hate speech,« a concept unknown to English, French, Dutch or Swedish law. The Algonquian word for dog had various pronunciations, but its meaning, »to take hold of,« was consistent from the Chesapeake to the St. Lawrence River Valley.[22] How this became an insult has more to do with English, French and Dutch meanings than with Algonquian ones, but as Algonquians came to understand how Europeans treated dogs, they absorbed the humiliation of the epithet. In seventeenth- and eighteenth-century Europe, dogs were even sometimes put on trial in real courts of law for their bad behavior towards human beings.[23] At Fort Orange, the Mohawk expected that a complaint to the European commander with power over the persons causing verbal harm would end the practice; the realization that each incident required a formal complaint in a court came shortly.

Harm by the tongue could include abusive speech, insult, and slander, but it could also move from the merely verbal to the metaphysical, such as the placing of a curse on someone. The element of the evil supernatural, recognized by both Native Americans, in the forms of spirits and magic, and Europeans in the forms of devils and magic, meant that words invoking evil took on a physical power they lack today. When some Pequot Indians were engaged in a shootout with some colonists, they yelled to their opponents, »Englishmans God was all one Flye,« and made buzzing sounds that infuriated their enemy. But the insult had three parts: God was a fly, Englishmen were squaws, and Pequots were Mohawks.[24] What seems to the modern observer as harmless and even amusing banter had greater implications, though, for those Pequot were mocking the existence of God, the manliness of English soldiers, and the presumption that

21 Howell, Southampton (note 11), 168.

22 James Hammond Trumbull, Natick Dictionary: A New England Indian Lexicon, Lincoln 2009, 246–247; William Strachey, A Dictionary of Powhatan (American Language Reprints), Bristol 2005, 18, 28; John Hewson, Proto-Algonquian Dictionary, Ottawa 1993, 26.

23 Anne Salmond, The Trial of the Cannibal Dog: The Remarkable Story of Captain Cook's Encounters in the South Seas, New Haven 2003, 6.

24 William S. Simmons, Pequot Folklore, in: Laurence Hauptmann/James D. Wherry (eds.), The Pequots in Southern New England: The Fall and Rise of an American Indian Nation, Norman, OK 1990, 145.

the Pequot were not the most warlike of foes. The English were sure that their deity would punish such blasphemy with vengeance, and when the Pequot were defeated in war a short time later, it was both a human and cosmic event. The spiritual realm for Indians and Europeans was another plane in which the pluralism of North America played itself out, with competing spirits who were quite real to the historical actors and who helped them form supranational identities as Indians and Christians.[25]

Algonquians and Europeans also both believed in malevolent human beings capable of inflicting harm (»witches«), and each culture brought with it to this New World their own worlds of wonder.[26] The handling of witchcraft cases in the seventeenth century demonstrates that institutional pluralism persisted for a considerable time. Witches possessed some of the most potent words, but even mere insults could do harm that required acknowledgment, compensation, and healing. Internally, Indians handled these disputes by intervention of the sachem (chief). In intercultural conflicts, the sachem often attempted to resolve them by complaining to colonial authorities. This was an acknowledgement and an active encouragement of the system with power over the offender to take action for redress within its system. If the colonial system had worked as the Indian system worked a mere word of formal complaint from one chief to another would have been sufficient. The sachems eventually learned that a formal complaint in the form of a lawsuit was necessary for recompense in a European-style court. Indians believed that they were entitled to compensation for harm, an idea that far predated contact with Europeans. They accepted wampum, furs and hides, or money; the medium of recompense mattered less to them than the amount of recompense which had to be equivalent to the wrong.

Witchcraft or sorcery, the use of magic for purposes of harm, worked differently in Indian and European societies. Among Algonquians, witches were distinguished from conjurers, who helped harness spirits (manitou). The Algonquian »witch« did not make a compact with any evil spirit or devil, but instead used medicine, which might include incantations, to inflict harm. Europeans, on the other hand, believed that witches' magic sprang from a pact with the devil, which might then help the witch do evil through the use of charms, spells, potent herbs, or words. European accounts make it difficult to

25 Laura M. Stevens, The Poor Indians: British Missionaries, Native Americans, and Colonial Sensibility, Philadelphia 2006, 73–77. For a contemporary discussion of national and supranational identity, see Uroš Pinterič, National and Supranational Identity in the Context of the European Integration and Globalization, in: Primljeno 15, 9 (2003), 403–405.

26 Allegra di Bonaventure, Beating the Bounds: Property and Perambulation in Early New England, in: Yale Journal of Law & Humanities 19 (2007), 115, 116.

discern if all Native peoples harmed by witches sought compensation as Algonquian people did and as they would have from any other person who did them harm.[27] Witches were in a covert business in Indian societies, much as they were in colonial towns. Europeans treated witchcraft as a crime, and in the seventeenth-century Atlantic world, it was still punishable by death even if execution was rare.

As new harms were introduced into America in the early period of colonization, Indians adapted their ideas and their vocabulary to describe and explain supernatural power. They reformed their beliefs about causation with respect to illness and accidents, and accommodated new spirits, good and evil, into their religious practices. Here the norms of the indigenous state accommodated the rationalities of the European state.

The power of witches had international implications, as North American wars involving Indians and all of the European powers of the day helped determine royal successions and the balance of power in the Atlantic. Algonquian lore has it that the Nanticokes were particularly powerful witches whose medicines, contained in clay bowls, had to be buried with them to stop the magic from being passed down. When curses came from a witch, people became ill, lost their attractive looks, suffered losses, and sometimes became witches themselves.[28] John Heckewelder, the Moravian missionary to the Delaware (Lenape) people, complained in his journal that they were

»the inventors of a poisonous substance by which they could destroy a whole settlement of people, and they are accused of being skilled in the arts of witchcraft. It is certain they are dreaded on this account. I have known Indians who firmly believed that they had people among them who could, if they pleased, destroy a whole army by merely blowing their breath toward them.«[29]

Heckewelder the missionary understood that the Native spirit world was a world unto itself, one he had to supplant rather than influence. Heckewelder the European colonist worried that there was a malevolent power the Indians could exercise to defeat Protestant world order.

27 Rennard Strickland, American Indian Law and the Spirit World, in: American Indian Law Review 1, 33 (1973), Strickland concludes the Cherokee did not seek compensation in cases of witchcraft.

28 Glady Tantaquidgeon, A Study Of Delaware Indian Medicine Practice And Folk Beliefs, Whitefish, MT 2010, 46–47; Carol Karlsen, The Devil in the Shape of a Woman, New York 1998, 9.

29 Quoted in C. Hale Sipe, The Indian Wars of Pennsylvania: An Account of the Indian Events, in Pennsylvania, of the French and Indian war, Pontiac's war, Lord Dunmore's war, the revolutionary war, and the Indian uprising from 1789 to 1795; tragedies of the Pennsylvania frontier based primarily on the Penna. archives and colonial records (Harrisburg, PA 1929), 54–55.

After the middle of the eighteenth century, European belief in witches declined and criminal punishment ceased. Yet European missionaries in America and some Christian Indians remained unsure about the power of Indian witchcraft well into the eighteenth century. The norms of the indigenous state challenged the altered rationalities of the European state. Europeans sometimes confused witches with pawaws (powwows), the priests or shamans who could harness the power of good and evil spirits.[30] Traditionally the pawaw was a shaman who possessed dream power (»pawaminwenwi«), whereas a »manetowiwa« had »spirit power.« In some dialects, »manetowiwa« referred to a person's animal-like qualities of supernatural power. Conjurers could make magic or work miracles (»manetohkasowa«), although the translation of Algonquian to English becomes difficult in conveying the nuances of the ways in which pawaws and conjurers worked differently from what became known as the witch. Europeans often saw the Algonquian spirit world as full of devils and the persons working magic as witches, because they could not entertain the idea of multiple spirits working simultaneously without resorting to their dichotomous ideas of God versus the devil. Moreover, manitou and its roots were closely associated with animals, and European witches possessed familiars, supernatural animals that were evil accomplices. The word for a mystic rite that took place in the medicine lodge was »metewikamikwi,« a word close to metemwa (»old woman«) and the word for house, what the English called the »wigwam.« A medicine person who administered herbs was »maskihkihkew,« and the witch that developed in Algonquian lore was closely associated with bad medicine.[31]

Similar to Native witches, European witches tended to be women who associated with the devil, established a relationship with an evil spirit animal, and developed a knowledge of herbs. Yet the power of witches in both societies lay in their perceived ability to lay on a curse, and at this the Indian witch was considered by both groups to be more deadly. The word that developed in southern New England was »kôsukquom,« a word that invokes duality and has

30 Richard White, The Middle Ground: Indians, Empires, and Republics in the Great Lakes Region, 1650–1815, anniv. ed., New York 2010, 331; Emma Anderson, Blood, Fire and ›Baptism‹: Three Perspectives on the Death of Jean de Brébeuf, Seventeenth-Century Jesuit Martyr, in: Joel W. Martin / Mark A. Nicholas (eds.), Native Americans, Christianity, and the Reshaping of the American Religious Landscape, Chapel Hill 2010, 113.

31 Proto-Algonquian Dictionary (note 22), 94– 95, 97, 114–115, 152; Trumbull, Natick Dictionary (note 22), 48–49, 120; Strachey, Dictionary of Powhatan (note 22), 106, uses the word »wisoccan« for the practice of medicine and »wysoccan« for a bad potion. The root »ske'h« appears in Algonquian words for grass that spans the eastern seaboard.

at its root the same »sokewa« that described two wives, twins, two families, two canoes, with a different prefix.[32]

The Indians and Europeans also faced other kinds of verbal harm besides supernatural curses. Europeans used tort laws that punished harms caused by words, and both colonists and Indians could find themselves in front of a court for these offenses. Slander was a ubiquitous tort in the Atlantic world, for which many people were brought before local courts. To the colonists, slander was revealing of »humanity's underlying barbarism.«[33] The power of words to harm was recognized by both Native and European legal systems. Each had internal systems to punish their own offenders, and each participated in blended forums to punish intercultural offenders. For Europeans, prosecutions for slander and defamation, like prosecutions for witchcraft, functioned to enforce societal standards of behavior and maintain public order.[34]

Sedition and libel were also serious offenses in Europe and its colonies. During the Antinomian Controversy of 1637, the followers of Massachusetts colonists Anne Hutchinson and Rev. John Wheelwright were accused of sedition and disarmed. In the eighteenth century in New York, slaves, Indians, servants and an alleged Catholic priest were charged with conspiracy and sedition for setting fire to the city.[35] Indians could also find themselves in trouble in colonial courts for talking about war or for speaking too casually about the deaths of white people.[36] Cultural brokers often stepped in to mediate situations in which Indians or colonists threatened one another, and one found himself arrested and tried (and acquitted) for arguing that colonists had provoked Abnaki Indians into hostile gestures during King Philip's war.[37] Mediating using a blended system at the local level could sometimes place one in jeopardy with a state's particular system at a higher level.

32 Smithsonian Institution. Bureau of American Ethnology, Bulletin, Vol. 25, 1911, 40.

33 Jane Kamensky, Governing the Tongue: The Politics of Speech in Early New England, New York 1999, 22.

34 Grabowski, French Criminal Justice (note 5), 407; Roger Thompson, ›Holy Watchfulness‹ and Communal Conformism: The Functions of Defamation in Early New England Communities, in: The New England Quarterly 56, 4 (1983), 504–522, 504; Donna J. Spindel, The Law of Words: Verbal Abuse in North Carolina to 1730, in: The American Journal of Legal History 39, 1 (1995), 25–42, 26.

35 Jane Kamensky, Governing the Tongue (note 33), 12; Peter Charles Hoffer, The Great New York Conspiracy of 1741: Slavery, Crime, and Colonial Law, Lawrence 2003, 42, 114.

36 Peter Silver, Our Savage Neighbors: How Indian War Transformed Early America, New York 2007, 142.

37 Morrison, Bias of Colonial Law (note 3), 374.

Physical harm escalated in the new world of the Americas. Indians had to readjust their jurispractice as Europeans introduced new types of harm onto the North American continent. Algonquian ideas about law were essentially pragmatic, but the harm that Europeans brought with them sometimes defied a practical approach. Disease was the most confounding of all. Woodland peoples who were in actual contact with Europeans realized that the new illnesses originated with the newcomers; Indians who did not experience direct contact with Europeans until much later were left only with their imaginations about how to understand what was happening to them.[38] The trauma of large numbers of ill and dying people had to have affected all types of social, political and legal ideas, but most elusive is the way in which law was changed by disease.

It is often remarked upon by historians that the Europeans saw the »hand of God« in the massive number of deaths that occurred after their arrival. For that matter, so did the Indians. Both Europeans and Indians experienced Indian disease as a supernatural phenomenon, and the first generation of people at contact understood that without the coming of Europeans, disease would not have occurred.[39] Writers understood that Indians had experienced devastation, although they also acknowledged the earthly causes of war and disease, not merely the predestinarian ones.[40] As the Europeans noticed, often there were small villages that stood in lonely clearings. For Indians, the small, isolated villages were adjustments to new demographic realities. Although Algonquian tribes rarely lived in large towns or in tight groupings, with the exception of the Powhatan Confederacy in Virginia, known as Tsenacommacah, they were not isolated prior to contact. Networks of paths connected them to their kinfolk, and to other nations with whom they traded.The smaller the villages became the more adherence there was to one chief, rather than the multiple chiefs that existed in the old order.[41]

Indians had two responses in their quest for justice when they suffered harm from disease. They turned to their pawaws and held ceremonies, mawiomi (Mik'maq for Grand Councils), for healing.[42] The Cherokee, believing smallpox

38 James H. Merrell, Into the American Woods: Negotiations on the Pennsylvania Frontier, New York 2000, 143.

39 William Simmons, Spirit of the New England Tribes: Indian History and Folklore, 1620–1984, Lebanon, NH 1986, 55, 63, 78; Alan Taylor, American Colonies: The Settling of North America, vol. 1, New York 2002, 43.

40 Daniel Denton, A Brief Description of New-York, formerly called New-Netherlands (1670), 7.

41 April Lee Hatfield, Atlantic Virginia: Intercolonial Relations in the Seventeenth Century, Philadelphia 2007, 18–19.

42 Bruce Elliott Johansen, The Encyclopedia of Native American Legal Tradition, Westport, CT 1998, 202.

was punishment for breaking the law, gathered in the Council House for a collective ritual of purification. Almost as soon as European diseases appeared there were vapor baths, herbal tonics, teas, and poultices for sores from the pox, viral and bacterial infections of the throat and lungs, and venereal diseases.[43] They also went to Europeans to seek answers and cures.[44] Disease is today no longer the subject of any kind of legal remedy, unless its cause is deliberate or negligent, but in the sixteenth and seventeenth centuries, it was a legal matter. The remedy sought by Indians, whether from Indians or from colonists, was what we might now call »specific performance,« that is, they did not seek compensation, but sought only to be made well. For loss of life they did occasionally desire compensation, and sometimes the Europeans saw fit to provide it.

Alcohol proved to be another harm that, while not as mysterious as disease, was perplexing nonetheless. It was a harm and a pleasure, a problem for Native societies and a desired trade good. Its effects rippled through communities, for there could be both harm to the individual who consumed the alcohol and increased fighting, breakdowns in family relationships, abandonment of community obligations. It harmed Natives who lived in tradition tribal communities as well as those who lived as servants or slaves in the households of well-to-do colonists. Colonies increasingly tried to regulate the behavior of the economic and racial underclasses, and alcohol was often at the center. It was one of the first areas in which the law stopped taking account of Native customs, using jails as a form of detention and deterrence.[45]

Alcohol sometimes eased the trauma induced by massive numbers of deaths in one's tribal nation, and in turn it caused death and destruction of tribal norms.[46] Drinking rituals began in traditional ways. As accounts from the early seventeenth century attest, Indians quickly realized the effects of alcohol and understood that its purpose was to make one drunk. When they obtained liquor, they made sure that it was dispensed only in quantities sufficient to make one drunk; a few had to go completely without so that others could get the full

43 Paul Kelton, Avoiding the Smallpox Spirits, in: Ethnohistory 51, 1 (2004), 45–71, 46; Frank Speck, Naskapi: The Savage Hunters of the Labrador Peninsula, Norman, OK 1977, 19; Tantaquidgeon, A Study Of Delaware Indian Medicine Practice (note 28), 30, 32, 74, 133, passim.

44 Richard W. Cogley, John Eliot's Mission to the Indians before King Philip's War, Cambridge, MA 1999, 19.

45 Court of General Sessions, Suffolk County, NOTICE, in: Boston News-Letter, Aug. 27st–Sept. 3rd, 1705, 2.

46 Peter Mancall, Deadly Medicine: Indians and Alcohol in Early America, Ithaca 1997, 14.

experience. If a man got drunk but had not finished his portion, the others would pour it down his throat.[47]

Although Europeans found this to be peculiar behavior, especially since extreme drunkenness could lead to death, these early rituals bear a similarity to the hallucinogenic effects that Indians sought through the use of herbs or sleep deprivation, in ceremonies of initiation such as the huskanaw.[48] Intoxication, which to Europeans seemed degenerate behavior that could be punished in criminal court, was at first an experience of otherworldliness for Indians. As Indians began to experience both the deleterious effects of alcohol and the imposition of European penalties, their attitude toward liquor changed, and for many it was undoubtedly a way to drown their sorrows or escape the terrible reality of their new colonized existence. Nishobkoh, a Christian Indian who lived in Natick, Massachusetts in the 1650s, recalled his struggles with alcohol in a sequence of »sin« that began with simply wanting to »run wilde« and look at women. As he became more ashamed of his lust and his unbelief, he began to drink heavily. He then experienced some hypocrisy on the part of the English when some men turned up at the Sabbath services with guns and urged the Indians to leave the meeting. Confused and angry, he drank even more often, but he also began to feel shame. He began to feel that drinking was his fault.[49]

Nishobkoh's experience of feeling shame and responsibility for his drunkenness was somewhat unusual in his time, but it was to become the norm. In the early days of encounter and colonization, Europeans and Indians saw alcohol as a European substance that caused effects for which the Europeans were legally responsible.[50] It was illegal for English colonists to sell liquor to Indians, but such sales occurred, and they had consequences in the colonial legal system for both parties to the transaction. For example, in the mid-seventeenth century when a colonial court in the town of New Haven fined an Indian for public drunkenness, it also allowed the Indian to seek and receive compensation from the European seller of the alcohol.[51]

47 Denton, Brief Descripton (note 40), 7–8.

48 Laura Arnold Leibman (ed.), Experience Mayhew's Indian Converts: A Cultural Edition, Amherst 2008, 72; Karen Ordahl Kupperman, Indians and English: Facing Off in Early America, Ithaca 2000, 113.

49 John Eliot, A further account of the progress of the Gospel amongst the Indians in New England: being a relation of the confessions made by several Indians (in the presence of the elders and members of several churches) in order to their admission into church-fellowship. Sent over to the corporation for propagating the Gospel of Jesus Christ amongst the Indians in New England at London, by Mr. John Elliot one of the laborers in the word amongst them. (London 1660), 5–6.

50 Mancall, Deadly Medicine (note 46), 120, 175.

51 Katherine Hermes, Jurisdiction in the Colonial Northeast: Algonquian, English

European responsibility for alcohol-induced harm to Native communities took a different form in French Montreal. Military authorities »arrested« drunken Indians within the city, but these »arrests« did not lead to any sort of trial. These mere detentions were the »result of a prudent compromise between colonial authorities and Native councils.«[52] Native councils, without ever formally acknowledging any legal authority of the French judicial system, cooperated in this way to deal with the liquor trade, a social problem which both sides recognized. In Forsyth's adapted typology this is tacit acceptance by the Indian regime of the French regime's actions to curtail harm done by alcohol.

After decades of recognizing European responsibility for Indians' use and abuse of alcohol, the post–1692 Massachusetts colonial government enacted a law that changed the way the law treated Indian drunkenness. Although a presumption remained that any Indian accusing a white person of selling him alcohol was telling the truth, the accused could now take an oath that outweighed Indian testimony. Moreover, an Indian found guilty of drunkenness could now be fined or whipped in Massachusetts.[53] By the end of the seventeenth century the relationship between the indigenous system and the English colonial system had gone from formal recognition by the Indian justice system that the European system had exclusive jurisdiction over this European-derived problem to a situation in which the Indian system started to take action within its own realm to control a problem now seen as an Indian responsibility and a threat to autonomy as well as society.[54]

Perhaps the least complicated means of harm introduced to Algonquian society was the gun. It was, in many respects, just another weapon, and the Native communities understood how to deal with harm to another by use of a weapon. Yet the lethal nature of guns, which grew over time as there were improvements to the technology, also changed the dynamic of armed encounters. Guns also proved more complicated than other weapons. Since Indians had no way to repair them, gun ownership necessitated having a relationship with a colonist if not the colonial government itself. Guns could, like the bow and arrow, be a means of sustenance, but they could also be used in interpersonal conflict and in war. Colonial governments tried to control access, forbidding the

and French Governance, in: The American Journal of Legal History 43, 1 (1999), 52–73, 70.

52 Jan Grabowski, French Criminal Justice (note 5), 411.

53 Acts and laws, of His Majesty's province of the Massachusetts-Bay in New-England, Boston 1726, 66.

54 Mancall, Deadly Medicine (note 46), 110, Indian acceptance of control of alcohol as a social responsibility and a defense against colonial encroachment in his discussion of Indian temperance.

sale or trade in guns to the Indians, but without much success. In the end, colonies gave up micromanagement of the gun trade and handled accidents and deliberate shootings as they arose. Thus, when a threat posed itself someplace a colony would see »some force be raised and sent« to an Indian village to »fech in their arms.«[55]

In Virginia, any colonist who employed a free Indian to hunt on someone else's land could be fined £1000 in tobacco. The person whose land was subject to trespass could confiscate the gun, powder and shot. This act, however, did not affect the Pamunkey, Chickahominy or eastern shore Indians, that is, Indians with traditional hunting rights with whom the Virginians had treaties. They retained their hunting privileges as before. On the frontier, Indians who bore arms were perceived as a particular threat and during wars, bounties were placed on them.[56] Yet officers made the case that friendly Indians deserved to have their families cared for, especially when male warriors were in the field with European troops. The frontier created intense relationships, fueling vehement hatred towards »the skulking enemy« or pleading for compassion for »Indian friends.«[57]

Of all of the harms to arrive with the newcomers, it was the most common form of tort known to Englishmen and the least to Algonquians that transformed both the geographical and legal landscape: the writs of trespass and trespass on the case (or action on the case), recovery of damages caused by an injury generally unaccompanied by use of force.[58] Often trespass involved the most pervasive problem plaguing the lives of Indians who lived near colonial settlements: loose livestock.

Rarely before had trespass been a legal issue for Algonquians, whose ideas of territoriality differed substantially from those of the European, and whose ideas of private property, as Europeans understood the concept, were essentially that of usufruct rights. Roger Williams noticed that the Narragansett Indians had a distinct sense of land boundaries and even engaged in »bargains« of exchange, using land as one medium of trade. Yet the idea of possession was much more fluid in Native America than in colonial America.[59] Trespass became the first

55 Nathaniel Shurtleff (ed.), Records of the Plymouth Colony: Court Orders, 1668–1678, vol. 5, Boston 1858, 64.

56 An Act Passed by the Great and General Assembly, in: Boston News-Letter, Aug. 12th–Aug. 19th, 1706, 2.

57 Speech of his Excellency Horatio Sharpe, Esq., in: Pennsylvania Gazette, Aug. 1st, 1754, 1.

58 J. H. Baker, Introduction to English Legal History, 4th ed., New York 2005, 61; Bruce Mann, Neighbors and Strangers: Law and Community in Early Connecticut, Chapel Hill 2001, 87–89.

59 Roger Williams, A Key to the Language of America, Boston 1997, 145, 166.

property violation Algonquians truly understood, and it came with the introduction of pigs.

Indians did learn to keep pigs, a practice that was not without mixed reaction on the part of colonists. King Philip was harassed when he tried to act like a colonist and keep his pigs on Hog Island. Plymouth Colony settled a dispute between Francis West and an Indian over a hog in 1669. West took the hog from the Indian, who was unnamed in the court record, »on the pretence« that the Indian »had forfeited his hogg by marking him contrary to order of the Court.« The Court saw to it that West forfeited 30 shillings to the Indian. West had also relieved the Indian of his gun; this too the Court ordered »speedily« returned.[60] Virginia law also recognized the right of Indians to keep hogs. It too instituted a rule that Indians must have a town mark like all other husbandmen. If Indians traded in pork with one another, they had to prove that their hogs bore a town mark or pay a fine that went to the Crown, the informer and the court for costs. These laws display elements of coercion to make Indians adapt to colonial rule, but they also show an intercultural society trying to manage encroachment of one people into the social norms of another. If pigs were the cause of destruction of Indian corn to which colonists had to respond in court, so too was it a problem when Indians poached European pigs to feed themselves. Reports of Indians destroying »cattle,« which included all livestock, were the stuff of frequent rumors.[61] As the Indian justice system had no precedent for the conflicts involving livestock, tacit acceptance of the colonial system which did emerged soon after contact even though the result was often detrimental to the Indians over time.[62]

The law often involves the petty problems of human society. It can also involve the invocation of the loftiest of principles. As colonists and Indians butted heads over the issues of daily life and resolved disputes in tribal councils, in colonial courts, and on battlefields, they reached across a cultural bridge to make new law. In the mid-eighteenth century, the imperial aspirations of England led to the exercise of more royal control over Indians and settlers, and over Indian-settler relations. As that transpired, Indians appeared less often in colonial courts, and more often in front of cultural brokers and agents representing the Crown. The colony of Georgia was the last of the English mainland colonies to be established. English contact with Indians there occurred later, influenced by the experience of earlier settlers but still exhibiting certain

60 Shurtleff, Records of the Plymouth Colony (note 55), 22.

61 Several Informations upon Oaths, in: Boston Gazette, Oct. 31st – Nov. 7th, 1720, 1.

62 Joshua Micah Marshall, ›A Melancholy People‹: Anglo-Indian Relations in Early Warwick, Rhode Island, 1642–1675, in: The New England Quarterly 68, 3 (1995), 402–428, 408.

features of »new contact« that characterized other colonies in the beginning. Eighteenth-century Christians, like George Oglethorpe, Georgia's founder, who saw the possibilities of sending missionaries to the Indians, wondered how to broach the cultural differences as if no one had tried in the past. Oglethorpe worried about the different concepts of harm, for example, that Indians did not feel it wrong to kill an enemy, which »they call honour,« even though they held murder to be a crime.[63]

Oglethorpe then proceeded to tell a story about a Cherokee, alcohol, and physical harm and punishment that characterized the intersection of these societies. A Cherokee Indian was verbally abused by a drunken English boatman. The boatman was arrested by other English, and was brought before an ad hoc court of English and Indian leaders. The abused Indian wanted the English boatman punished, but the Cherokee chief reminded the complainant that if the Englishman were whipped for insulting an Indian while drunk, a drunken Indian would someday be whipped for insulting an Englishman. The Indian decided to forbear prosecution, and the boatman was shown mercy by all.[64]

The European pluralism that eventually characterized the colonial society of the eastern woodlands created additional pressures on Native Americans. The intense anxiety that English colonists experienced over Moravian missionary work among frontier Indians in Connecticut in the early 1740's, for example, illustrates the ways in which Indians on the frontier of southern New England experienced both marginalization and an increased importance. They occupied a strategic intersection of religious competition and imperial warfare.[65]

In the aftermath of the ratification of the federal constitution in 1789, a new era of Indian law developed, and it was not driven by Indian people. The Constitution is a stark dividing line between a multi-state arena and a new state which repressed the legal authority of Native peoples. Indeed, even consultation with Indians, which had been practiced from colonial times, was now non-existent. After 1832 and rulings by the United States Supreme Court that declared Indian tribes to be »domestic dependent nations,«[66] Native Americans

63 James Oglethorpe, There Seems to be a Door Opened to Our Colony. From the London Magazine for August 1733, in: New-England Weekly Journal, Dec. 3rd, 1733, 1.

64 Oglethorpe, There Seems to be a Door (note 41), 1. Oglethorpe referred to this proceeding as an informal court. One must recognize that he thought of a court as an English courthouse. Use of the term »ad hoc court« more specifically describes what was actually occurring.

65 Linford D. Fisher, »I Believe They Are Papists!«: Natives, Moravians, and the Politics of Conversion in Eighteenth-Century Connecticut, in: New England Quarterly 81, 3 (2008), 410–437.

66 Cherokee Nation v. Georgia (1831); Worcester v. Georgia (1832).

began a path toward losing control of their principles of justice. In order to be heard in court, they had to conform to U. S. legal process and jurisprudence.[67]

In the law of harm, tribal nations have been able to exercise little self-governance. The twists and turns of federal Indian law are complex, but at no time since 1789 have tribes been able to argue their own unique jurispractice before a court and succeed. In many instances, they have not been able to decide cases of harm done to them, lacking jurisdiction to do so. For example, in 2010, Congress passed the Tribal Law and Order Act to create a system to develop sexual assault policies and prosecute offenders, most of whom are non-Native men over whom tribes have had no jurisdiction. As of 2012 not one tribe had been able to implement it. News media, and even some tribal leaders, cite lack of funding as the major obstacle to implementation.[68] The jurisdictional issues remain unresolved as well. Yet there are whispers of the past in the present conundrum that go beyond jurisdiction and harken back to Indian jurispractice.

By almost all European accounts in the colonial era, sexual assault was unknown to American Indians. Indian men did not rape women, white or otherwise. Over time, instances of rape occurred, and the majority were of white men raping Native women. In the few cases of Native men raping white women, Indians turned over the case to the colonial courts, because the behavior was European. It was not a subject matter over which they wanted jurisdiction, since the problem had not originated with them. Perhaps today, and I merely pose this as a possibility, there is still some subconscious resistance to admitting rape into their jurisdictional power because to do so is to admit it as part of their habitus. The reluctance to judge Europeans and their problems was not born out of powerlessness, but it became a de facto surrender of power.

Katherine A. Hermes

67 Carol Chiago Lujan/Gordon Adams, U. S. Colonization of Indian Justice Systems (note 9),13.

68 Justice denied for Native American women: Can legislation help end violence against indigenous women in the US?, in: The Stream, Aljazeera, URL: http://stream.aljazeera.com/story/justice-denied-Native-american-women-0022344 (October 22, 2012).

Better Access to Justice by Public Recognition of Non-State Justice Systems?*

Access to Justice is the term used to denote the institutional and social conditions for the realization of rights. In international security and development policy, the term is used in various ways as a guiding principle for »good law« and »good justice,« and, for actors in these sectors, it has assumed central importance in their concepts and programs. Newer approaches particularly emphasize on support for informal, non-state justice systems and their integration into the superordinate legal system, mainly in state law. Yet, does the official recognition of non-state legal systems guarantee Access to Justice, and under what conditions is this the case? Starting from this question, we will go on to contrast the trains of thought that emerge from the concepts and programs of political practice with the trains of thought and findings of legal and social science research. We will first recall the debates that took place in the legal sciences, principally at the end of the 1970s, which shed light on the term Access to Justice as well as related themes and methodological considerations, and that have not served as a point of reference in more recent development debates.

I. Assessing the Socio-Legal Conditions for Access to Justice

In a short essay written in 2009, the American expert in the sociology of law *Bryant G. Garth* pointed out the parallels between the use of the term ›Access to Justice‹ in the concepts and programs of recent development policy and the constitutional law research of the 1970s and 1980s.[1] American legal scholars in

* This paper presents research results from my work at the WZB Berlin Social Science Center and the Research Cluster SFB700 »Governance in Areas of limited Statehood«, funded by the German Research Foundation. An earlier version was published on the internet at SSRN Social Science Research Network (http://papers.ssrn.com/sol3/papers.cfm?abstract_id=2613408). I would like to thank Sandra Pontow and Paul Berger for their excellent work with the English translation of the text.

1 Bryant G. Garth, Comment: A Revival of Access-to-Justice Research, in: Sociology of Crime Law & Deviance 13 (2009), 255–260; Deborah L. Rhode,

particular addressed the institutional and social preconditions for the implementation of rights. Garth himself participated in a multi-year research project on »Access to Justice« at the European Research Institute in Florence, which included a number of themes related to overcoming hurdles to the implementation of rights. The question of the terms and conditions for the granting of rights concerns and continues to concern the political and social preconditions for understanding the law (education, language), the affordability of legal proceedings (legal aid, public defenders, alternative dispute resolution and mediation), and also alternative mechanisms for enforcing social rights besides the official judicial system.[2] Pro bono criminal defense has been a central issue for Access to Justice in United States (constitutional) law.[3] But in the 1970s and 1980s, reflections also took place outside American law concerning equally equitable, effective legal protection and the social preconditions for it. In Germany this discussion focused on the relevant safeguards in the German constitution (Basic Law[4]) and for the most part did not specifically reference the term Access to Justice.[5]

Access to Justice, Oxford 2004; cf. JAN BOLT, Der Zugang zum Recht in den Vereinigten Staaten von Amerika, Frankfurt am Main 2012; BENNO HEUSSEN, Zugang zum Recht: ein internationaler Vergleich, in: Anwaltsblatt 55/12 (2005), 771–773; BEATE RUDOLF, Rechte haben, Recht bekommen: das Menschenrecht auf Zugang zum Recht, Deutsches Institut für Menschenrechte (DIMR), Berlin 2014.

2 MAURO CAPPELLETTI / BRYANT GARTH / NICOLO TROCKER, Access to Justice. Comparative General Report, in: Rabels Zeitschrift 40 (1976), 669–717, 662; INGEBORG RAKETE-DOMBEK, Zugang zum Recht durch Prozesskostenhilfe, in: Neue Juristische Wochenschrift 61 (2008), Sonderheft 4 (Hannoveraner ZPO-Symposium), 29–32.

3 RHODE, Access (fn. 1), 145 ff.; cf. BORBÁLA DUX, Die »Pro bono«-Tätigkeit des Anwalts und der Zugang zum Recht: Übertragbarkeit eines US-amerikanischen Modells auf Deutschland?, Bonn 2011.

4 On the constitutional right to provision of justice see CHRISTOPH DEGENHART, in: MICHAEL SACHS (ed.), Grundgesetz. Kommentar, 4. ed., München 2007, Art. 101 par. 2; Art. 103 par. 3, 48; Collection of Decisions of the German Federal Constitutional Court (BVerfGE), vol. 84, 366; vol. 85, 337; vol. 91, 176: right to access to procedure (Art. 19 IV, 20 III of the German *Grundgesetz*) versus right to orderly conduct of court proceedings (Art. 103 I).

5 GOTTFRIED BAUMGÄRTEL, Gleicher Zugang zum Recht für alle. Ein Grundproblem des Rechtsschutzes, Köln 1976; GÜNTER BIERBRAUER et al. (ed.), Zugang zum Recht. Forschungsgruppe Recht und Sozialwissenschaften am ZIF Bielefeld, Bielefeld 1978; for further references see KLAUS F. RÖHL, Zur Bedeutung der Rechtssoziologie für das Zivilrecht, in: HORST DREIER (ed.), Rechtssoziologie am Ende des 20. Jahrhunderts. Gedächtnissymposium Edgar M. Wenz, Tübingen 2000, 69. For Austria: BMJ (ed.), Enquete »Verbesserter Zugang zum Recht«, Wien 1978; RONALD FRÜHWIRTH / JOACHIM STERN / CAROLINE VOITHOFER, Vorwort: Zugang zum Recht, in: juridikum 2012, 1, p. 44–52; and the contributions

From the beginning, discussion about legal protections was not restricted to juridical-normative questions. Of course, legal issues were the starting point for the debates, but attention was always paid to the actual preconditions for Access to Justice and to legal policy implications. The extent to which and under what preconditions legal protection is effective cannot be evaluated simply on a legal-normative basis. Rather, this involves (legal-)sociological questions, which may also require the application of empirical methods, which thus become »an integral component of an analysis of legal doctrine.«[6] This methodological implication of the expansion of research interest was also emphasized by Garth:

> »But the key to advancement of any access to justice agenda [...] is its relationship to critical scholarship informed by the theories and methods of social science, especially sociology. Sociology has a particular focus on hierarchy and inequality, which makes its methods well designed for taking on issues that are too easily defined by a professional agenda and ideology. Law without the sociology of law easily slips into the reiteration of legitimating rhetoric.«[7]

In the discourse of the 1970s and 1980s, the emphasis was mainly on access to state courts for members of certain marginalized social groups. The perspective was critical of the state and of power, and the intellectual goals were typically shaped by strong leftist ideals of justice. The strategic goal of today's actors in the development field who are working on Access to Justice is different. They are concerned with the creation and expansion of legal systems that users of the law will regard as *»just and equitable«* and will consequently be inclined to follow. Therefore, they turn their attention to non-state, informal justice systems and institutions, such as traditional or religious courts, which until recently had either been totally neglected or only quite marginally[8] considered as a legitimate subject for academic legal research on Access to Justice. The (legal-)sociological perspective has thus been expanded through a legal cross-cultural perspective and Access to Justice has taken on a broader meaning:

to: Zugang zum Recht. Organisatorische, verfahrensrechtliche und finanzielle Rahmenbedingungen auf dem Prüfstand, Vortragsveranstaltung des Österreichischer Juristentag Wien 2013, Wien 2014.

6 FRÜHWIRTH / STERN / VOITHOFER, Vorwort (fn. 5), 50.

7 GARTH, Comment (fn. 1), 258.

8 PETER OPPLER, Zugang zum Recht und außergerichtliche Streitbeilegung, in: HORST FRANKE (ed.), Recht und Baurecht – ein Leben. Festschrift Friedrich Quack, Köln 2009, 173–181; WALTHER GOTTWALD, Alternative Dispute Resolution und Zugang zum Recht, in: HEIKO FABER (ed.), Demokratie in Staat und Wirtschaft. Festschrift für Ekkehart Stein, Tübingen 2002, 233–243; GÜNTHER HIRSCH, Rechtsschutz durch außergerichtlichen Zugang zum Recht, in: Verbraucher und Recht 29/6 (2014), 205–206.

- Regarding access to the courts and improvement of judicial conflict resolution, the term Access to Justice refers to the institutional side of realizing justice, and thus to the rights of the individual and the necessary preconditions for assuring them. In practice, this also includes having a sufficient number of courts, appropriate duration of proceedings, education and training for judges, and education of the public about legal rights.
- Regarding access to a just and equitable law, the term refers not only to the merits of formal legality but also to the law's appropriateness, i. e. the justice that is expressed in the normative order of each society and that shapes its practices and forms a normative ideal parallel to the law.[9] In terms of this second meaning, the deficit in justice appears ever greater to the extent that the evaluations and decisions made with reference to the standards of the law deviate more and more from the ideas of justice shared by the community.

Garth observes the current debate about Access to Justice in development policy with interest and skepticism. Indeed, there are substantial overlaps between the older legal scholarly debate and this »international revival of concerns with access to justice« as well as commonalities in the authors' methodology and attitudes, especially their idealism. Yet he feels that the objectives of the new debate remain obscure:

> »The coming together of professional idealism, sustained by longstanding professional ideology, and critical social science is to my mind vital to the enterprise of developing some positive reform agenda that can actually help ordinary people, including those who are disadvantaged.«[10]

Up until now, the debate has provided more »professional ideology than scholarly research.« It remains to be seen to what extent more recent »international developments will provide some impetus to raise the value of discourses that have lost their position on the mainstream research and reform agendas at home«.[11]

It is not improbable that the development policy discourse may have a direct impact on discussions among legal scholars in Europe and the United States, even if this has not happened thus far. In constitutional law in nations such as India and South Africa, which are themselves recipients of international aid in the area of development cooperation, Access to Justice has become a key

9 Tobias Berger, Global Norms and Local Courts. Translating the Rule of Law in Rural Bangladesh, Dissertation FU-Berlin, 2014, 66ff. (»normative order«); Brian Z. Tamanaha, A Bifurcated Theory of Law in Hybrid Societies, in: Matthias Kötter / Tilmann J. Röder / Gunnar Folke Schuppert / Rüdiger Wolfrum (eds.), Non-State Justice Institutions and the Law, Basingstoke 2015, 1, 14f. (»Legal justice versus substantive justice«).

10 Garth, Comment (fn. 1), 258f.

11 Garth, Comment (fn. 1), 256.

concept. Empirical socio-legal research can link to these concerns and investigate the various manifestations of »law« and »justice«, and such research would particularly inquire into the contribution of informal legal systems. At the same time, this will open up a comparative legal perspective from which to examine different constitutional legal conceptions of Access to Justice.[12]

The turn toward non-state legal systems in relation to Access to Justice is the focus of the presentation to follow.[13] This turn relates, above all, to the question of which law and which justice are tied to the recognition of non-state legal systems and under what conditions does the kind of justice associated with these systems reconcile with the universal understanding of Rule of Law and Access to Justice. The associated functional considerations and normative issues will be discussed in relation to legal and social science research about informal institutions with particular attention to South Africa.

II. Access to Justice and the Rule of Law in Development Policy

As we turn our attention to the understanding of Access to Justice in development and security policy, it makes sense to begin with a presentation of the concepts and programs of individual actors, which can provide an overview of the term and the themes, and then examine the motives that have contributed to the turn toward Access to Justice.

1. Access to Justice in Foreign and Development Policy

In its 2004 Practice Note »Access to Justice«, the UNDP (United Nations Development Programme) referred to the following two definitions of this term as seen by the international donor community: »Access to Justice is a basic human right as well as an indispensable means to combat poverty, prevent and resolve conflicts.«[14]

12 Cf. the chapters in Daniel Bonilla Maldonado (ed.), Constitutionalism of the Global South. The Activist Tribunals of India, South Africa, and Columbia, Cambridge 2013; from the 1970s Upendra Baxi, Access, Development and Distributive Justice. Access Problems of the »Rural« Population, in: Journal of the Indian Law Institute 18, 3 (1976), 375–430; Sindiso Mnisi Weeks, Access to Justice? Dispute Management in Vernacular Forums in Rural KwaZulu-Natal, South Africa, 2015 (forthcoming).

13 For more details on this development see Matthias Kötter/Gunnar Folke Schuppert, Applying the Rule of Law to Contexts Beyond the State, in: James R. Silkenat et al. (eds.), The Legal Doctrines of the Rule of Law and the Legal State (Rechtsstaat), Cham 2014, 71–89.

14 United Nations Development Program (UNDP), Access to Justice. Practice Note, 2004, 3.

To the extent that the notion of Access to Justice establishes a human right, its promotion is a goal of international engagement in its own right. To the extent that it is viewed as a structural precondition for development, it constitutes a milestone. In this sense, Access to Justice stands for a reform of the law and justice sector, which must consider, in addition to penal law, people's civil claims against one another and also the area of legal protection from the state. For this reason, it is in no case sufficient to merely consider the institutional dimension. For: »Access to justice is [...] much more than improving an individual's access to courts, or guaranteeing legal representation. It must be defined in terms of ensuring that legal and judicial outcomes are just and equitable.«[15]

The significance of informal, non-state institutions for achieving this goal is evaluated in different ways. While the UN Department of Peacekeeping Operations (DPKO) has thus far remained committed to the state-building approach in the framework of peacemaking and aims for the assurance of rule of law and justice through the institutions of the (constitutional) state,[16] the UNDP has emphasized for some time the contribution of non-state mechanisms of law and justice. For them, it is clearly of critical importance to consider the impact of formal and informal institutions, which taken together constitute the justice sector:

> »UNDP's approach to justice sector reform focuses on strengthening the independence and integrity of both formal and informal justice systems, making both more responsive and more effective in meeting the needs of justice for all – especially the poor and marginalized.«[17]

Lasting assurance of equal access to the law requires work with various social actors, and in this process, the non-state sites play a special if ambivalent role:

> »Informal and traditional mechanisms of justice are often more accessible to poor and disadvantaged people and may have the potential to provide speedy, affordable and meaningful remedies to the poor and disadvantaged. But they are not always effective and do not necessarily result in justice.«[18]

15 Ibid., 6.

16 UN, United Nations Peacekeeping Operations: Principles and Guidelines, 2008, 25 (»Capstone Doctrine«); The Rule of Law and Transitional Justice in Conflict and Post-conflict Societies: Report of the Secretary-General, UN Doc. S/2004/616 (2004), 4; likewise UNDP Bureau for Crisis Prevention and Recovery, The Rule of Law in Fragile and Post-Conflict Situations 1 (2009), 20 f.

17 UNDP, 2004, 4.

18 Ibid. Cf. Penal Reform International, Access to Justice in Sub-Saharan Africa. The role of traditional and informal justice systems, London 2000, 21 ff.; UN, Informal justice systems. Charting a course for human rights-based engagement, 2013, 75 ff.; Tamanaha, Theory (fn. 9), 8.

In the plans and programs of the World Bank, »justice« refers to the sum total of those legal institutions whose purpose is to enable order and conflict resolution and thereby promote economic development and the provision of public services, and also to enable the participation of the individual.[19] For the »Justice for the Poor« program, which the World Bank has conducted since 2001, this is described as follows:

> »Justice for the Poor (J4P) is a World Bank program that engages with justice reform as a cross-cutting issue in the practice of development, [...] is an approach to justice reform which sees justice from the perspective of the poor and marginalized, is grounded in social and cultural contexts, recognizes the importance of demand in building equitable justice systems, and understands justice as a cross-sectoral issue.«[20]

In its 2011 World Development Report, the World Bank made »justice« one of three core priority areas – beside security and jobs – in which institutions should invest in order to prevent a relapse into violence and to form the basis for an effective and sustainable transformation beyond fragility and conflict.[21] The report sees non-state legal and justice systems playing an important role so long as they can effectively manage conflicts at the local level and can be incorporated into a superordinate architecture of law and justice.[22] However, skepticism regarding the performance capacity of non-state legal systems means that they are often excluded from outside support, which is reserved for government institutions.

Support for non-state legal mechanisms is often given under the proviso that they must not violate any human rights.[23] This was expressed in no uncertain in the 2009 »Guiding Principles for Stabilization and Reconstruction« disseminated by the United States Institute for Peace (USIP), which defined Access to Justice accordingly:

> »Access to Justice is a condition in which people are able to seek and obtain a remedy for grievances through formal or informal institutions of justice that

19 See Deval Desai / Deborah Isser / Michael Woolcock, Rethinking Justice reform in Fragile and Conflict-Affected States. The Capacity of development Agencies and Lessons from Liberia and Afghanistan, in: Hassane Cissé / Daniel D. Bradlow / Benedict Kingsbury (eds.), The World Bank Legal Review, Vol. 3, International Financial Institutions and Global Legal Governance, The World Bank 2012, 245.

20 World Bank, Justice for the Poor, URL: http://go.worldbank.org/SMIKY7M6O0 and URL: http://go.worldbank.org/BMAOUIM5K0.

21 World Bank, World Development Report 2011. Conflict, Security, and Development, 147.

22 Ibid., 156.

23 Cf. Desai et al., Rethinking Justice reform (fn. 19), 250.

conform with international human rights standards, and a system exists to ensure equal and effective application of the law, procedural fairness, and transparency.«[24]

The Guidelines propose a comprehensive model for civil (re-)construction of governance in (post-)conflict regions, in which Access to Justice forms a central element of the Rule of Law, which – along with other stabilizing factors such as security, a stable government, a sustainable economy, and the public welfare – forms an important foundation for economic and political recovery and prosperity.[25] More particularly, they state:

»There is no access to justice where citizens (especially marginalized groups) fear the system, see it as alien, and do not access it; where the justice system is financially inaccessible; where individuals have no lawyers; where they do not have information or knowledge of rights; or where there is a weak justice system. Access to justice involves normative legal protection, legal awareness, legal aid and counsel, adjudication, enforcement, and civil society oversight. Access to justice supports sustainable peace by affording the population a more attractive alternative to violence in resolving personal and political disputes.« [26]

Access to the law in the sense specified could only take place in a culture of lawfulness, which requires that the people obey the law and actually make use of their access to the courts.[27] For this to occur, the legal system as a whole must be experienced as appropriate and its efficacy and accessibility must be trusted, which is not least a cultural issue:

»Increasing access to justice is not always about quantity – quality is very important when designing legal aid programs because poor legal representation is not necessarily better than lack of legal representation [...] justice systems must be linguistically and culturally accessible.«[28]

Similar to constitutional law, Access to Justice in the concepts and programs of development policy also refers to the individual and societal conditions for making the law work. The great value assigned to the concept in today's international law and justice promotion politics[29] is also the consequence of a

24 USIP, Guiding Principles for Stabilization and Reconstruction, 2009, 7–65.
25 Ibid., 2–9, 7–65.
26 Ibid., 7–86.
27 Ibid., 7–92.
28 Ibid., 7–88.
29 See in particular Nr. 15 of the United Nations Declaration of the High-level Meeting of the General Assembly on the Rule of Law at the National and International Levels. Resolution adopted by the General Assembly, 30 November 2012, A/RES/67/1, URL: http://www.unrol.org/files/A-RES-67-1.pdf: »We acknowledge that informal justice mechanisms, when in accordance with international human rights law, play a positive role in dispute resolution, and that everyone, particularly women and those belonging to vulnerable groups, should enjoy full and equal access to these justice mechanisms.«

perspectival shift: away from the constitutional state and its institutions and towards the rights of the individual and their enforcement. And the perspectival shift also has methodological implications. Which norms are regarded as just in a particular context is quite as worthy of empirical investigation as the institutional structures that are supposed to ensure their realization.

2. Second Generation Rule of Law Reform: Supporting Local Non-State Justice Systems

The turn to Access to Justice and to non-state legal systems is the result of lessons learned from many years of experience with state-centered approaches to justice reform. The creation and expansion of appropriate structures of law and justice turned out to be a complex and highly political undertaking. Exclusively technocratic modernization programs ultimately failed if they neglected to sufficiently take into account the relevant actors and the political dynamics.[30] Newly created justice systems often lacked legitimacy; therefore, important decisions were made according to informal »rules of the game,« rather than according to the law and widespread corruption impaired the construction of functioning, constitutionally bound administrations. To improve the effectiveness of their programs, large international donor agencies in particular progressively moved away from a comprehensive agenda of creating state structures and oriented themselves instead to the criteria of a »second-generation« rule of law reform, as was outlined by *Rachel Kleinfeld* in 2012 as follows:

> »Second-generation rule-of-law reform starts with the actual problems of a country and then looks at which parts of the rule of law must be improved in order to address those problems. Reformers consider a society's sociology to determine reform efforts that locals would support and to locate the best fulcrum for reform. Before settling on their programming, reformers chose metrics to measure success. This ensures that they are measuring a decline in the problem, not simply the outputs of their solution. Only then do reformers begin formulating their strategy, focusing on power and culture as the primary objects of reform and seeking multiple methods to alter these characteristics, based on the social realities of the actual country.«[31]

30 As to Afghanistan, in 2011, the Vice-President of the International Crisis Group complained that the majority of the Afghan people still did not have access to the formal state courts and did not have trust in the formal system (28 April 2011, URL: http://www.crisisgroup.org/en/publication-type/speeches-and-interviews/2011/rule-of-law-and-the-justice-system-in-afghanistan.aspx; Asia Report No 256, 12 May 2014, URL: http://www.crisisgroup.org/en/regions/asia/south-asia/afghanistan/256afghanistan-s-insurgency-after-the-transition.aspx).

31 Rachel Kleinfeld, Advancement of the Rule of Law abroad. Next Generation Reform, Carnegie Endowment for International Peace, 2012, 182.

Seen in this way, reform is an incremental development process, which emerges from the local ideas of law and justice and relates to the justice system as a whole. The reformers begin their process by undertaking a comprehensive analysis of the problem in order to measure the additional need for Rule of Law and Justice, and they do this from the perspective of the local population that supports them in their reform efforts. They define indicators and benchmarks in order to be able to measure the success of the reform efforts along the way and as they are completed. In order to create additional incentives for the reform process, and also to take particular account of international interests in the process, they set reform objectives whose achievement will be a qualifying step for support or enable membership in an international organization. Meanwhile, there is a close connection maintained with the respective country that is intended to ensure the synchronization of the structures.[32] The option for membership in the EU or the WTO has long represented a model for this form of conditionality.

The World Bank's »Justice for the Poor« program (J4P) is a good example of »second generation« law reform in practice.[33] Instead of focusing on the institutions of the state, the reform efforts in this case aim toward empowering marginalized groups in the population to better take advantage of their rights. As opposed to the usual state-centered approach, Berg, Isser and Porter argue:

> »These [...] assumptions point to a fundamental problem of conventional efforts which couple the lens of deficits and dysfunctions with a capacity-building approach: the idea that donors can bring peace, development or justice merely by building organizations and installing trained and enlightened individuals capable of delivering a set of goods more effectively. The long history of institutional formation and development suggests otherwise that institutions emerge as a result of particular forms of political and social contestation that sometimes coalesce into agreements to adopt institutional changes.«[34]

32 Ibid., 134 f., uses the term »enmeshment« for »indirect socialization of elites or society«.

33 Relating to the national development-agencies like the British Dep. for International Development (DfID), cf. Briefing: Justice and Accountability, May 2008, URL: http://webarchive.nationalarchives.gov.uk/+/http://www.dfid.gov.uk/Documents/publications/briefing-justice-accountability.pdf; Caroline Roseveare, The rule of law and international development, DfID Literature Report, 2013, URL: http://r4d.dfid.gov.uk/pdf/outputs/misc_gov/Literature_Review_RoL_DFID-GSDCH-PEAKS_FINAL.pdf, 39 ff.; or the Danish »Danida«, cf. How to Note: Informal Justice Systems, 2010, URL: http://um.dk/en/~/media/UM/English-site/Documents/Danida/Activities/Strategic/Human%20rights%20and%20democracy/Human%20rights/Informal%20Justice%20Systems%20final%20print.jpgH.

34 Louis-Alexandre Berg / Deborah Isser / Doug Porter, Beyond deficit and Dysfunction. Three Questions toward Just Development in Fragile and Conflict-Affected Settings, in: David Marshall (ed.), The international Rule of Law

Pioneer projects in a series of nations focus on (1) strengthening local, often informal law enforcement mechanisms that are at the same time (2) embedded in superordinate legal and court structures, which serve a coordinating function for synchronizing the various local mechanisms and for maintaining minimum normative standards, but may not necessarily be state governance. The formulation of tangible goals and the design of individual recommendations and measures are based on comprehensive assessments, which are committed to social-scientific standards in both approach and implementation. One program presentation states:

> »An underlying premise of the J4P program is that development practice [...] could benefit from a deeper analysis and understanding of the role of law in society and the ways in which justice institutions develop.«[35]

J4P starts with an experimentation and learning phase, conceived of as an iterative process whose aim is to generate knowledge about the ways in which »justice« is understood in local contexts as well as how it should be generated, while also strengthening the generative process. The contextual analysis reveals which mechanisms under which conditions are called upon by people and whether they are capable of making legitimate decisions and fulfilling rule of law functions.[36] The example of Indonesia, where J4P has been implementing a pilot project since 2002,[37] has demonstrated the added value of combining analysis and program development. Multiple measures presented in the 2008 comprehensive report »Forging the Middle Ground« constituted the first step, followed by the refinement of the program in the projects »Strengthening Access to Justice in Indonesia« and »Community and Legal Empowerment.« The goal of both of these programs is to contribute in various regions to strengthening

Movement. A Crisis of Legitimacy and the Way Forward, Cambridge, MA (USA) 2014, 267–294, 271.

35 Caroline Sage / Nicholas Menzie / Michael Woolcock, Taking the Rules of The Game seriously. Mainstreaming Justice in development. The World bank's Justice for the Poor Program, Justice and Development Working Paper Series 7/ 2009, 1.

36 Cf. Jackie Dugard / Katherine Drage, »To Whom Do The People Take Their Issues?«. The Contribution of Community-Based Paralegals to Access to Justice in South Africa, Justice and Development Working Paper Series 21/2013, 11.

37 World Bank Indonesia, Forging the Middle Ground, Report 2008, URL: http://www-wds.world bank.org/external/default/WDSContentServer/WDSP/IB/2009/10/22/000333038_20091022014752/Rendered/PDF/511950WP0Box341te0justice01english1.pdf; Briefing Note »Increasing Access to Justice for Women, the Poor, and Those Living in Remote Areas: An Indonesian Case Study«, March 2011, URL: https://openknowledge.worldbank.org/bitstream/handle/10986/10895/602130BRI0P1171l60Issue203110111web.pdf?sequence=1.

non-state legal mechanisms and to improve their interaction with state authorities.[38]

Yet the juxtaposition of traditional norms and external normative requirements necessarily leads to a series of aporia: if authentic values, norms and structures are to be relied upon without neglecting international standards such as human rights and the procedural guarantees associated with the principles of rule of law, if this is to take place in an authentic process of autonomous self-reform of the affected society, which at the same time is shaped to a not insignificant degree by external international interests, and if non-state understandings of law and justice are to be combined with superordinate regulation intended to enable internal stability and compatibility with the external international system and with international law.[39]

III. The Justice of Non-State Justice Systems

The turn toward support-worthy informal non-state justice systems is the cornerstone of the reforms associated with Access to Justice. Yet from the beginning, defining criteria for their support-worthiness has proved to be a major problem. Even determining their functions turned out to be a complicated matter. In 2013, The UN published a comprehensive report on *Informal Justice Systems*, which made clear the extent of their empirical diversity. The authors described a series of central aspects of these systems –

> »[…] composition and appointment, sources of legitimacy, organizational structure, process and outcome, linkages to the formal system, normative and legal frameworks, monitoring, supervision, appeal mechanisms and fees and costs […]«

– and, based on the characteristics of these aspects, they proposed the following differentiation into five types:

> »1. traditional leaders,
> 2. religious leaders,

38 Online at URL: http://web worldbank.org/WBSITE/EXTERNAL/COUNTRIES/EASTASIAPACIFICEXT/0,,contentMDK:23192809~pagePK:146736~piPK:146830~theSitePK:226301,00.html.

39 Cf. Brian Z. Tamanaha, The Rule of Law and Legal Pluralism in Development, in: The Hague Journal on the Rule of Law 3, 1 (2011), 1–17; Tamanaha, Theory (fn. 9), 14 ff.; Ronald Janse, A Turn to Legal Pluralism in Rule of Law Promotion?, in: European Law Reporter 12/2013, No. 3, 4, 181–190; Desai et al., Rethinking Justice reform (fn. 19), 249 f.; Kötter / Schuppert, Rule of Law (fn. 13), 71–89; and from the perspective of political science Sukanya Podder, State building and the Non-State. Debating key dilemmas, in: Third World Quarterly 35, 9 (2014), 1615–1635.

3. local administrators with an adjudicative or mediation function,
4. customary or community courts where the adjudicator is not a lawyer and
5. community mediators.«[40]

In local contexts, non-state justice systems and institutions play an important role, often critically, in the formation of social order and conflict resolution. Their regulations pertain primarily to property ownership and land distribution and to family relations and inheritance.[41] Non-state institutions take on particular importance when they act in place of state institutions because these are absent or lack the necessary legitimacy for their recognition. The fact that the order managing and conflict resolution capabilities of the local non-state institutions are not infrequently appropriated by the government and assigned to government institutions or subordinated to them by legal regulation of their autonomy[42] means that their impact in a particular society may be modest at best. In what follows, we will illustrate this by the example of the South African Customary Courts.

1. Cultural Embeddedness: The Case of Customary Courts in South Africa

The South African Traditional Authority Courts or Customary Courts are certainly among the best researched of the »non-state« courts.[43] They are directed by South Africa's traditional authorities, i. e. the Chief or a Headman. The judicial function is a key element of their official duties in ruling the community. The jurisdiction of the traditional courts includes the local social order, rulings regarding family status, especially with respect to marriage and inheritance, but also sanctions and punishments for disturbances of the local

40 United Nations, Informal justice systems. Charting a course for human rights-based engagement. A study of informal justice systems. Access to justice and human rights, 2013, 54.

41 Cf. The World Bank, WDR 2011, 155: »Disputes over land, property and family issues.«

42 Matthias Kötter, Non-State Justice Institutions. A Matter of Fact and a Matter of Legislation, in: id. / Röder / Schuppert / Wolfrum, Non-State Justice Institutions (fn. 9), 176 f.: »Regulatory motives […] Extension of state authority«.

43 D. S. Koyana / J. C. Bekker / R. B. Mqeke, Traditional Authority Courts, in: J. C. Bekker / C. Rautenbach / N. M. I. Goolam (eds.), Introduction to Legal Pluralism in South Africa, 3. ed., Durban 2010, 171–186; Sindiso Mnisi Weeks, Traditional courts, in: C. Himonga / T. R. Nhlapo (eds.), African customary law in South Africa, Cambridge 2014, 369; Christa Rautenbach, South Africa. Legal Recognition of Traditional Courts – Legal Pluralism in Action, in: Kötter / Röder / Schuppert / Wolfrum, Non-state Justice Institutions (fn. 9), 121–151.

order and rulings on the political structure of the community, especially about traditional leadership and its succession.[44] The great social efficacy of the decisions made by the Customary Courts and the willingness of the population to follow them is the most important resource for order in large parts of the country where the state monopoly of power is poorly enforced or not enforced at all on account of major deficits in capacity. By reliable estimates, at the end of the 1990s the country lacked up to 3,000 state courts needed for meeting the existing demand for legal protection.[45]

The constitutive basis and decision-making standard for the traditional courts is Customary Law, which is not a unitary set of norms but rather locally specific types of an indigenous handed-down justice system.[46] How difficult it is to determine a single definition of Customary Law is illustrated in Sec. 1 of the *Recognition of Customary Marriages Act*, a law that regulates the preconditions for the recognition of traditional marriages in South Africa's state law. Customary Law is defined there as the »various customs and practices« that »are traditionally followed by the indigenous African peoples and are a part of the culture of these peoples.« The question of how long customs and practices must exist before they are »traditionally followed« is a matter of controversy (not only on the part of legal scholars), as is the question of which groups may be regarded as »indigenous African peoples« and which of their practices and customs should be understood as »part of the culture of these peoples«.[47] The definition of the term Customary Law is made more difficult by the fact that the »traditions« were exposed to or are the result of several centuries of colonial and post-colonial modern history, and are, in part, tied up with »invented« or »imagined«[48] traditions as a means of justifying a political claim to power.[49]

Cultural rootedness and tradition are fundamental givens in Customary Law. Its norms and institutions, along with the justice established from Customary

44 Tom Bennett, Customary Law in South Africa, Lansdowne 2004, 2; Jan C. Bekker / Christa Rautenbach, Nature and Sphere of Application of African Customary Law in South Africa, in: Rautenbach / Bekker / Goolam, Legal Pluralism (fn. 43), 15–43, 25 f.

45 Wilfried Schärf, Specialist Courts and Community Courts, Position Paper, commissioned by the Ministry of Justice, South Africa, Institute of Criminology, University of Cape Town, 1997, 27; Penal Reform International (fn. 18), 7.

46 Rautenbach, South Africa (fn. 43), 121.

47 In detail Bekker / Rautenbach, Nature and Sphere (fn. 43), 19 ff.

48 Cf. Terence Ranger, The Invention of Tradition Revisited. The Case of Colonial Africa, in: id., Olufemi Vaughan (ed.), Legitimacy and the State in Twentieth Century Africa, Houndmills 1993, 5–50, 21 ff.

49 On the historical context of the »traditional court system« see Rautenbach, South Africa (fn. 43), 124 ff.

Law, are the expression of traditionally held communal values and principles. (Legal) norms reflect and retain the experience of the community in conflict resolution and are the expression of cultural values and practices.[50] Every community has its own traditions. Customary Laws differ at the level of individual norms and valuations and also at the institutional level, for example, with respect to the forms through which authority is exercised and the procedures for finding and enforcing justice. Customary Laws are consistently founded on an African world-view, which is based on harmony in the world and whose principles include balance and reconciliation. The South African version of this doctrine is »Ubuntu,« which can be translated to humaneness or morality.[51] The moral, ethical and religious principles that proceed from this doctrine shape a normative order that is typical for the sub-Saharan legal world, from which group-specific ideas of justice are derived and which are embedded in the local justice systems and their institutions.[52] We can see comparable normative orders that shape legal culture in the ›cosmovisions‹ of indigenous peoples for the law in the Latin American world[53] and in Sharia for the law in Islamic societies.[54] These differ greatly from the liberally shaped laws of

50 On the Mirror-Thesis see Brian Z. Tamanaha, A General Jurisprudence of Law and Society, Oxford 2001, 1 f.

51 S v Makwanyane 1995 (6) BCLR 665 (CC), Rz 300 ff., 308 (Mokgoro J). For the constitutional relevance of ubuntu see Drucilla Cornell, A call for a nuanced constitutional jurisprudence. Ubunu, dignity, and reconciliation, in: SAPR/SAPL 2004, 666–674; Leonhard Praeg, An answer to the question: What is Ubuntu?, in: South African Journal of Philosophy 2008, 367–385; id., A Report on Ubuntu, Pietermaritzburg 2014; Drucilla Cornell/Nyoko Muvangua (eds.), uBuntu and the Law. African Ideals and Postapartheid Jurisprudence, New York 2012; Bekker/Rautenbach, Nature and Sphere (fn. 43), 27 f.

52 Cf. Werner Menski, Comparative Law in a Global Context. The Legal Systems of Asia and Africa, 2. ed., Cambridge 2006, 173 ff.; Berger, Global Norms (fn. 9), 63 ff., 142 ff.

53 David Cortez, Zur Genealogie des indigenen »Guten Lebens« (»sumak kawsay«) in Ecuador, in: Leo Gabriel (ed.), Alternativen zur Macht. Lateinamerikas Demokratien im Umbruch, 167–200; id./Heike Wagner, »El Buen Vivir« – Ein alternatives Entwicklungsparadigma?, in: Hans-Jürgen Burchardt/Kristina Dietz/Rainer Öhlschläger (eds.), Umwelt und Entwicklung im 21. Jahrhundert. Impulse und Analysen aus Lateinamerika, Baden-Baden 2012, 61–78; Susanne Käss/Christian Steiner, Indigenes und staatliches Recht in Lateinamerika. Miteinander oder nebeneinander?, in: Auslandsinformationen der Konrad-Adenauer-Stiftung 9/2013, 11. See also Laura Nader, Harmony Ideology. Justice and Control in a Zapotec Mountain Village, Stanford (California, USA) 1990.

54 Menski, Comparative Law (fn. 52), 281 f.; Mathias Rohe, Das islamische Recht. Geschichte und Gegenwart, München 2009, 9; Berger, Global Norms (fn. 9), 71 ff.

›modern‹ societies, which claim the universality of their orders, as notably expressed in international law.[55]

There are multiple, cross-contextual references in the literature to the fact that, under conditions of weak statehood, so long as informal legal institutions continue to exist, about 80 % of legal procedures will be brought before them.[56] However, this number is only an estimate, which has never been empirically tested, yet seems to be an established part of our knowledge about non-state justice systems, and is, in fact, quite plausible. The legitimacy of non-state judicial institutions, their recognition and their popularity are all based on their cultural embeddedness. They make their decisions on the basis of traditional norms and in harmony with local notions of justice. Previous legal-sociological studies have shown that recognition of the law by those addressed by the law is an important condition for its validity. The efficacy of the law is greatest if it corresponds to existing social practices and informal norms,[57] something that is undoubtedly the case for traditional courts.

2. Cultural Rights Protection

The turn to non-state justice systems stems partly from the recognition of their functionality, but an additional normative argument for their recognition is the protection of the cultural rights of the respective legal communities.[58] To the extent that the protection of the right to cultural identity includes the forms of traditional government and traditional legal systems, international law and constitutional law prescribes that they be recognized. Similarly, the International Treaty on Economic, Social and Cultural Rights provides for the recognition and protection of the cultural rights of indigenous communities, as does the ILO Convention 169, which in Article 2, 2b, among others, makes

55 Cf. UN, Informal Justice Systems (fn. 40), 46 ff., »The Influence of History and Legal Families«.

56 Stephen A. Golub, A House without a Foundation, in: Thomas Carothers (ed.), Promoting the Rule of Law Abroad. In Search of Knowledge, Washington, DC 2006, 106; Ewa Wojkowska, Doing Justice. How informal Justice Systems can contribute, UNDP Governance Center, 2006, 12; Penal Reform International (fn. 18), 90, 142; Tamanaha (fn. 39), 4; OECD, Enhancing the Delivery of Justice and Security, Paris 2007, 6, 8, 27, 42; The World Bank, WDR 2011, 155; UN, Informal Justice Systems (fn. 40), 7.

57 Cf. Erhard Blankenburg, Über die Unwirksamkeit von Gesetzen, in: Archiv für Rechts- und Sozialphilosophie (ARSP) 63, 31–58; and Matthias Kötter, Integration durch Recht? Die Steuerungsfähigkeit des Rechts im Bereich seiner Geltungsvoraussetzungen, in: Konrad Sahlfeld et al. (eds.), Recht und Integration, München 2003, 31–52, 36 f. m. w. N.

58 On various motives for approval see Kötter et al., Non-State Justice (fn. 9), 176 f.

»the full realization of social, economic and cultural rights of these people with due regard to their social and cultural identity, their customs and traditions and their institutions« a warranty obligation for the governments of the signatory states to the Convention. Accordingly, the South African constitution states:

Sec. 30 Language and culture:

Everyone has the right to use the language and to participate in the cultural life of their choice, but no one exercising these rights may do so in a manner inconsistent with any provision of the Bill of Rights.

Sec. 31 Cultural, religious and linguistic communities:

(1) Persons belonging to a cultural, religious or linguistic community may not be denied the right, with other members of that community (a) to enjoy their culture, practise their religion and use their language; and (b) to form, join and maintain cultural, religious and linguistic associations and other organs of civil society.

(2) The rights in subsection (1) may not be exercised in a manner inconsistent with any provision of the Bill of Rights.

Sec. 211 Recognition:

(1) The institution, status and role of traditional leadership, according to customary law, are recognised, subject to the Constitution.

(2) A traditional authority that observes a system of customary law may function subject to any applicable legislation and customs, which includes amendments to, or repeal of, that legislation or those customs.

(3) The courts must apply customary law when that law is applicable, subject to the Constitution and any legislation that specifically deals with customary law.

3. Functional and Normative Requisites

The fact that non-state courts provide a forum for adjudicating legal disputes and are, in fact, capable of making binding decisions in such a way that represents traditional cultural values is an important element of the justice sought by Access to Justice. Yet, there are additional normative requirements associated with the concept that reflect its origins in constitutional law: the right to equal access, fair procedures, and a predictable and appropriate decision. If one accepts that these requirements are not inseparably bound to the understanding of justice that has developed in the light of modern (constitutional) statehood, the question arises whether and to what extent non-state justice systems can assure Access to Justice in a way that is functionally and normatively equivalent to state justice.

Despite multiple attempts, until now no one has succeeded in formulating uniform criteria for evaluating informal systems with respect to rule of law and justice. This relates in part to their great empirical diversity, but particularly to the complexity of these systems and to the fact that there is no uniform standard against which to measure their performance. Since 2010, the World Justice Project (WJP) has issued an annual Rule of Law Index, which measures and compares the performance of, by now, 99 countries in the area of rule of law according to eight indicators, which only consider the area of government legislation and law enforcement. Since 2012, the WJP has also collected data for a ninth factor, known as »informal justice,« which it describes as follows:

> »[…] factor 9 concerns the role played in many countries by traditional, or ›informal‹, systems of law – including traditional, tribal, and religious courts as well as community-based systems – in resolving disputes. These systems often play a large role in cultures in which formal legal institutions fail to provide effective remedies for large segments of the population or when formal institutions are perceived as remote, corrupt, or ineffective. This factor covers two concepts: (1) whether traditional, communal and religious dispute resolution systems are impartial and effective; and (2) the extent to which these systems respect and protect fundamental rights.«[59]

However, this factor has not been included in the overview of aggregate data as yet, since the contribution of non-state systems to the rule of law cannot be measured. Every year, the authors point out with regret:

> »Significant effort has been devoted the last years to collecting data on informal justice in a dozen countries. Nonetheless, the complexities of these systems and the difficulties of measuring their fairness and effectiveness in a manner that is both systematic and comparable across countries, make assessments extraordinarily challenging.«[60]

An evaluation of non-state justice systems with regard to Access to Justice must take into account their functional capability as well as their normative legitimacy.

In the literature, questions have continued to be raised about whether local justice mechanisms can resolve conflicts that extend beyond the local context, if, for example, members of different traditional groups are embroiled in a legal dispute.[61] Empirical studies have shown, however, that in relation to legal communities that are frequently in conflict with each other, mechanisms typically develop for managing such trans-local disputes, such as in the superordinate judicial jurisdiction of the ›paramount chief‹ in South Sudan, or the calling of a ›Grand jirga‹ in Pakistan's Federally Administered Tribal Areas.[62]

59 The World Justice Project, WJP Rule of Law Index 2014, Washington, DC 2014, 9.

60 Ibid.

61 Wojkowska, Doing Justice (fn. 56), 23; World Bank Indonesia, Middle Ground (fn. 37), 44.

62 Shaheen Sardar Ali/Javaid Rehman, Indigenous Peoples and Ethnic Minorities of Pakistan. Constitutional and Legal Perspectives, Richmond (Virginia,

Similar empirical questions concern the extent to which local justice systems are overburdened with the sentencing of capital crimes and whether they are capable of conflict resolution between communities whose laws are based on different normative orders that have developed a clash based on different understandings of justice. The latter problem also affects conflicts in the relationship of individuals to the state or between states, for which traditional law has not developed any rules. With regard to Access to Justice, each individual mechanism should not be considered in isolation. Rather, what needs to be examined is whether superordinate forms of coordination exist that could promise an effective coupling of the legal systems that would be appropriate for all sides.

A problem that is more difficult to deal with than the functional deficits associated with the informal legal system relates to normative objections against them. The consequence has been that, despite their general recognition, non-state judicial mechanisms have scarcely gained notice in foreign or development policy. Chopra and Isser have addressed this as follows:

> »the rhetorical recognition of the importance of informal systems has far outpaced change in strategies or even programming. There are several reasons for this, but the biggest challenge is a normative one. International actors regard the alternative paradigms of justice offered by local communities as desirable only to the extent that they offer accessible and restorative remedies in ways that do not contravene international standards of rule of law and human rights. Here, the recognized advantages tend to be outweighed in the minds of many development actors by the perceived failure of informal systems to comply with these norms – especially when it comes to women's rights.«[63]

The question of which normative standards non-state justice systems must fulfill in order to be regarded as worthy of recognition and support is a difficult one. Functional equivalence with state legal structures requires more than the realistic possibility of making collectively binding decisions and effectively enforcing them. This is because the normative claim associated with the law would be given up if the law were placed on equal footing with situations and conditions that systematically circumvent judicial standards. As normative principles, rule of law and Access to Justice stand precisely for the containment of arbitrary exercise of power and for the guarantee of reasonable conditions. This rules out any option that increases support for rule of law and Access to Justice under the principle of sensitivity to context that would

USA) 2001, 50 f.; on South Africa Bekker/Rautenbach, Nature and Sphere (fn. 43), 38.

63 Tanja Chopra/Deborah Isser, Access to Justice and Legal Pluralism in Fragile States. The Case of Women's Rights, in: Hague Journal on the Rule of Law 4 (2012), 337–358.

strengthen structures that instead of assuring access to justice would legitimize injustice or provide inferior judicial protection in the sense of »poor justice for the poor«.[64]

Even if non-state legal systems do not constitute an equivalent to state justice from a normative perspective, this would not eliminate their worthiness of recognition per se.[65] Compatibility with international human rights guarantees is already a conceptual precondition for Access to Justice, and to uphold this high normative standard even in situations where »good justice« is not an option, »good enough justice« would seem a realistic alternative.[66] Thus, at times, non-state justice systems are subject to significantly stricter requirements than state legal systems, for which normative deficits are often traded in favor of the wish for stabilizing effects. Where the services of non-state justice systems cannot be dispensed with, one attempts to regulate them by declaring them, in the formal process of recognition, as a relatively autonomous part of a superordinate legal order, thereby obligating them to adhere to certain normative standards. On this subject, the 2011 World Development Report states:

> »The lesson here appears to be to use a process of recognition and reform to draw on the capacities of traditional community structures and to ›pull‹ them gradually in the direction of respect for equity and international norms.«[67]

In order to guarantee Access to Justice, a balance needs to be found between the recognition of informal justice systems on the one hand and the consideration of universally recognized standards of justice and human rights on the other. The superordinate legal order in which the informal legal system is embedded, and from which the binding normative guidelines are to be drawn, does not necessarily have to be a state legal system. The deliberations about the World

64 Matt Stephens, Typologies, Risks and Benefits of Interaction Between State and Non-State Justice Systems, presentation held at the Conference »Customary Justice and Legal Pluralism in Post-Conflict and Fragile Societies« 2009, URL: http://www.usip.org/files/centers/ROL/Final%20Conference%20PacketINPROL.doc, 5; cf. Jackie Dugard, Courts and Structural poverty in South Africa. To what Extent has the Constitutional Court Expanded Access and Remedies to the Poor?, in: Bonilla Maldonado (ed.), Constitutionalism (fn. 12), 293–327.

65 Wojkowska, Doing Justice (fn. 56), 21 f.; World Bank Indonesia, Middle Ground (fn. 37), 45 ff.; Sindiso Mnisi Weeks, Beyond the Traditional Courts Bill. Regulating Customary Courts in Line with Living Customary Law and the Constitution, in: South African Crime Quarterly 35 (2011), 31–40; Tamanaha, Theory (fn. 9), 8.

66 Modeled on Merilee S. Grindle, Good Enough Governance. Poverty reduction and Reform in developing Countries, in: Governance 17, 4 (2004), 525–548; Good Enough Governance Revisited, in: Development Policy Review 25, 5 (2007), 553–574.

67 The World Bank, WDR 2011, 156.

Bank's Justice for the Poor program, in particular, reveal that this regulatory and coordinating function can also be provided by trans-local, regional, or international structures besides state organizations. However, the only experiences thus far are from state law solutions; in this regard, we should again turn to the example of South Africa.

4. Public Recognition of Non-State Justice Institutions

Linkage of the non-state justice systems to state law can take various forms, which can be distinguished according to two criteria:

1. the degree of autonomy accorded to the non-state justice system within the framework of the state system, and
2. the configuration of the linkage between the non-state justice system and state law.[68]

The degree to which non-state justice systems are seen to be autonomous depends on which legal issues it is permitted to adjudicate, how independent it is in doing so, and whether it has to justify its decision to other bodies, for example, in subsequent stages of appeal. Of course, non-state justice systems are never completely autonomous; the model of »unlimited recognition« often cited in the literature is nothing more than a theoretical case.[69] Institutional linkages to the official state legal system exist in all cases; they may take on a framework function or may clash, depending on the particular arrangements. They serve above all to define a shared normative standard – a consensual *ordre public* between the systems – and as an institutional interface for dealing with differences. State laws that are designed to regulate the coordination between the informal and the state justice systems include diverse provisions concerning the regulatory and decision-making responsibility for particular areas or persons, or for a particular territory, with respect to judicial process, especially about hearing process for stages of appeal, and also about substantive provisions, such as the provision for human rights cited earlier.

The South African constitution organizes an autonomy model of this kind and functions as a mandatory coordinating and regulatory structure for dealing

68 For more details see Kötter et al., Non-State Justice (fn. 9), 174 ff.; for different conceptual approaches to linking state and non-state legal justice systems and, thus, »implementing legal pluralism« see David Pimentel, Legal Pluralism in Post-Colonial Africa. Linking Statutory and Customary Adjudication in Mozambique, in: Yale Human Rights and Development Journal 14, 1 (2011), 59–46, 72 ff.

69 Ibid., 173; vgl. Brynna Connolly, Non-State Justice Systems and the State. Proposal for a Recognition Typology, in: Connecticut law Review 38 (2005), 239–294, 290.

with conflicts, and assigns the role of final adjudicator to the constitutional court.[70] The constitution provides that cases in which Customary Law is applicable must be adjudicated in accordance with Customary Law regardless of whether a traditional or a state court is making the decision (Sec. 211 (3): »the courts«). A complete blending of the legal subsystems does not occur, a fact that the South African Constitutional Court reinforced in a 2009 decision: Customary Law »lives side by side with the common law and legislation.«[71] However, in all decisions made according to the standards of traditional law, it is mandatory to respect the constitution and constitutional human rights guarantees. The institutional interlock between the state and the traditional legal systems occurs primarily through the intertwining of the legal processes in the stages of appeal. An appeal against decisions of the traditional court to the state Magistrate's Court is always possible. The constitutional court is the ultimate court of appeal for cases that concern the reconcilability of Customary Law decisions with the provisions of the constitution.[72]

From a legal perspective, it is always questionable whether non-state institutions will recognize and comply with government regulations, especially with the limits set by them. To the extent that these cannot be enforced by state institutions, which is often the case under conditions of weak statehood, the provisions for recognition can only be met if the non-state institutions collaborate and independently comply with the legally set limits, and if the affected parties exercise their right to pursue the constitutionally set legal appeals process following a decision by the traditional courts. The practice of the customary courts has shown that they do not include the requirements of state law as a standard for making their decisions. This is because the state requirements and the bill of rights are not in themselves a part of the customary law that the Chief is obligated to put into practice in his capacity as a judge. An explicit consideration of state law would tend to be regarded as inappropriate and unjust by the community and impair the overall legitimacy of the traditional authorities.

However, the institutional linkage of traditional jurisdiction to state justice can contribute procedurally and materially to harmonization by setting in motion a communicative process about differences and commonalities. Of course, the mere possibility of an appeal to a state court at the next instance will not compel the Chief to deviate from the standards of customary law. And experience suggests that the number of appeals that bring traditional cases to

70 For more details see Matthias Kötter, Anerkennung fremder Normen im staatlichen Recht als normatives und kognitives Problem, in: Ino Augsberg (ed.), Extrajuridisches Wissen im Verwaltungsrecht, Tübingen 2013, 63–98, 65 ff.

71 Gumede v The President of The Republic of South Africa, 2009 (3) SA 152 (CC).

72 Koyana / Bekker / Mqeke, Courts (fn. 43), 182 ff.

state courts is actually quite small. Nevertheless, an ongoing practice of questioning conflicts between norms and the abrogation of decisions at the local level will lead to discussions about the conflict of norms, which are productive for the creation of a new legal norm when they also contribute to changing the behavior of the local population. This is the case because altered behavior is a legally relevant fact, which eventually will show up in the decisions of the customary court.[73] Yet going forward, the customary court will continue in its practice to avoid explicit reference to the state constitution or to other state laws to justify its decisions. Instead, the decisions will be based on the standards of traditional that are more closely approximate to the values of the state law and in this way, can help realize these values.

It would seem that with respect to the goal of enabling a process of harmonization, insisting on a legal standard commensurate with Western constitutional aspirations for (human) rights as a precondition for outside support would be insufficient. Rather, what would be both necessary and sufficient is to link the legal systems to each other in such a way that they do not become unlinked in either the short or long term. Conflicts that arise from attempts to recognize both traditional justice and individual rights, as guaranteed by the constitution, can be resolved in individual cases by balancing claims, by the creation of practical concordance, and through mutual negotiation.[74] In South Africa, after nearly twenty years, changes in the direction of rule of law and justice have become ever more common, as some traditional authorities have begun to make their decisions in writing and to archive their records, contrary to tradition, and as attorneys have been allowed to participate in the proceedings. Even though each of these measures had long been legally prescribed, actual practice changes only slowly.[75] Besides the »official version of customary law« which fulfills the requirements of state law and circumscribes traditional law, there has been an »unofficial version« that has established itself independently and become unlinked from the official set of laws.

The South African Constitutional Court has time and again created the necessary space to balance constitutional guarantees of human rights with recognition of the traditional justice system and to renegotiate the principles of mutual recognition. So they endorsed a reduction of the requirements for

73 Shilubana v Nwamitwa, 2008, Constitutional Court, Rz 47; s. a. Annika Claassens / Sindiso Mnisi, Rural Women Redefining Land Rights in the Context of Living Customary Law, in: South African Journal on Human Rights 25 (2009), 491–516.

74 For the details on different mechanism see Paul S. Berman, Global Legal Pluralism, in: Southern California Law Review 80 (2007), 1155–1238, 1227.

75 For details on the legal obligation see Koyana / Bekker / Mqeke, Courts (fn. 43), 179.

individual human rights, particularly equality rights and fair trial principles, during a transitional period in the process of harmonization of the partial legal systems.[76] Unlinking can also occur as the result of the institutional design of the connection between the various legal systems. This is illustrated by the example of the Sharia Courts in Ethiopia. The jurisdiction of this constitutionally recognized judicial system is only established by mutual agreement of the parties involved who must explicitly come to a »consensus.« The Sharia Courts thereupon render a final decision in the case, and the road back to the state court system is then barred. Thus, there is no longer control of the non-state courts by the state judiciary through constitutional standards.[77] In order to prevent further drifting apart of the two legal pathways, government case law and legal science have sought for some time to establish the competency of the Supreme Court for reviewing the decisions of the Sharia Courts.[78]

IV. Conclusion

Does official recognition of non-state justice systems promise better access to justice, and under what conditions can it do so? The term Access to Justice refers to individual and societal interests in the realization of justice. This constitutional concept was largely developed at the end of the 1970s. It aims above all to extend the state justice system in order to help socially disadvantaged classes of society to obtain and exercise their rights. While the legal-normative debates focused mainly around issues of procedural law, empirical legal-sociological studies showed the importance of the actual conditions that can guarantee legal rights, especially awareness of one's own rights and affordability of asserting them (representation at no cost and legal aid). Non-state legal systems and alternative forms of law enforcement played little part in these discussions.

The »revival of concerns about Access to Justice« that has been part of the Law & Development debates for at least the past ten years and that has been reflected in the concepts and programs of major international development actors has placed non-state justice systems at the center of its attention. Here as well, Access to Justice stands for the individual right to a guarantee of justice, and its

76 For further references see Tom Bennett, Traditional Justice under the South African Constitution, in: Manfred O. Hinz (ed.), In search of justice and peace, Windhoek 2010, 67.

77 Girmachew Alemu Aneme, The Coupling of State and Sharia justice systems in a secular state. The case of Ethiopia, SFB Working Paper Series, 2016 (forthcoming); cf. Katrin Seidel, Rechtspluralismus in Äthiopien. Interdependenzen zwischen islamischem Recht und staatlichem Recht, Köln 2013, 276 ff.

78 Cf. Seidel, Rechtspluralismus (fn. 77), 276 ff.

implementation is also seen as a fundamental condition for sustainable development. As part of this concern, the concept has been expanded to include the aspect of cultural appropriateness of legal structures: how one is to understand justice and which institutional structures should assure access to it is a question that must be answered empirically and will have different answers depending on different contexts. The turn to a local understanding of justice and to the question of the structures that contribute to it in the local context means a turn away from the state-centered approaches that long characterized promotion of rule by law.

The services that non-state justice systems should perform and how they should be dealt with in order to recognize their work as a contribution to Access to Justice are difficult normative questions, and thus far, no adequate standards have been found for them. If one wants to avoid simply transferring the measure of universally understood human rights standards, then the goal may only consist of linking the different legal systems, but in this process, one has to take into consideration the individual dynamics of each system. The task of an empirical sociology of law is to reveal the varieties of different institutionalized legal structures that promise Access to Justice in different contexts. Legal scholarship can also help to develop different notions of Access to Justice by means of comparative legal methods.

Matthias Kötter

VI. Challenges in the Modern World: ›Pre-Modern‹ Forms and Innovations

Islamic Law, Secular Law and Customary Law

Aspects of a Rich Interrelationship

I. Introduction

In 2011 a German journalist published a book in which he described the activities of Islamic peace-makers within Muslim communities in Germany.[1] According to him a parallel Islamic justice has been established which takes away the trial even of heavy crimes from the jurisdiction of the German state, a state of law, a situation which he criticizes as unsupportable. He does not explicitly say that the reason for this kind of parallel justice is a difference between the notion of justice of the secular German state and the notion of justice of the Muslim communities, which is religious. But the question whether these Muslim communities established systems of conflict resolution only in Europe or whether they brought them from their native countries, and, if so, whether they served to evade the justice system of the Muslim state of origin as well is not given due attention. The question to which degree Christian families from Near Eastern countries are also involved in such mechanisms of conflict resolution is not even mentioned. Therefore what remains for many readers is the general impression that the system of conflict resolution within these Muslim communities is based on Islam and its notion of justice, and the jurisdiction of the German state is not accepted because it is the jurisdiction of a secular state which does not share Islamic values. This opinion may well be shared by many people in Western countries.

Looking at the Muslim world, however, we can see that the situation is much more complicated. Today more than one billion people live in the Muslim world that stretches from Morocco to Malaysia, from Central Asia to Africa south of the Sahara. It is obvious that this region does not form a monolithic block. The manifestations of Islam and Islamic law are manifold and the extent to which

1 Joachim Wagner, Richter ohne Gesetz – islamische Paralleljustiz gefährdet unseren Rechtsstaat, Berlin 2011.

Islamic law is the law of the state also differs from state to state: Some states such as Iran claim to be an Islamic theocracy where the law must always be in accordance with Islamic standards. Many states have adopted law of European – particularly French – origin, though conserving Islamic law in some fields, mostly in family law and law of inheritance. A state such as Turkey, where laicism is a fundamental element of the constitution, is an important exception. Apart from that, in many states, customary law which is neither secular nor (orthodox) Islamic plays an important role and exerts a considerable influence on the notion of justice and the way conflicts are resolved. In many countries we find different kinds of law existing side by side, a phenomenon that is often dealt with under the notion of legal pluralism.[2] Thus, state law, Islamic law and customary law may form a »triangle«[3] the sides of which may differ from case to case and it can be expected that the idea of justice and the way it shall be realized by formal and informal justice legal systems may differ from region to region in the Muslim world. Therefore this article will first focus like a kaleidoscope on examples of legal pluralism and informal dispute resolutions from five chosen countries, namely Afghanistan, Indonesia, Turkey, Iran and Palestine (II), then some examples of conflicts related to justice within state law in Muslim states will be provided (III). Final considerations will try to describe the most striking features of the given examples as regards the question of the different ideas of justice (IV).

II. Formal Justice vs. Informal Justice

1. Afghanistan

Our first example is Afghanistan, a country in which we find more than 50 ethnic groups and, accordingly, a large number of different customary laws.[4]

2 As to cases of legal pluralism in the Muslim world see for example Baudouin Dupret / Maurits Berger / Laila Al-Zwaini (eds.), Legal Pluralism in the Arab World, The Hague / London / Boston 1999; Michael Kemper / Maurus Reinkowski, Rechtspluralismus in der Islamischen Welt, Berlin / New York 2005.

3 Franz von Benda-Beckmann, Gefangen im Rechtspluralismus: Zum Umgang mit Normenkollisionen in rechtlich pluralen sozialen Räumen, in: Matthias Kötter / Gunnar Folke Schuppert (eds.), Normative Pluralität ordnen: Rechtsbegriffe, Normenkollisionen und Rule of Law in Kontexten dies- und jenseits des Staates, Baden-Baden 2009, 169–189, 170.

4 See Amy Senier, Rebuilding the Judicial Sector in Afghanistan: The Role of Customary Law, in: Al-Nakhlah – The Fletcher School Online Journal for issues related to Southwest Asia and Islamic Civilization (2006), URL: http://fletcher.tufts.edu/Al-Nakhlah/Archives/~/media/Fletcher/Microsites/al%20Nakhlah/archives/2006/senier.ashx (28 Janaury 2013), 2.

As late as in the first decades of the 20th century the central authorities in Kabul brought into force codified laws that were influenced by Egypt and Turkey and started to establish courts all over the country. It was not until the 1960s, however, that state courts existed in all the provinces of the country. But many disputes continued to be settled by conflict-solving bodies that differed from ethnic community to ethnic community. After the Soviet invasion of 1979, the court system broke down again in the chaos of war. Since the beginning of the 21st century, the Afghan government has tried to establish a new court system but the system is far from being complete. According to a number of estimates about 80 % (or even more) of all conflicts are resolved by the application of informal justice of tribes and families,[5] the Afghan Ministry of Justice even estimated the percentage of cases solved by informal justice to be 90 % in 2005,[6] due to a lack of trust in formal justice institutions but also due to their low capacity, if they exist at all after many years of war.[7] Particularly in the rural regions state institutions such as courts often do not function.[8] In the south and the south east (Pashtu region) state institutions are practically non-existent.[9] Furthermore, according to a recent field study informal justice is not only a matter of the population living in the countryside but also in towns like Kabul.[10]

In a survey of the Afghan Center for Policy and Human Development (CPHD) 36.6 % of the interviewed judges stated that they did not have sufficient access to statutes and legal provisions, 82.8 % did not have access to the decisions of the Supreme Court.[11] But as reported by the International Commission of Jurists:

5 See Noah Coburn / John Dempsey, Informal Justice Resolution in Afghanistan, URL: www.usip.org/sites/default/files/resources/sr247_0.pdf (9 March 2013), 1–20, 3. Center for Policy and Human Development (CPHD), Afghanistan Human Development Report: Bridging Modernity and Tradition – The Rule of Law and the Search for Justice, Islamabad 2007, 91.

6 See Senier, Rebuilding the Justice Sector in Afghanistan (note 4), 2.

7 See Senier, Rebuilding the Justice Sector in Afghanistan (note 4), 2.

8 Thomas Barfield / Neamat Nojumi / J. Alexander Thier, The Clash of two Goods: State and Non-state Dispute Resolution in Afghanistan, in: Debora H. Isser (ed.), Customary Justice and the Rule of Law in War-Torn Societies, Washington, D. C. 2011, 159–192, 159.

9 Tilmann J. Röder, Kollisionen zwischen *sharī'a*, Gesetz und Stammestradition, in: Matthias Kötter / Gunnar Folke Schuppert (eds.), Normative Pluralität ordnen: Rechtsbegriffe, Normenkollisionen und Rule of Law in Kontexten dies- und jenseits des Staates, Baden-Baden 2009, 257–301, 284.

10 See Zuhal Nesari / Karima Tawfik, The Kabul Courts and Conciliators: Mediating Cases in Urban Afghanistan, URL: http://www.usip.org/publications/the-kabul-courts-and-conciliators-mediating-cases-in-urban-afghanistan (28 January 2014).

11 See for details CHPD, Bridging Modernity and Tradition (note 5), 71–72.

»None of the judges interviewed expressed any significant interest in education or training on the provision of statutory material. Invariably, judges referred to copies of the Holy Quran and stated that it contained all the laws that were needed.«[12]

The different ethnic groups have different forms of dispute-solving bodies:[13] in the Pashtun groups it is the »Jirga«, and in the other ethnic groups the »shura« but there are many similarities between them.[14] The members of these councils are ordinary elders (*rishsafidan*), mullahs and local leaders.[15] In contrast to the Pashtu *jirga*, religiously trained persons play an important role in the non-Pashtu *shuras*.[16] The opinions about the influence of local warlords differ from important to low.[17]

These informal bodies will pronounce their judgments according to the customary law of their group. As to their idea of justice, these informal justice institutions do not see it as their main task to help those who have the right on their side to enforce it, but to stop further escalations of a conflict and find a way to reconciliation and compensation. »Unlike the state justice system, which creates losers and winners, jirgas/shuras reach community-led decisions that promote restorative justice, helping to restore peace and dignity between the victims, offenders, and other key stakeholders«.[18] This customary law is more or less Islamic but those who apply it are convinced that it is Islamic law.[19] The most famous rules of conduct are the so-called *Pashtunwali*[20] of the Pashtun group and for instance, as for women, it can be said that the rules in the *Pashtunwali* concerning their position often contradict Islamic law and the Afghan statutory law:[21] exchange of women as a compensation (*bad*) as practiced in the Pashtun community is not only forbidden by the Afghan law but

12 International Commission of Jurists (ICJ), Afghanistan – Final Report on Afghanistan's Legal System and its Compatibility with International Human Rights Standards, URL: http://www.refworld.org/docid/48a3f02c0.html (23 January 2014), 16.

13 Röder, Kollisionen (note 9), 282–286.

14 CHPD, Bridging Modernity and Tradition (note 5), 92.

15 CHPD, Bridging Modernity and Tradition (note 5), 99.

16 Esther Meinunghaus, Legal Pluralism in Afghanistan, Bonn 2007, 10.

17 CPHD, Bridging Modernity and Tradition (note 5), 98: no influence. Thomas Barfield, Informal Dispute Resolution and the Formal System in Contemporary Northern Afghanistan, URL: http://www.usip.org/sites/default/files/file/barfield_report.pdf (28 January 2014), 1, 2: northern provinces no influence; Meininghaus, Legal Pluralism (note 16), 12: growing influence.

18 CPHD, Bridging Modernity and Tradition (note 5), 10.

19 See also Barfield/Nojumi/Thier, The Clash of Two Goods (note 8), 164.

20 As to the *Pashtunwali* see Willi Steul, Paschtunwali – ein Ehrenkodex und seine rechtliche Relevanz, Wiesbaden 1981.

21 Barfield/Nojumi/Thier, The Clash of Two Goods (note 8), 165.

also strongly criticized as un-Islamic by the other ethnic groups in Afghanistan.[22] Another example is the following: the *Pashtunwali* does not provide for a share of inheritance for female family members whereas Islamic law of inheritance which is also the inheritance law of the state grants them a share of inheritance though it is only half that of male heirs of the same order.[23] In this field of law there are consequently remarkable differences between Islamic state law and customary law as to what is regarded as just.

It is reported, that in cases where people have the choice between formal and informal justice, the latter is generally regarded as faster, less expensive and more legitimate,[24] though complaints about the arbitrary application of the law and abuse are not missing.[25] Courts of the state are regarded as »too slow, expensive and corrupt«.[26] As to the trust of the population in formal and informal courts, however, the Afghan Human Development Report describes two surveys with rather contrasting results that as stated in the report, needs further clarification through research. In the first survey, a random sample of 6226 Afghans was asked whom they trusted most to solve a dispute in which they were involved. Only 16 % preferred state courts, 68 % preferred informal institutions such as local elders or *shuras*. In the other survey organized by the Afghan Center of Policy and Human Development, about half of the interviewees stated that they would prefer state courts. These reports also show that there are some significant differences between the regions. It seems that particularly people in the Eastern, Northern and South-Western region did not show a clear preference for either formal or informal justice.[27]

The state does not officially recognize the informal ways of dispute resolution but is aware of the fact that given the actual circumstances the activities of informal conflict-solving bodies have to date been indispensable and are tolerated if not encouraged by judges, police and government officials.[28] Thus there is often a close cooperation between the formal and informal judiciary and

22 Barfield, Informal Dispute Resolution (note 17), 2.

23 Meininghaus, Legal Pluralism (note 16), 13. The author adds: »it would be very interesting to know how concrete disputes are solved on the ground«.

24 See Coburn / Dempsey, Informal Dispute Resolution (note 5), 3; CPHD, Bridging Modernity and Tradition (note 5), 91, 95–96.

25 Senier, Rebuilding the Justice Sector in Afghanistan (note 4), 5.

26 Thomas Barfield, Informal Dispute Resolution (note 17), 1. See also CHPD, Bridging Modernity and Tradition (note 5), 72.

27 CPHD, Bridging Modernity and Tradition (note 5), 74; see also Barfield / Nojumi / Thier, The Clash of Two Goods (note 8), 169: non-Pashtun groups show greater willingness to bring disputes to state courts than the Pashtun, 169.

28 See also Barfield / Nojumi / Thier, The Clash of Two Goods (note 8), 162–163, 173.

sometimes even more between the executive branch and informal justice. There is for instance often an exchange of information between members of formal and informal justice, judges or prosecutors pass cases to the informal justice or members of formal justice are also members of conflict-solving bodies of informal justice.[29]

But here, too, it seems that there are differences between the provinces. Barfield reports about the Northern provinces, that informal justice is generally accepted by the functionaries of formal justice and close cooperation between state officials and informal sector takes place.[30] According to Meininghaus in the Southern and Eastern Pashtu dominated regions a mixture of formal and informal justice is reported to be less.[31]

2. Indonesia

Indonesia is the country with the highest number of Muslim citizens in the world, namely about 200,000,000. Yet according to its constitution Islam is not recognized as the religion of the state. The state is based on the rule of law (art. 1 para 3) and guarantees freedom of religion to everyone (art. 28 H).

In the last centuries there existed a mingling of state law, introduced by the Dutch colonial power, Islamic law and customary law, the so-called *adat* in Indonesia. A very interesting case of legal pluralism is reported by Benda-Beckmann about the Minangkabau society in West Sumatra where matrilineal descent plays a decisive role for the organization of society.[32] Husbands live in the house of their wives, social functions and, according to the *adat* law, the traditional customary law of the Minangkabau society, inheritance do not pass from a man to his children but to his matrilinear nephews and nieces.[33] These rules conflict sharply with the Islamic rules that do not only provide that the wife and children of a man are his heirs, but also that the share of male heirs is double that of female heirs. These rules relate to situations of considerable importance for the social and economic life of many persons. When the Minangkabau accepted Islam in the 14th or 15th century, this contrast led to

29 See Coburn / Dempsey, Informal Dispute Resolution (note 5), 4, 11.

30 Barfield, Informal Dispute Resolution (note 17), 2–8,10

31 Meininghaus, Legal Pluralism (note 16), 12.

32 Franz von Benda-Beckmann / Keebet von Benda-Beckmann, Adat, Islam und Staat – Rechtspluralismus in Indonesien, in: Michael Kemper / Maurus Reinkowski (eds.), Rechtspluralismus in der Islamischen Welt, Berlin / New York 2005, 89–104, 91–94; Von Benda-Beckmann, Gefangen im Rechtspluralismus (note 3), 178.

33 Von Benda-Beckmann, Adat, Islam und Staat (note 32), 92.

conflicts that had to be resolved. Later, the Dutch colonial power was more willing to accept the *adat* than Islam, which seemed more dangerous than the locally limited *adat*.[34] It seems that over the centuries there were different ways to cope with this situation but that it was generally accepted that both, Islam and the traditional *adat* were essential elements of the Minangkabau society,[35] and therefore conflicts remained limited. In the 1960ies, it was broadly accepted that the children should inherit the property acquired by the deceased person himself (and not gained by inheritance from his matrilinear family), but it was still discussed whether the rules to be applied were part of an amended *adat* law or Islamic law. The Supreme Court regarded the law as amended *adat* law but many people regarded it as Islamic law – the mere fact that children and not matrilineal nephews and nieces were heirs was sufficient for them to regard this law as Islamic.[36] It seems that the desire for harmony is stronger than different ideas of justice and leads to a kind of (mostly) peaceful coexistence of opposite views, even in a sensitive issue such as the distribution of inheritance.[37]

3. Turkey

Turkey has been a secular state since the breakdown of the Ottoman Empire after World War I. Legislature, executive and jurisdiction are bound by secular law. Though by now state institutions have been established all over the country, elements of private conflict resolution can still be found especially in Eastern Turkey and South Eastern Turkey.

a) Bloodfeuds

A situation in which this system takes effect are cases of blood feud, from beginning to end.[38] Blood feuds typically arise from conflicts about pieces of land or in connection with women. They start with the killing of a member of one of the families involved in the conflict. For the family of the victim, it is a question of honor to kill the killer of their relative or any member of the killer's family. After the family of the victim kills a member of the family of the

34 Von Benda-Beckmann, Gefangen im Rechtspluralismus (note 3), 178.

35 Von Benda-Beckmann, Gefangen im Rechtspluralismus (note 3), 178.

36 Von Benda-Beckmann, Adat, Islam und Staat (note 32), 94; Von Benda-Beckmann, Gefangen im Rechtspluralismus (note 3), 183–184.

37 Von Benda-Beckmann, Gefangen im Rechtspluralismus (note 3), 179.

38 See for the following Silvia Tellenbach, Bloodfeuds and How to Bring them to an End – Experiences from Turkey, in: Hans-Jörg Albrecht et al. (eds.), Conflict and Conflict Resolution in Middle Eastern Societies – between Tradition and Modernity, Berlin / Freiburg 2006, 637–643.

perpetrator, the perpetrators will sooner or later take revenge, killing a member of the original victim's family. This spiral of violence may continue for decades. It may happen in the meantime that one of the perpetrators is arrested by the organs of the state and brought before a court of the state. He may be tried, convicted and sentenced to serve a long imprisonment – the motive of blood avenge is even regarded as an aggravating circumstance in the Turkish Penal Code (art. 82 I lit j TCK). But the judgment of the state court does not terminate the conflict. In the eyes of his family the perpetrator is a hero, not a criminal and when he is released from prison he will be welcomed by his family. In the eyes of the other family, however, the punishment of the state is much too lenient, the appropriate punishment is to kill him and they will try to do so. The state punishes him as an individual according to his personal guilt in proceedings regulated by the law to guarantee justice. In the community of the convicted killer it is not so much the individual crime that counts but the power and the prestige of the victim's family in comparison to other families. Killing the perpetrator or a member of his family means fulfilling a duty of honor and re-establishing the former balance of power between the family of the victim and the family of the perpetrator. If we were to ask them whether their behavior is in conformity with the precepts of Islam they would certainly answer in the affirmative, but an Islamic scholar would deny that and explain that this is the behavior of pre-Islamic tribes which was combatted by Islam that regards self-justice as un-Islamic.

But how does one terminate a blood-feud? Parties may strictly avoid meeting each other. Another way of ending the blood-feud consists of marrying a woman from the family of the perpetrator to a man of the family of the victim in order to provide for children that replace the victim. The third way of ending a blood-feud is through reconciliation after negotiations lead by a mediator. This is a person of a very high social standing, for instance the chief of a tribe, the head of a distinguished family, a person from the religious sphere or other persons of reputation. In modern times it is a typical task of mayors, governors or members of parliament. These persons, in some cases are (administrative) civil servants on the one hand but function as a traditional mediator at the same time. For the parties, a just solution is not guaranteed by an official procedure but in the ideal case by the reputation of the mediator as a just and honest person who will not risk his good reputation by overrating the interest of one of the parties.

Normally the family of the perpetrator contacts the mediator and asks him to contact the family of the victim. Sometimes it is also the mediator himself who tries to convince both parties to enter into negotiations. Often payments will be made but details remain secret – what is made in public is a large reconciliation dinner. As a rule neither the ideas of secular nor of religious justice play a decisive role. The most important precondition for any reconciliation is the realization of both parties of the fact that a continuation of the blood feud brings nothing but further severe damage to lives and properties.[39]

b) Imam marriage

Let us now switch to a phenomenon which nowadays is more and more in decline but which has not yet disappeared, namely the Imam marriage. According to Turkish civil law, a marriage becomes valid by registration in the competent registration office. But many people, particularly in small villages in the countryside, did not understand why they should register their marriage. They did not see any sense in it. What was important for them was the marriage before the Imam and a large wedding ceremony in their village which showed to everybody that they were a couple from that day on. Though the criminal code provides for the punishment for everybody who administers a religious wedding ceremony for a couple that is not officially married, it seems that this provision has hardly ever been applied.

For the wives it was sufficient to be recognized as legal wives by their community. Upon becoming widows, their sons were responsible for them, nobody thought of a provision for surviving dependents paid by the state. An interesting phenomenon is reported in connection with the Korean war (1950–1953). Among the international soldiers sent to help South Korea were also a number of Turkish soldiers. And the families of these soldiers got financial aid from the state, but of course only the legalized families and not the »Imam families«. This circumstance seems to have induced many Imam couples to register their marriage at the state authorities.[40] Nowadays the number of Imam marriages is declining more and more. The more social benefits or rights depend on the officially registered marital status, the more people will accept the law of the state.

The children of a couple married only by the Imam are legitimate children in the eyes of the people around them but in the eyes of the secular Turkish state they are illegitimate. However, the state does not exercise any considerable pressure on such families. In the first decades of the Turkish republic, from time to time parliament enacted a kind of amnesty for these children granting them the rights of legitimate children. This was important for them particularly when

39 We find similar mechanism also in other societies in the Near East.

40 Herbert J. Liebesny, The Law of Near and Middle East-Readings, Cases and Materials, Albany 1975, 169. Also von Benda-Beckmann, Gefangen im Rechtspluralismus (note 3), 185, reports that in Indonesia the number of registered marriages increased when this became the condition to claim benefits such as family allowances or pensions.

their father died, now they had the right to succeed to the estate of their father. Later, all illegitimate children were granted equal treatment as legitimate children in the law of succession. Therefore amnesty laws are no longer required for them.

Finally a special group of Imam marriages has to be mentioned. As generally known, Islam allows a man to have up to four wives. In the Turkish Republic, however, polygamy has been forbidden from the beginning, and the Penal Code provides punishment for persons who marry more than one wife (art. 230 Penal Code of 2004). Thus a customary Imam marriage sometimes is the way for a man to take a second wife. Though the man cannot marry her by official registration, in her village she is recognized as his wife. Now, it is to be noted, that the old Turkish criminal code that was in force from 1926 until 2005 provided for the punishability of adultery (art. 440–444 Penal Code of 1926). It followed the old French system: the wife had to be punished in every case of adultery, the husband had to be punished only once he committed the crime of adultery in the matrimonial home or if he lived together with a woman in a way that was publicly known. One of these cases was exactly what happened when the man took a second wife in an Imam marriage. It might have been expected that there was a great number of convictions for adultery in the decades in which this provision was in force. On the contrary, it seems that such convictions were very rare or did not occur at all. Obviously the state turned a blind eye to these special cases of adultery. In this way, the possible conflict between the secular and the Islamic notions of justice was avoided from the outset.

4. Iran

Our next example is Iran. Also in Iran, there is a long tradition of informal conflict resolution, especially in Arab tribal communities in the south-western province of Khouzestan, in the community of Lors in the southeastern Bahtiyari region or the Baluchistan in the southeast.[41] In the countryside heads of tribes, subtribes or families, landowners and their bailiffs, village elders, the so called whitebeards (*rish safid*), or clergymen could act in dispute resolution.[42] In the towns, too, there were similar kinds of dispute resolutions, in which for instance clerics or members of guilds could act as mediators. Already in the late Pahlavi

41 Hussein Gholami, Restorative Traditions in Violent Conflicts in Iran, in: Hans-Jörg Albrecht et al. (eds.), Conflict and Conflict Resolution in Middle Eastern Societies – between Tradition and Modernity, Berlin / Freiburg 2006, 457–470, 458–462.

42 Firouz Mahmoudi, Informal Justice System in Iran, in: Hans-Jörg Albrecht et al. (eds.), Conflict and Conflict Resolution in Middle Eastern Societies – between Tradition and Modernity, Berlin / Freiburg 2006, 411–428, 416–427.

period there were attempts to integrate these institutions of informal conflict resolution into the structure of the state by creating »houses of justice« in the villages and »arbitration councils« in towns. After the Islamic revolution of 1979, the new rulers tried to stop all these ways of conflict resolution because they were of the opinion that the solutions found in these cases were not in sufficient conformity with the rules of Islam, the basis of the new state. About twenty years later, however, the workload of the courts of the Islamic Republic of Iran was so high that their effectiveness was considerably reduced. Furthermore, citizens who experienced protracted proceedings and corruption in state courts, turned again to informal ways of conflict solution. As a result, the only way to keep the state courts functioning was to officially re-establish conflict-resolution commissions in which laymen settled disputes and even punished perpetrators.[43] In so doing the rulers had to accept the fact that the laymen often would not interpret the Islamic law in the way experts of Shi'i law would do. Thus they limited the competence of these commissions to disputes involving small values and petty offences.[44] In the end, however, scholarly Islam and its notion of justice will often have to make room at best for more popular notions of Islamic justice.

Apart from that the most important case has to be mentioned in which different ideas of justice – the ideas held by the state and the ideas held by the family of the victim – lead to a procedural interaction of two ways of realizing notions of justice: this is the case of intentional homicide.[45] According to the Iranian Penal Code the punishment for the perpetrator of intentional homicide is retaliation (art. 301–305 IPC of 2013). The conviction of a murderer has to be delivered by the judgment of a state court. But retaliation is regarded as a private law and it is right of the blood-avengers of the victim to decide whether or not such a judgment is actually to be carried out. The blood avengers are free to waive the execution of the perpetrator and take blood-money instead; they can even waive the blood-money and pardon the convicted person (art. 347 IPC). The notion of justice of many families may ask for an execution. But in the Islamic Republic, blood-avengers have to consult with an official commission whose task is to convince them to waive the execution of the convicted person. Negotiations are carried out with the families, and members of the commission look for ways to avoid an execution.[46] God is merciful and therefore also pious

43 See in detail Gholami, Restorative Traditions (note 41), 462–469.

44 See the Law on Councils of Dispute Resolution (*Qanun-e shuraha-ye hall-e ekhtelaf*) of 8 July 2008 (18.4.1387).

45 See for details Rudolph Peters, Crime and Punishment in Islamic Law, Cambridge 2005, 38–53

46 Mohammed E. Shams Nateri, Formal and Informal Means of Conflict Resolution in Murder Cases, in: Hans-Jörg Albrecht et al. (eds.), Conflict and Conflict

humans should be merciful. But if the blood-avengers do not accept blood-money but insist on execution, the state authorities have to put up with this situation.

If the blood-avengers agree to waive an execution or the retaliation cannot take place for other reasons, the perpetrator will be punished with imprisonment for three to ten years, if the crime means a danger for public order and security (Art. 612 IPC of 1991/1995).[47] Pre-Islamic societies regarded murder and its punishment as a private matter for the families involved; classical Islamic law tied the permission to execute the murderer to the decision of a judge, but, apart from that, regarded the execution as a matter of the victim's family. According to the notion of justice of a modern Islamic state, however, the state does not leave the execution and punishment of such a severe crime as intentional homicide solely in the hands of private prosecution and does not accept a mere non-state solution of the conflict. It takes care that a severe punishment is imposed, if not by the blood-avenger, then by the court that will impose a punishment on behalf of the state.

5. Palestine

Palestine is one of the regions in the Muslim world where informal justice plays a very important role, not only as tribal justice but also in settled and town communities.[48]

Palestine has a long history of occupation by foreign forces. For exactly 400 years from 1517 until 1917 Palestine was part of the Ottoman Empire that left its provinces a considerable degree of local self-government, followed by the British mandate rule 1917–1948, the Jordanian rule in the West Banks (1948–1967) and the Egyptian rule in the Gaza Strip (1949–1967) and from 1967 the Israeli occupation which in large parts of the country exists until now. Today, Palestine law is a mixture of Ottoman, British Jordanian, Egyptian law and law of the Palestine authorities; the law of the West Bank is nearer to the continental system, in the Gaza Strip much of the British law is still in force.[49] Tribal judges

Resolution in Middle Eastern Societies – between Tradition and Modernity, Berlin / Freiburg 2006, 401–410, 406–407.

47 The Fifth Book of the Iranian Penal Code of 1991/1995 (art. 498–787) is still in force, only the four books containing art. 1–497 have been replaced by the new Iranian Penal Code of 2013.

48 Asem Khalil, Formal and Informal justice in Palestine: Dealing with the Legacy of Tribal Law. La tribu à l'heure de la globalisation, Revue Etudes Rurales, N. 184, 2010, URL: http://papers.ssrn.com/sol3/papers.cfm?abstract_id=1559395 (28 January 2014), 1–31, 15.

49 Khalil, Formal and Informal Justice (note 48), 7, 8.

are still active in the Gaza Strip and in Hebron,[50] other forms of reconciliation procedures (*islah*) can be found to a different extent throughout Palestine, more in the southern area than in the north and in the central areas[51] and Muslims and Christians resort to the same informal methods of dispute resolution.[52]

A large survey of Birzeit University shows that there seem to be various reasons why people turn to informal dispute-resolving bodies. On the one hand informal courts are regarded as less expensive and faster than state courts – the slowness of which may be due to a severe shortage of resources.[53] Furthermore there seems to exist a sense of obligation to general customs that prefer informal justice.[54] Last but not least, the foreign occupation is supposed to have played an important role in the growing influence of informal justice: people want to avoid a formal justice that they regard as the justice of an occupying force.[55]

The Palestinian Authorities tolerate and encourage the informal justice, Khalil even argues that informal justice was a means for the Palestinian authorities to extend its authority even over people and regions under Israeli control.[56] There are many cases of cooperation between the administrative authorities and the police with agents of informal justice. Decisions of the formal justice do not influence decisions of informal justice but formal criminal judges often take solutions of the informal dispute-solving bodies into account by recognizing them sometimes as pardon or as mitigating ground, a possibility which is given to them by art. 52, 53, 99,100 of the Jordanian Penal Code in the West Bank and art. 37 of the law no. 74 of 1936 in the Gaza Strip.[57] Also in political life informal justice is taken as a given fact, though there are differences in the attitudes of the different political currents. The main current, the Fatah, welcomes and accepts informal justice, the leftist groups know that they have to accept it as a reality, and the Islamist currents accept them as a temporary phenomenon that no longer has a right to exist as soon as the Islamic state is established.[58]

50 Birzeit University Institute of Law, Informal Justice: Rule of Law and Dispute Resolution in Palestine – National Report on Field Research Results, 2006, 1–159, 63, URL: http://lawcenter.birzeit.edu/iol/en/project/outputfile/5/a391785614.pdf (22 January 2014).

51 Birzeit University Institute of Law, Informal Justice (note 50), 85–87.

52 Samer Fares / Dima Khalidi, Formal and Informal Justice in Palestine: Between Justice and Social Order in: Hans-Jörg Albrecht et al. (eds.), Conflict and Conflict Resolution in Middle Eastern Societies – between Tradition and Modernity, Berlin / Freiburg 2006, 507–524, 522–523.

53 Birzeit University Institute of Law, Informal Justice (note 50), 87.

54 Birzeit University Institute of Law, Informal Justice (note 50), 111.

55 Khalil speaks of recourse to conciliation committees as part of the struggle against occupation, Formal and Informal Justice (note 48), 15.

56 Khalil, Formal and Informal Justice (note 48), 17.

57 Birzeit University Institute of Law, Informal Justice (note 50), 48–52, 84–97.

58 Birzeit University Institute of Law, Informal Justice (note 50), 103–104.

The abovementioned facts show that the decision to resort to an informal court depends on political or practical considerations, but not so much on considerations of justice. Now, the survey of Birzeit University addressed the question of justice asking whether justice was realized in the decision of the informal dispute-resolving bodies. The answers of the interviewees differed considerably in this point. The mediators themselves mostly hold the opinion that justice was realized by the fact that they succeeded in finding a compromise that satisfied both parties and avoided a further escalation of the conflict. The parties, however, in some cases were not satisfied at all. They complained of a lack of justice because the event had not been sufficiently investigated and the truth had not been ascertained or because they felt being forced into a compromise. Asked why they nevertheless resorted to the informal justice they stated that they did so because of the lack of formal legal alternative, because of the speed and efficiency of informal justice and because of their sense of commitment to general customs.[59]

III. State Law vs. State Law

But there is another field in many Muslim countries in which Islamic law and secular law meet, namely in the provisions of the state, especially in the Constitution. This may in some instances lead to conflicts with regard to the notions of justice. Let me give two examples, again from Afghanistan. Afghanistan regards itself as an Islamic Republic as written in the constitution of Afghanistan of 2004. According to article 3 »no law can be contrary to the beliefs and provisions of the sacred religion of Islam« as interpreted by the Sunni Hanafi school of law. On the other hand, art. 22 para 2 foresees that the citizens of Afghanistan – both men and women – have equal rights and duties before the law. The United States insisted upon the inclusion of this article, and it was inserted after a long discussion. According to secular notions of justice, a modern *Rechtsstaat* has to recognize the total equality of men and women, and the wording of art. 22 seems to fulfill this requirement. Furthermore, Afghanistan had signed and ratified the Convention on the Elimination of All Forms of Discrimination of Women (CEDAW) without any proviso and according to secular international public law, the Afghan government is bound to the commitment accepted by a former government. This obligation is expressly formulated in Art. 7 of the constitution. But according to the religious notion of justice, Islamic provisions may not be overruled. Therefore even if it is not expressly mentioned, in the eyes of many Muslims, art. 22, which provides for the total equality of women, is automatically limited by the principles of

59 Birzeit University Institute of Law, Informal Justice (note 50), 103–104.

Islamic law. This conflict between the principle of equality of men and women and the declaration that the Shari'a is one or even *the* main source of law is to be found in many constitutions of Muslim countries.[60] And the Afghan laws of family and inheritance, as in many other Muslim states, are characterized by a lack of equality for women.

Another example: The Afghan constitution provides the *nullum crimen sine lege* principle according to which no person can be punished except on grounds of a law that was in force before the commission of the crime (art. 27). On the other hand, art. 130 para 2 provides for the following: »When there is no provision in the Constitution or other laws regarding ruling on an issue, the courts decisions shall be within the limits of this constitution in accord with the Hanafi jurisprudence and in a way to serve justice in the best possible manner.« Now, art. 1 of the Afghan criminal code states that the crimes that have to be punished with the so called *had, qisas* and *diya* punishments have to be punished according to the requirements of the Sunni Hanafi school. Crimes punished with *hadd* penalties are the central crimes of Islamic law, namely theft, highway robbery, drinking alcohol, illegal sexual intercourse, defamation of illegal sexual intercourse and apostasy. The punishment for these crimes is capital punishment, stoning, crucifixion, amputation or whipping. *Qisas* and *diya* means retaliation and blood-money in cases of homicide and bodily injury. – Secular authors hold the opinion that the general reference to Islamic criminal law does not fulfill the requirements of the *nulla poena sine lege* principle as they do not accept as just the punishment of a citizen for conduct that at the time it was committed had not (yet) been precisely declared punishable in the statutory law.[61] For religious lawyers, however, the wording of art. 1 of the criminal code is sufficiently clear to inform every citizen what kind of conduct he or she has to avoid. In addition, they refer to art. 130 para 2, which allows courts to decide according to Hanafi jurisprudence if no written law exists.[62]

In practice, however, it is clear that the general reference to Islamic criminal provisions is regarded as being in full conformity with the *nulla poena sine lege* principle as every citizen in an Islamic Republic is supposed to know the consequences of conduct that violates the rules of Islamic criminal law. It must be assumed that in case of a conflict between Islamic law and imported secular state law judges would always act according to Islamic law even if they know that

60 For instance in Egypt, Katar or Kuwait.

61 Mandana Knust Rassekh Afshar, The Case of an Afghan Apostate, in: Max Planck Yearbook of United Nations Law 10 (2006), 591–605, 604.

62 See for a similar problem in Iranian law: Silvia Tellenbach, The principle of Legality In the Iranian Constitutional and Criminal Law, in: Said Amir Arjomand / Nathan J. Brown (eds.), The Rule of Law, Islam, and Constitutional Politics in Egypt and Iran, Albany 2013, 101–122.

doing so would amount to a violation of state law. The solution according to Islamic law is the solution which corresponds to their own feeling of justice.[63]

IV. Conclusion

Of course, there are quite a number of differences between Western and Islamic thought as regards concepts of justice. But the topic of this study is not to examine these differences in a philosophical or political discourse but the role they play in the social life of Muslim countries, especially in the field of state and non-state organized ways of dispute resolution.

At first, it has to be noted, that the fields of law where such differences may arise are rather limited. In many fields, Islamic law has not been developed at all, for instance in large parts of administrative law. In other fields Islam sets only general principles, for instance the basis for an Islamic justice system is the Quranic verse 4,58: »Allah commands you to render trust to whom they are due and when you judge between people to judge with justice«.[64] This verse leaves great scope for the organization and proceedings of justice which in most of the countries are today organized by following European models. In most of the Muslim states, family and inheritance is governed by Islamic law for the Muslims and the so called protected minorities (*dhimmis*), namely Christians and Jews, have their own statutes. So in the legal practice of these states there is no conflict in these fields of law caused by the difference between secular and Islamic ideas of justice. What may arise, however, are conflicts between official Islamic law and customary law which may not be Islamic at all as for instance the Minangkabau or which may be regarded as Islamic by those who apply it but not by orthodox Islam, for instance the Pashtun law, where particularly the legal position of women is far worse than in Islamic law.

One of the few states in which secular law also governs family law and law of inheritance is Turkey. But here different ideas of justice based on Islam do not necessarily lead to conflicts: Officially the state wanted to abolish Imam marriage and polygamy, but it gave children born in such marriages a kind of amnesty and, in the meantime, the problem has been solved because all illegitimate children were equated to legitimate children. On the other hand, couples living in an Imam marriage have no objections to marry officially if this turns out to be advantageous for them.

63 See Röder, Kollisionen (note 9), 275–277; See also Ahmed Hamdy Tawfik, The Concept of Crime in the Afghan Criminal Justice System: the Paradox between Secular, Tradition and Islamic Law – A Viewpoint of an International Practitioner, in: International Criminal Law Review 9 (2009), 667–687,677–678.

64 URL: www.quran.com (30 January 2014).

Some points of criminal law may show differences as to the idea of justice, between secular law and customary law influenced by Islamic law. The most important crime in this regard is homicide. On the one hand, according to secular criminal law, which is the law of the state in most Muslim countries, homicide is the most severe crime which may be committed in a society and if any conduct has to be punished by the state it is homicide. On the other hand already in pre-Islamic customary law homicide meant a weakening of the family and the tribe of the victim, therefore punishment of the murderer was the right of the blood avengers, consequently a private right. Also in Islamic criminal law which at this point is also based on pre-Islamic customary law, the punishment of the murderer is the right of the blood-avengers though it has first to be recognized by the judge. The blood-avengers can ask for retaliation but they are called by God to show mercy and forgiveness. What is important is the fact that the blood-avengers can exercise their right of decision about punishment for the murderer. The punishment of the state, which, by the way, is often regarded as too light, does not fulfil this requirement. The way secular criminal justice systems deal with this problem is different. In Turkey an arrangement between the perpetrator and the victim's family in a murder case would not play any role in the proceedings of a state court, in Jordan however, a judge is free to regard such a reconciliation as mitigating ground.

Formal and informal justice mostly have to decide everyday conflicts, about the use of land, the distribution of water, disputes about property and inheritance and the like. If we try to find salient features of non-state dispute-solution in different societies in its relation to the formal justice of the state, there are some characteristic points that are demonstrated by the examples above. The aim of the formal system is to deliver justice, there are losers and winners; the aim of the informal system is equity and reconciliation between the parties to the dispute.[65] Sometimes, disputing parties address informal justice because they have no choice, as often is the case in in post-war Afghanistan. In those cases where they have the choice they often prefer informal justice because it is regarded as less expensive, quicker and less corrupt, or because they act according to the custom of their community that prefers informal justice, but not because of the belief that the informal court will decide more in line with their notions of justice. In some cases it is even reported that the decision of the informal justice is regarded as unjust but is nevertheless accepted.

The attitude of the state to informal justice is different in the Muslim world. Sometimes informal justice is officially rejected by the state but on the local level it is accepted because the resources of the formal justice are not sufficient and

65 Barfield / Nojumi / Thier, The Clash of Two Goods (note 8), 160, 168; see also Röder, Kollisionen (note 9), 289.

informal justice reduces the workload of the formal justice, for instance in Afghanistan. Sometimes informal justice is actively encouraged as in Palestine not only because of the lack of formal justice but also because of the possibility to exercise influence in regions of the country where formal justice cannot function. All these attitudes are characterized more by pragmatic and political considerations. By contrast, the position of Islamic states and adherents of Islamist tendencies is of particular interest: as long as there is no Islamic state, informal justice is accepted, but as soon as an Islamic state is established the formal justice of the state is responsible for the full application of Islamic law, a situation that does not leave space for informal justice. This does not preclude, however, that for instance in Iran forms of dispute-solving bodies were created within the formal justice that are based on forms and institutions that formerly were part of an informal justice.

All in all, the question about differences of secular and religious notions of justice and their possible effects on or possible interaction in formal and informal dispute resolutions in the Muslim world has to be answered reservedly. Particularly, a contrast between a formal justice based on secular law and an informal justice based on Islamic law – each of them having its own notion of justice – is not as frequent as might be expected.

Silvia Tellenbach

Conceptions of Justice in Ombudsman Dispute Settlement: From the Classic Ombudsman to the Human Rights Ombudsman Model

I. Introduction

Ombudsman institutions are established by the state at national, sub-national and even supranational levels of government.[1] As public sector institutions, their core mission is to supervise the conduct of the administrative authorities and promote legality, administrative justice and fairness.[2] They always have the power to investigate the conduct of the public authorities on the receipt of complaints lodged by members of the public and often also on their own motion. Some ombudsman institutions can also investigate the conduct of private actors. To be effective, ombudsman institutions must have considerable independence from government.[3] Thus, they are predominantly established by constitution and/or legislation and the ombudsman should be appointed by and accountable to the legislative branch of government.

In this paper I will address the conceptions of justice furthered by ombudsman institutions in the public-private space in which they operate.[4] I will also

1 See generally Linda C. Reif, The Ombudsman, Good Governance and the International Human Rights System, Leiden 2004.

2 »Ombudsman« is Swedish in origin and means »representative«. It is used as the formal title in many jurisdictions and will be used as the generic term in this paper. I do not address »ombuds« dispute settlement mechanisms used by one government department or in private sector organizations to resolve internal conflict or disputes with customers.

3 A discussion of the legal and extralegal factors affecting the effectiveness of individual ombudsman institutions is beyond the scope of this paper. See generally Reif, The Ombudsman (note 1), 393–411; Rachel Murray, National Human Rights Institutions: Criteria and Factors for Assessing Their Effectiveness, in: Netherlands Quarterly of Human Rights 25 (2007), 189–220.

4 I use the term »justice« broadly to connote lawfulness, enforcement of the rule of law, right conduct based on ethical standards, and fair outcomes in dispute settlement where the state is involved.

explore the manner in which these conceptions of justice have expanded as human rights ombudsman institutions have exploded in number compared to the total number of ombudsman institutions around the world and human rights concerns have become more important elements of the activities of all ombudsman institutions. In particular, I argue that ombudsman institutions can further justice: through their role in holding the state's administrative authorities accountable to the legislature and the public; by applying standards of legality and broader non-legal conceptions of justice in their work; by improving access to justice, especially for vulnerable populations; and by acting as a restorative justice mechanism.[5]

II. Categorizing Ombudsman Institutions

1. Classic Ombudsman Institutions

The modern roots of the ombudsman are found in the Nordic region, starting in Sweden in the early nineteenth century, then spreading through the region and other parts of the world during the twentieth century to the present.[6] While the first ombudsman institutions in Sweden and Finland were given additional stronger mandates to prosecute officials and investigate the judiciary, the »classic« model adopted in Denmark was the version that was transplanted around the world, at least until the advent of the human rights ombudsman model.[7] The classic ombudsman monitors the conduct of the administrative branch of government through impartial investigations on the receipt of public complaints or on the ombudsman's own motion, makes recommendations for redress if maladministration is found, and reports to the legislature and the public. Some classic ombudsman institutions also have powers of inspection of places where persons are confined. Most classic ombudsman institutions have jurisdiction only over the public sector.[8]

Today, the classic ombudsman is commonly found in most Canadian provinces, a few US states, some Commonwealth Caribbean countries, a number of Western European nations, most Australian jurisdictions and an assortment of African, Asian and Pacific countries. Some of these ombudsman

5 While this paper focuses on oversight of public authorities, the smaller number of ombudsman institutions that also have jurisdiction over private actor behavior can also enhance the accountability of these private entities.
6 Reif, The Ombudsman (note 1), 5–9.
7 Reif, The Ombudsman (note 1), 2, 8–9.
8 But see e. g. New South Wales Ombudsman with jurisdiction over some private sector entities through its child protection and community services mandates, URL: http://www.ombo.nsw.gov.au.

institutions have been given additional mandates such as corruption fighting and leadership ethics promotion. However, they do not have an express human rights mandate, although in practice some classic ombudsman institutions address human rights issues in some of their complaints and even apply international and domestic human rights norms in a few cases.[9]

2. Human Rights Ombudsman Institutions

The most striking development in the past forty years has been the large number of human rights ombudsman institutions that have been established either as new bodies or by turning an existing classic ombudsman into a human rights ombudsman.[10] Human rights ombudsman institutions are given names that range from *Defensor del Pueblo* (Defender of the People in, for example, Spain, Argentina and Peru), Human Rights Defender (Poland) and Commissioner for Fundamental Rights (Hungary) to simply Ombudsman (for example in Namibia, Greece and Finland).

At least fifty percent of all national-level ombudsman institutions around the world have express human rights mandates and many of these human rights ombudsman institutions are found in civil law countries.[11] They are located throughout Latin America and Central/Eastern Europe, and in an increasing number of Western European and other nations.[12] I also classify as human rights ombudsman institutions those formerly classic institutions that have been

9 REIF, The Ombudsman (note 1), 102–112.

10 LINDA C. REIF, Transplantation and Adaptation: The Evolution of the Human Rights Ombudsman, in: Boston College Third World Law Journal 31 (2011), 269–310.

11 REIF, Transplantation and Adaptation (note 10), 271–272. See e. g. human rights ombudsman institutions in the common law jurisdictions of Jamaica and Victoria, Australia.

12 REIF, Transplantation and Adaptation (note 10), 275–279. See also RICHARD CARVER, National Human Rights Institutions in Central and Eastern Europe: The Ombudsman as an Agent of International Law, in: RYAN GOODMAN / THOMAS PEGRAM (eds.), Human Rights, State Compliance, and Social Change: Assessing National Human Rights Institutions, Cambridge 2012, 181–209. In Western Europe, human rights ombudsman institutions are now found in Sweden, Finland, Norway, Spain, Portugal, Andorra, Greece, Cyprus and France. Also, a children's ombudsman with a human rights mandate is attached administratively to the Netherlands Ombudsman, and Denmark's Ombudsman has recently been given children's rights protection functions requiring monitoring compliance of legislation with the UN Convention on the Rights of the Child, European Ombudsman, Newsletter No. 19, November 2012, 13–14. See also designation of the EU's European Ombudsman and the Denmark, Luxembourg and Austria ombudsman institutions as UN OPCAT and/or CRPD national mechanisms (note 13).

designated by their government as national preventive mechanisms (NPMs) under the Optional Protocol to the United Nations (UN) Convention Against Torture and Other Cruel, Inhuman or Degrading Treatment or Punishment (OPCAT) and/or as independent mechanisms under article 33(2) of the UN Convention on the Rights of Persons with Disabilities (CRPD).[13]

A human rights ombudsman is given an express human rights protection mandate and sometimes also a human rights promotion function. Some human rights ombudsman institutions are given only classic ombudsman powers of investigation, recommendation, reporting and inspection.[14] However, many human rights ombudsman institutions are given additional powers to fulfill their mandates, such as bringing actions before constitutional and/or administrative courts, the prosecution of bureaucrats, human rights research and education, and advice to government on law reform and treaty ratification.[15] In addition to jurisdiction over the public sector authorities, some have additional jurisdiction to handle disputes between private actors and a few have some form of jurisdiction over the judicial branch.[16]

13 OPCAT, UN GA Res. 57/199, 2375 U.N.T.S. 237; CRPD, 46 I.L.M. 445. While a number of existing human rights ombudsman institutions have been designated as OPCAT NPMs, the formerly classic ombudsman institutions in Denmark, Luxembourg and New Zealand were designated as NPMs (either alone or together with other institutions), Association for the Prevention of Torture, OPCAT Database, URL: www.apt.ch/en/opcat-database/. Similarly, in addition to the designation of human rights ombudsman institutions, the classic European Ombudsman and ombudsman institutions in New Zealand, Denmark, Luxembourg, Austria and Senegal have been given CRPD domestic mechanism functions alone or with other entities, ICC and Canadian Human Rights Commission, Survey of National Human Rights Institutions on Article 33.2 of the Convention on the Rights of Persons with Disabilities, August 2011; EU Fundamental Rights Agency, Fundamental rights: key legal and policy developments in 2011: Highlights 2011, 2012, 20; Linda C. Reif, The Role of Ombudsman Institutions in the Protection and Promotion of the Rights of Persons with Disabilities, paper presented at the International Ombudsman Institute 10th World Conference, Wellington, New Zealand, November 12–16, 2012; European Ombudsman, URL: www.ombudsman.europa.eu.

14 See e.g. the human rights ombudsman institutions in Greece, Sweden and Norway.

15 Reif, Transplantation and Adaptation (note 10), 303–309.

16 Reif, Transplantation and Adaptation (note 10), 301–302; Reif, The Ombudsman (note 1), 13–14. See e.g. some human rights ombudsman institutions in EU member states that have been designated as equality bodies pursuant to EU non-discrimination directives, Equinet (European Network of Equality Bodies), URL: www.equineteurope.org (»Members«); Bruno de Witte, in: New Institutions for Promoting Equality in Europe: Legal Transfers, National Bricolage and European Governance, in: American Journal of Comparative Law 60 (2012), 49–74.

3. The Human Rights Ombudsman as a National Human Rights Institution (NHRI)

National-level human rights ombudsman institutions can also be classified as national human rights institutions (NHRIs).[17] As such, the international community expects them to satisfy the standards for the establishment and operation of NHRIs set out in the UN's Paris Principles.[18]

As NHRIs, national-level human rights ombudsman institutions can apply for and be accredited by the International Coordinating Committee of National Institutions for the Promotion and Protection of Human Rights (ICC), the association of NHRIs that conducts its work in cooperation with the UN Office of the High Commissioner for Human Rights.[19] Applying the Paris Principles, the ICC interacts with and exerts influence on human rights ombudsman institutions and their governments to strengthen the NHRI's legal architecture and resources. The ICC also provides legitimization and gatekeeper functions for NHRIs in the international human rights community through its accreditation process.[20] Only NHRIs with ICC A-status accreditation that denotes full compliance with the Paris Principles are given full NHRI participation rights in the UN human rights system.[21]

17 National-level human rights commissions are the other main type of NHRI. See generally Goodman / Pegram (eds.), Human Rights, State Compliance, and Social Change (note 12); Thomas Pegram, Diffusion Across Political Systems: The Global Spread of National Human Rights Institutions, in: Human Rights Quarterly 32 (2010), 729–760.

18 Principles Relating to the Status of National Institutions (Paris Principles), UN GA Res. 48/134, UN Doc. A/RES/48/134 (1993). A discussion of the Paris Principles is beyond the scope of this paper.

19 ICC, URL: http://nhri.ohchr.org. While classic ombudsman institutions can also apply for ICC accreditation, they will not receive the highest »A« level accreditation given their lack of express human rights protection and promotion mandates.

20 Linda C. Reif, The Shifting Boundaries of NHRI Definition, in: Goodman / Pegram (eds.), Human Rights, State Compliance, and Social Change (note 12), 52–73; Chris Sidoti, National Human Rights Institutions and the International Human Rights System, ibid., 93–123.

21 See Sidoti, National Human Rights Institutions (note 20), 104–122. See ICC, Chart of the Status of National Institutions Accredited by the ICC (Accredited Status as of February 11, 2013) (many human rights ombudsman institutions that have applied for accreditation have received A-level ranking).

III. Ombudsman Institutions in the Public-Private Space: Promoting Justice Through Enhancing the Accountability of Public Authorities

Ombudsman institutions can enhance justice in a state through their work as independent accountability mechanisms. Ombudsman institutions should lie at the outer edge of the boundaries of the state and will do so if they are endowed with optimal independence. Today, in the administrative law context, the ombudsman plays an important role in a space that spans the public and private spheres, a space that has been described by Francesca Bignami as a »plural accountability network of government bureaucrats and public and private actors.«[22] In this configuration, the four accountability networks of public administration are described as the relationships between the administration and: (1) legislators, (2) organized interests (social and economic groups such as labour unions and environmental associations), (3) the courts and (4) the public, including the ombudsman as a mechanism to improve the accountability of the government to the public.[23]

For those ombudsman institutions that have been given constitutional status as independent accountability bodies, Ackerman has found that there are three alternative methods for their enshrinement in the constitution.[24] One method used by a few countries that highlights the ombudsman's connection between the state and the populace is the creation of a new branch of government that comprises the ombudsman and other accountability institutions.[25] The constitutions of Venezuela and Ecuador have taken this approach with, for example, the Venezuelan *Defensor del Pueblo* included in the new »citizen power« branch of government.[26]

Independent accountability agencies, also called, »horizontal accountability« mechanisms, are state institutions that monitor the conduct of other parts or

22 Francesca Bignami, From Expert Administration to Accountability Network: A New Paradigm for Comparative Administrative Law, in: American Journal of Comparative Law 59 (2011), 859–907, 873.

23 Bignami, From Expert Administration to Accountability Network (note 22), 861.

24 John M. Ackerman, Understanding independent accountability agencies, in: Susan Rose-Ackerman / Peter L. Lindseth (eds.), Comparative Administrative Law, Cheltenham/Northampton 2010, 265–276, 265–266.

25 Ackerman, Understanding (note 24). The other two approaches are grouping the agencies together in a discrete section of the constitution without creating a new branch of government and an unsystematic, gradual inclusion of agencies in various parts of the constitution.

26 Ackerman, Understanding (note 24), 273; Venezuela, Constitution (1999). The effectiveness of these institutions, however, will depend on a variety of legal and other factors, such as their independence from other branches of government.

branches of government.[27] An ombudsman institution is a horizontal accountability institution that works to improve the accountability of government administration to the legislature and the public. When operating effectively, ombudsman institutions improve the accountability of the executive/administrative branch of government.[28]

Bovens classifies ombudsman institutions as mechanisms that provide for administrative accountability, exercising a diagonal form of accountability through legislative backstopping of ombudsman recommendations.[29] However, accountability-enhancing effects of classic and human rights ombudsman institutions can be categorized more precisely. According to Schedler:

> »[a]dministrative accountability reviews the expediency and procedural correctness of bureaucratic acts...legal accountability monitors the observance of legal rules; and constitutional accountability evaluates whether legislative acts are in accordance with constitutional rules.«[30]

Based on Schedler's typology, and as will be described in further detail below, all ombudsman institutions heighten legal and constitutional accountability, and many also further administrative accountability, through their powers of investigation, recommendation and reporting. In addition, many human rights ombudsman institutions can further strengthen legal and constitutional accountability of the public authorities by monitoring the authorities' compliance with domestic and international human rights norms through their additional powers of prosecution, launching constitutional court and administrative court actions and advising governments on ratification and implementation of human rights treaties. Accordingly, those human rights ombudsman institutions that can monitor the constitutionality of legislation also improve the accountability of the legislature.

In addition, ombudsman institutions increase vertical flows of accountability given that they act as a conduit for members of the public to lodge complaints about the administrative branch of government, with the bureaucracy and the

27 See Andreas Schedler/Larry Diamond/Marc F. Plattner (eds.), The Self-Restraining State: Power and Accountability in New Democracies, Boulder 1999; Reif, The Ombudsman (note 1), 59–61. Electoral commissions and state auditors are other types of horizontal accountability institutions.

28 Guillermo O'Donnell, Why the Rule of Law Matters, in: Larry Diamond/Leonardo Morlino (eds.), Assessing the Quality of Democracy, Baltimore 2005, 3–17 (horizontal accountability mechanisms can only be effective in states with the democratic rule of law).

29 Mark Bovens, Analysing and Assessing Accountability: A Conceptual Framework, in: European Law Journal 13, 4 (2007), 447–468, 456.

30 Andreas Schedler, Conceptualizing Accountability, in: Schedler/Diamond/Plattner (eds.), The Self-Restraining State (note 27), 13–28, 22.

individual placed in positions of equality.[31] Ombudsman institutions can also strengthen vertical forms of accountability and cross the boundaries of the state by working collaboratively with non-governmental organizations (NGOs). It is particularly important for human rights ombudsman institutions to work with human rights NGOs and other civil society actors.[32] The expertise and working methods of NGOs employed in cooperation with ombudsman initiatives can have a stronger positive influence on government action than the ombudsman working alone, enhancing both the vertical and horizontal aspects of accountability.

Moreover, as NHRIs, national-level human rights ombudsman institutions can exert greater influence on their state through interaction with the UN and regional international organizations in the human rights area. In the implementation of the Paris Principles, national-level human rights ombudsman institutions should act as links between the international human rights system and the state, working to improve the state's compliance with its international human rights law obligations and thereby strengthening bottom-up vertical accountability of the state.

IV. Conceptions of Justice in Ombudsman Work: Legality, Administrative Law Principles and Broader Justice Standards

In exercising their core mandates, both classic and human rights ombudsman institutions undertake impartial investigations. On the basis of rigorous examination and reasoning, if they determine that the legislative standards they are required to apply to impugned conduct have been violated they can make recommendations for redress for the affected person(s) – for example, for compensation, apology, an explanation and/or changes to law, policy and practice – and try to persuade government to respond positively to their advice.

Ombudsman scrutiny of administrative conduct is guided by three core justice standards: (1) legality, (2) administrative law principles, based on concepts of procedural justice and fairness (a subset of (1) legality) and (3) broader, non-legal standards of fairness, equity and justice. The legal framework of each ombudsman institution has to be examined to determine which of these standards it can apply.

31 Reif, The Ombudsman (note 1), 61–62.

32 The Paris Principles require NHRIs to develop these relationships, Paris Principles, Methods of operation (g) (note 18). See also Enrique Peruzzoti, The Societalization of Horizontal Acountability: Rights Advocacy and the Defensor del la Nación in Argentina, in: Goodman/Pegram (eds.), Human Rights, State Compliance, and Social Change (note 12), 243–269.

1. Legality

In terms of legality of administrative conduct, the justice sought is the compliance of the executive/administrative branch of government with the law of the jurisdiction, so that the rule of law prevails. Under a democratic rule of law, the law applies to all state and private actors; government authorities, bureaucrats and private actors must be able to justify their acts and omissions according to law.[33] The ombudsman is one of a number of mechanisms that works to improve the legal accountability of public sector actors.

Many classic ombudsman institutions are empowered to use the standard of legality to scrutinize administrative conduct. Some examples come from Commonwealth countries: Australia's Commonwealth Ombudsman and New South Wales Ombudsman, Canadian provincial ombudsman institutions such as those in British Columbia and Alberta, and the Bermuda Ombudsman.[34]

For classic ombudsman institutions, the administrative conduct is measured against the domestic law of the jurisdiction. Various sources are applicable depending upon the nature of the legal system in which the ombudsman is located, including the constitution, various statutes and case law. In addition, even classic ombudsman institutions apply domesticated human rights law in appropriate cases (for example, constitutional rights, internalized human rights obligations), both in determining legality and the broader fairness of the administrative conduct. As Ann Abraham, past United Kingdom Parliamentary Ombudsman (a classic ombudsman), stated, »Ombudsmen are in the business of delivering ›justice‹, with observance of rights as an essential component of what justice amounts to in any given situation.«[35]

Human rights ombudsman institutions will also apply an array of domestic law sources, including administrative law if they have been endowed with dual

33 A fuller discussion of the rule of law is beyond the scope of this paper. See e. g. Declaration of the High-level Meeting of the General Assembly on the Rule of Law at the National and International Levels, UN GA Res. A/67/L.1 (September 19, 2012) (art. 2: »the rule of law applies to all States equally...and that respect for and promotion of the rule of law and justice should guide all of their activities and accord predictability and legitimacy to their actions.«); Randall Peerenboom, Human Rights and Law: What is the Relationship?, in: Georgetown Journal of International Law 36 (2005), 809–945; John McMillan, The Ombudsman and the Rule of Law, in: The International Ombudsman Yearbook 8 (2004), 3–27, 5.

34 British Columbia, Ombudsperson Act, R. S. B. C. 1996, c. 340, s. 23; Alberta, Ombudsman Act, R. S. A. 2000, c. O–8, s. 21; Bermuda, The Ombudsman Act 2004:32, s. 2 »maladministration«.

35 Ann Abraham, The Future in International Perspective: The Ombudsman as Agent of Rights, Justice and Democracy, in: Parliamentary Affairs 61, 4 (2008), 681–693, 690.

administrative justice and human rights mandates. In particular, the legal frameworks of human rights ombudsman institutions specifically direct them to apply human rights norms in their work. Depending on the institution's legal foundation, there may be express reference to international human rights obligations of the state and/or a more general direction to protect the human rights of the populace through, for example, constitutional rights and internalized international obligations.

While all human rights ombudsman institutions address legality of administrative conduct, they differ in their ability to use the other standards. For example, the Polish Human Rights Defender focuses mainly on the legality of the conduct of public authorities determined according to human rights and freedoms.[36] While the core mandate of Hungary's newly configured Commissioner for Fundamental Rights is to inquire into »improprieties« related to constitutional human rights committed by the public authorities, which can permit some flexibility in the standards applied, the recommendations of the Commissioner are law focused with the largest number of them supported by the constitutional principle of legal certainty, the right to life, non-discrimination rights and the rights of children.[37] Spain's *Defensor del Pueblo* is constitutionally established as a parliamentary high commissioner to defend the constitution's human rights provisions and »for this purpose he or she may supervise the activity of the Administration«.[38] The *Defensor's* governing legislation reiterates this mandate and also adds an administrative oversight function, empowering the *Defensor* to apply not only standards of legality (including constitutional rights protection), but also procedural justice norms, and broader »fairness« and »harm« standards.[39]

36 Poland Constitution, arts. 80, 208; Poland, Act of July 15, 1987 on the Human Rights Defender (consolidated), art. 1; Poland Human Rights Defender, Summary of the Report on the Activity of the Human Rights Defender (Ombudsman of the Republic of Poland) in 2011. Office of the Human Rights Defender, Warsaw 2012, URL: www.brpo.gov.pl; Carver, National Human Rights Institutions in Central and Eastern Europe (note 12), 185–186.

37 Hungary Basic Law (2011), art. 30; Hungary, Act CXI of 2011 on the Commissioner for Fundamental Rights, pp. 1, 31 (Act CXI); Hungary Commissioner for Fundamental Rights, Report on the Activities of the Parliamentary Commissioner for Civil Rights in the Year 2011. Office of the Commissioner for Fundamental Rights, Budapest 2012, 31, 43–44, URL: www.ajbh.hu. See generally Máté Szabó, Changes in the Institutional Context of the Ombudsman System in the Republic of Hungary in 2012, in: Beijing Law Review 3 (2012), 112–120.

38 Spain, Constitution (1978), art. 54.

39 Spain, Organic Act 3/1981 (April 6, 1981) of the Defender of the People, arts. 1, 9 (human rights protection, legality), 23 (abuse, arbitrariness, discrimination, error, negligence, omission), 25 (criminal acts referred to Attorney-General),

While ombudsman institutions can determine whether administrative conduct is contrary to law, it is another question altogether whether the ombudsman can scrutinize the substantive justice of the relevant legislation. The ombudsman's legal framework will determine whether this further step can be taken. If so, the ombudsman can evaluate the statute's content according to higher legal norms such as constitutional law and the state's international law obligations. Human rights ombudsman institutions are more likely to be endowed with this power.

Human rights ombudsman institutions can often use the extra powers they have been given to address the legality of administrative conduct based on conceptions of substantive justice. For example, many human rights ombudsman institutions are empowered to bring actions before their constitutional or supreme courts to contest the constitutionality of legislation and other government action, and sometimes also the compliance of the domestic law with international human rights law. These include Spain's *Defensor del Pueblo*, Portugal's *Provedor de Justiça* (Provider of Justice), and institutions throughout Latin America and Central and East Europe.[40] Litigation to contest the compatibility of legislation with constitutional human rights norms and the international human rights obligations of the state assists both in human rights protection and the construction of a substantively just legal system. A similar promotion of substantive justice occurs with those human rights ombudsman institutions empowered to take cases to administrative courts.

Some human rights ombudsman institutions also have human rights promotion mandates. A number of these institutions, particularly those in Latin America, can make proposals to government for law reform to improve the compatibility of legislation with human rights norms and recommend that the government accede to international human rights treaties.[41] These functions work to enhance the substantive fairness of any ensuing domestic laws.

2. Administrative Law Principles

Many ombudsman institutions – especially classic ombudsman types – use administrative law standards to promote justice in the administrative process when the state and private actors interact. Administrative law principles are

28(2) (if rigorous compliance with a norm may lead to unfair or harmful situations, Defensor may recommend that the norm be modified); Spain, Constitution (1978), art. 103(1).

40 Reif, Transplantation and Adaptation (note 10), 304–307; Carver, National Human Rights Institutions in Central and Eastern Europe (note 12), 188–189, 196.

41 Reif, Transplantation and Adaptation (note 10), 308–9.

often listed in the ombudsman's statutory framework. Also, administrative law concepts of procedural fairness typically fall within the ambit of the legislative criteria, either explicitly or through the legality standard. The procedural fairness principles found in administrative law systems may include, for example, the right to be heard and the right to be given reasons for a decision.[42]

For example, the Canadian provincial ombudsman institutions in British Columbia and Alberta are empowered to apply all three core justice standards, with administrative law principles featuring prominently.[43] Thus, the British Columbia Ombudsperson can make recommendations for redress when she is of the opinion that the impugned administrative conduct is contrary to law, unjust, oppressive or improperly discriminatory (or done under law that can be described as such), based on mistake or irrelevant grounds/considerations, relates to the application of arbitrary, unreasonable or unfair procedures or is otherwise wrong.[44] Very similar administrative fairness principles are found in the statutes of other Commonwealth ombudsman institutions.[45]

Also, for both classic and human rights ombudsman institutions in the European Union (EU) area legality and procedural justice normative standards come together in the human right to good administration.[46] This right is found in Article 41 of the EU's legally binding Charter of Fundamental Rights which can be applied by the European Ombudsman to the conduct of EU entities and by EU member state ombudsman institutions when scrutinizing their state's implementation of its EU law obligations.[47]

42 Administrative law principles can vary between countries and regions, see Rose-Ackerman / Lindseth (eds.), Comparative Administrative Law (note 24).

43 British Columbia, Ombudsperson Act (note 34), s. 23; Alberta, Ombudsman Act (note 34), s. 21.

44 British Columbia, Ombudsperson Act (note 34).

45 E. g. Australia, Ombudsman Act 1976, Act No. 181 of 1976, as am., s. 15(1)(a); New South Wales, Ombudsman Act 1974, Act No. 68 as am., s. 26(1); Bermuda, The Ombudsman Act 2004 (note 34), s. 2 »maladministration«.

46 Jill Wakefield, The Right to Good Administration. Kluwer Law International, Netherlands 2007.

47 EU Charter of Fundamental Rights, URL: www.europarl.europa.eu/charter/default_en.htm, arts. 41, 51. See art. 41: »(1) Every person has the right to have his or her affairs handled impartially, fairly and within a reasonable time by the institutions and bodies of the Union. (2) This right includes: the right of every person to be heard, before any individual measure which would affect him or her adversely is taken; the right of every person to have access to his or her file, while respecting the legitimate interests of confidentiality and of professional and business secrecy; the obligation of the administration to give reasons for its decisions.« Treaty on the Functioning of the EU, OJ C 83/47 (March 30, 2010), art. 228 (European Ombudsman has jurisdiction over EU institutions, bodies, offices and agencies except for the EU Court of Justice acting in its judicial role).

3. Broader Non-Legal Standards of Equity, Fairness and Justice

The broader standards that may be applied by an ombudsman when the institution's legal framework permits are based on concepts such as injustice, unfairness or wrongfulness. This third justice standard is often given to classic ombudsman institutions. For example, as noted above, the British Columbia Ombudsperson can apply the broader standards of »unjust« and »wrong« conduct.[48] The Bermuda Ombudsman investigates »maladministration« which includes »inefficient, bad or improper administration.«[49] However, as the mandate of the Spanish *Defensor del Pueblo* demonstrates, some human rights ombudsman institutions also use these types of justice standards.[50] These standards permit the ombudsman to be critical when administrative conduct is lawful, for example when there is an applicable law but it is unjust or when there is a gap in the law. Thus, it may be possible to circumvent the limitations of an ombudsman's legality standard through the application of this third justice standard.

The National Ombudsman of the Netherlands, Alex Brenninkmeijer, has highlighted the distinction between legal norms (lawfulness and administrative law principles of good administration) and non-legal, ethical standards (the ethics of good administration) applied by the ombudsman.[51] As Professor Richard Kirkham recognizes, these non-legalistic standards of good administration change with the times, are context dependent and, combined with the institution's inquisitorial investigation methods, enable the ombudsman both to delve into non-justiciable matters and address many more issues compared to the judiciary.[52]

The Netherlands National Ombudsman is directed to apply a broad standard of »proper conduct« which enables the institution to go beyond strict legality to include non-legal fairness standards.[53] Brenninkmeijer and van Hoogstraten

48 See also e. g. Australia, Ombudsman Act 1976, Act No. 181 of 1976, as am., s. 15(1)(a)(v) (»was otherwise, in all the circumstances, wrong«); New South Wales, Ombudsman Act 1974, Act No. 68 as am., s. 26(1)(g) (»otherwise wrong«).

49 Bermuda, The Ombudsman Act (note 34), S. 2 »maladministration«.

50 Notes 38–39.

51 Alex Brenninkmeijer, Fair governance: a question of lawfulness *and* proper conduct. National Ombudsman of the Netherlands, 2006; A. F. M. Brenninkmeijer / Y. van der Vlugt, Principles of proper conduct as guarantee of human rights: The role of the National Ombudsman in the protection of human rights. National Ombudsman of the Netherlands, 2009, 4.

52 Richard M. Kirkham, The Constitutional Role of the Ombudsman, in: The International Ombudsman Yearbook 10 (2006), 120–140, 126.

53 Fair governance (note 51), 3–4.

characterize legal but shoddy bureaucratic behavior, including rushed treatment of and unsympathetic and disrespectful attitudes towards complainants, as forms of interactional injustice.[54] They have emphasized the importance of the ombudsman's fairness standards in achieving justice when they stated:

> »Public acceptance of government decisions frequently depends on citizens judging whether justice has been done in the absence of complete information. It is often hard for people to decide whether or not the government decision is fair....In such circumstances, the individual's appraisal is apt to focus on the perceived fairness of the procedure. Procedural and interactional justice will therefore colour the perception of distributive justice.«[55]

Classic ombudsman institutions have also found a way to use international human rights norms, even those norms that have not been transformed into domestic law such as economic and social rights, through this third justice standard.[56] The British Columbia Ombudsperson, for example, has used the unimplemented UN Convention on the Rights of the Child (CRC) in this manner in some of its investigations.[57] Although the National Ombudsman of the Netherlands does not have an express human rights mandate in its general work, the institution uses international human rights norms both as internalized legal norms and as broader inspirational standards of proper conduct when a human rights treaty is not formally applicable.[58] In the latter case, the third broader standard is being relied on. As Brenninkmeijer and van der Vlugt argue:

> »The protection that the National Ombudsman offers goes further than the guarantees provided by law, since the application of proper conduct criteria can have more far-reaching consequences. As a result, the National Ombudsman's decisions on human rights issues sometimes lead to higher standards than court judgments.«[59]

54 A. F. M. Brenninkmeijer/W. J. van Hoogstraten, The Architecture of Good Administration. National Ombudsman of the Netherlands, 2008, 7–8.

55 Brenninkmeijer/van der Vlugt, Principles of proper conduct (note 51), 7.

56 Reif, The Ombudsman (note 1), 110; Dennis Pearce, The Ombudsman: Review and Preview The Importance of Being Different, in; The Ombudsman Journal 11 (1993), 13–36, 28.

57 Linda C. Reif, The Ombudsman and the Protection of Children's Rights, in: Asia-Pacific Law Review 17 (2009), 27–52, 33; Baker v. Canada (Minister of Citizenship and Immigration), 1999, 2 S. C. R. 817 (Canada is a CRC contracting party but CRC not implemented in Canadian domestic law).

58 Brenninkmeijer/van der Vlugt, Principles of proper conduct (note 51), 7–11; Reif, The Ombudsman (note 1), 143–144 (European Convention on Human Rights provisions are used in the latter situation). A children's ombudsman with an express human rights mandate is attached only administratively to the National Ombudsman institution.

59 Brenninkmeijer/van der Vlugt, Principles of proper conduct (note 51), 14.

The European Ombudsman also uses both normative and broader fairness standards of justice in the resolution of complaints by EU citizens and residents against listed EU entities.[60] The European Ombudsman has a mandate to combat »maladministration« which is defined as »requir[ing] respect for the rule of law, for principles of good administration, and for fundamental rights« although »[t]he principles of good administration go further than the law, requiring the EU institutions not only to respect their legal obligations but also to be service-minded and to and to ensure that members of the public are properly treated, and enjoy their rights fully.«[61] Some ombudsman institutions have even enshrined what they consider to be the most important fairness standards in codes of conduct that the administrative authorities in their jurisdiction are encouraged to follow.[62]

What are the sources of these broader, non-legal standards of good administrative conduct? While further research is needed, they arguably include domestic societal consensus as determined by the ombudsman, an international consensus expressed through international law instruments and the exchange of best practices between ombudsman institutions.

V. The Ombudsman and Access to Justice

Ombudsman institutions also facilitate access to administrative justice for many persons who would otherwise have no justice at all. In both industrialized and developing countries, use of the courts or administrative tribunals is expensive and out of reach for many persons who have complaints against government or private actors. In contrast, complaints to an ombudsman are free of any charge to the complainant. In addition, some complaints are non-justiciable because they pertain to administrative conduct that is wrong but not contrary to law, or they involve economic, social, cultural and third generation human rights that are often not legally binding in domestic law. As discussed above, since many ombudsman institutions can go beyond legal standards to determine whether impugned conduct is unfair or wrong according to broader concepts of justice, they can examine behavior that the courts and other tribunals cannot address. Also, the judiciary is not well-suited to the examination of systemic problems in government administration, whereas the flexibility of the ombudsman mechanism and the ombudsman's own-initiative investigation power permits the latter

60 Note 47.

61 European Ombudsman, Annual Report 2011, 13.

62 E. g. European Ombudsman, European Code of Good Administrative Behaviour; United Kingdom Parliamentary and Health Service Ombudsman, Principles of Good Administration.

to delve into and provide recommendations to improve system-wide operations of the bureaucracy.

In particular, the ombudsman is used frequently by vulnerable persons who lack financial resources, cannot access judicial proceedings easily or whose complaints, often involving economic and social rights, are not justiciable. They include the underprivileged, persons with disabilities, indigenous peoples, children, prisoners and foreign asylum-seekers. Further, females are often more vulnerable, especially when they are members of these disadvantaged groups. This is the case even in industrialized countries.

An ombudsman's power to undertake own-motion investigations facilitates access to justice as the ombudsman can address the plight of vulnerable persons who cannot or do not make complaints. Many ombudsman institutions give special priority to vulnerable populations in own-motion investigations, and the resulting reports often address related systemic problems. For example, numerous classic and human rights ombudsman institutions have conducted own-motion investigations into the plight of persons with physical or mental disabilities.[63] Also, the protection of children and their rights are regularly addressed in own-motion investigations.[64] Hungary's Commissioner for Fundamental Rights is even instructed by his legislation to give special attention to the rights of listed vulnerable groups (children, future generations/environmental protection, minorities and disabled persons), especially through the use of own-motion investigations.[65]

Some classic and human rights ombudsman institutions are empowered to inspect places where persons are confined or where they reside for their protection. In addition, as noted above, a growing number of both types of ombudsman institutions have been designated as UN OPCAT NPMs and/or CRPD domestic mechanisms and their duties under these human rights treaties

63 Reif, Ombudsman Institutions and Rights of Persons with Disabilities (note 13) (e. g. ombudsmen in Greece; Spain at the national and autonomous community levels; Hungary; Lithuania; and Quebec, Ontario and British Columbia, Canada).

64 Reif, The Ombudsman and the Protection of Children's Rights (note 57) (e. g. Finland, Greece, Spain at national and autonomous community levels, Canadian provinces).

65 Hungary Commissioner for Fundamental Rights, Act CXI (note 37), s. 1(2)-(3). See recent amendments to Portugal's Provider of Justice statute that i. a. emphasizes the use of the own-motion investigation power to protect and promote the rights of individuals who are vulnerable due to age, gender, disability, race or ethnicity, Portugal Provider of Justice, Third amendment to the Statute of the Portuguese Ombudsman (February 26, 2013), URL: www.theioi.org/news/portugal-third-amendment-to-the-statute-of-the-portuguese-ombudsman.

include the inspection of closed facilities. These types of ombudsman inspections can increase access to justice of the persons who reside in these facilities as information uncovered by the ombudsman can lead to complaints being laid by or on behalf of confined individuals, the ombudsman launching own-motion investigations, and recommendations for redress being made by the ombudsman pursuant to the investigations or their OPCAT and CRPD duties. For example, the ombudsman institutions in Sweden and Greece conduct inspections of facilities for adults and children with disabilities, persons who are often incapable of submitting their own complaints, and have uncovered poor living conditions and treatment.[66]

Asylum-seekers are vulnerable persons who often do not have access to justice in the countries in which they are seeking asylum due to their legal status and economic circumstances. Both classic and human rights ombudsman institutions have provided assistance to asylum-seekers through their investigatory and other powers. In an interesting development, the Danish Parliamentary Ombudsman has been given the mandate to monitor the deportation process, even accompanying the deportee, to ensure that the police conduct is respectful of the deportee, does not involve the unnecessary use of force and complies with Denmark's domestic, EU and international human rights law obligations.[67]

In many countries, females have poor access to justice, and gender issues are often marginalized or considered part of the private sphere and excluded from public oversight. The informal and free services of an ombudsman institution may provide some redress for women's and girls' complaints against administrative authorities (and against private actors when ombudsman institutions have jurisdiction over the private sphere), including complaints concerning gender injustice.[68] But, for various reasons, some women and girls do not complain to an ombudsman. As noted above, ombudsman own-motion investigations into matters negatively impacting women and girls, especially inves-

66 Cecilia Nordenfelt, Incapable Adults – The Most Vulnerable, in: IXth International Ombudsman Institute World Conference, Presentations at the Conference in Stockholm, Sweden, June 9–11, 2009, Stockholm 2010, 169–173; Kerstin André, Inspections as a Pro-active Method of Combatting Maladministration, in ibid., 153–160; The Greek Ombudsman, Annual Report, Athens 2009, Summary 56–57. See also inspections by the Danish Ombudsman of prisons, psychiatric wards and residential facilities for children and youth, The Danish Parliamentary Ombudsman, Annual Report, Copenhagen 2011, 13.

67 The Danish Parliamentary Ombudsman, Annual Report, Copenhagen 2011, 21–22 (monitoring of deportees to non-EU states, in implementation of EU Directive 2008/115/EC).

68 See e. g. work of Peru's Defensor del Pueblo, Reif, The Ombudsman (note 1), 203–204.

tigations that uncover systemic problems, can help to improve their access to justice.

In addition, ombudsman institutions can collaborate with international organizations and other stakeholders to improve justice for vulnerable persons, such as victims of gender-based violence. For example, in 2011 UN Women, the Caribbean Ombudsman Association, the Association of Caribbean Commissioners of Police and women's NGOs entered into a partnership to strengthen the response of the administration of justice for victims of gender-based violence.[69] The initiative is based on the international law principle of due diligence whereby states are required to use due diligence to prevent, investigate and punish human rights abuses occurring in the private sphere, such as violence against women.[70] The partners »agreed to collaborate at the national level work to ensure that victims of sexual assault have equitable access to justice and that policy makers ensure the implementation of policy and legislation that are responsive to the needs of victims while paying attention to the due process rights of accused perpetrators.«[71] In particular, Caribbean ombudsman institutions agreed to a series of activities, including: investigating pertinent complaints; listening patiently to complainants, especially concerning gender violence matters; referring victims to appropriate programs and services; and making recommendations to their government on changes to law and policy to improve the treatment of victims.[72]

Access to justice is also enhanced by additional powers given to a variety of human rights ombudsman institutions. For example, many Latin American and a few European institutions have been given mandates to engage in human rights research and education programs.[73] Human rights education for the public increases both their awareness of their human rights and the ability to try to enforce these rights. A few human rights ombudsman institutions are even empowered to provide legal advice or other forms of support to complainants to enable them to launch their own constitutional actions.[74]

69 Protocol of Partnership: Strengthening the Response of the Administration of Justice for Victims of Gender-based Violence, in: Roberta Clarke, The Role of the Ombudsman in Ending Impunity for Gender-Based Violence, Annex, paper presented at the International Ombudsman Institute 10th World Conference, Wellington, New Zealand (November 12–16, 2012). Clarke states, though, that by late 2012 no Caribbean country had implemented the Protocol.

70 See e.g. Velasquez Rodriguez v. Honduras, Inter-Am. Ct. H.R. (Ser. C) No. 4 (1988); Inter-American Convention on the Prevention, Punishment and Eradication of Violence Against Women, A–61 (in force March 5, 1995).

71 Protocol of Partnership (note 69).

72 Protocol of Partnership (note 69).

73 Reif, Transplantation and Adaptation (note 10), 309.

74 E.g. Jamaica Public Defender, Seychelles Ombudsman, Namibia Ombudsman.

VI. The Ombudsman and Restorative Justice

Restorative justice initiatives use non-confrontational means to achieve non-punitive and restorative responses to misconduct, so that the victim can heal and the offender recognizes both the harm caused and the need to repair it.[75] Restorative justice also brings benefits for the state. While restorative justice developed in the criminal justice realm, it is now applied in other areas to address harmful behavior such as egregious human rights abuses and historical wrongs, covering government as well as private actor misconduct.[76]

Ann Abraham has called ombudsman work a form of restorative justice given »the concern with the ›victim‹ and with the future prospects of constructive resolution.«[77] In this conceptualization, the bureaucracy is the offender and the individual negatively impacted by the public administration is the victim. Abraham describes the ombudsman's work as follows:

> »[i]t is a form of justice that takes as its starting-point the plight of the individual, yet is not oblivious to the common good or the public benefit that can flow from an individual grievance rectified. It is, however, a form of justice that is far from being one of mathematical calculation, strict retribution or even deterrence, and that instead leaves space for dialogue and revision. It is a form of justice that takes seriously the impetus of humanizing the state bureaucracy and that deploys at the centre of its armoury the humane values that flow from human rights principles.«[78]

As noted earlier, on the conclusion of investigations when improper administrative conduct is uncovered all types of ombudsman institutions can recommend various remedial measures, including explanation, apology and/or compensation from the government for the hurt individual. The implementation of these types of recommendations parallels the desired outcomes in the restorative justice field.[79] Further, a few ombudsman institutions, particularly those with express human rights mandates, are empowered to look at historical events and so may also provide some level of restorative justice in the context of historical wrongs that may also involve human rights abuses.[80] However, there are some

75 Gerry Johnstone, Restorative Justice: Ideas, Values, Debates, 2nd ed., London 2011, 1, 53–57.
76 Johnstone, Restorative Justice (note 75), 142–159.
77 Abraham, Ombudsman as Agent of Rights, Justice and Democracy (note 35), 690–1.
78 Abraham, Ombudsman as Agent of Rights, Justice and Democracy (note 35), 692.
79 Johnstone, Restorative Justice (note 75), 62–70, 94–111.
80 E. g. Ghana Commission on Human Rights and Administrative Justice (property issues), British Columbia Ombudsman (investigation of 1950s human rights abuses), Reif, The Ombudsman (note 1), 23, 305.

elements of restorative justice that may not always be mirrored in the ombudsman process such as face-to-face meetings between the victim and offender, and community involvement.[81]

VII. Conclusion

Both classic and human rights ombudsman institutions can be described as horizontal accountability mechanisms that cross the boundaries of the state, operating in a public-private space. Both forms of ombudsman have the powers to investigate the behavior of the public administration, make recommendations to rectify any misconduct that may be uncovered, issue reports and often conduct inspections of closed facilities. A growing percentage of ombudsman institutions have express human rights protection and promotion mandates. National-level human rights ombudsman institutions are classified as national human rights institutions (NHRIs) and, as such, need to comply with the Paris Principles. Human rights ombudsman institutions use domestic and international human rights norms throughout their work and often enjoy additional powers such as constitutional litigation and prosecution of officials.

Independent classic and human rights ombudsman institutions can strengthen justice by enhancing administrative, legal and constitutional accountability of the public administration, monitoring lawful and just conduct on the part of government authorities, facilitating access to justice and providing a form of restorative justice to private actors who are prejudiced by the misbehavior of the public administration. Human rights ombudsman institutions can strengthen justice in the state even further through additional powers that, for example, enable them to hold the legislature accountable, ensure the substantive justice of legislation and provide public human rights education and support.

Linda C. Reif

81 See e. g. JOHNSTONE, Restorative Justice (note 75), 1–2, 124–130.

Online Dispute Resolution: Justice without the State?*

I. Jurisdiction and Territorial Borders

Ever since the emergence of nation states, the exercise of judicial, prescriptive and enforcement jurisdiction has been closely-linked to the concept of territoriality and a simple (if not simplistic) syllogism reveals the reason for this nexus: the assertion of jurisdiction is an expression of state sovereignty; territoriality is an indispensable ingredient of state sovereignty; hence, jurisdiction must be closely related to, if not anchored in, territoriality. This finding, already inherent in Ulrich Huber's Seventeenth century *De Conflictu Legum Diversarum in Diversis Imperiis*,[1] and introduced to the jurisprudence of the United States by Justice Story in a Supreme Court decision more than 180 years ago,[2] produced at least two rules: first, every state may exercise control over persons, things and conduct within its territory; and second, no state has such regulatory power over persons, things and conduct outside its territory.

In times when geographical space, distance and borders limited human activity, these rules were perceived as both workable and, for the most part, legitimate.[3] As territorial boundaries lost in significance, however, this perception changed. With markets no longer confined to national borders and with

* This paper is a revised and updated version of a book chapter entitled Jurisdiction in Cyberspace, in: Günther Handl/Joachim Zekoll/Peer Zumbansen (eds.), Beyond Territoriality, Leiden/Boston 2012, 341–369.

1 See Ernest G. Lorenzen, *Huber's* De Conflictu Legum, in: Albert Kocourek (ed.), Celebration Legal Essays, To Mark the Twenty-fifth Year of Service of John H. Wigmore, Chicago, IL 1919, 199 ff., 200.

2 The Apollon, 22 US (9 Wheat.), 362 ff., 370 (1824): »The laws of no nation can justly extend beyond its own territories except so far as regards its own citizens.«

3 They were never absolute. See The Case of the SS Lotus – France v. Turkey (1927), PCIJ Reports, Ser. A, No. 10, in which the Permanent Court of International Justice held that a state may sanction a person's conduct who acted abroad but produced local injury, URL: http://www.worldcourts.com/pcij/eng/decisions/1927.09.07_lotus.htm.

foreign conduct affecting local interests, jurisdictional rules premised on the concept of territoriality have been increasingly criticised as providing neither workable nor fair solutions.

With the advent of the Internet, even more fundamental doubts arose about the wisdom of traditional jurisdictional thinking. These doubts were premised on the assumption that cyberspace is an idiosyncratic space, not susceptible to outside regulation. As a consequence, normativity would, instead, evolve within a de-centralised system of self-government, based upon a pure contract theory of law-making.[4] Even observers not associated with this libertarian approach initially argued that any attempt to adapt the existing jurisdictional models to this medium would inevitably fail because the theoretical foundation itself, i. e., the territory- (state-) based concept, is inapt to capture and adequately resolve the jurisdictional questions that occur in the Internet environment.[5]

Of the many jurisdictional facets of cyberlaw, which these considerations may affect, this paper will examine the evolution of norms through private ordering in the commercial Internet environment. It has been argued that this environment is fertile ground for the evolution of transnational legal regimes which are largely independent of state input and control.[6] We will first test the validity of this assertion by exploring the rules governing transactions and dispute resolution mechanisms on »eBay,« the single most important online trading platform (Section II). The second substantive part of this paper (Section III) will address a peculiar public-private arrangement between the *Internet Corporation for Assigned Name and Numbers* (ICANN) and the United States Government. That arrangement yielded, among other things, a widely-used online dispute-resolution procedure as well as substantive rules applied by private entities in disputes over the misappropriation of trademarks through domain-name users. The claim that this dispute-resolution regime presents a paradigmatic example for the emergence of one of a multitude of jurisdictional spaces, de-coupled from, or only loosely connected to, traditional state (territorial) authority,[7] merits further investigation.

4 David R. Johnson / David G. Post, Law and Borders. The Rise of Law in Cyberspace, in: Stanford Law Review 48 (1996), 1367 ff.

5 Ralf Michaels, Territorial Jurisdiction after Territoriality, in: Piet Jan Slot / Mielle Bultermann (eds.), Globalisation and Jurisdiction, Leiden 2004, 120 ff.

6 Thomas Schultz, Carving up the Internet: Jurisdiction, Legal Orders, and the Private/Public International Law Interface, in: European Journal of International Law 19 (2008), 799 ff., 829 ff.

7 See, for example, Andreas Fischer-Lescano / Gunther Teubner, Fragmentierung des Weltrechts: Vernetzung globaler Regimes statt etatistischer Rechtseinheit, 2005, 16 ff., URL: http://www.velbrueck-wissenschaft.de/pdfs/2005_fischer-lescanoteubner.pdf.

II. Online Community Norms – *eBay* »Law«

Predicting the emergence of law through self-governance in cyberspace, the early protagonists foresaw that the development of the Internet would proceed in line with the Jeffersonian idea of a de-centralised system of self-government. This system would consist of small independent units, and would reflect, in many ways, a pure public-choice approach: consumers would determine directly by their behaviour which rules will become relevant binding Internet-norms and which will not. It would have been the libertarian dream: *finalmente*, a space without government. By pointing to the online network of *Second Life* as illustration of the reality of virtual space, David Post elaborated upon this theme as late as 2008.[8] For this purpose, he even invoked the notion of self-governing online communities, »with shared norms and customs and expectations characteristic of each [community]«.[9] These communities, Post concluded, should not be »inherently less deserving of less [*sic*!] respect than the other communities – Topeka, Kansas, say, or Leicester, UK, or Sri Lanka - within the international legal order«.[10] Contrary to these assumptions, this development did not, and probably will not, occur in the many areas in which states remain the central stakeholders and continue to dominate the rule-making and rule-enforcing processes. Disputes arising out of Internet activities remain, for the most part, governed by traditional, state-based jurisdictional forces. This is particularly true for transnational conflicts of public laws, such as the clash of American free-speech concerns and other nations' emphasis on competing basic rights. Strongly-held value-judgments are likely to prevent the emergence of transnational (or community-based) legal authority in both this field and beyond.[11]

However, there are approaches which address the evolution of legal norms within non-state communities in less generalising and more analytical ways than Post's account. One leading example is the focus upon the notion of geographically-independent communities as the fountainhead of jurisdictional rules. Paul Schiff Berman was among the first who articulated a community-based concept for jurisdictional purposes, premised on what he calls a cosmo-

8 David G. Post, Governing Cyberspace: Law, in: Santa Clara Computer & High Technology Law Journal 24 (2007/2008), 883 ff.

9 Post, Governing Cyberspace (note 8), 912.

10 Post, Governing Cyberspace (note 8), ibid. For an early criticism of the principles underlying this view, see, for example, Neil Weinstock Netanel, Cyberspace and Self-Governance: A Sceptical View from Liberal Democratic Theory, in: California Law Review 88 (2000), 395 ff.

11 See e. g. Myriam Dunn / Sai Felicia Krishna-Hensel / Victor Mauer (eds.), The Resurgence of the State. Trends and Processes in Cyberspace Governance, Aldershot-Burlington, VT 2007.

politan approach which »allows us to think of community not as a geographically determined territory circumscribed by fixed boundaries but as ›articulated moments in networks of social relations and understandings‹«.[12] Thus, under this view, jurisdictional authority may also emanate from non-state communities whose members can, but do not have to be, affiliated upon the basis of their geographical location.[13]

While this pluralist conception of jurisdiction aims at formulating a comprehensive theory of jurisdiction, others have examined the normative force of non-state communities in the specific context of the Internet. For example, Thomas Schultz points to what he perceives as de-localised autonomous legal systems brought about by private ordering, particularly in a commercial Internet setting. Rather than depending on state power, these non-state online communities generate legal regimes consisting of primary and secondary rules in the Hartian sense[14] that form »nearly self-contained spheres of normativity, adopting their own rules, applying them in their own dispute resolution *fora* and ensuring [...] enforcement«.[15] Others, too, recognise private governance mechanisms in cyberspace as sources for the creation of alternatives to state law.[16] As a prime example of the emergence of non-state law in cyberspace, the *eBay* trading platform is often cited. Specifically, *eBay*'s user policies, its outsourced online dispute resolution (ODR) mechanism and its reputation management system are said to represent all the ingredients necessary to form an independent legal system.[17] The user policies prescribing succinct rules of conduct do, indeed, resemble a »uniform law«.[18] The ODR mechanism,[19] which was operated by »Square Trade« from 2000 until 2008, provided, among other things, software-

12 Paul Schiff Berman, The Globalization of Jurisdiction, in: University of Pennsylvania Law Review 151 (2002), 311 ff., 322, quoting Doreen B. Massey, Space, Place, And Gender, Cambridge 1994, 154.

13 See Adeno Addis, Community and Jurisdictional Authority, in: Günther Handl / Joachim Zekoll / Peer Zumbansen (eds.), Beyond Territoriality, Leiden/Boston 2012, 13 ff.

14 H. L. A. Hart, The Concept of Law, 2nd ed., Oxford 1994.

15 Schultz (note 6), 831.

16 See, for example, Gralf-Peter Calliess, Transnational Consumer Law: Co-Regulation of B2C-E-Commerce, in: Research Paper Series 3/2007, URL: http://ssrn.com/abstractid=988612. The same in: Gralf-Peter Calliess / Peer Zumbansen, Rough Consensus and Running Code, Oxford-Portland, OR 2010, 154 ff.

17 Schultz (note 6), 836 ff.; Calliess (note 16), 4 ff.

18 Schultz (note 6), 836 ff.; Calliess (note 16), 4 ff.

19 See generally on online dispute resolution, Julia Hörnle, Cross-Border Internet Dispute Resolution, Cambridge 2009; Fred Galves, Virtual Justice: Making the Resolution of E-Commerce Disputes more Convenient, Legitimate, Efficient, and Secure, Journal of Law, Technology & Policy (2009), 1 ff.

assisted negotiation procedures and personal mediation services at low cost, and, in resolving a large number of disputes, appeared to present an effective alternative to the expensive state litigation systems.[20] The reputation management system consisting of reputation points and the award/removal of a trustmark can operate as a powerful incentive both to participate in the *eBay* dispute resolution procedure and abide by its outcome.[21]

The assumption that the interplay of these components transformed the *eBay* undertaking into an autonomous legal regime[22] is nonetheless questionable. It is patently untenable if the assumption rests on the assertion that *eBay* rules do not operate »within the limits and in the shadow of state law [but rather] appear to effect an overriding of mandatory [state] rules«.[23] A quick look at *eBay*'s localised websites designed for various countries reveals the opposite, that is, that the company is well aware of the strictures of state laws and that it makes an effort to abide by these regulatory frameworks. The German website, for example, is crowded with references to state law requirements and court decisions.[24] One page addressing »*eBay-Grundsätze*« [*eBay* policies] states outright that »these policies reflect in part laws in force which must be abided by [...«].[25] *eBay* even relies on state laws to shield itself against liability claims.[26]

Equally difficult to sustain is the conclusion by some authors,[27] that the *eBay* user agreement, along with other company policies, is chief in regulating the

20 Schultz (note 6), 836–837.

21 Schultz (note 6), 837; Calliess (note 16), 6 ff.; same as Calliess / Zumbansen (note 16), 155.

22 See Schultz (note 6), 837; Calliess (note 16), 23.

23 See Schultz (note 6), 836.

24 See URL: http://pages.ebay.de/rechtsportal/index.html (18 März 2016).

25 See URL: http://pages.ebay.de/help/policies/overview.html. The American website is different and yet also recognises and relies strongly on state law requirements as evidenced by the following statement: »You will not ... breach or circumvent any laws, third-party rights or our systems, policies, or determinations of your account status.« See URL: http://pages.ebay.com/help/policies/user-agreement.html.

26 »Accordingly, to the extent permitted by applicable law, we exclude all expressed or implied warranties, terms and conditions including, but not limited to, implied warranties of merchantability, fitness for a particular purpose, and non-infringement.« URL: http://pages.ebay.com/help/policies/user-agreement.html. Furthermore, eBay leaves no doubt as to which laws apply in disputes that do arise: »You agree ... that the laws of the State of Utah, without regard to principles of conflict of laws, will govern the User Agreement and any claim or dispute that has arisen or may arise between you and eBay, except as otherwise stated in the User Agreement.« URL: http://pages.ebay.com/help/policies/user-agreement.html.

27 See Calliess (note 16), 21–22; same as Calliess / Zumbansen (note 16), 165.

behaviour of the participants. This agreement and its appendices hardly reflect the alleged existence of an autonomous legal system, but restate, in many instances, rules that are boilerplate norms in every developed state law system.[28]

On the other hand, there are exceptions that are actually capable of creating clashes between *eBay* user-expectations and state law. For example, the consumer's right to withdraw from a distance-selling transaction, as extended by the German Federal Supreme Court to consumers acquiring goods in the course of *eBay* auctions, imperils a core principle of the *eBay* system, which is to facilitate and finalise irrevocable transactions.[29] Despite *eBay*'s commitment to abide by applicable state law, it is conceivable that users will not invariably invoke their rights granted by state law if this were to frustrate core expectations of the *eBay* community and trigger negative reputation ratings.[30]

However, the fact that such reliance on state law before state courts did occur in this case, as well as in many others, is evidence of the continued influence of municipal law. In 2011, for example, the German Federal Supreme Court was called upon to interpret the following German *eBay* general contract term: »Members are generally liable for all activities which are carried out by using the membership account.«[31] The Court held that this provision did not entitle a bidder to recover damages for the early withdrawal of an offer to sell certain items by auction, when that offer was not placed by the defendant-member account-holder herself, but by her husband who had acted without her knowledge and permission.[32] The court invoked, among other things, Section 307 para. 1 (1) of the German Civil Code which renders a general contract term

28 See, for example, the following rules: »In connection with using or accessing the Services you will not: ... use our Services if you are not able to form legally binding contracts (for example if you are under 18), or are temporarily or indefinitely suspended from using our sites, services, applications or tools; fail to pay for items purchased by you, unless you have a valid reason as set out in an eBay policy, for example, the seller has materially changed the item's description after you bid, a clear typographical error is made, or you cannot contact the seller...; fail to deliver items sold by you, unless you have a valid reason as set out in an eBay policy, for example, the buyer fails to comply with the posted terms in your listing or you cannot contact the buyer.« For more see URL: http://pages.ebay.com/help/policies/user-agreement.html.

29 See Calliess (note 16), 23, referring to Bundesgerichtshof, Decision of 3 November 2004 (VIII ZR 375/03).

30 Callies (note 16), 24.

31 Former Section 2, No. 9 of the German eBay general contract terms. The current German eBay general contract terms now state in Section 2, No. 6: »Users are required to notify eBay immediately if there are any grounds for suspecting that a third party has abused their account.«

32 Bundesgerichtshof, Decision of 11 May 2011 (VIII ZR 289/09).

invalid if it disadvantages the other party to the contract in contravention of the principles of good faith and fair dealing. In 2014, when called upon to determine the validity of an *eBay* contract of sale of a used car for the auction price of EUR 1, the German Federal Supreme Court considered Section 138 para. 1 of the German Civil Code. According to that provision, contracts and other transactions are void if they violate public policy.[33] The court held that Section 138 para. 1 posed no obstacle to the validity of the contract under the facts of that case. Even more recently, the Court had to decide on which conditions must be met to obtain compensation for damages caused by the offeror's premature termination of an *eBay* auction. The court ruled that an offer may be withdrawn only if the offeror is entitled to do so by law so that once again domestic state law was held to be the outcome determinative criterion in such cases.[34]

Thus, while *eBay* is a largely self-policed entity with self-generated rules, these rules are subject to state-based interpretation, adjudication, enforcement or annulment. The extent of this influence may be debatable, but the claim »that [*eBay*] disputes are resolved according to a single set of transnational rules«[35] is unwarranted. These rules have several sources and those rules that emanate from private ordering will often operate in the shadow of municipal law. Not infrequently, the invocation of municipal law will lead to a restrictive interpretation of *eBay* norms or even entail their nullification.

Furthermore, it is unclear which, if any, rules are outcome-determinative in the bulk of all *eBay* disputes that do not end up in ODR-proceedings or in court. Since Square Trade ceased to offer ODR-services for *eBay* customers in 2008, *eBay* appears to have internalised the processing of consumer complaints through its in-house *eBay* Buyer Protection programme even more than it already did before.[36] In essence, this programme is a conflict prevention (rather than resolution) mechanism that relies heavily on the early, informal and direct communication between businesses and consumers. Millions of disputes have been prevented or settled in this way, *without* precedent-setting decisions and outside of formalised ODR-procedures such as those previously offered by

33 Bundesgerichtshof, Decision of 12 November 2014 (VIII ZR 42/14).

34 Bundesgerichtshof, Decision of 23 September 2015 (VIII ZR 284/14). With regard to premature termination see also Bundesgerichtshof, Decision of 10 December 2014 (VIII ZR 90/14).

35 Thomas Schultz, Internet Disputes, Fairness in Arbitration and Transnationalism: A Reply to Julia Hörnle, in: International Journal of Law & Information Technology 19 (2011), 153 ff., 162.

36 As an alternative, eBay offers customers to avail themselves of the PayPal Purchase Protection programme; see URL: http://pages.ebay.com/help/policies/money-back-guarantee.html.

Square Trade.[37] Predictability of outcome, believed by some to be an attribute of the *eBay* regime,[38] is certainly not a characteristic feature of this system.

If, then, the metamorphosis of social and commercial rules into a system of binding norms cannot occur without mature »secondary rules«,[39] the totality of the above observations would suggest that the *eBay* regime is not an autonomous legal order. It is not vested with sufficient independence or the power to create (prescribe), adjudicate and enforce primary rules of obligation. That it functions to some extent as a private »co-regulator« by filling legal gaps left by state legislatures,[40] does not justify a different assessment. Systemically, *eBay* is in no different position than other private actors embedded in state-run hierarchical systems which feature a large number of non-mandatory default rules. Such deference or delegation leading to more or less densely developed commercial practices or social standards does not *per se* transform them into (non-state) normative orders.[41]

The finding that the vast majority of conflicts are avoided or settled early on through direct negotiations between the participants also casts doubt on the assertion that *eBay* rules operate within a *transnational* legal regime. It is widely acknowledged today that e-commerce is essentially limited to intra-state transactions.[42] Language barriers and the lack of transparency that are characteristic of such transactions explain, in large part, the dearth of cross-border B2C (Business to Consumer) deals.[43] Diverging consumer protection laws, even

37 See Pablo Cortés, Developing Online Dispute Resolution for Consumers in the EU: A Proposal for the Regulation of Accredited Providers, in: International Journal of Law & Information Technology 19 (2011), 1 ff., 7.

38 See, for example, Schultz (note 35), 162. Equally unpersuasive is his claim that »[p]redictability is the most fundamental pursuit of the rule of law«, Schultz (note 35), 161. The rules of autocrats would likely meet this objective more easily than those of others. On the interplay of predictability and acceptability of law, see, for example, Elina Paunio, Beyond Predictability. Reflections on Legal Certainty and the Discourse Theory of Law in the EU Legal Order, in: German Law Journal 10 (2009), 1469.

39 As envisaged by those who rely on Hart's »Concept of Law« (note 14). See, for example, Andreas Fischer-Lescano / Lars Viellechner, Globaler Rechtspluralismus, in: Aus Politik und Zeitgeschichte 34–35 (2010), 20 ff., 23.

40 On the interaction of states and private actors in the internet environment, see Jeanne Pia Mifsud Bonnici, Self-Regulation in Cyberspace, The Hague 2008.

41 For an insightful account of the ways in which states (particularly through their choice-of-law regimes) address non-state normative orders – by rejection, incorporation, deference or delegation – see Ralf Michaels, The Re-State-Ment of Non-State Law: The State, Choice of Law, and the Challenge from Global Legal Pluralism, in: Wayne Law Review 51 (2005), 1209 ff., 1227–1237.

42 See, for example, Cortés (note 37), 2.

43 Expectations of market participants are another reason. See, for example, Jack Goldsmith / Tim Wu, Who Controls the Internet. Illusions of a Borderless

within the European Union, impose further limits to an online trade without frontiers. Thus, the widespread inability to engage in meaningful cross-border communication, together with informational deficits and the perseverance of states enforcing their mandatory consumer-protection laws, constitute powerful obstacles to the emergence of a self-referential transnational legal regime.[44] In contrast, then, to those who view *eBay* as paradigm for transnationalism »in the sense that the location of buyers and sellers is almost meaningless«,[45] borders do continue to matter, as do places with diverging expectations and norms, respectively expressed and enforced through different modes of communication. Localised websites reflecting these and other differences, coupled with the ability to locate web-surfers in real space, and customised web-content that is adapted to that location,[46] lend further support to the conclusion that *eBay* has not produced a non-state transnational legal regime in cyberspace. Clearly, there is transnational law that governs certain subject-matter areas of electronic commerce. But these rules are public in nature; they are emanations of state or regional initiatives.[47] One prime example is the EU-Directive, adopted by the European Parliament in June 2011, which will require Internet businesses, among other things, to provide their customers with greater transparency about pricing and delivery terms.[48] The directive aims precisely at what partly under-regulated market forces have failed to achieve so far, that is, the increase of e-commerce across borders. Another illustration is the recent Regulation on

World, New York 2006, 51: »A Croatian who buys a Dell computer on the Web wants not only instructions he can understand but also the address and phone number of a local repair service, as well as a real-space return address, in case problems arise.«

44 On the relevance of »meaningful communication« for social and legal systems, see Niklas Luhmann, The Unity of the Legal System, in: Gunther Teubner (ed.), Autopoietic Law: A New Approach to Law and Society, Berlin/New York 1988, 17.

45 Schultz (note 35), 162.

46 See, for example, Goldsmith / Wu (note 43), 59–63.

47 See, for example, Directive 2000/31/EC of the European Parliament and of the Council of 8 June 2000 on certain legal aspects of information society services, in particular electronic commerce, in the Internal Market (Directive on electronic commerce) OJ L 178, 17/07/2000 P. 0001 - 0016. Article 3(1) of the Directive features a country-of-origin approach, which means that the service provider established in one member state must, in principle, only comply with the national provisions applicable in that state.

48 European Parliament legislative resolution of 23 June 2011 on the proposal for a directive of the European Parliament and of the Council on consumer rights (COM (2008)0614 – C6-0349/2008 – 2008/0196(COD)), URL: http://www.europarl.europa.eu/sides/getDoc.do?pubRef=-//EP//TEXT+TA+P7-TA-2011-0293+0+DOC+XML+V0//EN.

consumer ODR[49] which seeks to increase consumer protection rights in online dispute resolution procedures. Article 5 of that Regulation highlights the European *public* interest in this area, by providing, *inter alia*, that the Commission shall develop an ODR platform and that this platform »shall be a single point of entry for consumers and traders seeking the out-of-court resolution of disputes covered by this Regulation.« Here, too, state-based interests in the development of adequate consumer protection institutions drove, in large part, the drafting process.

The widespread absence of borderless, non-public cyberspace regimes notwithstanding, there is one Internet-associated undertaking, and its online dispute resolution mechanism, which may conceivably serve as evidence of a non-state transnational authority. This is the Internet Corporation for Assigned Names and Numbers (ICANN[50]) and its Uniform Domain Name Resolution Policy (UDRP[51]). The remainder of this paper will examine the extent to which the substantive and procedural rules governing this system have established a transnational non-state jurisdictional authority in cyberspace.

III. ICANN and The UDRP

ICANN was formed in 1998 as a Californian non-profit public-benefit corporation. The mission of ICANN, whose foundation was the result of a compromise between the US Department of Commerce and several interest groups,[52] is »to co-ordinate, at the overall level, the global Internet's systems of unique identifiers, and in particular to ensure the stable and secure operation of the Internet's unique identifier systems.«[53] Among other things, ICANN's specific tasks are to co-ordinate the allocation and assignment of »[d]omain names (forming a system referred to as DNS) and of the Internet protocol (IP) addresses

49 Regulation (EU) No 524/2013 of the European Parliament and of the Council of 21 May 2013 on online dispute resolution for consumer disputes and amending Regulation (EC) No 2006/2004 and Directive 2009/22/EC, OJL 165/1 (2013), URL: http://eur-lex.europa.eu/LexUriServ/LexUriServ.do?uri=OJ:L:2013:165:0001:0012:EN:PDF.

50 URL: http://www.icann.org/en/general/bylaws.htm.

51 URL: http://www.icann.org/en/dndr/udrp/policy.htm.

52 On the genesis of ICANN and its early years, see, for example, Harold Feld, Structured to Fail: ICANN and the »Privatization« Experiment, in: Adam Thierer/Clyde Wayne Crews, Jr. (eds.), Who Rules The Net? Internet Governance and Jurisdiction, Washington, D.C. 2003, 333 ff. For a fuller account, including the most recent developments, see A. Michael Froomkin, Almost Free: An Analysis of ICANN's »Affirmation of Commitments«, in: Journal on Telecommunications & High Technology Law 9 (2011), 187 ff.

53 See Article I Section 1 of the ICANN by-laws, as amended on 18 March 2011.

and autonomous system (AS) numbers[54]«. As DNS- and IP- regulator, ICANN exerts authority over core constitutive elements of the Internet as such. In other words, ICANN has control over the indispensable pre-requisites for the establishment and maintenance of any web presence. Not only does this authority have an enormous impact on valuable Internet-associated property rights, »it also has the potential to serve as a powerful tool of Internet enforcement and to shape the nature of the Internet itself«.[55]

By adopting the Uniform Domain Name Resolution Policy on 24 October 1999, ICANN introduced an administrative online-procedure (as well as substantive rules) for the resolution of trademark disputes arising from so-called »cyber-squatting«. This practice involves, in essence, the bad faith registration of a domain name which is similar to, or identical with, a trademark, with the intent to sell it back to the trademark-owner or to third parties.[56] Prior to the adoption of the UDRP, trademark-owners found it difficult to protect their rights against cyber-squatters. The international dimension of the disputes often posed insurmountable jurisdictional obstacles. In particular, the friction between the limited reach of domestic intellectual property laws and the ubiquity of Internet domain names worked against the owners of trademarks.[57]

54 Article I Section 1 of the ICANN by-laws (note 53).

55 Goldsmith/Wu (note 43), 31; ICANN has often been criticised for failing to include a representative range of relevant internet community actors and for perpetuating power structures through its powerful Board that is dominated by corporate and commercial interests of established trademark holders. Critics have also assailed ICANN's opaque (»Byzantine«) governance structure. For early accounts of these legitimacy and transparency concerns, see for example, A. Michael Froomkin, Wrong Turn in Cyberspace, Using ICANN to Route Around the APA and the Constitution, in: Duke Law Journal 50 (2000), 17 ff., 24; Jochen von Bernstorff, Democratic Global Internet Regulation? Governance Networks, International Law and the Shadow of Hegemony, in: European Law Journal 9 (2003), 511 ff.; a more recent account is provided by Christopher M. Bruner, State, Markets, and Gatekeepers: Public-Private Regulatory Regimes in an Era of Economic Globalization, in: Michigan Journal of International Law 30 (2008–2009), 125 ff., 154–157.

56 UDRP paras. 4 a and b.

57 See e.g. Nils Christian Ipsen, Private Normenordnungen als Transnationales Recht?, Berlin 2009, 116. This problem has recently drawn fresh attention following the introduction of new generic top-level domains (gTLDs) such as .business, .lawyer, .food, .software by ICANN in 2012/2013. In order to provide efficient protection for the new trademark owners, ICANN has adopted a series of new dispute resolution instruments, in particular a Uniform Rapid Suspension (URS) procedure similar to the UDRP and intended to complement its protection. See Uniform Rapid Suspension Procedure (as of March 1, 2013) and the Uniform Rapid Suspension Rules (as of 28 June 2013), URL: http://newgtlds.icann.org/en/applicants/urs. URS allows trademark owners to temporarily

It was the UDRP in conjunction with the Rules for Uniform Domain Name Dispute Resolution Policy (the UDRP Rules[58]) as a non-state tool designed to combat cyber-squatting, which inspired several observers, among them primarily legal pluralists, to conclude that they were witnessing the (re-)birth of transnational law without a state.[59] It has been argued in this context that Section 15 (a) of the UDRP Rules evinces the autonomous non-state law status of the ICANN regime.[60] Section 15 (a) provides that:

> »[a] Panel shall decide a complaint on the basis of the statements and documents submitted and in accordance with the Policy, these Rules and any rules and principles of law that it deems applicable.«[61]

Abbreviated and (over-) simplified, one argument in favour of finding an independent normative order in this context reads as follows: because the cluster of decisional standards in Section 15 (a) signifies a secondary normative environment in the Hartian sense, and because the norms of that sphere serve as referential standards for the applicable primary rules embodied in the UDRP, ICANN dispute-resolution occurs within a self-contained, self-referential non-state legal regime,[62] vested with jurisdiction to prescribe rules (and modify them if deemed necessary), to adjudicate disputes and to enforce the results.[63]

Although there can be no doubt that ICANN's dispute-resolution mechanism operates in a transnational context, the categorical claim that it does so as an autonomous legal system requires, of course, additional evidence. Without more substantiation, it is, at least, as plausible to characterise this mechanism as a hybrid arrangement of shared responsibilities between state action and private ordering.[64]

prohibit the use of a registered domain to cyber-squatters and other unauthorized users and thus permits a fast, transnational and efficient remedy against trademark violations.

58 Originally as approved by ICANN on 24 October 1999, URL: http://www.icann.org/en/udrp/udrp-rules-24oct99.htm; subsequently as approved by the ICANN Board of Directors on 30 October 2009, URL: http://www.icann.org/en/dndr/udrp/uniform-rules.htm.

59 Schultz (note 35), 162; Thomas Schultz, Private Legal Systems: What Cyberspace Might Teach Legal Theorists, in: Yale Journal of Law & Technology 10 (2007), 151 ff.; Fischer-Lescano / Teubner (note 7), 16 ff.; URL: http://www.velbrueck-wissenschaft.de/pdfs/2005_fischer-lescanoteubner.pdf.

60 Fischer-Lescano / Viellechner (note 39).

61 See note 58 above.

62 See Fischer-Lescano / Viellechner (note 39).

63 See Schultz, Private Legal Systems: What Cyberspace Might Teach Legal Theorists (note 59), 173–186.

64 See, for example, Laurence R. Helfer / Graeme B. Dinwoodie, Designing Non-national Systems: The Case of the Uniform Domain Name Dispute Resolution Policy, in: William & Mary Law Review 43 (2001), 141 ff., 149 (describing the

We will test these hypotheses by examining the institutional status and authority of ICANN as well as the sources and nature of the procedure and substantive rules that govern cyber-squatting conflicts. Concerning the former, ICANN's existence and authority depended for more than 10 years in large part on the Memorandum of Understanding (MOU) between the US Department of Commerce (DOC) and ICANN, as well as on other contractual arrangements, which stipulated the allocation of powers and obligations between the US Government and the private non-profit corporation.[65] The MOU was repeatedly amended and, in 2006, replaced by a Joint Project Agreement. While ICANN enjoyed significant freedom in its day-to-day operations since its inception, the shadow of governmental influence remained, particularly due to the DOC's power to terminate the contractual arrangement thereby obliterating ICANN. Considering this ultimate authority of one arm of the US Government to rein into its operations, ICANN could arguably be described as a dependent semi-private entity vested with powers that are derivative of the US government's own authority.[66]

Qualifying this assessment, however, other observers have pointed out that the emphasis on the governmental control potential would unduly distract from the *de facto* leeway and discretion ICANN enjoyed in developing a novel online dispute resolution system.[67] In a formal sense, furthermore, ICANN's independence from governmental oversight was significantly strengthened by signing an »Affirmation of Commitments« with the Department of Commerce in September of 2009.[68] The additional freedom gained is substantial for the Affirmation effectively removes the former existential threat of ICANN of being replaced by another entity, chosen by the US Government.[69] But what has been the effect of ICANN's status as quasi-private actor for the dispute-resolution procedure embodied in the UDRP?

This question cannot be answered without an examination of the genesis and operation of the UDRP's procedural and substantive rules. Contrary to what one might expect about the conception of these rules, their blueprint is not an

UDRP as a »system containing an amalgam of elements from three decision-making models – judicial, arbitral, and ministerial – […] draw[ing] inspiration from international and national legal systems«).

65 For details, see Froomkin (note 52), 191.

66 See Bruner (note 55), 125 ff., 156. On the relationship between normative orders and delegated powers, see Michaels (note 41), 1234 ff.

67 See Ipsen (note 57), 118.

68 The Affirmation, which explicitly acknowledges ICANN as a private entity, recognizes the lapsing of the JPA, the central link between the Department of Commerce and ICANN. For an assessment of the importance of this step, see Froomkin (note 52), 198 ff.

69 Froomkin (note 52), 203.

emanation of private ordering but, rather, a work product of WIPO, the World Intellectual Property Organisation, which is an agency of the United Nations with currently 184 member states. As stated on its website, »WIPO was established by the WIPO Convention in 1967 with a mandate from its Member States to promote the protection of IP throughout the world through cooperation among states and in collaboration with other international organisations«.[70] In a White Paper that it issued in 1998, [71] the DOC requested WIPO to provide the then soon-to-be-founded ICANN with recommendations on how to deal with domestic and transnational trademark domain-name disputes. The White Paper was explicit about the narrow scope of the subject-matter jurisdiction of the new online dispute-resolution system. Rather than addressing the relationship between trademarks and domain names comprehensively, the system was to be restricted to controversies involving the specific categories of »abusive registrations«, *i. e.*, cyber-squatting cases.[72] In response to the DOC's request, WIPO launched a multi-staged and virtually global consultative process to address the issues raised in the White Paper.[73] The process called for balanced input from governmental agencies, inter-governmental organisations, professional associations, corporations, and individuals.[74] Despite the claim to rely on geographically and ideologically even-handed advice, however, both the drafting processes within WIPO and the subsequent approval procedure by ICANN were perceived by many as lopsided, lacking adequate participation by a representative range of domestic and international private and public stakeholders. Critics have argued that these processes were, instead, geared towards strengthening the position of powerful IP right-owners.[75] Regardless of the extent to which this criticism is justified, it is important to note for our purposes that the ultimate adoption of the UDRP was grounded in an odd co-operation between public and private actors. WIPO, a creature of public international law, acting upon the request of a single government, the United States, produced a normative system with transnational ramifications to be considered for adoption by ICANN, a quasi-private Californian corporation. ICANN thus had the power to implement

70 URL: http://www.wipo.int//about-wipo/en/what_is_wipo.html.

71 See Management of Internet Names and Addresses, 63 Fed. Reg. 31741 (10 June 1998), URL: http://www.gpo.gov/fdsys/pkg/FR-1998-06-10/pdf/98-15392.pdf.

72 Management of Internet Names and Addresses (note 71), 31747.

73 See Helfer / Dinwoodie (note 64), 166.

74 Helfer / Dinwoodie (note 64); see also Peter K. Yu, Currents and Crossroads in the International Intellectual Property Regime, in: Loyola Law Review 38 (2004), 323 ff., 402.

75 See Helfer / Dinwoodie (note 64), 170 ff., 181; Joachim von Bernstorff, The Structural Limitations of Network Governance: ICANN as a Case in Point, in: Christian Joerges / Inger-Johanne Sand / Gunther Teubner (eds.), Transnational Governance and Constitutionalism, Oxford/Portland, OR 2004, 272–273.

the WIPO draft, and it could exercise this power without consulting any other affected government.[76] Whether that meant, however, that, in the absence of »any meaningful international public participation[,] new substantive global private *rights* have been created by ICANN«,[77] is a different question that shifts the focus on the nature, operation and effects of the rules that ICANN adopted.

The UDRP applies on the basis of a chain adhesion contract system. ICANN accredits so-called domain name registrars which, in turn, are authorized to accept the applications of those who wish to be registered as domain name holders. To be accredited, the domain name registrars for Top-Level-Domains (.com and .org, *etc.*) must agree to include the UDRP into the registration agreements which they enter into with every applicant, *i. e.*, every prospective domain name holder.[78]

With this agreement, the domain name holder is forced to submit to an online mandatory administrative proceeding if, according to Paragraph 4a UDRP, a complainant asserts to an ICANN-approved dispute-resolution service-provider[79] that:

> »(i) the domain name is identical or confusingly similar to a trademark or service mark in which the complainant has rights; and
> (ii) the domain name holder has no rights or legitimate interests in respect of the domain name; and
> (iii) the domain name has been registered and is being used in bad faith.«

If the complainant can prove that each of these three elements are present, the Administrative Panel will issue an order, and address it to the registrar, to either cancel the domain name or transfer the registration of it to the complainant.[80] The online procedure, which, like arbitration, is operated by private personnel, is fast, cheap, and promising for trademark owners. The time between the filing and the panel's order is significantly shorter than the decision-making process in

76 See Helfer/Dinwoodie (note 64), 167.

77 See Bernstorff (note 75), 272–273 (emphasis added).

78 See Section 3.8 of the Registrar Accreditation Agreement (21 May 2009): »During the Term of this Agreement, Registrar shall have in place a policy and procedures for resolution of disputes concerning Registered Names. Until different policies and procedures are established by ICANN under Section 4, Registrar shall comply with the Uniform Domain Name Dispute Resolution Policy identified on ICANN's website…« URL: https://www.icann.org/resources/pages/ra-agreement-2009-05-21-en#3.

79 Currently approved are the following four entities: Asian Domain Name Dispute Resolution Centre, National Arbitration Forum, WIPO, The Czech Arbitration Court Arbitration Centre for Internet Disputes, Arab Center for Domain Name Dispute Resolution (ACDR); for further details, see URL: https://www.icann.org/resources/pages/providers-6d-2012-02-25-en.

80 These are the only remedies available under the UDRP. See paragraph 4 i UDRP.

ordinary litigation.[81] The costs for the panel proceedings are extremely low,[82] and the success rate for trademark-owners is very high.[83] The registrar receiving the order from the online dispute-resolution provider implements it unless the domain name-holder challenges the panel decision by initiating a law suit within 10 business days after the registrar was informed about the decision by the dispute-resolution service provider.[84] Implementing the order means that the registrar itself creates facts through electronic means. By using the electronic tools under its control, the registrar will directly effectuate the two available remedies – deletion or transfer of the domain name – without additional external or internal institutional approval or support. For the parties involved in the process up to this stage, the UDRP is a truly self-enforcing system. However, the results are by no means binding or irrevocable. Indeed, the UDRP procedure is not even the excusive means of adjudicating these disputes in the first place. Paragraph 4k of the UDRP contains the pertinent opening (saving?) clause. According to this provision, trademark-owners can avoid the UDRP proceedings altogether by litigating their claims in national courts, instead. Furthermore, Paragraph 4k permits either party that lost before the ICANN-approved panel to seek redress before a court of competent jurisdiction.

Considering these procedural and institutional features, it becomes clear that the contractually grounded UDRP-procedure resembles arbitration only at first glance. In addition to the higher costs and longer duration of arbitration proceedings, there are at least three significant differences. First, while the inclusion of traditional arbitration clauses is (ideally) the result of arm's length negotiations, the UDRP-procedure is a mandatory dispute resolution scheme leaving no choice to registrars and registrants but to accept it as a prerequisite to pursue their (business) interests. Second, unlike arbitration – and unlike state proceedings –, the UDRP features a powerful self-enforcing system, albeit a non-conclusive one. Third, unlike arbitration, the UDRP does not in principle establish a self-contained, exclusive adjudicatory regime as Paragraph 4k of the UDRP permits its circumvention by trademark owners and accords either party the right to appeal a panel decision.

81 Sixty days in WIPO-based proceedings; URL: http://www.wipo.int/amc/en/domains/guide/#b2.

82 For example, the lowest fees for the Czech Arbitration Court amount to only 500 Euros; URL: http://eu.adr.eu/adr/fees/index.php

83 Complainants before the Czech Arbitration Court succeed in 82 % of all cases; Marie Moravcova / Tereza Bartoskova, The Czech Arbitration Court, Domain-name Dispute, 4; URL: http://www.effectius.com/yahoo_site_admin/assets/docs/Effectius_TheCzechArbitrationCourt_MarieMoravcova_Newsletter13.150122937.pdf.

84 Paragraph 4 k UDRP.

Although these »appeals« apparently constitute an exception,[85] once invoked, they pose a real threat to UDRP decisions. Courts called upon to decide such cases have held that they are not at all bound by the decision rendered by the panel. For example, the US Court of Appeals for the Fourth Circuit in *Barcelona.com, Inc.* v. *Excelentisimo Ayuntamiento de Barcelona* held that »any decision made by a panel under the UDRP is no more than an agreed-upon administration that is not given *any* deference under the [Federal Anti-Cyber-squatting Consumer Protection Act (ACPA)]«.[86] Thus, at least in the United States, courts with ordinary jurisdiction will try such cases *de novo* in accordance with federal law. Indeed, Section 1114(2)(D)(v) of the ACPA explicitly provides domain-name holders with an affirmative cause of action before federal courts to recover domain names which they lost in UDRP proceedings.[87]

Notwithstanding the lack of finality and exclusivity, the UDRP and the »jurisprudence« evolving under it undoubtedly do have an impact on this specific area of IP law. It is just difficult to assess the »weight« of this impact. Some observers have gone as far as to claim that the UDRP has become the international standard for the resolution of cyber-squatting conflicts.[88] Given the high volume of UDRP decisions, this assumption may not be too far-fetched. Two of the ICANN-approved dispute-resolution providers alone have respec-

85 See Laurence R. Helfer, Whither the UDRP: Autonomous, Americanized, or Cosmopolitan?, in: Cardozo Journal of International & Comparative Law 12 (2004), 493 ff., 495, reporting that the number of national courts asked to review UDRP panel rulings has been extraordinarily small: 1.03 %, or 73 out of 7,079 cases until 2003.

86 330 F. 3d 617, 626 (4th Cir. 2003); the court emphasized the difference between the UDRP rules and domestic legal remedies and standards by holding that »because a UDRP decision is susceptible of being grounded on principles foreign or hostile to American law, the ACPA authorises reversing a panel decision if such a result is called for by application of the Lanham Act.«; see also Southern Co. v. Dauben Inc., 324 Fed. Appx. 309, 316 (5th Cir. 2009).

87 Section 1114(2)(D)(v) reads as follows: »A domain name registrant whose domain name has been suspended, disabled, or transferred under a policy described under clause (ii)(II) may, upon notice to the mark owner, file a civil action to establish that the registration or use of the domain name by such registrant is not unlawful under this chapter. The court may grant injunctive relief to the domain name registrant, including the reactivation of the domain name or transfer of the domain name to the domain name registrant.« See also Sallen v. Corinthians Licenciamentos LTDA, 273 F. 3d 14, 18 (1st Cir. 2001), granting domain name registrants who have lost domain names under administrative panel decisions applying the UDRP an affirmative cause of action in federal court for a declaration of non-violation of the ACPA and for the return of the wrongfully transferred domain names.

88 Graeme B. Dinwoodie, Trademarks and Territory: Detaching Trademark Law from the Nation State, in: Houston Law Review 41 (2004–2005), 885 ff., 936.

tively rendered more than 34,000 and 22,000[89] decisions, almost every one of which was published.[90] If, as it has been argued, panels increasingly rely on this emerging body of case »law« in deciding new disputes, the UDRP system may, indeed, have acquired »a common law-like capacity to generate norms«.[91] This assumption pre-supposes, however, that there is sufficient coherence and consistency in applying previous holdings and reasoning to cases involving similar circumstances. Whether or not that is so in general, it certainly is not the case in all areas as is evident, for example, from the different weight that panels attribute to free-speech rights in evaluating the legitimacy of using domain names as an expression of criticism.[92]

For other aspects of cyber-squatting, a more coherent evolution of case »law« may exist,[93] but this is difficult to prove. The sheer numbers of disputes decided by ICANN-approved panels may be indicative of a substantial demand for this dispute-resolution model, as does the decision by the European Commission to emulate it by adopting a Regulation »*laying down public policy rules concerning the implementation and functions of the .eu Top Level Domain and the principles governing registration*«.[94] However, this success as a soft law transplant does not say much about its status in relation to state law or about the alleged coherence and predictability of the UDRP regime. Nor is the volume of UDRP cases in or of itself proof of its relevance and autonomy. A meaningful assessment of its relative weight would require access to the data of court proceedings involving the same subject-matter issues in various state systems. Such pertinent, system-specific figures are unavailable.[95]

89 WIPO ADR Arbitration and Mediation Centre, URL: http://www.wipo.int/amc/en/domains/statistics/cases.jsp (23 March 2016); The National Arbitration Forum, URL: http://www.adrforum.com/SearchDecisions (23 March 2016).

90 The publication requirement is set out in paragraph 4 j UDRP and paragraph 16 b UDRP Rules.

91 Dinwoodie (note 88), 938.

92 Ipsen (note 57), 124.

93 Calliess / Zumbansen (note 16), 138.

94 Commission Regulation (EC) No. 874/2004 of 28 April 2004, OJ L162, 40 (30 April 2004). In Article 21 (1), the Regulation almost literally reproduces the substantive standards of paragraph 4a of the UDRP. The procedural structure likewise closely tracks the UDRP model by providing for the finality of panel findings, unless the domain name holder appeals to a court of law within a certain period of time. According to Article 22 No. 13, of the Regulation, that period is 30 days, rather than 10 days as provided for by the UDRP.

95 For a variety of statistical findings concerning, for example, the composition of panels and the potential for bias of panels, see Jay P. Kesan / Andres A. Gallo, The Market for Private Dispute Resolution Services – An Empirical Re-Assessment of ICANN-UDRP Performance, Michigan Telecommunications & Technology Law Review 11 (2004–2005), 285.

Notwithstanding the absence of conclusive data, a summary look at American court cases since 1999 does suggest that ICANN's dispute-resolution panels applying the UDRP actually operate as a viable alternative to court proceedings under domestic American law. This law is the Anti-cybersquatting Consumer Protection Act (ACPA) of November 1999,[96] which amended the Lanham Act[97] to establish a civil action for damages and injunctive relief against cybersquatters. As observed above, since 1999, far more than 40,000 disputes have been decided under the UDRP. That number compares with only 788 [758 federal cases, 30 state cases] decisions rendered by American courts applying the ACPA during the same period.[98] In addition to trademark-owners, this number of court cases includes suits by domain name registrants seeking declaratory judgments and the return of domain names which they lost in UDRP proceedings.[99] While not all UDRP proceedings involve complainants with rights under American Trademark law, many do so. The comparatively small number of American court decisions[100] is somewhat surprising as the ACPA remedies include the award of damages that are unavailable under the UDRP. Furthermore, and most remarkably, the usual problems of locating distant cybersquatters and exercising adjudicatory jurisdiction over them do not exist under American law. Emulating a solution long adhered to in maritime law,[101] the American legislature included an *in rem* action against the domain-name *itself*, which is available if the trademark-owner is unable to establish personal jurisdiction of the domain-name user.[102] Given this extraordinary jurisdictional device with its built-in transnational reach, the low frequency of litigation in courts is all the more astonishing.

Although the small number of American court decisions does not include the rate of settled cases, both during the pre-litigation phase and after the complaint was filed, it is realistic to assume in light of the above observations that the UDRP has become the favourable forum for the solution of cybersquatting conflicts in the United States. The system's high speed, low cost, its effective self-enforcement mechanism and the success rate have prompted most owners of American-registered trademarks with claims against domain-name

96 15 USC § 1125 (d).

97 15 USC § 1111–1128.

98 A Westlaw search on 23 March 2016 yielded that number of decisions applying the ACPA.

99 As was the case in Sallen v. Corinthians Licenciamentos LTDA (note 87).

100 For the very low rate of appeals to national courts see Helfer (note 85).

101 See Martin Davies, Maritime Law. The Epitome of Transnational Legal Authority, in: Günther Handl/Joachim Zekoll/Peer Zumbansen (eds.), Beyond Territoriality, Leiden/Boston 2012, 327 ff.

102 15 USC § 1125(d)(2).

users to proceed before an ICANN-approved panel, rather than an ordinary court of law.

The popularity of UDRP proceedings still does not *per se* validate the hypothesis expressed at the outset of this section[103] that UDRP operates as an autonomous, coherent body of transnational law. Certain doubts about this assumption have been voiced above,[104] by pointing to the diverging values which different panels attribute to free-speech concerns in domain-name disputes and by referring to the structural lack of jurisdictional exclusivity. Thus, decisions in UDRP proceedings can still depend in significant ways upon domestic law. Because the UDRP does not specifically define every outcome-determinative norm, panels are bound, to some extent, to invoke national law to fill the gaps.[105] This is so, for example, with regard to the determination of whether the alleged trademark-right exists in the first place – a question that is, of course, altogether outside the UDRP's jurisdiction – or whether the use of a trademark by the domain-name holder can be considered legitimate. Depending on their background, individual panels faced with the latter question might resort to familiar patterns prevailing in their »home« jurisdiction.[106] If this occurred regularly, it would pre-empt the evolution of a coherent transnational normative system. UDRP Rule 15a actually embodies the potential for such continued fragmentation by authorising panels to »decide a complaint [...] in accordance with the Policy, these Rules and *any rules and principles of law that it deems applicable*« (emphasis added).

It is, nevertheless, just as conceivable that Rule 15a and the developing body of jurisprudence under the UDRP have produced the opposite trend, namely, the above-mentioned system-internal common law-like capacity to generate norms. Undertaken for purposes of this paper, a review of almost 200 WIPO panel-decisions rendered in 2010 actually tends to confirm this assumption.[107] Most of these decisions refer to, and appear to rely on, former rulings to corroborate the panels' holdings. Many decisions cite such previous case »law« extensively, thus suggesting the presence of an internal coherence and cohesion that is characteristic of systems developing norms upon the basis of precedent-setting decisions. To be sure, the research undertaken did not explore the degree of such system-building consistence in depth. It is, nonetheless, obvious that the

103 See note 60 above and accompanying text.

104 See note 92 above and accompanying text.

105 See, for example, HELFER (note 85), 496.

106 See DINWOODIE (note 88), 937, fn. 214 citing to WIPO Case D99-0001 (para. 6), in which the panel interpreted the »use« requirement by explicitly referring to a definition given by an American Federal Court of Appeals.

107 Decisions D 2010-1400 – D 2010-1599, URL: http://www.wipo.int/amc/en/domains/decisionsx/list.jsp?prefix=D&year=2010&seq_min=1400&seq_max=1599.

panels responsible for the decisions were keenly aware of previous rulings. That many of these panels seize on the reasoning of previous panels and, in particular, that none of the decisions under review invoked state law or state court decisions, is at least *prima facie* evidence of a gradually emerging, self-referential normative order. Lending further support to this finding is the fact that there are even cases in which a party's pleadings cite former panel decisions in an effort to improve its prospects.[108]

In the light of these findings, ICANN's UDRP does not just present an exceedingly successful new type of international dispute-resolution framework. Consisting of judicial, arbitral and ministerial components, which, in the aggregate, form an apparatus with jurisdiction to adjudicate and enforce, the UDRP is also a source for prescribing rules and developing them within its own sphere of application. And while none of these jurisdictional powers are formally exclusive – but are, instead, open to challenge and avoidance by recalcitrant parties and »hostile« state court decisions – the UDRP has, nonetheless, evolved into a transnational legal authority with little *de facto* state-side control and interference. In response, then, to the issue raised at the outset of this section,[109] the UDRP has clearly moved beyond the status of a mere hybrid arrangement of shared responsibilities between state action and private ordering that often is assumed to be characteristic of many transnational regimes in a variety of contexts. However, this quasi-autonomous regime appears to represent a unique phenomenon. Parallel developments in cyberspace are not discernible.

IV. Summary of Findings

Contrary to common expectations, commercial online activities have not produced a body of transnational non-state jurisdictional cyberlaw. The oft-cited example, and most plausible candidate for such a development, the online trading platform *eBay* neither represents an autonomous legal order, nor is its core of operations transnational. No different than other commercial undertakings, it operates with considerable latitude pushing, so to speak, the envelope of private autonomy within state-set limits. And those limits prevent *eBay*'s operations, including its dispute-resolution mechanisms, which occur primarily as *intra*-state activities, from germinating into anything more than the establishment of soft-law commercial practices with domestic, rather than cross-border, implications.

108 F. Hoffmann-LaRoche AG v. Bo Chu, Case No. D2010-1424, URL: http://www.wipo.int/amc/en/domains/search/text.jsp?case=D2010-1424.

109 See Fischer-Lescano / Viellechner (note 60) and accompanying text.

By contrast, ICANN's UDRP represents a case on its own. A product of division of labour between public and private forces, the UDRP has developed into a transnational online dispute-resolution forum with jurisdictional powers to prescribe, adjudicate and enforce, which are virtually unfettered by the municipal laws and institutions of any single nation state or treaty regime. To put things into perspective, however, one has to recall the limited substantive scope of the UDRP, and acknowledge its unique status in the online world. It regulates only a very narrow subset of IP law, the abusive registration of domain-names. Generated and shaped under the influence of trademark-owners, the UDRP may prove to be a near perfect instrument for the specific purpose for which it was created. It functions as a quasi-one-stop shop for the speedy vindication and enforcement of valuable trademark-ownership interests. The UDRP has remained a peculiarity, however. Developments leading to online dispute-resolution models of comparable jurisdictional »strength« have not (yet) occurred. Considering its idiosyncrasy, the claim that the UDRP is a paradigmatic example of the formation of a *lex digitalis*, is unsustainable or, at least, premature.

Joachim Zekoll

Authors

Apl. Prof. Dr. Wolfgang Ayaß
Universität Kassel, FB 1
Arnold-Bode-Str. 10
34109 Kassel
ayass@uni-kassel.de

Dipl.-Soz. Gerd Bender
Max-Planck-Institut für europäische Rechtsgeschichte
Hansaallee 41, 60323 Frankfurt am Main
bender@rg.mpg.de

PD Dr. Peter Collin
Max-Planck-Institut für europäische Rechtsgeschichte
Hansaallee 41, 60323 Frankfurt am Main
collin@rg.mpg.de

Prof. Dr. Jens Gal, Maître en droit
Goethe-Universität Frankfurt am Main
Institut für Versicherungsrecht
Theodor-W.-Adorno-Platz 3
60629 Frankfurt am Main
gal@jur.uni-frankfurt.de

Prof. Katherine A. Hermes
Central Connecticut State University
Social Sciences Hall, Room 216
1615 Stanley Street
New Britain, CT 06050
USA
hermesk@ccsu.edu

Dr. Matthias Kötter
Wissenschaftszentrum Berlin für Sozialforschung
Center for Global Constitutionalism
Reichpietschufer 50
10785 Berlin
matthias.koetter@wzb.eu

Prof. Dr. Andreas Maurer, LL.M. (Osgoode)
Universität Mannheim
Institut für Transport- und Verkehrsrecht
Schloss, Westflügel
68131 Mannheim
a.maurer@jura.uni-mannheim.de

Prof. Linda C. Reif
Faculty of Law, University of Alberta
Law Centre (111 – 89 Ave)
Edmonton, Alberta
Canada T6G 2H5
lreif@ualberta.ca

Prof. Dr. Ralf Rogowski
University of Warwick
School of Law
Coventry CV4 7AL
United Kingdom
r.rogowski@warwick.ac.uk

Dr. Sabine Rudischhauser
Centre Marc Bloch
Friedrichstraße 191
10117 Berlin
rs@cmb.hu-berlin.de

Dr. Wilfried Rudloff
Universität Kassel, FB 1
Arnold-Bode-Str. 10
34109 Kassel
rudloff@uni-kassel.de

Prof. Dr. Gunnar Folke Schuppert
Wissenschaftszentrum Berlin für Sozialforschung
Center for Global Constitutionalism
Reichpietschufer 50
10785 Berlin
folke.schuppert@wzb.eu

Dr. Silvia Tellenbach
Max-Planck-Institut für ausländisches und internationales Strafrecht
Günterstalstraße 73
79100 Freiburg i. Br.
s.tellenbach@mpicc.de

Dennis Vogt, M.A.
Goethe-Universität Frankfurt am Main
LOEWE-Schwerpunkt »Außergerichtliche und gerichtliche Konfliktlösung«
Senckenberganlage 31
60325 Frankfurt am Main
vogt@jur.uni-frankfurt.de

PD Dr. Monika Wienfort
Bergische Universität Wuppertal
Fachbereich A
Gaußstraße 20
42097 Wuppertal
wienfort@uni-wuppertal.de

Prof. Dr. Joachim Zekoll, LL.M. (Berkeley)
Goethe-Universität Frankfurt am Main
Professur für Zivilrecht, Zivilprozessrecht und Rechtsvergleichung
Theodor-W.-Adorno-Platz 4
60629 Frankfurt am Main
j.zekoll@jur.uni-frankfurt.de